1　当局が風刺画を怖れているのを皮肉っているドイツの雑誌『ジンプリチシムス』（1898）の風刺画

2　当局が風刺画を怖れているのを皮肉っているポルトガルの雑誌
『ア・パロディア』（1902）の風刺画

3　1873 年検閲されて出版されたフランスの雑誌『レクリプス』の風刺画．検閲前の版の風刺画（左）が添えてある

4　1870 年に検閲されて出版されたフランスの雑誌『レクリプス』の風刺画．検閲前の版の風刺画（左）が添えてある

5　検閲を嫌う風刺画家を描いたフランスの雑誌『ル・シフレ』（1875）の風刺画

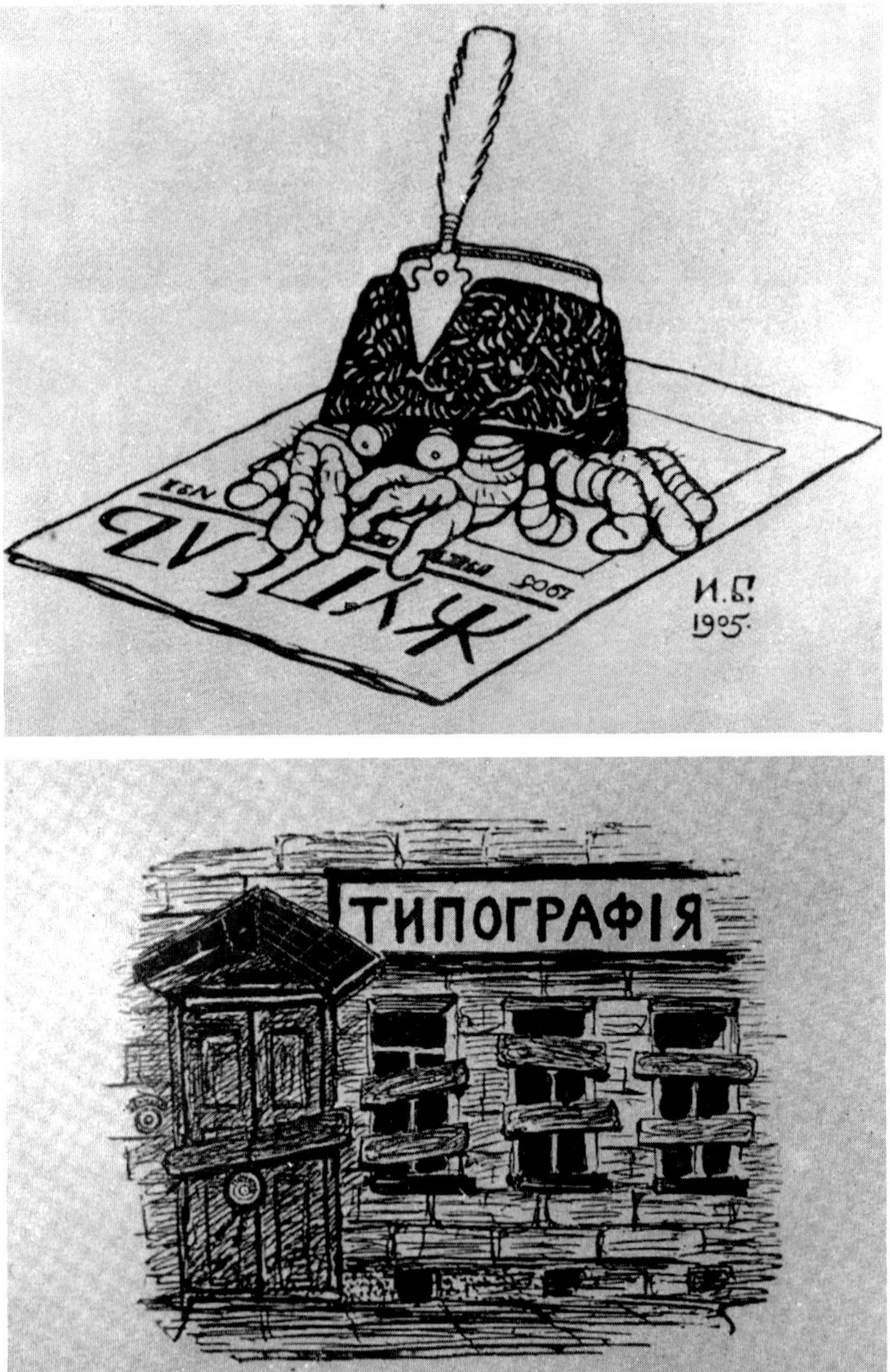

6　1905 年のロシア革命の最中に廃止になった後，検閲を攻撃している同じ年のロシアの雑誌に記載された風刺画

7　ロシア皇帝ニコライ II 世とその検閲を嘲笑している風刺画
左：オーストリアの雑誌『デア・フロウ』(1905)，右：ドイツの雑誌『ウルク』(1906)

8　風刺画の検閲を攻撃している風刺画．左：フランスの雑誌『レクリプス』（1871），右：ポルトガルの雑誌『ア・パロディア』（1906）

9　風刺漫画の検閲を攻撃しているフランスの雑誌『ル・ドン・キショット』（1875）の風刺画

10　ドイツの雑誌『ジンプリチシムス』（1897，1898）の風刺画．ドイツにおける出版物に対する弾圧に関するもの

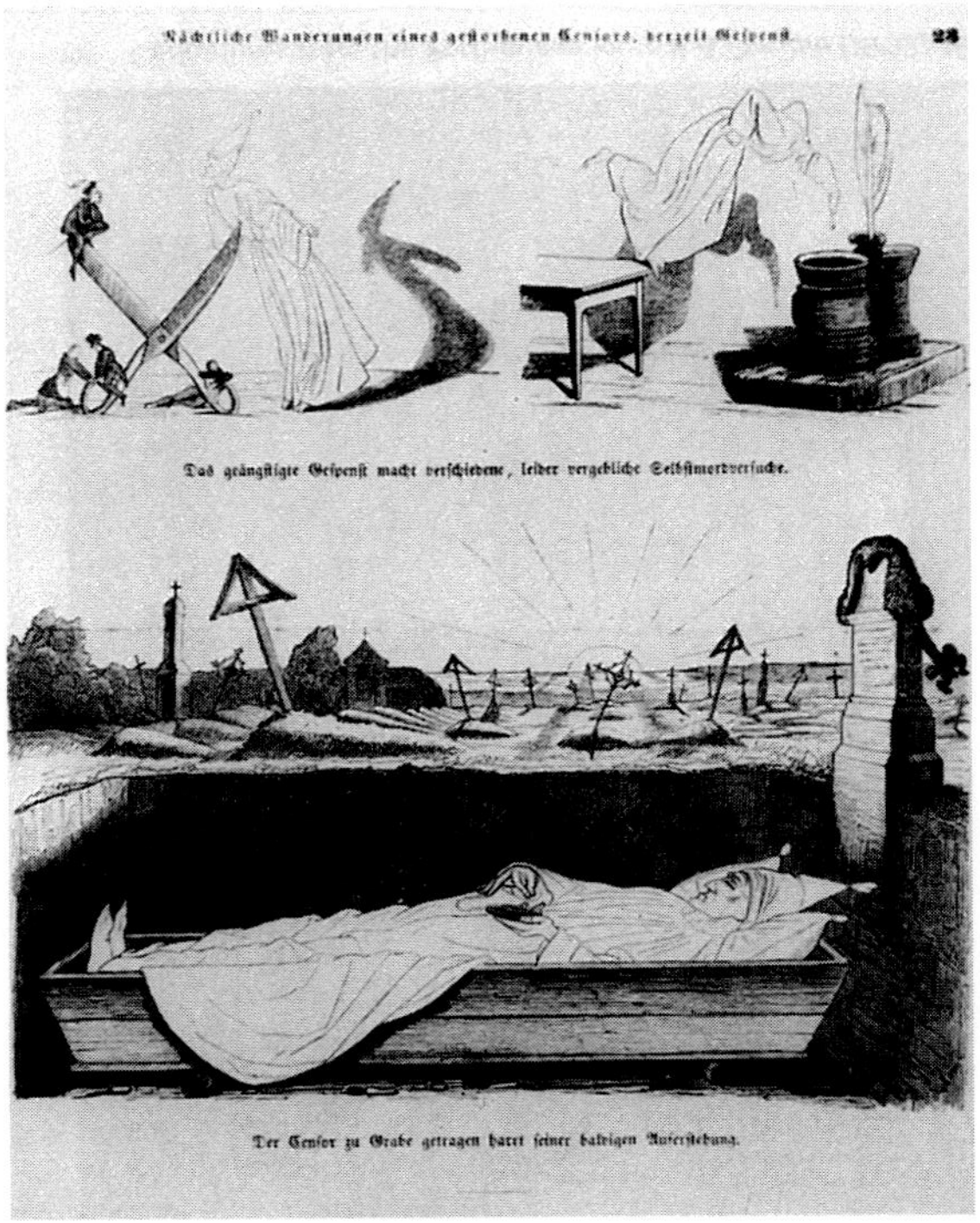

11　1848 年の革命が失敗したため，ドイツにおける風刺画の検閲が廃止されるとともに直ちに復活したことを風刺したドイツの雑誌．左：『フリーゲンデ・ブラッター』（1848），右：『ロイヒトクーゲルン』（1851）

12　風刺画に対する検閲に抗議しているポルトガルの雑誌『ア・パロディア』（1902, 1906）の風刺画

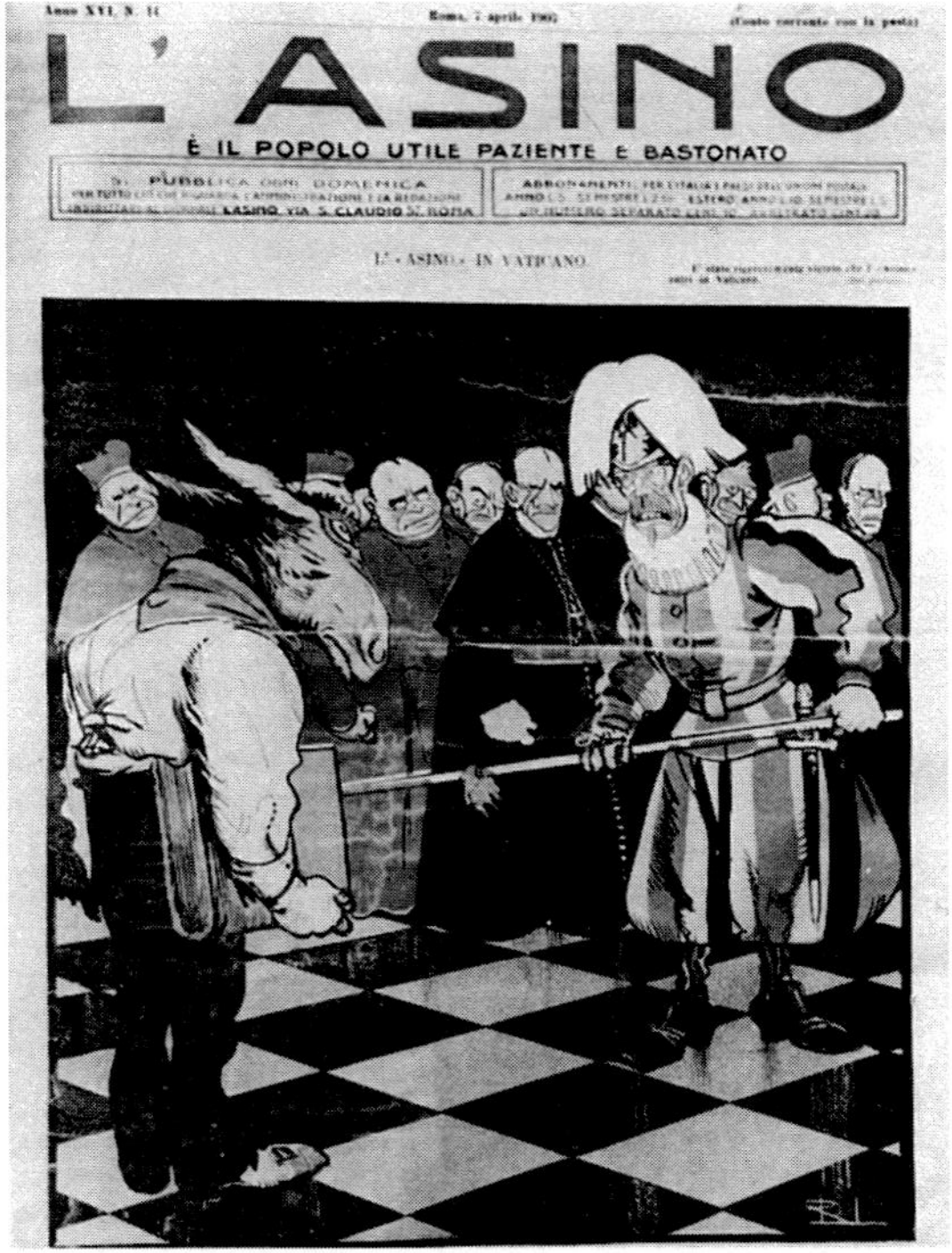

13　左：ヴァチカン・シティでの販売を阻止しているイタリアの雑誌『ラシノ』の風刺画
右：スペインの軍隊を攻撃しているスペインの雑誌『ク＝ク！』（1906）の風刺画

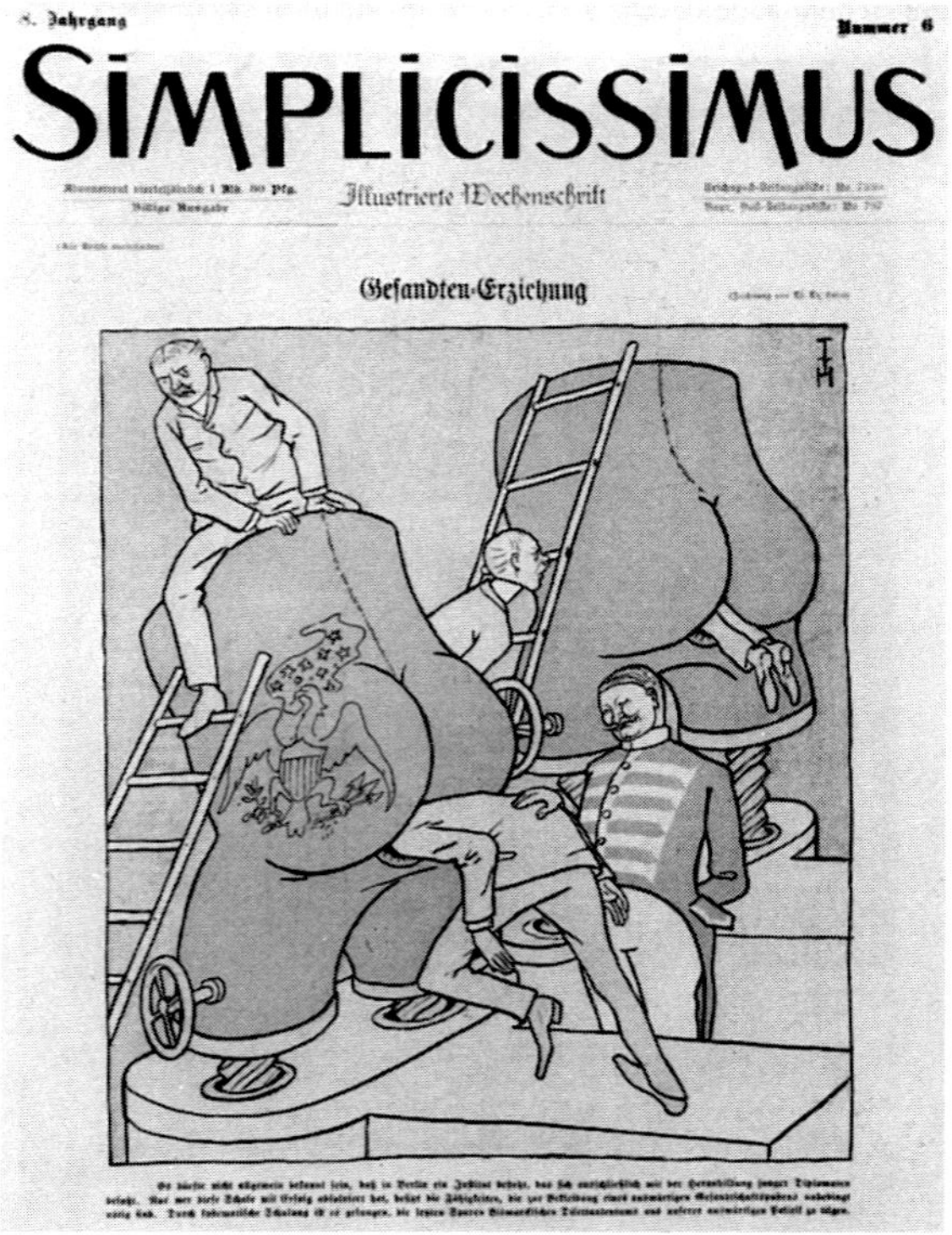

14　没収および（あるいは）告発されたドイツの雑誌『ジンプリチシムス』（1903，1904）に発表された風刺画

15　外交的紛糾を避けようとする政府の報復を批判した風刺画
左：ドイツの雑誌『ジンプリチシムス』(1901)，右：フランスの雑誌『ラシエット・オ・ブユール』(1905)

16　没収および（あるいは）告発されたロシアの雑誌に発表された風刺画

叢書・ウニベルシタス　776

政治的検閲

19世紀ヨーロッパにおける

ロバート・ジャスティン・ゴールドスティーン
城戸朋子／村山圭一郎 訳

法政大学出版局

Robert Justin Goldstein
POLITICAL CENSORSHIP
OF THE ARTS AND THE PRESS
IN NINETEENTH-CENTURY EUROPE

Japanese translation rights arranged
with Macmillan Press Limited
through The Sakai Agency, Tokyo.

我が母ファニー・テッパー・ゴールドスティーン（一九〇一～八六）と
プレイトウ・ゴールドスティーン（一九六九～八六）を
追悼して

日本の読者の皆様へ

ここに日本の読者および研究者の皆様に、本書を読む機会を作れたことは最大の喜びであります。特に法政大学出版局が本書を選び出版してくれたこと、そして法政大学社会学部の城戸朋子教授が私の著書を新しい言語に生き返らせるという、長い根気の要る労をとってくれたことに大変嬉しく思い満足しております。

本を書くということはおそらく、男性が子供を産むことに最も近い行為ではないでしょうか。子供と同じく、本は著者の血と肉の産物であり、肉体的なものであるというよりは、精神的な産物であります。子供を持つことと同様に、本の創造者の最も好む願望はおそらく、著者がこの世を去った後も著作が生き長らえ、繁栄してくれることであります。子供たちの両親と同じように、全力投球したものであるから、著者にとっては最愛のものでないはずがありません。本書は「我が最愛なるもの」の一つなのです。親愛なる日本の読者の皆様、一緒に楽しんでください。

本書は最初イギリスのマクミラン社から一九八九年に出版されました。それ以来、政治検閲の問題に強い関心を抱き、この問題を追求し続けてきました。そして四つのプロジェクトに関与してきました。英語をお読みになる方でこの問題に関心のある方には参考になると思いますので、以下に紹介しておきます。

二〇〇〇年にケンウッド出版社から出版したのは *The War for the Public Mind: Political Censor-*

ship in Nineteenth-Century Europe と題し私が編集したものです。本書は単独の著者が書物、風刺画、演劇等といったメディアを軸に纏めていますが、この続編とも言える二〇〇〇年の本は、本書の補足的なものとして、フランス、ロシア、イタリア、スペイン、ハプスブルク帝国とドイツのヨーロッパ六カ国を、メディアではなく地域に照準を当てて纏め、六章からなり、それぞれの章はそれぞれの専門家が執筆し、私が序章を担当し編集したものです。

二〇〇一年にはフィッツロイ-ディアボーン社から *Political Censorship: The New York Times 20th Century in Review* を出版しました。これはアメリカ合衆国で二〇世紀に出版された最も影響力の強い、包括的な新聞、ニューヨーク・タイムズの二〇世紀全般にわたる論評集で、政治検閲に関するおよそ五〇〇篇の記事を選択したもので、短い序論も加えてあります。最後に、二大百科事典にわずかではありますが、検閲に関する記事を寄稿しております。両者とも、政治検閲に関する問題のあらゆる側面についての数百項目が記載されており、この問題に関心のある方には大変有益な資料となるに違いありません。参考までに以下に記します。*Ready Reference Censorship* (Salem Press, 1997, three volumes, about 1000 pages)；*Censorship：A World Encyclopedia* (Fitzroy-Dearborn, 2001, four volumes, about 3000 pages).

ロバート・ジャスティン・ゴールドスティーン

二〇〇一年一〇月二日　アメリカ合衆国ミシガン州アン・ナーバーにて

目次

序文

一九八七年九月当時の韓国文化広報部次長崔《チョイ》・昌《チャン》・潤《ユーン》は、韓国の政治の自由化を予見するとみなされた選挙の期間中に、「芸術作品の国民に与える影響力は非常に大きいので、無制限に自由化するわけにはいかない」と宣言した。さらに「我々は自らの社会的・道徳的価値を護り、維持していかなくてはならない」と付け加えた。「我々は社会あるいは国家の安全を脅かす怖れのあるものを放置するわけにはいかないのである」。

社会を「脅かす」ものを韓国に流布させないためにも、政府は新聞、書籍、映画、演劇、歌、その他の視覚芸術を伝統的に検閲してきた。一九八七年の選挙までに六〇〇冊以上の禁書と一〇〇〇曲近い禁止された歌謡のリストを作成した。一九八七年の「自由化」の一部としてブラックリストから除かれた一八六曲の歌の中には、学生抗議運動の非公式の賛歌『朝露』が含まれており、この歌は一人の男子学生が苦痛に満ち、眠れない夜を過ごすが、朝目を覚まし、朝露を見に出かける勇気を得るという物語を歌ったものである。『朝露』は政治的弾圧の時代の物悲しい荒れ果てた生活に対する抵抗を呼び起こすものと広く解釈されており、「時代精神には不適切である」として、一九七五年に政府により禁止されていた。さらに一九八七年の自由化政策の一環として、映画と演劇の製作者は政府当局にあらかじめ脚本を提出する必要はなくなったが、最終台本は一般公開される前に政府の認可を受けるための検査を受けねばならない。

一九八六年韓国情報局により各新聞社に対して発行された何百という秘密の指導要綱のコピーを内密に入手したが、それによると、韓国政府は反体制派の指導者金泳三《キム・ヨン・サン》と金大中《キム・デ・ジュン》〔一九九八年二月より二〇〇三年二月まで大統領〕については最低限の記事しか載せず、また写真を掲載してはならない、という指令を各新聞社に発令していた。写真に対する体制側の敏感な態度は、一人の風刺画家が全斗煥《チョン・ド・ファン》大統領に似たキャラクターを描いたため、国家主権者を侮辱するような戯画を禁ずる法を犯した廉で、一流紙の専属から身を退くことを余儀なくされたことで示されている(1)。

以上のような韓国における出版物および芸術に対する広範囲にわたる検閲を示す実例の数々、そしてメディアの影響力に対する韓国当局の過敏な対応は、今日の第三世界での大多数の国々および東ヨーロッパの共産主義体制下ではとめどもなく繰り返されうることである。本書の読者の皆さんが生きている時代において、ヨーロッパの非共産主義体制下の市民もまた、例えばナチス・ドイツ、ファシスト時代のイタリア、フランコ体制下のスペイン、サラザール体制下のポルトガルなどにおいて人々が受けていたと同じように、このような出版物および芸術に対する検閲に耐えてきた。今日でも、イギリス連邦諸国のような比較的民主的な社会でさえも、こうした検閲がないわけではなく、一九八七年の『スパイキャッチャー』のエピソードや情報局関連の放送番組のテープを、BBCから差し押さえたことからもわかる。一九世紀のヨーロッパでは政治検閲は大陸のいたるところで行われていたことを、これから本書で実証するつもりである。

要するに出版物と芸術の検閲は都市工業化時代に、識字率が高まり交通および情報伝達の速度が速まり、平均的市民が政治指導者に対して批判できるようになったという事実を反映している。したがって、ほとんどの政治闘争は人心をどれだけコントロールできるかの闘いといってよい。封建社会では人口が地方に分散しており、大衆は読み書きできず、交通および情報伝達システムの発達段階から見ても、生活範囲は閉ざされた地域社会を出ておらず、聖書が書かれた時代以前に馬が飼育されるようになった時代を遙かに超えることはなかったのであって、問題にはならない。王、貴族、酋長そして宗教の開祖たちは、一般的には彼らの臣民が何を考えているかなどということにはほとんど関心がなく、新聞、テレビ、政党、世論調査といったものが現れる以前には、たとえ支配層が被支配層の対応に関心を持っていたとしても、そうした情報を得る手段はほとんどなかったのである。

検閲の初歩的な形態は、歴史を通じていつの時代にも存在するが、厳格で、正義とは裏腹の官僚的な検閲の近代的な形態が確立したのはフランス革命期といえる。フランス革命はさまざまな理由から歴史的転換期なのだが、政治生活における一つの要素として、一般市民の意見を記録するようになったことに、特に大きな意味がある。本書の目的は、一九世紀のヨーロッパの出版物と芸術によって伝達された情報と意見を統制しようとすることによって、政治体制が新しい動きを脅威とみなし、いかにその新しい動きと闘おうとしたかを概説することにある。さらに本書はそうした政府のコントロールを排除し、避けようとした闘いの中でもよく知られたものをたどり、そうした闘いが民主主義を求めての一般的な闘いの一部であるとともに、また今日「人権」と呼んでいるものを求めての闘いでもあったことを示すつもりである。この闘いは一九世紀ヨーロッパの政治の中心課題であった。

本書でこれから実証するように、近代化が比較的早くしかも広く行われた西ヨーロッパおよび北ヨーロッパの諸国においては、一般市民の圧力によって、政府の出版物および芸術に対する統制は撤廃されるか急激に緩和する方向に向かったが、このことは一九一四年までの全体的な民主化運動の一環として行われた。同じような展開が一九八七年の韓国における譲歩にも見られた。しかしながら、近代化が遅れた地域、つまり南西、中央、および東ヨーロッパのほとんどの国に見られたように、政府当局による出版物および芸術に対する苛酷な規制はなお続いていた。こうした国々に民主主義の伝統を根づかせようとする運動が一九一四年に失敗したことが、スペイン、ポルトガル、イタリア、オーストリア、ドイツ、ハンガリー、バルカン諸国およびロシアに、第一次世界大戦後の検閲と政治的弾圧の基盤を作り出してしまった。このように政治検閲は一国の全体的な政治的雰囲気のバロメーターであるばかりではなく、しばしば将来の政治的傾向を予兆する有効な手段ともなる。したがってこの問題の研究はそれ自体興味深いのみならず、全体的な政治的条件および展望に光を当てる意味においても有意義である。特に本書が一九世紀ヨーロッパに関して実証している政治的弾圧の方法およびそうした弾圧を克服する方法の両者のさまざまなやり方が、東ヨーロッパおよび今日の第三世界において繰り返されているのである。

　本書の全体は以下のような比較を行うように構成されている。例えば、ポーランドと今日のマレーシア、および一九世紀のフランスとロシアにおいて、政府の検閲機関が法的に出版することを許可しないものは秘密裏に出版し配布された。今日の台湾では、一八三〇年代のスウェーデンにおいてなされたのと同じく、政府は雑誌の名称を禁じたため、同じスタッフが同じ雑誌をタイトルを変えて発行している。台湾では「独立《インディペンデンス》」（すなわち中国本土から分離すること）を煽ることは不可能なので、反対派は「自決《セルフ・デイターミネイション》」という表現を用いる。それはまさにツァー時代のロシアの新聞が政体を擁護できなかったために、「宮殿の戴冠式」と表現したのと似ている。今日のインドネシアでは輸入出版物で彼らにとって不快なものはインクで塗りつぶすか、糊で張り紙しているが、これは一〇〇年前にロシア政府が行っていたことである。今日の南アフリカの出版物規制はきわめて複雑で、三二二頁にも及ぶ『法規制に対する新聞記者ガイド』が発行されているが、それはまさに一八五一年のフランスにおいて、二人の判事が、判断に自信のない法律家やジャーナリストを助けるために、フランス出版物規制法に関するハンドブックを出版したことと対比できる。南アフリカの新聞が一九八〇年代に検閲に抗議して、風刺画の「台詞の部分」を空白のままにし、代わりに検閲の文言を入れて発表したが、これも一八七〇年代にフランスの戯画雑誌が禁止された絵の検閲に対して言語で抗議文を書いたり、一八三〇年代にドイツの新聞が検閲でカットされた部分を、空白のまま残したことなどと対比できる(南アフリカは一九八六年に、一八三四年のドイツにおけるのと同様、当局はついにこのような空白の利用をも禁止した)。

今日の南アフリカ当局は、一九世紀にヨーロッパ諸国の当局が戯画に特に神経質だったのと似ている。例えば、一九八六年南アフリカの役人は、二人の目隠しされた白人が、鼻をくんくんさせて空気を嗅ぎながら、一人が「何の料理の匂いだい」というと、もう一人が、「わからないけれど、反乱の匂いがする」という戯画を禁止した。一九八六年のニカラグアでは、反対派のスポークスマン、ミゲル・オバンド・イ・ブラヴォ枢機卿の写真の掲載を禁止したが、やはり一九〇二年ロシアの旧体制下で、作家のレフ・トルストイの写真を禁止している。一九八〇年代のソ連、南アフリカそして中国は、一九一〇年のロシアとドイツにおけると同様、映画は政治的基準に照合して検閲官の認可が必要であった。このようなわけで、アメリカ合衆国でアカデミー賞にノミネートされた映画『アパルトヘイトの証言者』を、南アフリカの検閲官は一九八七年三月禁止した。一九七〇年代のアルゼンチンにおける軍事体制下での人権侵害の残虐行為を告発した映画で、一九八五年のアカデミー賞に輝いた作品『お役所物語』(これはアルゼンチンにおいて政府機関が崩壊し、映画の検閲が廃止された後に作られた映画であった)は、今日チリでアングラ・ビデオテープとして出回っている。これもまさに一九世紀のロシアで禁止された演劇の手書き原稿が広く出回っていたのと対応している。チェコスロヴァキアにおいて、一九六九年以来ヴァーツラフ・ハヴェル氏〔一九九〇年より大統領〕のすべての戯曲が禁止されてきたことは、一八五二年から一九六七年までヴィクトール・ユゴーの作品がフランスで禁止されていたことに匹敵する。今日のポーランドにおいて、上演禁止の戯曲は私的な家や場所で秘密裏に上演されており、それも一〇〇年前のフランス、ドイツ、イギリスで、検閲によって禁止された戯曲を、「私的なパブ」で上演していたのを思い起こさせる(2)。

本書は拙著『一九世紀ヨーロッパにおける政治的抑圧』*Political Repression in Nineteenth-Century Europe*（1983）を書くにあたり調査研究したものの延長線上にある。前書はこれまでに多数の特殊な記事、書籍、研究書に分散的に記載されており、まだ一般研究としてまとめていなかった資料をまとめたものである。本書の主要課題は、一九世紀初頭のヨーロッパを伝統的な君主・貴族社会構造とすれば、続く一〇〇年間を産業革命とフランス革命という二重革命を経験した大陸における近代化の時代と見ることによって、我々が今日「人権」問題と呼んでいる課題との巨大な闘いの歴史として考察することにある。それまでは、政治的には無能で眼中にない存在だった労働者たちは、読み書きのできない典型的な階級で、全生涯を通じて小さな村で一生を終わり、封建時代の政治・経済の身分制の中に厳格に位置づけられ、それを不変のものと甘んじて受け止めねばならない運命にあったが、革命後は、鉄道の発達、大衆紙の発展、そして急速な都市化と工業化にはぐくまれて、大衆の識字率は向上し、異なった考え方に触れる機会が増えたことによって、新しい理念と新しい欲求とが発展した。世界史において初めて大衆が自らの欲求を組織し、声高に求める試みを経験した。こうした要求は社会改革と人権への要求に集約された。すなわち、投票権、制限なく話し、発表し、組織する権利への要求である。こうした社会改革は伝統的な貴族階級のエリートたちの権力と富とを脅かすものとなった。こうしたエリートたちはしばしば台頭しつつあった新興中産階級および企業エリートたちの支持を得て、彼ら労働者階級を抑圧した。今日の第三世界の環境とあまりにも似ており、そこには共通性が見られる。

一九八三年出版の拙著は一九世紀のヨーロッパにおける人権問題に関連した情報をもれなく検索する試みであったので、問題の一つひとつの側面について論ずることはできなかった。政治検閲の領域については、出版物への弾圧について簡単に論じたが、当時私自身知識に欠けていたので、演劇、オペラ、映画、風刺画を含めた芸術の検閲についてはー切触れなかった。その後の研究過程で、一九世紀のヨーロッパにおける政治検閲に関する膨大な資料を見つけた。一九世紀ヨーロッパの支配権力がこうした統制を普及させ、そのために莫大なエネルギーと時間と資金を注ぎ込んでいる事実から、当時の政府がこうした検閲をいかに重要視していたかが明らかになった。明らかに、彼らは被支配階級の心をコントロールしようと躍起になっていたかがわかるからである。一九世紀のヨーロッパにおける政治検閲に関して私が明らかにした情報は、特定の著述家、芸術家、特定の国、特定の時代に関するおびただしい数の専門書と記事に散在していた。多くの資料は重要で、一九世紀ヨーロッパにおける政治検閲に関する情報を一堂に集めた研究がこれまでになかったため、この種の研究書の存在は認められるように思われた。特に当該政府の観点からすれば明らかに政治検閲は重要事項であり、直接影響を受けた芸術家、著述家、また一般市民の立場からすれば、検閲は理念を何ものにも拘束されずに表現できる能力を剝奪していたのである。

本書の導入部は一九世紀ヨーロッパにおける政治検閲に関する、全体的な政治的・社会的コンテキストを説明するものである。この時代のヨーロッパ史についての確実な一般的知識がなくても理解できるようにしてある。つまり、驚くほど多様な地域における諸条件を表面的に素描するにとどまる。本書の核心は、五つの異なったメディア、すなわち出版物、風刺画、演劇、オペラ、映画の章で構成されている。この五つの部門は一九世紀ヨーロッパにおいて広範囲にわたって政治検閲に悩まされた領域であった。政治批判を含むこれらの表現様態がなぜ、それぞれの政府機関をして検閲に走らせたのか、いかなる技術および官僚的手段で検閲を強行したのか、いかなる方法で検閲を回避したのか、それぞれの検閲が芸術家や受け手も含めて関連する人々に、いかなる影響を与えたのか、について各章で論ずる。まとめの章で、一九世紀ヨーロッパにおける政治的検閲の総体的性質と意義について、何らかの一般化を試みる。

本書は「歴史」研究として分類され、政治学者によって書かれたものとは思えないかもしれない。資料編纂方法論の基準からすれば、私は二五かそこらのヨーロッパ語をマスターし、このような形にまとめる前にヨーロッパ中の諸国の古文書館で綿密な調査をしなければならなかったであろう。もし私がそうしていれば、本書はもっと素晴らしいものになっていたに違いない。だがそれでは本は書けなかったであろう。このような骨の折れる仕事は一人の人間が一生かかってもできる類のものではないであろうし、私より遙かに有能な歴史家が実行しようとしてできなかったのもそのためである。政府の古文書を利用せず、ヨーロッパ語として英語とフランス語の二カ国語の知識しかないために、本書を刊行するための研究におよそ一〇年の年月を費やした。その間数千冊の書籍、雑誌記事を読み、一九世紀の何百という風刺画誌を検証した（こうした雑誌類は特に政府機関が恐れをなしていた。なぜなら読み書きできない人たちでも理解できたからである。事実幸いなことに、私自身、ロシア語、スペイン語、イタリア語、ポルトガル語それにドイツ語のそうした雑誌を「読む」ことができたのである）。

数百といわず数千の注釈で本を埋めるのを避けるために、以下のような尺度を採用することにした。本書の核心を形成する五つの章において、それぞれ重要と思われる事実には参考文献を明記したが、全体的には個々の記述にいちいち注を付ける代わりにテキストの各パラグラフに一つの注を一括して付ける（通常パラグラフの最後に記号で表してある）ようにした。導入部（第一章）は、時代背景に関する情報を提供することであって、新しい基盤を解読するものではないので、ここで必要な参考文献は直接引用するように心がけた。各章では、最初に引用する場合の出典に関しては、文献目録のすべて、すなわち著者名、出版社等々必要な情報はすべて付け加えた。同じ章の中で同じ文献が続いて出てくる場合には省略記号を用い、詳細な情報の注を付け、その前に出てきた文献あるいは後に出てくる文献を参照するように指示した。したがって読者は、最初の引証を見つけるために注釈の項目全体に目を通して探す手間は省けると思う。

この論文の一部はいくつかの雑誌にすでに個別的に発表していたものもあるので、それらをここにまとめて改めて発表することを認めてくれた以下の出版物の出版社に感謝する。'Freedom of the Press in Europe, 1815–1914', *Journalism Monographs*, 80（Feb 1983）; 'Political Censorship of the Theatre in Nineteenth-Century Europe', *Theatre Research International*, 12（Fall 1987）220–41; 'Political Censorship of the Opera in Europe, 1815–1914', *Opera Journal*（September 1988）. また本書を執筆するにあたり、研究を助け研究助成金を支給し、教育の義務から解放してくれた、三カ所の研究所に感謝する。「風刺画および戯画のためのスワン基金」Swann Foundation for Caricature and Cartoon および「国立人文科学研究基金」the National Endowment for the Humanities そして「ミシガン州ロチェスター・オークランド大学」Oakland University, Rochester, Michigan である。またカーネギー・メロン大学のピーター・スターンズ

教授、レベッカ・コリニョン女史およびオークランド大学の編集助手デボラ・スツォベル女史は原稿の段階で快く目を通し、ありがたい助言と批判をくださった。さらにミシガン大学アン・ナーバー校、カリフォルニア大学バークレー校、ウェイン州立大学、ミシガン州立大学、そしてノースウェスト大学、国会図書館、イギリス新聞図書館、パリ国立図書館、バルセロナのカタロニヤ国立図書館、フィレンツェのイタリア国立図書館といった多くの図書館が、貴重な一九世紀の風刺画雑誌へのアクセスを許可し、多くの特典を与えてくれたことに助けられた。さらに私は、オークランド大学の図書館相互貸借部のバーバラ・ソマーヴィル女史に大変お世話になった。彼女は驚くほど多数の陽の目を見ない書籍や雑誌の入手に快く応じてくれた。本書には写真を掲載しているが、写真掲載にあたってはミシガン大学の写真部が一九世紀の風刺画雑誌から写真を複写し、プリントしてくれたことに大いに感謝している。

最後に、非常に素晴らしい伝統に従っていわせていただくが、本書の編集を担当してくれた人々に謝辞を述べたい。ロンドンのマクミラン出版社では、本書の出版にあたり、最大の熱意をもって歓迎し、直接担当のポーリン・スネルソン女史はその道の専門家として最後まで最大の協力をしてくれた。またロングヴァース編集サーヴィス社が、マクミラン出版社に代わり編集を担当してくれたが、同社のグラハム・エイヤーおよびヴァレリー・ローズの両氏は驚くほどの注意力をもって仕事を遂行してくれた。

本書に記載されている複製された図版は、検閲の対象となった風刺画である。それについては第三章で説明している。風刺画の再録に際してはできる限り大きくするために、図版についての説明文はできるだけ短くしてある。各図版の詳しい説明は、巻末に「図版リスト」としてまとめてあり、各イラストの出典もそこに記載してある。図版についての全体との関連から見たさらに詳しい説明は、第三章の以下の頁で行っている。図版1と2は九九頁、図版3は一〇二～三頁、4は一〇四頁、5から9は一一〇～一一頁、10は一一一頁と一三九頁、11は一二九～三〇頁、12は一三九頁、13は一三九頁と一四〇頁、14は一四一頁、15は一四一頁と一四五頁、16は一五一頁である。

第一章　一九世紀ヨーロッパにおける政治検閲の構造

I　一九世紀におけるヨーロッパの近代化

一九世紀はヨーロッパにおいて前例をみない大きな変革をみた時代であった。ヨーロッパ大陸は社会的、経済的、政治的、文化的風景を徹底的に変えた。J・M・ロバーツが記してきたように、「一八〇〇年一人の男性が生まれた。彼は人生七〇年の一生をもっぱら賛美歌作家として生きてきた人物だが、その男が生涯において目撃してきた世界は、それ以前の一〇〇〇年間に起きた以上の変革を経験していた」[(1)]。もちろん一八一五年から一九一四年までのヨーロッパには多くの変革が起こったが、同様に、継続する重要な要素もあった。しかしヨーロッパ大陸では、中世と、一八一五年と一九一四年に経験した近代化とが混合している面もあったが、この一〇〇年間に、近代化の方向に決定的な移行があった。中世の平均的ヨーロッパ人が一八一五年のヨーロッパに旅しても、日常生活に関してそれほど大きな違いは見られなかったに違いない。ただ混乱するか、面白いと思う程度であったであろう。しかしもし突然一九一四年のヨーロッパに旅したら、彼は新しい発明物と社会的・政治的発展に当惑し、どうしたらよいかわからなくなってしまったかもしれない。それはあらゆる人間に影響を与えるものだったからである。彼は、機械製作の既製服を着て、鉄道によって都市から都市へと移動し、都市の内部では自転車、自動車、路面電車、地下鉄で移動し、家では夜電灯の光の下で、電信電話により国家あるいは大陸を越えて同時に伝達された情報を記載した新聞を読んでいる、ヨーロッパ人の仲間に出会ったことであろう。生涯を通してこうした発展のすべてを目撃してきたヨーロッパ人でさえも、一八九五年から一九一四年までに導入された活動写真、ラジオ、飛行機などを呪術に近い物とみなしていた。つまり中世から旅したヨーロッパ人は、おそらく映画《シネマ》、無線、飛行機を魔法による産物とみなしたかもしれないのである。

政治権力は、一八一五年におけるヨーロッパ諸国では、ほとんど専制君主と土地所有貴族によって独占されていた。大部分のヨーロッパ諸国では成文化された憲法を持たなかった。さらに選挙により国家の立法府を設置している国家はほとんどなく、あってもわずかで、選挙権も人口のわずかなきわめて裕福な階層のみに限られていた。つまり一八一五年のヨーロッパでは実質的にどこの国でも、選挙によって選出されたわけではない人、あるいは市民を代表するとはいえない、ほんの一部の少数によって選ばれたにすぎない人たちの手に全権力を委ね、また出版物を検閲し、集会と結社の自由を剝奪し、基本的教育の機会均等を認めないことによって、大多数の国民から、少数の支配階級に平和的な影響を与えることのできる重要な機会を奪ってしまったのである。中央ヨーロッパ、南西ヨーロッパ、東ヨーロッパにおいて、大衆とは別世界に身を置く社会的・法的権威を欲しいままにする貴族階級の大部分は、土地に縛られた農奴を、文字の読めない階層として無視してきた。農奴の生活全体はほとんど地主によって支配されていたのである。富める者と貧者を隔てていた社会的・経済的溝は一九一四年まで極端に大きかったが、大衆の公的な政治的発言力の剝奪は、大方それまでには解除され、緩和されていた。したがって第一次世界大戦の前夜、大部分のヨーロッパ諸国では成人男性すべてに投票権が認められ、小学校をすべての市民に開かれた義務教育課程として認めることを歓迎した。そしてさらに、貴族の法的（社会的ではないにせよ）権威を排除することになった。封建制はいたるところで解体し、ほとんどの国で選挙による立法府、憲法規定、出版物に対する事前の検閲からの解放、そして識字率の向上と知識階級の増大による利害集団によって、少なくともある程度は、専制的貴族の権利も限定されるにいたった。

一九世紀のヨーロッパにおける決定的変革のあるものは、近代化というういくつかの鍵になる指数を検証することで簡単にたどることができる。一八一五年ヨーロッパの成人のおよそ七〇パーセントは文字を理解しなかったが、一九一四年までには七〇パーセント以上が字を読めるようになっていた。一八一五年ヨーロッパの全人口の三パーセント以下が一〇万人あるいはそれ以上の都市に生活しており、一九一四年にはおよそ一五パーセントが都市部に住んでいた。そのような大都市に生活するヨーロッパ人の数は、一八七〇年から一八一四年まで、およそ二〇〇〇万人から五〇〇〇万人までに増大した。近代ヨーロッパの工業の基礎は一九世紀に敷かれ、一八七〇年以降工業が農業に代わり、ヨーロッパ経済の最も重要な要素となった。一八一五年にはヨーロッパの労働力の八〇パーセント以上が農業に従事していたが、一九一四年までにはおよそ六〇パーセントにまで落ち込んだ。逆に工業への従事者の数はおよそ一〇パーセントから二五パーセントにまで跳ね上がり、一九世紀初頭にはまだ未知数だった大型工場は、第一次世界大戦前夜には風景として点在するにいたった。一八一五年から一九一四年までの間に工業生産の量はイギリスでは一一倍に達し、フランスで五倍に達した。一八五〇年以降工業化して急速に成長したヨーロッパ経済はイギリス、ベルギー、そしてフランスの一部にその中心を越えて拡大していった。ヨーロッパの輸出量は一八五〇年から一八八〇年までに三倍以上に拡大し、一八五〇年から一九一四年までに、ドイツ、ロシアで工業生産は一〇倍に、イタリア、オーストリア、スウェーデンで三倍以上に増大した。一八五〇年代におけるドイツでは、農業、林業、漁業は国民純生産（ＮＮＰ）の四五パーセントにまで達し、一方工業、運輸、鉱業は二二パーセントにとどまったが、一九一〇年までにはこの数字は逆転した。

平均的ヨーロッパ人の生活条件は一九世紀においては全体的に貧しかったが、生活の平均的標準は世紀末にはかなり改善され、特に一八六〇年頃以降には顕著な改良が見られた。おそらく改良の明確な指標は保健衛生と人口学的統計に見られた。一八一五年に生まれた子供が一歳未満で死亡する幼児死亡率からみた幼児の生存率は二五パーセントに近く、全人口の平均寿命は三〇〜三五歳で、中世より数年長命で、第三世界における現代の寿命より二〇〜二五年短かった。一九一四年までにヨーロッパ全体の幼児死亡率は一五パーセント低くなり、寿命は実質的に四五〜五〇年にまで延びた。ヨーロッパの人口は中世においては相対的に停滞していたが、一八一五年から一九一四年までに二億一五〇〇万人から四億五〇〇〇万人という二倍以上に増加した。こうした数字は医学および衛生問題、そして食料品供給の量と分配が改善されたこと、また政府の社会保険計画の導入、大衆の購買力の増大などにより問題が好転したことを示していた。特に北西ヨーロッパにおいては一八六〇年以後の生活水準の向上は多大なもので、一九一四年までに実質的総収入は二倍と見積もられた。これは例えば、ドイツにおける平均的肉消費量が一三〇パーセント増加したことを反映していた。南東ヨーロッパのように比較的遅滞した地域でも実質収入は、この時期に八〇パーセント以上増加しており、ヨーロッパの平均週間労働時間は一八五〇年のおよそ八四時間から一九一〇年には六〇時間に減少した。

食糧の供給とその分配が改善されたことは、ひとえに交通通信システムの革命的前進の賜物であった。一八一五年交通伝達の最も早い形態は、陸地では馬、海上では帆船であった。それは何千年もの間続いていた。電信、蒸気船、鉄道が一八二五年から一八五〇年までに導入されたことで、交通と情報伝達を迅速にし、しかも簡素化した。このように鉄道と蒸気船の運営網の発達により、一八四八年世界一周するのに一年かかったのが、一八七二年には三カ月以下に短縮された（一八四〇年から一九一〇年までの間に、三八〇〇キロメートルから三〇万八〇〇〇キロメートルまで、鉄道の路線が伸び、乗客の数も一八六〇年の三億人から一九一〇年には五二億三四〇〇万人にまで増大した）。電信の導入は主要ヨーロッパ諸国間の情報伝達を瞬時に行えるようにしたのである。一八四八年にはパリからウィーンまでのニュースの伝達に、ロスチャイルド家の銀行による最も早い伝達方法をもってしても、五日間かかっていたのである。一九一四年までに電話、無線、電気、内燃機関の発達はさらなるコミュニケーションと交通を革命的に変えた。路面電車、地下鉄、自動車は都市の交通機関を変え、電気は文字どおり少なくとも都市部では夜を昼に変えた。

先に示した統計のほとんどはヨーロッパ全体の大雑把な平均であって、明らかな部分もあると同時にわからない部分も多い。つまり数字では表れていない部分も同じくらいあるということである。変化の速度も地域によって大きく異なり、また少数の豊かなものと多数のはるかに貧しいものとの生活条件にも大きな違いが、依然として残っていた。一般に北西ヨーロッパ諸国（イギリス、フランス、スイス、ベネルックス三国、スカンジナヴィア）が近代化の急先鋒にあり、南西および東ヨーロッパ諸国（イベリア、バルカン半島諸国、ハンガリー、ロシア）がはるかに遅れており、中央ヨーロッパ諸国（ドイツ、イタリア、オーストリア）がその中間のどこかに位置していた。そのため一九一三年のロシアにおける一人当たりの収入は西ヨーロッパ諸国の平均の三分の一にすぎなかった（三分の一であった一八六〇年より低下）。一九〇七年イタリアの時間給はフランスの半分であった。一九一〇年ベルギーでは人口の四六パーセントが工業に従事していたが、ルーマニアの数字はただの八パーセントにすぎなかった。イギリスおよびウェールズの人口の六〇パーセント以上が一九一〇年に二万人かそれ以上の都市に住み、ハンガリーでは一三パーセントにすぎなかったのと対照的であった。一九一〇年平均的スウェーデン人の寿命は五五歳であり、デンマークの成人の九五パーセントは文字が読めたが、ブルガリアでは成人の三八パーセントしか文字が読めず、寿命も四四歳であった。同じく一九一〇年ノルウェーでは新生児のおよそ一〇パーセントが一歳未満で死亡したが、ヨーロッパに属するロシアでは二五パーセントの数字を示していた。健康状態はヨーロッパ大陸の西北部より、東南ヨーロッパが明らかに劣悪であった。イタリア軍の徴兵のほぼ四〇パーセントが一八八一年健康診断で拒否されているが、ロシアでは一八九〇年の農民の徴兵検査では六四パーセントが拒否され、一八九一年の飢餓の年には七八パーセントが落とされている。この年（一八九一年）ロシアでは四〇万人が飢餓、チフス、コレラで死亡した。この状況はバルカン半島全体でおそらく最悪だったと思われる。セルビアでは一八六〇年代の終わりに、一七の地方区のうち七区は無医区で、一九一五年のチフスの流行で全人口三〇〇万人のうち一五万人が死亡した。全体で四〇〇人の医者のうち医療活動に従事した一二六人がその犠牲になった。一八八〇年ブルガリアでは二〇〇万の人口に対したった七四名の医師しかおらず、全死亡人口の四四パーセントは五歳以下の幼児であったことが記録されている。

ヨーロッパではどこでも、富裕者と貧者とは異なる世界の住人と思われていた。一九世紀初頭、土地所有者であることは富と権力への第一歩であり、およそ五〇〇〇人の途方もない富裕土地所有貴族がヨーロッパ社会、政治、文化そして経済を支配していた。二三〇〇世帯の高貴な家族がイギリスとウェールズの全土の二五パーセントを所有し、同じ数の家族が巨大なハプスブルク帝国のおよそ三分の一を所有していた。デンマークとスウェーデンの貴族社会は各国それぞれの人口の一パーセント以下にすぎなかったが、それぞれの国土全体のおよそ三分の一を所有しており、同じような集中的土地所有形態は、アイルランド、ロシア、東部ドイツ、スペイン、南部ポルトガルやイタリアにも見られた。最も裕福なロシアの二三〇〇人の土地所有者は三〇〇万人の農奴を抱えており、最も豊かなハンガリーの土地所有者パウル・エステルハーツィー公はおよそ一〇〇〇万エーカーの土地を所有し、その領土に七〇万人の農民が住んでいた（ハンガリー全人口のおよそ六・五パーセントにあたる）。

人口の最も富裕な階層に富が集中することは一九一四年までには、幾分減少していたとはいえ、まだ大きなものだった。このように全人口の四パーセント以下が、国土の二五パーセント以上を所有している国があった。それはオーストリア、ハンガリー、ルーマニア、デンマーク、イギリス、ドイツ、フランス、分割されたポーランド、ロシア、スペイン、イタリアの各国であった。二〇〇〇人から五〇〇〇人の土地所有者が、国土の約半分を所有していたのはルーマニア、ハンガリー、イギリス連邦で、スペインではおよそ一万の土地所有者が国土の半分を所有していた。一九一四年までは土地所有制が権力と富への主要な要件であったが、同時に商業と工業もまた、富と権力所有への道を開いた。例えば、イギリスでは土地所有者が一八五八〜七九年に百万長者の七三パーセントを占め、商業と金融業の大立者が一四パーセントにすぎなかったのが、一九〇〇〜一四年までに土地所有者が全体の二七パーセントになり、工業、通商界の王者が三八パーセントに達した。フランスの貴族階級は一八七一年に立法議会の半数を構成していたが、一九〇二年には議員の一〇分の一以下になった。富と権力への新しい道は相変わらず金持ちに集中していた。全体的な富と収入に関する研究（土地所有のみに対立するものとして）によると、一九一〇年スウェーデン全人口およびフランス全人口の二パーセントの金持ちが、それぞれの国の全富のおよそ六〇パーセントを占有していたことがわかる。

ヨーロッパ人口のほんのわずかな部分がこれ見よがしの贅沢な生活を享受し、一九一四年までには、居心地の良い環境のもとで生活する中産階級が以前より増加していたが、一九世紀を通して、人口の大多数は最低限の衣食住の確保に必要な生活条件の中で、ぎりぎりのところ、あるいはほんのちょっと上の水準で生活していた。セオドーア・ヘイムロウが記しているように、「資料によると、労働者階級の乏しい収入、絶え間ない苦役、乏しい食事、劣悪な住宅について繰り返し報道されている」[2]。イギリスのような相対的に豊かな地域でさえも、人口の少なくとも三分の一は一九一四年にいたるまで、悲惨な貧困状態の生活を強いられていた。そしてほとんどの労働者は、収入の半分を食費に費やさざるをえなかった（とはいえ、五〇年前に比較すれば四分の三に減少していたのだが）。フランスの都市リールでは、一九世紀を通して、人口の六〇パーセントに相当する最下層が、全不動産の総額のおよそ一パーセントに相当する不動産を残して死んでいた。一八六〇年代におけるフランスでは全児童の三分の一が五歳未満で死亡していたが、公的資料によると、「生涯に二、三度肉が食べられれば最高の幸せという一部の人の記述がある」という[3]。一九〇〇年頃のヨーロッパにおける貧困地域では、ブダペシュト、ヘルシンキ、アテネ、ベルリン、チェムニッツ、ブレスロウ、ドレスデンに居住していた労働者階級の家族の半数あるいはそれ以上は、一部屋の住宅に住み、かりに一部屋二名以上が占めている場合を「過密状態」とするならば、ベルリン、ウィーン、モスクワ、サンクト・ペテルブルク、ブダペシュト、ソフィア、ブカレスト、ブレスロウ、チェムニッツの各都市の全住人の二五パーセント以上が、そうした「過密状態」に耐えていた。ブカレストは人口の一〇パーセントが一九一〇年一部屋に一〇名ないしそれ以上の人数で住んでおり、ベルリンでは六〇万人が一九一二年一部屋に五名以上で住んでいた。このような劣悪な生活条件そしてしばしば同等に恐ろしいまでの地域社会での貧困から逃れるために、一八七〇年から一九一四年にかけて、大陸から驚くことに、三五〇〇万人のヨーロッパ人が海外に向かって出発したのである。

ヨーロッパにとどまった貧者たちは彼らの経済状態にとっては重すぎる負担を背負っていたのである。一八四〇年代にパリの貧困層の死亡率は富裕層の二倍で、一九世紀後半末には貧富の差なく死亡率は低下したが、貧者の支払う経費は相対的に上昇し、パリ（およびウィーン）の最悪のプロレタリアの居住地域の死亡率は、富裕階級の居住地域の四倍にも達した。一九〇〇年頃のベルギーにおける貧者の寿命は一八年であったのに反し、富者は五四年の寿命が期待された。一九世紀から二〇世紀の変わり目に、ベルリンではワンルーム・アパートに住む貧者の死亡率は四ルームの豪勢なアパートに住む富者より三〇倍も高かったが、都市の貧困地域の幼児死亡率は豪奢な地域の八倍であった。イギリスの地方の労働歌にあるように「もし生命が金で買えるものなら／金持ちは生き延び貧乏人は死ぬしかない[4]」。貧者は身長が低いことで目立ち、区別されさえしたが、平均的労働者は少なくともブルジョア階級の同年輩者より三インチは低かった。

II　近代化の政治的意味

一九世紀ヨーロッパの近代化により貧困あるいは貧者の日々の死活問題を除去することはできなかったが、一般大衆に新たな視界を開かせたことは確かである。フランス革命の平等理念の拡散、教育の普及と識字率の向上、それに伴う人気指向の新聞の発展、さらに大規模工業の発展と成長、そして都市化の発展、それに伴う鉄道および電信電話の発達などを経験する以前に、ほとんどのヨーロッパ人は無視され、孤立した世界と貧困という装置の中に組み込まれていた。こうした条件のもとで、一九世紀、フランス革命と産業革命という二重革命の影響により、そうした装置はしだいに弱まっていたとはいえ、ほとんどの人たちは、経済的、社会的あるいは政治的条件は各自それぞれ異なり、あるいは改革を求める権利を持つとは考えもつかなかった。一九世紀ヨーロッパにおける近代化は、人々を新しい理念と環境にさらし、大衆を組織化する方向に向かう新しい機会を与えることになった。この大衆の組織の発展は一八六〇年頃以後、特に主要な社会的、経済的、政治的変化を求める大衆の要求があったことを立証したのであり、そのことが世界史に初めて記録されたときであった。ジョン・スチュアート・ミルが一八四八年イギリスで観察したことを述べているように、

労働者階級についていえば……政府の愛国的体制あるいは祖国としての体系は、彼らが再び服従することのない類のものであると明言されてもおかしくない。労働者階級が教育を受け、読み書きを習い、新聞や政治的小冊子を読めるようになったとき、この問題は……決定的となった。労働者階級が同じ屋根の下で社会的に労働するようになったのは、彼らが数でまとめられるようになったときに決定的となった。鉄道は、労働者を地域を越えて移動させることができるようにし……かくして労働者階級は彼ら自身の利益を手にするようになった。(5)

近代化は、商人、実業家、法律家、医師、ジャーナリストといった、小規模ではあるが戦略的に重要な中産階級の台頭を促した。一九世紀の前半に、こうした新興中産階級がまず、改革への要求、特に政

治への投票権、出版の自由（少なくとも自らの階級のための）といった政治的権利を指導した。一八四八年に多くのヨーロッパを震動させたさまざまな革命以前には、ヨーロッパ大陸を支配していた貴族・専制体制は全般的に中産階級の要求にも抵抗を示した。しかしながら、中産階級と下層階級の社会的緊張は、一八四八年に革命を挫折させることになったのだが、ほとんどの国における伝統的支配的階層の人々は、その後（一八四八年の革命後）中産階級の上層部と暗黙の連盟を結び、総体的ではないにせよ、より脅威的な「理解しがたい大衆」に対抗する頑強な遮断壁を造る手段として、彼ら中産階級を社会的、政治的に重要な役割を担うものとして、容認することになった。ジェローム・ブラムはその点を次のように述べている。

政治的には貴族と裕福なブルジョア階級［中産階級に属する］は共に、一般に同じ保守的な見解を持ち、社会的・政治的改革に同様の疑いを抱いていた。大貴族の子息と富豪の企業家や銀行家の娘との結婚は倍増していた。特に一九世紀最後の一〇年と二〇世紀の初頭に顕著であった。……大資本家の生活様式と自信は、上級貴族のライフスタイルと自信とほとんど変わらなかったし、多くは爵位を得ていた。ある意味で、上層貴族と上層ブルジョアジーが相互浸透したことから、貴族はブルジョア化し、ブルジョアは、かつての諸侯を家臣に格下げし、貴族のように振る舞った。(6)

一八四八年以降の貴族と上層ブルジョアジーの連立は、中産階級の要求の多くを満足させたとしても、結果的には貧者の視野を拡大することになる、新興労働者階級の要求のうねりを食い止めるのに失敗した。政治の舞台にこの一般庶民階級が現れたことは、支配階級によってしばしばかなり恐れられ、一九世紀の近代化過程で広く認められた発展であった。例えば、ナポレオンの警視総監ヨゼフ・フーシェは「以前には知られていなかった世論の圧力」と称したものに懸念を示したが、一方ロシアの文部大臣は一八三八年代「読書と著作活動を求める趣味は初期には上層中産階級に限られていたが、いまや、もっと遙かに広い層に広がっている」と現実に警告を発した(7)。

一九世紀初頭にオーストリア皇帝フランツ一世（一七九二～一八三五）、ロシア皇帝ニコライ一世（一八二五～五五）、南イタリアの二つのシチリアの、現在は消滅した王国のフェルディナンド一世（一八一六～二五）のような最も反動的な支配層は、進歩とそれに伴う不満は簡単に国外に追い出すことができると信じていた。オーストリアのフランツ一世の哲学は彼の意志に集約される。彼は継承者を「統治せよ、そして何ものも変えてはならぬ」と教育した。それはオーストリアに鉄道建設の認可を拒否したことに表れている。彼は、「否、いや、私はそれとは何の関係もない。革命が［鉄道によって移入されて］この国に入らないようにするためには、必要ない」といった。同様にフェルディナンド一世も「仲間組織は国家には有害である。人民を啓蒙し、自由思想を広げるから」として、イギリスの子供の遊び「マルベリー・ブッシュ」を流行らせたり、ガス灯で街を明るくしたりするために、仲間社会の形成を認めるわけにはいかないと反対した。一八四八年以前のヨーロッパにおける、こうした行為およびほとんどの社会政策の根底をなすのは、オーストリアの外相（一八〇九～四八）、クレメンス・フォン・メッテルニヒの秘書、フリードリヒ・ゲンツにより、イギリスの改革家、ロバート・オーウェンに提案された論拠であった。メッテルニヒは一八四八年以前のオーストリアにおける反動政策の首謀者であり、外相兼摂政としてハプスブルク帝国およびドイツ・イタリア諸国を支配していた。「我々は巨大な大衆が豊かになり、独立するように望むことは決してない。彼らをどのように統制できるというのか」。ニコライ皇帝の秘密警察署長は、ロシアは常に「革命的災害から最善の状態で守らなければならない」と宣言し、同調していた。「君主たるもの常に国民の先頭にいる」。したがって、「人民の理解の限度を超えて焦って国民を過度に教育する必要はない。つまり君主と同等の教育水準を与える必要はない。むしろ彼らの力を弱めるように努めるべきである(8)」。

一八四八年以降ほとんどのヨーロッパの施政者は、一般庶民の識字率の向上、大衆的都市化現象と工業化のような発展の拡大を阻止しようとし、またそうした発展に伴い必然的に政治的、経済的、社会的改革への要求が起こることを阻止しようとすることが、いかに無駄なことであるかを理解したのみならず、自分たちの国がこうした傾向を受け入れたり、あるいは早めたりすることなくして、強力な近代経済および急速に近代化する武器を装備した、強力な軍隊を創設することに精力的な他の諸国とは、競争しえないことを理解した。それでも近代化のジレンマは強くなるばかりであった。近代化は強力な国家の建設を必要としたが、そのためには否応なしに大衆の改革への要求を喚起した。ロシアの外務大臣セルゲイ・ヴィッテは次のように嘆いているが、実に当を得ていた。「教育は社会改革を促進する。しかし一般の無知は戦いで敗北する」。ロシアの文人ウラジミール・コロレンコは一九〇五年にすべての面でただちに西側に追いつきたいという願望を述べて、イギリス人のインタビュアーから叱責を受けた。そのとき、次のような譬え話で改革への止まぬ願望を説明している。「電気」は全体的に近代化と民主制を表すとして、

我々がいまや二〇世紀にいることを忘れてはならない。そしてもしある新しい都市に明かりを灯したいと欲するなら、比較するために、順を追ってまず獣脂蠟燭を使い、それからランプに代え、そして次にガス灯を

使い、最後に電気を利用するとすれば、それはなんともばかげたことだろう。電気が発電されうるのであれば、それをすぐに使って当然なのである。

アルベルト・シラギと名乗る一人のハンガリーの農夫が、一八〇〇年代のハンガリーで農民の不穏な動きを調査する政府委員会に呼び出されて質問され、拡大しつつある改革への要求における近代化の必然性について、次のように説明している。

人々が教育を受け、さらなる多くのことを知り、見聞きできるようになるので、労働者の当然の要求は増大するのであり、あなた方は、我々を非難することができますか。我々は読み書きを習ったのです。いまや、より良い服を着、人間のように食事し、子供たちを学校にやりたいと思うようになったのです。(9)

III　近代化と政治統制

一九世紀が進むにつれ、政治の時計は、大衆が政治的に無能であり、社会的にその存在がはっきり見えなかったフランス革命以前の日々に戻すことはできない、ということがヨーロッパのどこの支配階級にも明確になってきていた。一七八九年のフランス革命と、続く一八一九〜二一年、一八三〇〜三二年、一八四八〜四九年の各期間における多くのヨーロッパ諸国での反乱は、国民の大部分の政治的見解と活動を、もはや無視することができないことを明確にした。したがって、ヨーロッパのエリートたちは、膨大なエネルギーを、大衆がさらされている情報および政治的見解、そして大衆が新しく気づいた自分たちの影響力を駆使する機会を、統制することに費やし始めた。そうしながらヨーロッパの事実上の支配階級は、人民の心を理解するための大衆闘争に巻き込まれるようになった。それはとりもなおさず主権国のイデオロギーとしての支配権と、結局は現実の支配権を脅かすとみなされる、政治的で過激な思想を排除するためであった。この闘争は、大衆の情報と見解を拡散させる主要なメディア形態を検閲しようと、効果的な試みをあらゆる方法で実行する状況を示していた。特に活字による出版物、政治的風刺画のような議論の対象になる芸術、演劇、オペラ、そして二〇世紀の夜明けとともに新しく強力なコミュニケーション・メディアとして登場した映画に対する、政治検閲についてのこのような調査研究が本書の核心をなすものである。しかしながら、このようなあからさまな政治検閲は、一九世紀において大衆を政治的に統制しようとする試みの、広範囲にわたるネットワークのほんの一部にすぎなかった。したがって、政治弾圧全体の文脈に照らして初めて適切に理解できる。すなわち、教育のコントロールと教育の効果の限定、さらにいえば、選挙権の限定、集会と結社の自由の制限、さらに労働組合の結成とストライキ行為を起こすことへの制限などの中で理解する必要がある。

政治検閲に関して見られるように、この政治統制の広大なネットワークは、中央ヨーロッパ、特に南西ヨーロッパと東ヨーロッパにおいて、最も厳しく長く続いた。これらの地域では近代化過程で、北西ヨーロッパに遅れをとっていたため、大衆間の貧困、無秩序、軽視といったことが、長引き拡大していた。別の見方をすれば、下層階級からの変化に対する圧力は比較的弱く、支配階級エリートが大衆に対して抱く、暗くて拭い払えない野蛮さというイメージは強いものであったが、全体的には必ずしも不正確なものではなかった。さらに、これらの地域で、中産階級は一般に規模は小さく影響力は弱かった。近代化と改革がともに遅れをとっていたため、中産階級は立憲政府、出版の自由、法の前の平等、といった抽象的な原則を好む傾向がどこにでもあった。こうした抽象原理は、まず、伝統的貴族・君主独占体制に政治権力を共有させるように強制する手段とみなされた。しかし一度容認されれば、自分たちより下の階級に対して否定することは困難であった。

結果としては、中央ヨーロッパ、特に、南西および東ヨーロッパでは、政治検閲および集会の自由の制限、選挙権の制限のような、その他のより広い範囲での統制は一九一四年以前には決して緩和されていなかった。緩和されていたとしても実際にはほとんど変化のない形式的なものであった。さらにこうした地域での政治的弾圧のネットワークを悪用し、またその厳しさからみて、エリートが、大衆は反体制的革命的集団であるというイメージを作り上げていたことが見て取れる。大衆によるこのような組織可能で、生き残りうるような反体制集団は、合法的で平和な手段で反対する意思表示のチャンネルがなかったことから、非合法的で、時には暴力的な方法で訴えざるをえなかったのである。

中央ヨーロッパにおいて、暴力のほとんどは、物理的なものであるよりも、遙かに言語表現によるものであった。当地における体制は一般に異議の申し立てを表現する機会を与え、抑圧的統制にも労働者階級の生活条件を改善しようとする試みが見られた。ドイツおよびオーストリアでは、社会保障計画が導入され、政治統制は一九一四年までには、幾分緩和されていた。このように一八八〇年代のドイツでは、社会党は禁止されていたが、主要な社会保険計画は制度化され、ドイツ政府首相のオットー・フォン・ビスマルクは、国内平和を達成させるためには「過度の社会主義の抑圧によってではなく、労働者の生活を豊かにするために積極的な方法をとること」が必要だと記している。こうした曖昧な政府の政策は、ドイツの社会主義政党の指導者、カール・カウツキーが、彼の組織について宣言した「我々は革命的政党であるが、革命を起こす政党ではない」という表現にうまく表れている。しかしながら、平和的なチャンネルがもっと厳重に封印されており、労働者階級の生活条件はほとんど全体的に無視されていた国、例えば、ロシア、スペイン、ハンガリーなどでは、物理的暴力は、一九一四年以前の対立派の間では、それぞれの地方固有の特徴を持った問題となった。このように一八七九年にロシアの革命グループは、力に訴えることは、「独裁政治と暴力」が最高に勢力を振るう体制、また「説得によって行為させるような〈言論の自由〉あるいは〈出版の自由〉のない」[10]ところで唯一可能な行為の方法である、と表明する宣言を発表した。反対勢力の間で非合法にそして暴力的に訴える方法は、もちろん被害地域でむしろ残酷な抑圧を持続させる口実を与えていた。

北西ヨーロッパにおける近代化は、ほかのどこよりも早いスピードで進行した。したがって、労働者階級は増大し、しばしばよく教育されうまく組織化されていた。一八七〇年以降は特に、貧困な労働者階級の数は遙かに少なかった。この地域は強力で発言力を持った中産階級を発展させ、そうした中産階級が伝統的な支配階級を構成していた要素を支持することで、一九世紀の比較的早い時期に労働者階級との関係に成功していた政府にとって活力となり、したがって一般に立憲政府の安全と出版の自由を保障し、参政権と自由な選挙は一八五〇年以前にすでに拡大に成功していた。北西ヨーロッパにおける権利の主張を平和的に表現する機会の拡大は、労働者階級運動を促進するようになった。この労働者階級運動は革命的というより遙かに修正主義的といってよいものであった。こうした労働者階級運動は、一部の国では、過去においてより過激な運動に対する抑圧（すなわち一八四八年、一八五一年、一八七一年のフランスにおける下層階級の反乱の弾圧および一八三八年から一八四八年の間のイギリスにおけるチャーチスト運動に対する弾圧）が成功したこと、そして一八七〇年以降の労働者階級の生活水準が著しく向上したことによって、発展していたといってよい。世紀の変わり目に、この地域の下層階級が掲げる第一の願望は既存の秩序を覆すことより、むしろ同化することにあった。

北西ヨーロッパにおける労働者階級の脅迫的な性格が弱まるにつれ、当該地域の政府の間で、漸次的改革政策と労働者階級との協同関係を政策とする傾向がしだいに育っていた。この地域は、再び平和的な反対勢力に期待をかけ、体制側も平和的・合法的に操作できるチャンネルを作る方向に向かっていた。したがって、労働者階級の関心に訴える政党を勇気づけ、政治統制という権力の魅力を与えるほど十分にリラックスしており、それ故に、全体的に革命より修正に向かい、下層階級の急進性を剝奪する結果になった。例えば、一八九八年から一九一〇年までの期間を超えて、デンマーク、スウェーデン、ノルウェーのスカンジナヴィア諸国には、重要な民主的大躍進が見られ、すべての一般男性の投票権によって選ばれ、さらに労働者階級の投票により重要な影響力を持った議会によって、効果的に統治された政府に権力が与えられた。いずれの場合にも、下層階級の利害に関するプログラムは次のようであった。すなわち、税制の改革は制度化され、社会保障要綱が導入され、労働条件が規定された。人々の民主的参加によって、こうした改革はスカンジナヴィアにおける新興社会主義運動のすでに発展していた中庸の民主主義的性格をさらに強化できたのであった。一九〇二年から一九〇六年までのイギリス首相アーサー・バルフォアが述べているように「社会立法はたんに社会主義立法と区別されるのみならず、真正面から対立する法であり、また最も効果的な解毒剤である」[11]。要するに、北西ヨーロッパにおける相対的に中庸な反対勢力の台頭は全体的にそれぞれの政治環境を映しており、それはまさに、ラディカルで権威主義的なロシアのボリシェヴィキが、自らの起因した反動的・抑圧体制を反映しているのと似ている。ドイツ連邦共和国の初代首相コンラッド・アデナウアーが述べたように、「当然どこの国にもそれ相応の社会主義政党が存在する」のである[12]。

1 教育

教育の有効性と内容はともに、ヨーロッパのエリートが一九世紀を通してかなりの注意を払った問題であった。一般に一八六〇年以前には、政府は、自由で安い教育を国民にあまねく有効に行き渡らせようとする努力を、ほとんどしなかった。教育が政府、教会あるいは任意組織によってなされた地域で、当局は現状維持に対する批判的な教材を除外し、下層階級に供されるカリキュラムは大幅に宗教と基本的な読み書きに限定するように干渉した。ヨーロッパのエリートたちによって、一般に同意されていたことは、大衆により多くの知識を授けようとする試みは、アホに与える無駄な仕事、あるいは卑しい仕事をするように運命づけられている族に、破壊的な考えや欲求不満を植えつけかねないというものであった。一八〇三年のプロイセンの政令では、「労働者階級の児童は教理問答《カテキズム》、バイブルそして賛美歌を読み歌えればよい、つまり神を畏れ、愛し、それに従って行為し、権威を尊ぶことである。これ以上のことを彼ら下層階級に詰め込もうとするのは、無駄で報いのない仕事をすることになる」。デンマーク王フレデリック六世は、一八三三年次のように宣言した。「農民は読み書きと算数を学ぶべきである。神、彼自身、そして他の人たちに対する義務を学ぶべきである。それ以上のものではない。さもなければ、農民は頭の中にこのことを記憶していればよい」。スペインの首相（一八五一〜二）ファン・ブラヴォ・ムリッロは、貧者のための学校を建設する提案に応じて、「諸君は六〇〇名の労働者が学ぶ学校を認可しろというのかね。それは私の治世にはよしてくれたまえ。考える人間ではなく、働く牛のほうがよい」と宣言した。特にロシアとカトリック系ヨーロッパにおける教会は、公式の学校教育の反破壊的指向を、むしろ強化できると期待されていた。ナポレオンは「宗教に顕現の神秘は見ないが、社会秩序の神秘は見える」と述べた。ロシア正教会の教理問答はニコライ一世の治世「神は権威、特に皇帝に対しては心の奥底から愛し従うように命令する」と教えた。それはイエスによって例証された「ローマ皇帝への忠誠のもとに生き、また死んだ。彼を死にいたらしめた判決に立派に従ったのである」を引き合いに出していた。[13]

およそ一八六〇年以降に政府が支持する学校が大量に設置された。一九一四年までに義務教育による開かれた小学校教育が、ロシアを除き、ヨーロッパで実質的に一般化していた。学校教育の拡大は、ある程度中産階級の自由主義者の利他主義を反映し、またかなりの部分は中産階級と上層階級のエリートの感情を反映していたのだが、工業の機械化と兵器類の進歩とともに、誰もが基本教育および学校で習うような一種の規律を受けられるようなところのみ、強国になりえた。例えば、保守的なドイツの新聞は一八七五年に「我々はドイツにおいて、国力を強化する基本的な方法の一つとして、またあらゆる軍事力の強化のために、教育を考える」と宣言した。さらに国立の学校教育は愛国主義的かつ民族主義的感情を吹き込むことができたし、下層階級の間に行き渡っていた破壊的理念を論破することもできたし、国民の中の最も恵まれない階層の中の粗暴な人たちをおとなしくさせる訓練もできた。一八三三年フランスの文部大臣フランソワ・ギゾーは、下層階級に初等教育を拡大することを支持したが、その理由は「群衆を啓蒙せずにおけばおくほど、ますます誤って指導され、破壊的になる」からであった。したがって彼は、小学校教育の一般化は「秩序維持と社会安全の最大の保障の一つとみなした。一八八五年のイタリアの文部大臣は小学校教育の目的を「可能な限り人民を教育することであるが、根本的には正直で、勤勉で家族にとって有効で、国家と国王のために献身するように教育することである」と述べた。イギリスの労働者階級の闘争的指導者ウィリアム・ロヴェットはきわめて適切に洞察しており、一九世紀が進行するにつけ、支配階級の多くの人々は、貧者に教育を施すことで、過去の対立者を側に逸らし、「群衆に、彼らに禁止していた知恵の路を、静かにしかも満足げに歩かせるに十分な程度に、知的な微光を与えること」と記している。[14]

ほとんどの国で〈開かれた小学校教育〉が実施されるようになった後でさえも、下層階級の児童は不利な立場に置かれていた。それというのも、一九一四年以前に開かれた中等ないし高等教育を供する国はなかったからである。それ故に、貧者は社会的に高いステイタス、給料、権力を獲得するに必要な高い熟達技量を達成するだけの余裕がなかった。第一次世界大戦の前夜、一四歳から一八歳までのヨーロッパの青少年の三パーセント以下が中等教育の学校に登録し、大学に入る年齢の青年の一パーセント以下が中等以上の高等教育（カレッジ・レベル）の学校に通っていた。下層階級への開かれた教育を否定することが、どのような結果をもたらすかについて、ロシアの文部大臣イヴァン・デリアノフは理解していた。彼は一八八七年の法令で、国家の援助を受けた中等教育学校に対し、馬車の御者、奉公人、料理人、洗濯女、小商店主といった人たちの子弟の入学を許可しないように指導した。その理由は「そのような人たちの子弟にとって、その生活基盤の地位を離れることは、まったく認められない」ことだったからである。フランスではギゾーが大衆に可能な小学校以上の教育を受けさせることに反対した。それは「自然の状況から大多数の若者」を方向転換させるかもしれず、また教育を受けた貧者に「大衆自らの平等感を嘲り、社会的地位を嫌悪するように仕向けるかもしれないからである。それこそまさに……もはや、苦労の多い身分の低い存在であることに満足しなくなるようにさせるものである[15]」ということである。

政府当局は、誰が学校で教育に携わるか、彼らに何を教えるべきか、誰が学校に通えるか、といったことに、より多くの関心を持った。こうして一八一九年プロイセン政府はドイツ諸国に呼びかけ、彼らの大学から「公共の秩序と平和に有害な不穏な理論あるいは現存の政治制度にとって破壊的な有害な理論を広める」ような教師を排除するように訓令した。一方、オーストリアのフランツ一世は、一八二一年に学校教師の代表者たちに次のように語っている。「私に奉仕する者は私が命令することを教えなければならない。このことができない者、あるいは新しい理念を取り入れる者は、立ち去れ、さもなければ私が追い払うであろう」。ナポレオン三世治世下のフランスでは教授は髭を生やしてはならなかった。髭は「アナーキーのシンボル」であったからである。数百名のヨーロッパの教育者は一九世紀に政治的理由から解雇された。時には大量のパージが行われた。例えば、一八五一年のフランスでは一五〇〇名の教師が解雇された。教師に対するこうした統制の程度は、一九世紀中には特に北西ヨーロッパでは、軽くなりつつあったが、ドイツやロシアのような多くの国では、学校に対する監督はきわめて厳しかった。一八八九年ドイツ皇帝ヴィルヘルム二世はプロイセンの学校教師に「社会主義および共産主義の理念の拡散」と戦うことを援助し、そして「いかに今世紀（一九世紀）に労働者階級の給料と生活条件がプロイセン王の指導的世話のもとに絶えず改善されてきたか」を生徒たちに示すように命令した。(16)

2　選挙権の制限

富により明確に差別する投票権の制限および既存体制を維持する権力を保証する不正選挙は、一九世紀ヨーロッパにおける下層階級に対する政治統制の中でも最も厳しい、広く普及した形態であった。しかしながら一九世紀初頭の多くのヨーロッパ諸国で、こうした差別機構は必要ではなかった。なぜなら、こうした諸国は絶対専制君主により支配されており、国民選挙などありえなかったからである。特にロシア、ハプスブルク帝国、デンマーク、スペイン、ポルトガル、イタリア諸国、大多数のドイツ諸国（プロイセン、バイエルン、ザクセンを含む）がその例であった。イギリス連邦、フランス、オランダ連邦（ベルギー、オランダ系ネーデルランド）、スイス、ノルウェーおよびスウェーデン王国（議会は別にあったが同じ王が支配していた）および少数のドイツ諸国に見られた非絶対専制諸国では投票権は明らかに富により決められ、国民のほんの一部の階層に限られ、全体的には五パーセントを超えることはなかった。例えば、フランスでは一八一七年投票権は年間直接税を最低三〇〇フラン払えば得られた。このことはおよそ二六〇〇万の人口のうち、選挙民をおよそ九万（〇・三五パーセント）に限定することができることを意味した。かりに成人が全員投票できたとして、フランス国民のおよそ五〇パーセントが参政権を与えられることになったであろう。しかし全ヨーロッパ諸国は貧富にかかわらず、女性への投票権を否定したので、貧者に対する選挙権差別を測る適切な基準は、投票権のあった成人男性全員が投票した場合の割合を対象にすべきであって、それはヨーロッパ全体を考えれば人口のおよそ二五パーセントにあたったであろう。

参政権差別が、一般的には現状維持を、特定な意味では特権として、伝統的エリートの政治権力と富を保持するように計画されていたことは明らかであった。このことはイギリスでは自由主義歴史家にして国会議員だったトーマス・マコーレーが述べているように、参政権の拡大は一般庶民のために「上等のコートを着、上等の家に住んだ大英帝国の男性の姿をことごとく消す」ことになるであろう。他方保守的なドイツの歴史家、ハインリヒ・フォン・トライチュケは、一般参政権は「役人より兵士の優越性、親方より徒弟の優越性、雇用者より労働者の優越性」に導くものとして、参政権の拡大を公然と非難している。選挙権を剥奪された人たちは、参政権の改革に関与したことから受ける利害関係をはっきりと理解した。一八五〇年フランスの急進派は一般参政権について「全兵器庫の大砲すべてよりもブルジョア階級にとって、命にかかわるもの」と称し、そして、次のように述べた。「選挙が民主的であれば、貧しい労働者の税金のすべては、太った猫と豚の銀行家によって、我々の共和国に支払われることであろう」と。一八六〇年代のイギリスの改革家は、参政権の改革は「コミュニティの大多数の物質的福祉」を改善する唯一の方法であったと宣言した。オーストリアの社会主義者ヴィクトール・アドラーは一八九三年出版された有名なパンフレットで、次のように述べている。オーストリアの労働者の搾取は、「まさにこの時期、上層階級にのみ利益をもたらす法律によって、永続的なものにされよう」としており、「オーストリアの国民の三分の二が総体として、議会の代表権を持たないが故に」事態が維持されている。(17)

立憲政府と選挙によって選ばれた議会は、一九一四年以前に結局はヨーロッパ全体に導入された。一九〇五年のロシアがその最後の国であった。こうした改革は、一八七〇年以前の参政権の拡張とともに、中産階級が政治問題における役割を要求した結果であり、ほとんどの国で一九世紀後半まで、厳しい財政上の制限により貧者の投票権は否定され続けた。また一八六五年、国民の八パーセント以下（成人男性の三分の一以下）は、オーストリア、ベルギー、ハンガリー、イタリア、オランダ、ノルウェー、スペイン、スウェーデン、イギリス連邦では投票できた。例えば、イタリアでは人口が二五〇〇万人を超えていたが、五〇〇万人しか投票権を持たず、他方、人口一六〇〇万人のスペインでは、わずか四〇万人が参政権を持っていたにすぎない。両方とも国民の三パーセント以下しか投票権を持っていなかった。

一九一四年までに、全ヨーロッパのほとんどの国は、全成人男性が参政権を持っていた（ハンガリーとポルトガルはおもな例外であった）が、それも多くは組織力のある、声高の、時には暴力的な労働者階級のストライキとデモに応えたものであった。しかしながら、この参政権の拡大は無効にされた。北西ヨーロッパの一部の国を除いたすべての国において、富裕な少数の手で統制されていた複雑な投票機構によって効果を失っていたか、あるいは選挙制度の調整によって弱体化されていた。要するに、ベルギー、オーストリア、スウェーデン、デンマーク、ルーマニア、ロシア、プロイセンなどにおける一八五〇年以降に使われた複雑な投票体制は投票権の価値を富によって決めていた。したがって、富める者による投票は貧者による投票より、多く計算された。ベルギーの有権者の高額所得者四〇パーセントが一八九三年以降選挙を効果的にコントロールし、ルーマニアでは一八六六年以降有権者の五パーセントの高額所得者がコントロールし、オーストリアでは一八六一年から一九〇七年までにトップ二パーセントが、ロシアでは一九〇六年以降高額所得者一パーセントが、プロイセンでは一八五〇年以後国民の一五パーセントの高額所得者が、それぞれの選挙をコントロールしていた。このような複雑な体制はまだ一般的ではなかったが、フランスでは一八八〇年頃まで、スペイン、ポルトガル、イタリア、ハンガリー、バルカン諸国においては、一九世紀を通して、体系的な投票制度の整備を行うことが、参政権の拡大が現状維持にとっていかなる脅威にもならないであろうことを保証した。これらの諸国の学術的歴史書を読むと、「選挙制度を整備したのは政府であり、政府を作ったのは選挙によってではなかった」。そして「選挙によって、常に圧倒的多数が政権を握った政府を支えてきた」というような文章の繰り返しである。この選挙欺瞞の研究はおそらくスペインで最も発展した。スペインでは政府機関紙は時折一八八六年におけるように、投票が行われる以前に選挙結果を発表した。ジェラルド・ブレナンの古典的な記述『スペインの迷路』はスペインの選挙手続きに関する分析を行っているが、その機知に富んだ記述のおかげで、抑圧されずに済んでいるし、少なくともスペインの地方で、第一次世界大戦後まで無傷のまままで残っていた。

公式の候補者を支持するよう信頼されえた人物のみが［選挙人の］リストに載せられ、そうした選挙人の数が十分でないときにはいつでも、同一人物が何度でもリストに記載された。時には死者の名前までが記載された［スペインでは聖書の中のイエスにより蘇った人物の名をとってラザロス技術として知られた］。かつて一つの墓地全体の七〇〇人の名簿が投票権を与えられ、生存中には読み書きができなかったにもかかわらず、全員が墓場で書き方を学んだと皮肉を込めて書かれたこともある。時にはこうした処理方法は十分であったとはいえ、時がたち、人々が彼ら自身の候補者を選ぼうとする真の願望を示し始めるにつれ、投票権のさらなる偽造が必要になった。それを行う最も単純な方法は、白票を投ずること（アクタス・エン・ブランコ）であった。投票委員会のメンバーは票を数えたことを証明し、知事が後で好きなように記入できる空白を残していた。もし何らかの理由で、それが不可能な場合は、警察が投票者を排除し、投票用紙が偶然破られたことにするか、あるいは強硬なギャングが投票箱を壊したことにしていた(18)。

選挙体系における差別を持続させることは、一八一五年から一九一四年のほとんどあるいは全期間を通じて、ほとんどのヨーロッパ諸国において、上層階級あるいは上層階級と中産階級双方のコントロールのもとで、政治権力および政策がしっかりと維持されていることを確認するために、きわめて重要なことであった。かりに、一八一五年ヨーロッパ中のある政治権力が専制君主と土地所有貴族によって独占されていたとして、一九一四年までに普通選挙権と自由選挙がすでに導入されていた北西ヨーロッパの一部の国を除き、彼らの権力を支える基盤を、最も富裕な自由専門職および商人階級の合弁まで多少拡大したとしても、貧者はいまだ重要な権力あるいは影響力の及ぶ範囲からシャットアウトされていた。例えば、ハンガリーの立法府は遅くとも一九〇〇年には（この年国民の六パーセントしか投票権を持たなかった）貧者の願望にはまったく関心を示さなかったという事実を説明するにあたり、傑出したハンガリーの保守的政治家アルベルト・アポニ伯爵は一九世紀ヨーロッパに共通した一般的性格について、かなり真剣な洞察を行い、「一人たりともメンバーの選出は労働者の参政権に依存していない」ことを指摘している(19)。

意味のない選挙が、政治権力を握った階級の行動と庶民階級の欲求との間に作り上げた不明瞭な関係については、スペインの社会評論家にして文芸評論家のオルテガ・イ・ガセットによって、実に的確に把握されている。彼は一九〇〇年頃のスペインの政治情勢を「幻の思想を防御し、新聞の影によって助けられ、幻覚の内閣を組織する幽霊政党《ファントム》」を形成していると表現した。とはいえ、政治権力から大衆を排除した結果起こることには、きわめて現実的なものが含まれていた。限定した選挙権ないし参政権制度を通して得た権力で自らを維持した政府は、軍事計画、王宮、政府の記念碑的建造物、国家官僚に金を注ぐ一方で、都市および地域社会の貧困階級の教育と欲求をほとんど無視してきた。一八七〇年頃イタリア、プロイセン、ロシアはみな、教育には資金を投ぜず、軍隊には教育の一〇倍も資金を費やしており、オーストリアは学校教育より警察に二倍も資金を使っていた。一八九四年ブルガリアで軍隊に使った金額は、文部省、裁判所、内務省、農林水産省の全体に使った費用の総体を遙かに超えていた。

一九世紀ヨーロッパにおけるほとんどの諸国では、少なくとも、参政権が貧者にも拡大されるまでは、下層階級は圧倒的に税金の重圧の大部分を負担しており、その税金は全体として、塩やパンのような基本的な消費物資に重く課税され、一八七〇年以降までのほとんどの諸国では、下層階級が軍隊の位を満たし、富裕階級は徴兵制からは正式に除外されているか、もし選挙で当選すれば、兵役に関しては代理人を金で買うことができた。このように一九世紀を通して、スペインで十分豊かであれば、徴兵を逃れて自由を金で買うことができた。その結果、一八六二年に籤で徴兵されたスペイン人の三〇パーセント以上が徴兵を逃れた。イタリアにおける限定された選挙権に関するコメントおよびその結果としてもたらされる国家政策における不均衡は、一八八一年、以下のように宣言された。

国民の大多数、つまり全人口の九〇パーセント以上が、制度から疎外されていると感じており、自らを国家の臣民と見ており、血と金で国家に奉仕させられているが、国家の本質的で生きた部分を形成しているとは感じていないのみならず、国家の存在と発展に対しても、いかなる関心も抱いていない。[20]

3　集会と結社の自由の制限

ヨーロッパ諸国のほとんどの政治体制は、一九世紀全体を通して、あるいはその大部分の時期に、集会と結社の自由を厳しく制限していた。一八八〇年までにこうした自由は北西ヨーロッパでは、それなりに合理的によく保証されていたが、それ以外のところでは第一次世界大戦あるいはそれ以降まで、法的あるいは実質的に厳しく制限されていた。制限の厳しかった諸国では、社会主義者、急進主義者、組織労働者は、平和的であろうとなかろうと、北西ヨーロッパにおいて諸条件が大いに改善された後でさえも、厳しい警察の嫌がらせを受けていた。

一八四八年以前、集会・結社の自由への厳しい制限は、ヨーロッパでは実質的には一般的であったが、ほとんどすべての組織と集会は政府機関の認可を得る必要があった。このように一九世紀初頭にオーストリアでは二つ以上の楽器を伴うオーケストラ（アンサンブル）の演奏するダンスは、正式の認可を必要とした。一八四八年から一九一四年までの間、ほとんどの国は集会と結社の自由の原則を正式に受け入れたが、南西ヨーロッパ、中央ヨーロッパ、東ヨーロッパ諸国の政府は実際には、そうした活動に厳格な制限を課すとか、あるいはしばしば憲法上の保障を停止することにより、またその両方により、集会・結社の自由の権利を実行することは、きわめてまれか、あるいはほとんど不可能であった。これらの地域では、政府の規制に応ずるために、組織は会員、計画についての詳細な情報を提出し、警察の監視下に置くために書類を提出しなければならなかった。そして警察当局は一般の集会および組織を「市民の安全」を脅かすとか、集会に関して提案された議事項目は脱線しているといった曖昧な理由で、解散させる権限を与えられていた。政治的緊張の強かった時期には、憲法上の保障は簡単に停止された。

ドイツでは、特別な法令により一八七八年から一八九〇年まで社会主義組織を実質的に非合法化したので、社会主義者はその後絶え間ない嫌がらせを受けた。例えば一八九〇年から一九一二年まで、社会主義に対する弾圧は、ジョン・モーゼスによれば、ドイツ体制の「国内の中心問題」になり、社会主義的ジャーナリスト、政治家、労働組合主義者は、出版、発言、政治的組織、労働組織活動を行った廉で、合計一四一〇年の禁固刑を受けた。いみじくもノーマン・ストーンが悪名高いプロイセン警察について「小心と執念深さ」として記述しているが、数十年間いかに多くの人物が、一八四八年革命で処刑された人たちの墓を訪れたかを、綿密に記録しているのである（一九〇三年に一万三五人が訪れ、二八人によって捧げられた花輪が政治的に屈辱であるとして取り除かれた）[21]。

イタリアでは憲法上の保障は一八六〇年から一九〇〇年までは停止を繰り返しており、第一次世界大戦勃発寸前まで、社会主義者は活動ができない状態だった。一九〇〇年から一九一四年まで、スペインでは毎年どこかで戒厳令が発せられていた。激しい迫害により、ハンガリーで社会主義的活動はほとんど行われていなかった。またここでの政党活動に対して第一次世界大戦以前の最後の数年間、合計二五六年の禁固刑が言い渡された。ロシアでは集会と結社の自由の原則でさえ、一九〇六年まで認められず、実質的にはこれらの自由は帝政体制が崩壊するまで全国の大部分の地域で無視されるか、正式に停止された。「秩序と社会の平穏」を保障する必要のある、緊急時の国家の布告を権威づける一八八一年の「臨時布告」は、常に更新されていた。例えば、「肺結核と社会的原因」と題する公開講演会でさえ、ロシアでは一九〇六年に禁止されていた。一九一三年に小学校における文法と自己表現における新しい傾向について議論するヤロスラヴルで召集された教員集会も、「一般庶民の平穏を乱す」恐れがあるという理由で禁止された[22]。

組合を結成し、ストライキをする労働者の権利は一般的な結社の自由よりも、ほとんどのヨーロッパ諸国において、より厳格に長期にわたり規制されていた。このように労働組合はベルギー、ドイツ、オランダでは一八七〇年頃まで、フランスでは一八八四年まで、ロシアでは一九〇六年まで違法であった。一八二五年から一八六四年まで、一万三〇〇〇人以上のフランスの労働者は違法ストライキにより起訴され、そのうち、一万人ちかくが違反の廉で投獄された。最も寛容なヨーロッパ諸国においてさえも、労働運動に対する最初の反応はきわめて敵対的であった。ノルウェーにおいて、大衆の組合運動は「国家の安全を脅かす犯罪」だという罪を捏造し、一八五〇年撲滅され、さらにスウェーデン史における最初の重要なストライキは、一八七九年軍隊と実力行使により粉砕された。労働組合およびストライキは一八九〇年までにはヨーロッパにおいては、ほとんどどこでも技術的には合法化されていたが（ロシアはおもな例外）、組合活動はその後実際には北西ヨーロッパ諸国の一部（特にフランスとベルギー）そして実質的には他のすべての地域において、実に厳しい公的な制約と嫌がらせに直面し続けた。そうした諸国のほとんどの政府がとった態度は、ハンガリーの内務大臣により表明されたことで代表される。ハンガリーでは、ストライキと組合を合法化したのは一八七二年であるが、大臣は一八七五年に労働者の代表に「諸君は工業労働者ではないのか。そうであるなら真面目に働きたまえ。労働以外のことで悩むことはないはずだ。諸君には組織など必要ない。もし諸君が政治とかかわるなら、決して忘れることのない教訓を諸君に教えよう」と語った。ドイツでは自由主義歴史家にして社会改革者ルーヨ・ブレンターノが「労働者には結束する権利がある。しかし、もしその権利を利用すれば罰せられる」と見た。その他ドイツの労働者のための弁護士フィリップ・ロトマーが述べているように、「労働組合は自由だ。無法者と同じくらい自由だ」。ロシアでは一九〇六年、労働組合の合法化により、一年間に三〇万人の組合員を擁するおよそ一〇〇〇の組合を結成するにいたった。しかし一九〇七年以降政府は何百の組合を解体させ、組合員は一九〇九年までに六〇パーセントまで減少した。ロシアの組合は、ある記録によれば、時には「組合員の五〇パーセントから七五パーセント」からなる秘密警察の手先により精査され粉砕された[23]。

　反体制集団は結集し、結束し、組合を組織し、ストライキする権利に課せられた多くの制限を、時には避けることができた。例えば、ロシアでは一九〇六年以前の一〇年間にストライキは公式には合法化されたが、およそ一六〇〇もの非合法のストライキが記録されている。さらに明らかなことは、フランスでは数百のアングラ労働組合が一八八四年に合法化される以前に組織されたことである。非公式の組合は合法的な協力戦線、特にいわゆる「互助会《ミューチュアル・エイド・ソサエティ》」のような、労働者の疾病、失業および老齢化に対する援助を目的とした団体の背後に隠れて活動することで、しばしば生き残ってきた。多くの政府は公共救済経費を軽減したので、こうした慈善団体に対して寛容であった。フランスのトゥールーズでは一八六二年九六の互助会があり、労働者人口の三分の一以上が援助を受けており、検察官は「労働者階級の労働組織により提示された危険は、互助会の保護のもとに組合を組織し、労働者を厳しい内規に従わせ、しばしば雇用者を労働者のなすがままにさせる」と、上司に注意を促した。同じように、合唱団、科学団体、農業団体のような認可されているおそらく「非政治的な」組織は、しばしば禁止されている政治組織の協力戦線としての役割を果たしていた。このため、イタリアのサルディニアで認可されていた農業団体は、ただちに激しい政治活動をするようになった。A・J・ホワイトの言葉を借りれば、「もし彼らがキャベツについて語り始めれば、それはついさっきまで王について話していたことであった。ドイツの社会主義指導者アウグスト・ベーベルは、ドイツの議会に一八七八年に社会主義活動を禁止する準備中に、そうした禁止は強要できないと警告を発した。すなわち、

彼らは仕事場、工場、家族の集まり、そしてパブなど、どこにでも集まるだろう……これをコントロールするのは不可能だ。誰もが二ないし三、あるいはおそらくもっと多くのパンフレットを持っているだろう……彼らは田舎や都市の別の離れたところの友人や知人を訪れ、そうしたパンフレットを彼らに配るであろう。そうした活動を止めさせることなどだい無理であることがわかるに違いない。

ベーベルの予言は正しかったことが証明された。一八七八年から一八九〇年までに社会主義組織はドイツでは当時非合法だったのだが、同時期、J・L・スネルは次のように当時のことを記している。

協力戦線は歌唱クラブ、煙草協会、科学研究会とか体育協会といった形で結成された。こうした団体の一つが社会主義運動の温床になり、禁止されるや否や、警察が不満を述べているように、新しい組織が新しい名称で姿を現す……秘密の集会は都会の近くの森や小さな村で開かれ、また別のものは、赤いリボンをつけた花を持って数百人が、誰でも参加できるピクニックを開いた。団体の指導者の葬儀は政治的デモンストレーションになった。警察は最も印象的なものとして、一八七九年八月にハンブルクの忠実な支持者二万人の参列者の集まりが、政治的デモになったとみなした(24)。

以下の各章で政治検閲について論ずることからわかるように、同じようなやり方でうまく検閲をすり抜ける技術は、出版物と芸術の検閲で相手の裏をかくために、しばしば使われた。しかし体制側の試みた挑戦的態度は、しばしば大きな因果応報を伴った。フランスにおけるストライキ実行者が投獄されたこと、さらにドイツにおける社会主義活動家が投獄されたことに関連した記述に見られたように、反体制活動は合法的であろうと非合法であろうと、平和的であろうと暴力的であろうと、厳しい制裁を受けた。何十万のヨーロッパ人が一九世紀に投獄され、あるいは反体制活動に対する国家の報復から逃れるために、国外に亡命した。そして数千人が平和な反体制活動への制限を否定してたたかれ、殺害されさえした。ジョン・グーチが結論として述べているように、一九世紀のヨーロッパにおける軍隊の第一の役割は「国内の抑圧を効果的に実行する検察官」として奉仕することであり、多くのヨーロッパ体制はストライキやデモに遭遇した場合には、相手かまわず軍隊の力に訴えることであった。チャールズ・ティリーが述べているように、上記のような抗議運動中に暴力が発生した場合のほとんどの例において、平和が破壊されるのは「当局が介入したとき、そしてそうした妨害行為で多数の死傷者が出るのは、反乱分子ないしデモ隊によるよりもむしろ、軍隊や警察によってなされたときである」。一九〇六年から一九〇九年までにフランスの軍隊と警察により一九名のストライキ参加者が殺害され、七〇〇名以上が負傷した。ペーター・スターンズの記述によれば、ベルギーとドイツでは、ストライキは「ストライキのための集会に対しては騎兵隊による攻撃」、および「騎兵隊が、ヘルメットも被らず無防備のストライキ参加者の頭を、刀でたたく流血の攻撃」の目標となった(25)。最も厳しかったロシアの抑圧体制では、軍隊は一八九〇年から一九〇五年までに、一般行政当局を助けるために二五〇〇回も出動している。ロシアにおける兵隊は一八九二年、一九〇三年、一九一二年の三つのストライキを鎮圧するためにのみ、三〇〇人以上を撃ち殺した。一九〇五年革命的暴動を鎮圧したとき、一万五〇〇〇名を殺害していた。この暴動は一九〇五年一月九日の「血の日曜日」の大虐殺が契機になって勃発した。このときは参政権の拡大および労働条件の改革、公民の自由《シヴィル・リバティーズ》、すなわち思想、発表、行動の自由の改革を求める穏やかな抗議運動だったのだが、これに対して軍隊が発砲し、一〇〇人以上が殺害されたのである。

一九世紀ヨーロッパ体制により、教育、参政権、集会と結社の自由に課せられた大規模な制限は、政治検閲が、特に下層階級による反体制活動をコントロールするために使われた多くのテクニックの一つにすぎなかったことを、明確に示している。この問題に対する学術的関心のほとんどは、出版に対する検閲に焦点を合わせているが、ヨーロッパの権威当局は、芸術の与える影響力を極度に怖れていた。それは識字率の低い時代に文字の読めない人にも近づきやすく、印刷されたものよりインパクトが強いと思われたからである。本書のこれから述べる内容は、一九世紀ヨーロッパにおける活字出版物および芸術の両方に対する政治検閲に焦点を合わせている。

第二章　出版に対する政治検閲

「戦争遂行にあたり爆弾は投下しない。これに代わり労働者集団に新聞を投下する」と一九一〇年九月二七日付『ハンブルガー・エコー』紙は宣言した。(1)

この宣言は、一九世紀におけるヨーロッパの歴史の重要なテーマであった、支配階級とその他の勢力間の「戦争」において、出版物が重要な役割を果たしていたという周知の考えを表している。交通と通信が比較的初期段階であり、また少なくとも一九世紀初頭のように政治が広く貴族の独占状態であった時代には、出版物は人気ある政治的対抗勢力を組織するあらゆる試みの支えとなり、中産階級および下層階級が政府に影響を及ぼし、一般的な認知を獲得する可能性において、数少ない手段の一つであった。したがって、一九世紀に出版の自由をめぐる主要な闘いが、多くのヨーロッパ諸国で繰り広げられたこと、そして保守体制が多くの時間と努力を、反対派の、特に労働階級や社会主義を指向した出版の圧迫に費やしたことは、驚くに値しない。

ヨーロッパの伝統的な支配勢力は、概して自由な出版を嫌悪した。イタリア諸国の中でもナポリは、一八四八年の革命が失敗に終わった後、ある大学教授が逮捕されたが、この教授は、「人類の三つの敵はペン、インク、紙だ」と督責者からいわれたという。一八一九年のカールスバート令を起草し、その後三〇年にわたりドイツとオーストリアの出版を抑圧することになる人気のないオーストリアのクレメンス・フォン・メッテルニヒ外相は、新聞を当時の「不幸を招くもの」で「最大、そしてひいては最もうるさい悪」と規定した。イギリスのリヴァプール卿反動内閣（一八一二～二二）での内務大臣だったヘンリー・シドマウス子爵は、出版は「自由を負っている政体に対する、最も有害な、強力な敵」とした。イギリスの王ウィリアム四世は、新聞は「誤った、気まぐれなものすべてを運ぶもの」との不平を口にした(2)。

　出版は、ヨーロッパ社会の健全性を脅かす疫病や毒物とよく比較され、ジャーナリストは保守派の多くから堕落した職業とみなされていた。そのため、一八二〇年代のフランスで反動勢力の代表格だったデボナル子爵は、検閲を「疫病の広がりを防ぐためにとられる措置のような、誤った考え方の波及から社会を守るための衛生予防である」と擁護した。フランスの保守系雑誌『ラ・シャルジュ』の編集者は同様に、一八八三年五月一九日付でパリは「ジャーナリズム」に汚染されており、「衛生予防を怠ったための流行病」と規定した。ロシアでは一九一七年に保守派の代弁者が、「悪書は腐った貯蔵品のように食料を死の危険性をもたらす毒薬に変えてしまう」と指摘した。教皇ピウス九世は、生活の中で広く信じられていた考えを否定した八〇条からなる謬説表《シラバス・オブ・エラー》（一八六四）で、風俗と精神の堕落に通ずる可能性があるものとして、表現の自由を退けた。一八二八～三〇年にイギリスの首相を務めたウェリントン公は一八二七年、他の主要な政治家に対し、「私はニュースライターという種族が嫌いだ。彼らとかかわって手を汚すよりは、彼らの虚偽により苦しむほうがよい」と述べた。ベルギーのレオポルド一世は、一八三〇年の憲法に盛り込まれた新聞の自由に対する保障を明らかに侮蔑し、「出版の自由が認められている新聞の全編集者が集められたところで、大切にしている犬の世話を任せることができないのみならず、ましてや名誉や名声を託することもできない」と、従姉妹のヴィクトリア王女（後のイギリス女王）への手紙で指摘した。[3]

保守派は事実上、世の中のすべての悪を新聞のせいにした。一八二四年のドイツ同盟議会でオーストリア代表は、新聞は「すべての権威を侮辱し、すべての原理に疑問を示し、すべての真実を再構成しようと試みることで、言い表すことのできない悪をもたらす」と述べた。ドイツのバーデンの当局者は一八三二年に同じ議会で、新聞は「ドイツにあるすべてのものを破壊することを」模索していると述べた。フランスのコレーズ県知事は、上司の内務相に一八二九年、新聞は「聖なる、あるいは力のある、あるいは尊敬すべきすべてのものに対する火災や毒薬に相当する効果を、今日有している」と報告した。フランスのシャルル一〇世は、結果的に自らが放逐される革命につながる一八三〇年の大規模な出版弾圧の直前、新聞は生来、いつでも無秩序と暴動の道具にすぎなかった、との報告を閣僚から受けていた。ロシア秘密警察の諜報員は一八五〇年代に上司に対し、自由な世界は「今日、帝国内で見られる問題の主因だ」と報告した。[4]

ジャーナリズムに負わされたこのほかの罪として、保守派は新聞を、部数を伸ばすためにニュースをセンセーショナルに表現し大衆読者に迎合するため、基本的に無責任で嘘と不安への扇動に満たされたものとみなしていた。フランスの政治家、ジャン・マルティニャックは下院で次のように述べた。

新聞の関心は、扇動、事件の連続性、恒常的な不安と期待の状態に、置かれている。好奇心は、事件と不透明性のみによって駆り立てられる。新聞にとっての存在原則と成功要因は、好奇心にある。単調な秩序や平和は新聞にとって致命的だ。熱情による支配が終わり、長らく見られなかった調和が人類に戻れば、各新聞社はもはや繁栄し生き延びることはできないであろう。

新聞がセンセーショナリズムを追求し部数を増やすことにより利益を得ていることには、一部のリベラル派さえも嘆いている。スイスのリベラル派の歴史家でジャーナリストのジャン・シスモンディは一八二三年、出版の目的は「公益ではなく、最大多数の読者を得ることにある」と嘆いた。ヨーロッパで言論の自由の原則を擁護していたひとりジョン・スチュアート・ミルは、イギリスのジャーナリストは「最も堕落し、すべての職業の中で最も品位に欠けている。なぜなら、気取り、偽善、他人の劣等感への従属が、職業として売春宿の番人より上の他のどの職種よりも求められるからだ」と手紙に記している[5]。

保守派は出版には多くの罪があるとみなしていたものの、権力を持つ政府を絶えず批判することで最大限に配布されていたことは明らかで、これは既存の秩序に対する実質的な脅威になると確信されていた。このためナポレオンは、「敵対的な新聞四紙は一〇〇〇の軍勢よりも脅威」で、「自由な出版を容認すれば、政権は三カ月ともたないだろう」と述べた。イギリスの主要な政治家グレンヴィル卿は一八一七年、「今日の扇動的な著述家は、邪悪かつ不敬な読み物で国を埋め尽くし、政府が誰により統治されているかではなく、政府が存在すべきかどうかを問題としている」と非難した。メッテルニヒは一八一九年、ドイツのすべての政府は「出版物は既存の全政府に敵対する勢力」と結論づけたと記述している。このような敵対主義は、反対するジャーナリストが自らの力を増勢する望みをたんに反映したものだとみなされることも時にはあった。フランスの王党派、アルフレッド・ネッツマンは一八四二年の出版物で、一八一五〜三〇年のブルボン王朝に対する新聞の抵抗について、「ものごとはあれか、これかの扱い方の流儀」は気にかけず、「［むしろ］自分たちがそれを扱ったのだということを確かにしたいと思う」人々により主導された、と結論づけた。(6)

保守派にとって、新聞の自由によりジャーナリスト支配の体制につながることよりも怖れていたことは、下層階級が支配することにつながる、という点だった。新聞は、政治問題が大衆にとって一般的な関心事であるかのように主張していたが、保守派は大衆を、このような事態にかかわるには明らかに無能であるとみなしており、一八六〇年以前のヨーロッパにおける大半の体制下で大衆は、投票権の獲得や議員候補となるための厳しい収入制限により、投票したり政治家になることはできなかった。この厳しい制限に言及して、デボナル子爵は一八二〇年代に、「地主が七〇〇〇〜八〇〇〇人規模の政府では、社会の最上級から選抜され、王国内のあらゆる部分から毎年集まり、権威の下で会合を持ち、必要なことを話し合う。ここに政治的な新聞が必要だろうか」との問いを投げている。大衆が公的な問題の情報を与えられる権利があるとの考えを持てば、これらの問題について知る権利を徐々に要求し、大衆の無知と強欲により公益（もちろん保守派にとっては彼らの利益と謀らずして一致するとみなされている）を脅かすと、保守派は明らかに感じていた。新聞の自由に対する基本的な保守派の論議は、イギリスの出版許可官（つまり検閲官）のロジャー・レストランジが一六三三年に、直截に表現している。

『パブリック・マーキュリー』（非政府系新聞）は、私の支持を得ることはありえない。なぜならこれは民衆に上層階級の計画や実行を熟知させるということにより、独断的かつ詮索過剰になり、欲望だけでなく、ある種の見かけの権利と認可を与えることになり、政府に干渉することになる。

特に下層階級向けの新聞はひときわ怖れられた。英国の保守派エレンバラ卿は、一八一九年に議会に提出された、先鋭的労働者階級向け新聞を葬ることを目指した法案を擁護して、「貧民新聞」を次のように評した。

真実にはほど遠く、一連の虚偽と悪意を絶えず送っているだけだ。……これにより甚だしくかつ最も悪質な虚偽により下層階級につけこむ欺きや錯覚から害が生じるため、この急な流れを除去する何らかの措置を講じないと、国家の最大の利益が最も大きな痛手を被る恐れがある。

エレンバラ卿は、この急な流れが除去されなければ社会が完全に転覆し、指導的な政治家は糸を紡ぎ、政治家はジェニー紡績機を紡ぐという事態につながるだろう、と警告した。(7)

保守派が出版に対処する提案は、時には過激なものであった。一八世紀フランス啓蒙思想家のヴォルテールは、保守派の出版への憎悪を風刺するため、偽のオスマン令を用いた。これによると、「印刷は非道な発明」として、このように「思想の普及を簡素化することは明らかに無知をなくすことにつながる」として、これを完全に禁止し「これで国家の守護者はよく監視できる」とした。一九世紀に一部の政治家は、ヴォルテールの見方が空想ではなかったことを示した。例えば一九世紀半ばの大半、スペインの政治を支配した独裁者ラモン・ナルヴァエス将軍は、「新聞を没収するだけでは不十分だ。悪しき新聞の息の根を止めるにはジャーナリストを殺さなければならない」と述べた。メッテルニヒの秘書官フリードリヒ・ゲンツは、「出版の乱用を阻止するための方策は、何年にもわたり何も印刷しないことである。この金言を規律とし、短期間のうちに神と真実に向け立ち返るべきである」と一八一九年に記

している。(8)

保守派が出版の自由を恐れていた一九世紀、ヨーロッパの自由派や急進派は、一八世紀の啓蒙主義における主要テーマの一つであった考え方を尊んでいた。啓蒙思想の集大成『百科全書』では、「人間が考え方を思索し書き記すことができないいかなる国も、愚鈍、迷信、蛮行に陥ることは避けられない」と指摘した。イギリスの哲学者デーヴィッド・ヒュームは、出版の自由は当該国が専制君主の策略を食い止めるための「すべての学問、機知、思潮」を備えることを可能にする、と述べた。ロシアの改革主義者アレクサンドル・ラジーシチェフ（エカテリーナ二世によって、その著述が原因で投獄された）は、出版の自由があることは、「政策や彼らの愚行や不正が暴露されると困るから」、為政者を「真実の道から外れないように」させると断じた。(9)

一九世紀に中産階級および労働者階級の間では、出版の自由は徐々にすべての病根を解決する力になると見られるようになった。この力がひいては出版への規制撤廃要求を促進した。『エディンバラ・レヴュー』は一八二一年、「真の出版の自由は、すべての知的な光の泉で、人類の偉大なるものの源である」と称賛した。イギリスのホイッグ党（自由派）はこの時代、次のような言葉でよく乾杯し酔いしれた。「出版の自由は、呼吸している空気のようなものである。これがある限り、我らは死なず」と。公人としてのほとんどを出版の自由擁護に費やしたフランスの著述家フランソワ・シャトーブリアンは、「出版の自由は今日ではすべての憲法である。不名誉に対する慰めとなり、抑圧されることへの怖れという点で抑圧者を規制する。規範の守護者であり、不公正に対する保護者である。これがある限り失うものはない」と指摘した。アイルランド生まれの劇作家リチャード・ブリンスリー・シェリダンは同様に出版の自由の力を称賛した。「腐敗した上院、下院、陪審に対して」彼は宣言する。「あらゆる種類ないし形態の圧政に、出版の自由を対置させれば、イギリスの自由は揺らぐことはない」。ドイツの自由主義指導者カール・フォン・ロテックは同様に、出版の自由は「力によらず、たんに足枷なき公民の意見にもとづき、人間的理性という権威に指示された聖なる判断による、真実と正義の勝利を保証する」と一八二〇年に断言した。フランスの新聞『レガリテ（平等）』は一八五〇年に発禁処分となったが、最終号の見出しには「専制を打ち倒す新聞の自由よ永遠に」とうたった。[10]

労働者階級にとって新聞の自由は、教育と究極的には社会参加への思い切った変化をもたらすとみなされていた。イギリスの労働者階級の改革者サミュエル・スマイルズは、「労働者が自らを高揚し、教育し、解放しなければならないことを教えるために、教育者や新聞を利用することになる」と論じた。あるイギリスのストライキ参加者は一八四〇年にその詩で、新聞は「奴隷を放免するための機関」とし、「真実と正義が切望されるときにこれを拒否できるか」と問いかけた。一八四〇年にフランスのコルムナンという名の弁士は、ストラスブールに集まった大群衆に対し、現代の活字印刷を発明したグーテンベルクの像への献身を呼びかけ、出版の自由は不遇の人々を救うことになると述べた。

> これまで為政者は弾丸の重みの下に人々を抑圧してきた。いまや印刷機械の力強いシリンダーから昼夜多くの印刷物が解き放たれ、河を渡り要塞・税関を越え、山や海を乗り越える。新聞の知識の邁進で無知と専制を攻撃する。そう、知識は平和な軍隊のように未来の戦場を進むであろう。知識のプロパガンダと新聞の自由により乗り越えられるのだ。

イギリスのジャーナリスト、フレデリック・ナイトは同様の結論にいたった。「刊行物が豊かなところには、人々に力、知識、そして富がある。刊行物がほとんどなければ、実質的にはたんなる奴隷状態に多くの人が置かれている」と。ロシアの革命指導者レーニンは、新聞の発展を社会主義者の第一課題と考え、一九〇一年の記事で以下のように論じている。「新聞はたんに伝道者の集まりや扇動者の集まりではなく、組織する者の集まりでもある」と。また彼は次のように説明した。

定期的に新聞を供給し定期的に配布するというたんに技術的な課題だけでも、統一党における地方組織間のネットワークの必要性が生ずることになる。これら地方組織は、絶えず相互の連絡を維持し、事態の状況を把握し、全ロシアでの任務における詳細な機能組織として絶えず遂行することに精通し、多面的な革命的行動の組織においてその強度を試すことになる。(11)

ヨーロッパでは多くが、新聞はほぼ所属する階級の利益に対して利点あるいは脅威になるとみなしていたが、一部では階級闘争を終焉させる魔法のような道具で、究極的には全国民の神秘的な統一をもたらす、とみなしていた。一八三〇年代に新聞税の反対闘争をしていた完全な新聞の自由を求めるイギリスの労働者階級の擁護者は、このような自由は「全人類の自由」をもたらし、「内部的な不一致、動揺、争い」は永遠に消滅すると断言した。同様に、フランスの自由派の歴史家ジュール・ミシュレは、新聞を崇高な任務に満ちた現代の「聖なる箱船」とし、足枷のない新聞はフランス社会に「道義的統一」をもたらすと一八四七年に指摘した。

新聞はユニヴァーサルな媒体ではないのか。郵便局からは、異なった意見を掲載した新聞が無数に配送されるのが見られ、壮観だ。これらは多様な意見を代表し、各派の流儀、議論の声を遠く離れた領域まで運び、それでも言語と知識のある種の統一を調和させてしまう。国民的な精神がいまや、この素晴らしいメカニズムにより伝達されていると信じない者がいるだろうか。

カール・マルクスでさえ、新聞の自由の長所について論じるときは、神秘的な狂喜に動転しているように見える。一八四二年に彼は次のように書いた。

新聞の自由は、人々の精神を常に開眼させることであり、人々自身の具体化された自信であり、個人と国家および世界を結ぶ明晰な帯であり、物質闘争を知識闘争に変容させて原材料の形態を理想化する組織化された文化である……。それは普遍、偏在、全知である。それは理想的世界で、そこは現実のものから流れ出て、豊かになり活気ある新たなものとなって逆流していく。(12)

出版の自由の要求は、一九世紀を通じて自由派の中産階級や急進的な中産階級および労働者階級にとって主要なスローガンとなり、一八三〇年のフランス、ベルギー、ドイツにおいて革命的な動乱で主要な役割を果たした。また一八四八年に中央ヨーロッパ全土を揺るがした革命や一九〇五年のロシアの革命でも同様であった。出版の自由をめぐる論争が革命にいたらなくても、より広範な民主化への要求の中で重要なシンボル的問題となることが多く、その解決に向けてより全般的な改革への道を開く一助となった。例えばデンマークのフレデリック六世が一八三〇年代に出版への新たな規制を検討し始めると、一〇〇人の当局者や大学教授を含めほぼ六〇〇人の国民が、ただちに抗議の請願書に署名した。フレデリック六世が人々にとって良いことは「我々だけが知っている」と返答したため、反対派が形成された。ある歴史家は既製の「空虚な独裁制の象徴」と呼び、すぐに五〇〇〇人もの会員を集めた「出版の自由の適切な利用を目指す協会」形成につながった。フレデリック六世は厳しい新出版法を一八三七年に制定し、主要リベラル紙の『フェドゥレランデット』*Fædrelandet* を容赦なく責めた（多額の制裁金を科し一八四三年の六カ月間には発行部数の一〇パーセントが没収された）が、前出の協会はデンマークの民主主義化に向け注目される存在となった。デンマークに出版の自由をもたらしただけでなく、同国をヨーロッパの主要独裁国から平和裏に民主主義の産声を上げる国に変容させた一八四五〜九年の改革につながる、民間の圧力形成に主要な役割を果たした(13)。

出版の自由に向けた戦いは一九世紀のヨーロッパで民主主義に向けた戦いの中で主要テーマであったが、全国民がこの問題に熱狂していたと示唆するのは誤解につながるであろう。一九世紀終盤まで出版の自由の概念は国民の大部分にとってほとんど意味をなさなかった。大半の人々は、ほとんどの時間と収入を生活の基本的な部分に費やしていたため、新聞を買って読むという贅沢は許されなかった。あるイタリアの改革者は一八五〇年代後半、「読み方を知らず、読みたいとも思わない哀れな人々にとって（それが彼らの過ちとはいわない）、塩に対して最低限の課税をする政府は、出版に最大限の自由を認める政府よりも好ましいと見えるであろう」と嘆いた。ドイツ・ラインラントの農民は一八四八年、「プレス・フライハイト（出版に自由を）」というスローガンが、地主の「残酷な」要求からの自由を意味するということは理解していた。ラインラントのエルベルフェルトでの集会で労働者は演説者をやじっていたという。「出版の自由が何だ、食べることの自由を求めているのだ！」*Was geht uns Pressfreiheit an? Pressfreiheit ist es, was wir verlangen!*(14)

I　出版の自由に対する規制の進展

現代の印刷物出版の発展と出版への抑制のテクニックは、事実上同時に進展した。ヨーロッパでグーテンベルクが最初に印刷技術を発明しておよそ一〇〇年後の一五六〇年までに、印刷物に対する認可と検閲制度はヨーロッパ全土に存在していた。ヨーロッパの多くの支配者による態度は、ローマ教皇アレクサンデル六世の言葉に表れている。教皇は一五〇一年、印刷が「悪質な作品の影響が拡大するのを許すことになれば非常に有害」となる可能性があり、それ故に「印刷業者の完全な管理」が必要であると断言した。ほぼ同時にイタリアのラグーザのベカテッリ大司教は、さらに強い語調で、「この世にはすでに、特に印刷が発明されて以降、本が過剰に存在する。発禁に値する一冊を認可するよりも、理由なく一〇〇〇冊を発禁とするほうがよい」と指摘した[15]。

フランスのフランソワ一世は一五三五年、たとえいかなるものにせよ、印刷物の発行は絞首刑による死罪とするとして、あらゆる印刷物の発禁を命ずる勅令を出した。これはただちに無効となったが、より難解で複雑な方法による印刷に対する規制が発展し、一六世紀、一七世紀、一八世紀のヨーロッパ全域で当局はかなりの労力を費やした。この時代のスペインでは、印刷物を規制するために少なくとも七八の異なった政令が発布された。フランスでは一八世紀だけで、印刷業のあらゆる面を規制するために何と三〇〇〇もの布告・法令が発布された。ほとんどの出版規制法はかなり曖昧であった。例えばアントワープ（アントヴェルペン）を支配していたスペイン当局は一五二九年、「あらゆる邪悪な教義あるいは神学的誤り」の出版を禁じた。フランスでは一五三一年、「誤った教義」の出版を禁止し布告した。

ロシアのエカテリーナ二世は一七八〇年、「奇妙な思索」は印刷業者と書店の閉鎖につながる可能性があると警告した。カトリック教会は一五三九年、発禁本のリストを初めて出版した。同様のリストは、イギリス（一五二九年以降）、フランス（一五四五年以降）、オーストリア（一七五四年以降。それまでは教会が検閲を行っていた）など、各国政府が公表した。オーストリアの一七六五年の一八四頁にも及ぶリストは、三〇〇〇冊の発禁本が小さな文字のタイプで並び、なかにはホッブス、ヒューム、ロック、ルソー、ヴォルテール、ボッカチオ、ラブレー、スウィフト、レッシングの名が、そしてプロイセンのフリードリヒ大王まで含まれていた。フランスでは一七〇〇年から一七五〇年までに少なくとも一〇〇〇冊が発禁となり、一七四五年から一七八九年までに、検閲官の数は七三人から一七八人に増えた。[16]

出版規制法の違反者は、最も厳しい罪に問われた。文書による扇動、異説、あるいは反逆罪で訴えられた印刷業者とジャーナリストは、スペイン、フランス、オーストリア、ドイツ、イギリス、スイスを含む多くの国で死刑の対象となった（そして実際に宣告された）。イギリスでは一五三〇年から一五三三年に少なくとも六人の書籍販売者と作家が処刑された。フランスでは一五三四年の一一月、一二月に三人の販売者と印刷業者が火刑に処せられた。スイスのチューリヒ当局は一五〇〇年から一七〇〇年までに、「支配者への攻撃」や「婚姻に対する軽蔑」などの罪で七四人の著述家を死刑とし、鞭打ち、禁固、追放、印刷所や書店の閉鎖など、これより軽い刑は相当に多く、フランスではバスチーユ監獄だけで、一六〇〇年から一七五六年までに作家、印刷業者、書籍・印刷物販売業者およそ九〇〇人が投獄されており、その中にはヴォルテールや百科全書の編者ドゥニ・ディドロが含まれていた。一八世紀フランス書籍業界を研究している歴史学者、デーヴィッド・ポッティンガーは、一八世紀半ばには「高名・無名含め、少なくとも二四時間以上留置されていない作家はほとんどいない」と結論づけた。多くの発禁になった作品が処分され、公衆の面前で焼却されることもあった。検閲を逃れるため匿名で出版されたヴォルテールの『哲学辞典』（一七六四）は、パリ、ジュネーヴ、オランダ、ヴァチカンなどの当局により焼却された。一八世紀のフランスでは少なくとも三八五のタイトルの書籍が、処刑執行人の手により焼却され、その他多くの書籍が裁断されて紙屑となった。ロシアでは一七九三年、フランス革命に誘発された「ジャコバン派恐怖政治」の時代に、一万九〇〇〇冊の書籍が焼却された(17)。

ヨーロッパ全域で厳しい出版の管理が維持されたものの、フランス革命へと続く時代には違法書籍・新聞の取引が繁栄した。エリザベス・アインシュタインが述べているように、「ある著作が発禁された本のリストに掲載され、ヨーロッパ全体に無料で広告された場合、収益が上昇するように」なってからは、なおさらであった。ガリレオの『二大体系対話』が一七世紀初めにカトリックのリストに掲載されてから、修道士や司祭でさえ手に入れようと急ぎ、闇市場での値段はもとの価格の一〇～一二倍に上がった。ドイツのある大手出版社は作家に対し、「発禁となるものは何でも書くように」指示した。ルイ一六世の警視総監は、「パリの人々は、政府の指令あるいは許可により印刷・出版された事実よりも、アングラで流された悪意ある噂や中傷を信ずる傾向にある」と嘆いた。フランスでは発禁印刷物の需要に応えるためアングラ出版社が国中に広がり（一八世紀にはパリだけで一〇〇社もあったという）、出版社は本の奥付を偽って、あるいは奥付なしで出版し、出版元が遡れないようにした。印刷業者も、フランスの国境付近の比較的寛容なスイスやオランダの町に合法的に設立され、国境を越えて本を運ぶため精巧な密輸網が組織された。フランスでの発禁本の売買はかなり盛んだったので、一七五〇年から一七六三年までに検閲を担当していた当局の代表者は、「法律で許されたとおり、政府が許可した本しか読んでいない人は、時代に一世紀遅れていたであろう」と回想録で記した。フランスの地方の小都市トロワで一七八〇年代、ある取次業者によるスイスの印刷業者に注文した違法書籍は二年間で一〇〇〇冊を超えた。一八世紀にヨーロッパ全域では、少なくとも四五〇〇タイトルが偽の奥付、アレトポリス、アンチポード、バッコポリス、カリプソ島などといった架空の出版地で出版された(18)。

フランス革命の拡大とともに既存の出版に対する抑圧規制の失敗が明白になったため、各体制はフランス転覆の広がりを怖れて大胆な措置に乗り出した。いくつかのヨーロッパ諸国では、フランスの事態を新聞でまったく触れないよう、完全に抑制することを目指し、一部はフランス発のすべての出版物を禁じた。スペインでは一七九〇年一月の指令で、フランス革命に関連するすべての書籍および新聞の印刷ないし配布を禁じた。一年後にスペインで民間による定期刊行物は、政治を扱わない一誌を除いてすべて、フランスからのニュースを禁止するために抑圧された。バイエルンでは一七九〇年代、フランス革命と「人間の権利」へのすべての言及は禁止され、バーク、エラスムス、フリードリヒ大王、カント、モンテスキュー、ルソー、シラー、スピノザ、スウィフト、ヴォルテールの全著作も同様に禁止された。オーストリアでは一七九三年の政令で、フランスの事態に少しでも好意的な言及をすることは禁止され、一七九八年から一七九九年まですべての図書室および貸出図書館は閉鎖されたうえ、一八〇一年には検閲は内輪の語録、煙草ケース、楽器や玩具にまで拡大された。ロシアではエカテリーナ二世がフランス製の全品目の輸入を禁止し、「神の法則、政府令、常識的秩序に反する」ものすべての印刷を禁じた。エカテリーナ二世の後を継いだ皇帝パーヴェル一世は、輸入先にかかわらず音楽を含めてすべての印刷物の輸入を禁止した(19)。

ナポレオン戦争が終わった時点でヨーロッパには明らかに出版に対する抑圧への強固な伝統があった。一八一五年の時点のヨーロッパで真の出版の自由が認められたのはノルウェーだけであった。イギリス、

表1　ヨーロッパにおける出版に対する抑圧（1815年〜1914年）

国	事前検閲の憲法上あるいは法的禁止	出版後検閲に対する厳しい規制の終了	出版物特別課税の終了（該当国）
オーストリア	1867	1914以降	1899
ベルギー	1830	1830	1848
ブルガリア	1879	1914までに断続的に緩和	
デンマーク	1849	1846	
フランス	1814	1881	1881
ドイツ（1870年以前はプロイセン）	1848	1914以降	1874
イギリス	1695	1830頃	1861
ハンガリー	1867	1914以降	
イタリア（1860年以前はピエモント）	1848	1900頃	
オランダ	1815	1848	1869
ノルウェー	1814	1814	
ポルトガル	1834	1852	
ルーマニア	1866	1866	
ロシア	1865（部分的） 1905	1914以降	
セルビア	1869	1903	
スペイン	1837	1883	
スウェーデン	1809	1838	
スイス	1848	1830頃	

スウェーデン、オランダ連合国などの一部諸国では、それまでの出版への検閲を事務的に廃止し、自由の意義をかなり弱めるための管理上の事務手続きを用いていた（一八一四年の憲章でそれまでの検閲を違憲としたフランスでは、一八三〇年まで同様の検閲が事実上断続的に実施された）。表1に見られるように、一八五〇年までに出版の自由が達成されたのは、スカンジナヴィア諸国やイギリスなど北海沿岸諸国だけであった。一九一四年には、ロシア、ドイツ、ハンガリーなどで依然出版の自由への規制があり、やや緩い規制ではあるがオーストリアでも残っていた。一八五〇年までに

ほぼ自由となった諸国でも、抑圧は引き続き時折起こった。例えば、一八八〇年代にデンマークとスウェーデンでは社会主義者の編集者が起訴された。オランダの社会主義運動を興したドメラ・ニューウェンハイスは、一八八七年にオランダ王ウィレム三世が「ほとんど仕事をしていない」と書いたために、八カ月間投獄された(20)。

新聞の自由に対する厳しい規制が残っていたところでは、新聞は完全に穏和になるまでに変えさせられることが多く、公的な事態を十分報道することはできなかった。スペインを訪問したあるイギリス人は一八二〇年に、当地の新聞は天気と「複数の聖母マリアによる奇跡の話や、聖なる修道士と聖女となった尼僧、奇跡的改宗物語、ユダヤ人に対する中傷、異教徒とフリーメースン、幻影の話」だけだと記した。チェコの偉大な歴史家フランティセク・パラッキーは一八三〇年、「料理、祈禱、お伽噺や言葉遊びゲーム［シャレード］以外に何も書けないときには、何も完成しない」とこぼした。ザクセンのジャーナリスト、ロベルト・ブルムは一八四〇年に「たんに意味のないことを書かなければならないか、まったく出版しないかである」と不満を述べている。あるフランスのジャーナリストは、ドイツの新聞について一八四一年に論評し、「アメリカのインディアンがこのような新聞を初めて読んだならば、ドイツの生活は狩猟と食べることで成り立っているとの結論に達するだろう」と指摘した。イギリス人のウィリアム・ハウィットは同じテーマで一八四四年に、ドイツの新聞は「政治的な進歩と発展にかかわるすべての大問題を」まったく書かず、「すべての見出しには検閲という鉄のペンが下ろされ、すべての書き手は脅えている」と記している(21)。

出版規制は、一九世紀を通じて多くのヨーロッパ諸国で関心を集め、法制の対象であった。特にスペイン、セルビア、オーストリア、ドイツ、ロシア、フランスでその傾向が強かった。スペインでは一八一〇年から一八八三年までに少なくとも一五の出版に関する主要な法律と政令が発布された。フランスでは一八五一年までに法律がかなり複雑となったために、前にも触れたように、戸惑う弁護士やジャーナリストへの助けとして、二人の判事が法制に関するハンドブックを出版した。フランスの一八八一年の出版法は、それまでの七五年間に一〇の異なった体制によって制定された四二の法律（個別の三二五条項が盛り込まれていた）を入れ替えた。一九世紀終盤にある著名なロシアのジャーナリストは、ロシア当局が出版の公的事象の報道に対するガイダンスとして制定した一万三〇〇〇以上の通達に従うため、帰属する新聞社が専門家を雇わなければならなかった、と不平を述べた[22]。

II　抑圧の手法

一九世紀のヨーロッパで出版を管理する手法は、おもに二種類に分けられる。一つは直接的な抑圧で、「望ましくないもの」のあらゆる出版を阻止することを目的にしたもの（印刷業者や新聞の認可）や、特定の「望ましくないもの」が現れないようにするもの（事前検閲）、また事前検閲が廃止されたところでは、「望ましくないもの」の出版社への制裁（出版後の告発、懲罰的検閲としても知られている）がある。第二の種類は間接型抑圧で、非合法化したり特定のジャーナリストあるいは出版物を制裁することはないが、出版を経済的に圧迫することで貧困層の出版や新聞購入を躊躇させるものである。この手法は、新聞が創刊される前に担保・保証証書として多額の預託金を求めたり、新聞への特別課税などの形をとる。直接・間接的な出版規制は一国の中で共存することがよく見られた。

1 直接的抑圧――事前検閲と認可

一八四八年以前には多くのヨーロッパ諸国で、事前検閲や認可の形による出版規制に対し、かなりの不満が見られた。このような規制を一六九五年に撤廃したイギリスや、部分的に例外となるスウェーデン、ノルウェー、オランダを除き、これは一八一五年にはヨーロッパ全般に該当した。認可制は、政府からの許可をまず受けなければ、誰も新聞やその他の印刷物を出版できないもので、「信頼できる」人物だけが出版できるということを意味していた。一部の国では出版人だけが認可を受けねばならず、その他の国では一六九五年以前のイギリスのように、印刷業者も認可を受ける必要があった。ロンドン市では一六九五年まで、二〇の印刷業者だけが認可されていた。フランスでは革命直前まで、一紙だけが政治ニュースを出版する認可を受けており、一六一八年の布告で指摘されたように、「スキャンダラスで中傷的かつ誹謗する書籍を無制限に印刷した結果、毎日のように起こる不正・無秩序・混乱」を避けるため、パリでは印刷業者の数に厳しい制限が設けられていた[23]。

認可は通常、事前検閲を伴っていた。事前検閲では一般的に、出版を予定している文書は政府当局から許可されない限り、植字できないというものであった。事前検閲は認可とともに、信頼できる人物だけが出版できることを確実にするもので、出版されたものには好ましくないものは含まれないことになる。自然と、反抗的な印刷業者や出版者は認可取り消しのリスクを負うことになる。スペイン、ポルトガル、オーストリア、イタリアなどのカトリック諸国とロシア正教国では、中世の検閲規制にもとづき印刷物は事前に教会と国家双方の認可を得る必要があった。聖職者による検閲は総じて一七八九年までに廃止されたが、一九世紀でも社会的な緊張時には、下層階級の不満を抑圧するために聖職者の支持が必要で、教会との妥協が必要であると国家当局が判断した場合、時には聖職者検閲が復活した。表1でわかるように、一九世紀のヨーロッパで事前検閲は徐々に廃止され、一九一四年までに採用している国は皆無となった。すべての国ではないものの大半の国で、認可制も事前検閲とともに廃止された。しかしすべての場合に当てはまるわけではない。一八五一年にプロイセン、一八五二年にフランス、一八六七年にオーストリアでそれぞれ可決された出版に関する法律は、事前検閲は除外しているものの、新聞発行者に対する認可制は維持した。

一九世紀のヨーロッパにおける事前検閲制度で最も悪名高いのは、おそらく一八四八年以前にオーストリアで運用されていたものであろう。オーストリアは、自由な西洋の潮流の影響を阻止しようと試みたことから、「ヨーロッパの中国」として知られていた。オーストリアでは一八三五〜四八年に、フィヒテ、ルソー、スピノザ、ハイネ、レッシング、ゲーテ、シラーを含め五〇〇〇冊の禁書リストを作っていた。スタンリー・ペックはこのリストを、「ヨーロッパ文学の名作カタログ」になぞらえた。オーストリアの検閲は書籍や新聞だけではなく、地図、業務標識、墓石への碑文、バッジ、メダル、カフスボタン、煙草の箱にまで及んだ。あるときは、フランスから運ばれた陶磁器を詰めた箱の側面に記された「リベルテ（自由）」という文字が消され、トリエステにいた買い手が頭にきて受け取りを拒否した。(24)

オーストリアの制度が最も悪名高かったが、ロシアの事前検閲は時にはより厳しく、より長期間続き、一九〇五年まで完全には廃止されなかった。ロシアの検閲は、ニコライ一世（一八二五〜五五）の時代に頂点を極め、菓子の包み紙に記された標語に及んだこともあり、少なくとも一二の検閲部局が機能していた（世俗、教会、郵便、軍事、司法、外国、テキスト、秘密警察、警察など）。実質的に、国家の馬の調教の担当部署をはじめ、あらゆる政府部局が、担当領域に印刷物の影響が及ぶ場合は介入でき、

「印刷できるものはいかなるものでも、というのは実に驚きだ」とロナルド・ヒングリーは結んでいた。ある料理本はオーヴンの中の「自由な空気」との表現を、革命的すぎる響きだという理由で許されず、毒茸への言及は、四旬節の間多くの農民は茸を食べることから、冒瀆的であるとして禁止された。トルストイの『復活』は五〇〇カ所の修正後、出版を許された。『アメリカのフェミニスト運動』というタイトルの本は、「家族団結の基盤を弱め、非難するような内容」で、総じて「我々の国家や社会の構造とは一致できない考え」が盛り込まれていると判断されて、一八七五年に禁止された(25)。

ロシアの検閲の最も悪い面は、すべての輸入印刷物を注意深く選別した点であった。一八四八年のヨーロッパでの革命後、ロシアでの反動が最高潮となった時期に、アンデルセンの童話や、『口髭とあご髭の生理学と衛生学』というフランスの本も禁止された。ロシアで一九世紀に一時期であれ発禁となった本の著者は、ディドロ、ゲーテ、バイロン、ハイネ、ホッブス、ジェファーソン、スタンダール、バルザック、ユゴーであった。奇妙なことに、一八六五年の検閲令では「社会主義や共産主義など有害な教義を説明した」書籍は禁じているが、マルクスの『資本論』は、「難解で近寄りがたく、厳密に科学的な作品」で影響を与えるには不明瞭すぎるとして一八七二年に許可された。一八六六年から一九〇四年までに一万二〇〇〇冊以上の書籍がロシアへの輸入を禁止され、その他の多くの本が、検閲官が注意深く好ましくない部分をインクやグッタペルカ〔樹液を乾燥させたゴム状物質〕での黒塗り(「キャビア塗り」として知られる行為)や糊と紙での貼付により削除した後に許可された。このようにしてレッシングの以下の記述は黒塗りされた。「我々はむやみに信ずるよう創生されたわけではない。我々は人間であり、人間として考える権利を有している。思想の列車がどのような終着駅に個人を導こうとも、彼自身が決着をつけなければならないものである」。あるイギリス人は、「グッタペルカとガラスの粉末を用意したうえで、（輸入物の検閲官は）『ザ・タイムズ』紙の文節や『パンチ』誌のジョークを手際よく洗い清めるため、印刷したインクの痕跡すら残らない」と論評した。ジーグムント・フロイトはこのような検閲の結果について一八九七年に友人への手紙で、「君はロシアの国境で検閲官の手を経た外国紙を見たことがあるかい。単語、文節すべて、文章が黒塗りされるため、残ったものは理解できない」と不平をこぼした(26)。

オーストリアとロシア以外の一九世紀のヨーロッパで、おそらく最も厳しい検閲制度をとったのは一八四八年以前のドイツとイタリアであろう。ドイツでは一八三五年、文学界の巨人ルードヴィヒ・ベルネやハインリヒ・ハイネが主導していた「若きドイツ」として知られていた作家集団の作品を、これらの作家が「キリスト教を最も横柄な方法で攻撃し、既存の社会関係を侮蔑し、品位と道徳を破壊する、あからさまな傾向が、すべての階級に開放されている文学作品に見られる」として禁止した。この最後の一節は、ロシアが『資本論』を近寄りがたそうなものとして認可したのと同様、支配者は下層階級に読まれる可能性のある文献に特に敏感だったことを示している。このためフランスのシャルル一〇世の法律顧問は一八二六年、貧しい人々が容易に手に入れることができ、発禁されても隠匿が簡単な小型で安価な小冊子の氾濫に警告を発した。

毎日のように発行される書籍の形式や価格は危険を増大する。これら出版物は、目的として出版物で断言されているように、政府に公共の必要性を啓発するものなのか、……あるいは社会のすべての階級にとって最も有害な原理を普及し、学生、子供、労働者、家の奉公人に対して、教員、親、親方の意向や司法の手から自らを守る手段を与える傾向がないのか、誰でも判断できる。

プロイセンのフリードリヒ・ヴィルヘルム四世は一八四三年、貧しい人々が印刷物を入手できることについて同様の懸念を示し、検閲官は思慮深い本には寛容に対処すべきであるが、これを適用するのは大衆には理解されない文体で書かれた書物にのみ限定すべきだとの見解を示した。

学問と文学が新聞の雑記となり果て、魅力的な誤りや堕落した理論が……真剣な検証による作品や学問を通じてではなく、一過性の最たる形式で、この形式を受け入れやすくまた新聞も入手しやすい階級に広まることは、私が求めるものではない。[27]

このような態度は一九世紀の支配階級にとって普通であった。ロシアの主要検閲局は一八三四年、大衆を対象とした安い非宗教的雑誌の創刊について、世俗的文献により一般人が感化される認識は、「既存の秩序」と政治的にもそれ以外の面でも相容れないものだとして、ニコライ一世にこれを認めるべきではないと勧告した。皇帝ニコライ一世もこれに同意し、勧告に「そのとおりだ。まったく認可できない」と付記した。一八四八年以前のドイツの検閲ファイルは、「形式および安価性」が「圧倒的な大衆」に魅力的になるとして、印刷物の配布に対する警察の警告で占められている。一八二九年にプロイセン当局は、「抑圧、不公正、悪政への不平を誇張した」というだけでなく、「教育をそれほど受けていない社会階層の読者に特に魅力的」な文体でもあり、「こうした階層の大衆は現在の状況への不満」につながる可能性があるとして、ある本の発禁を決定した。[28]

貧しい人々が「危険な」読み物が入手できることへの怖れは、いくつかの検閲法の多くの特別条項に反映されている。その後三〇年間のドイツにおける検閲の基礎をなす一八一九年のカールスバート条項や、四〇年間にわたり有効となった一八六五年のロシア検閲令では、内容の短い書籍は事前検閲の対象となったのに対し、長い作品は除外された。これは明らかに長い作品は（検閲の負担は別にして）下層階級にとって高価で学術的すぎると判断されたからである。もっと公然とした貧困層に対する差別もあった。オーストリアやロシアの検閲では、一定の教育を受けた専門家あるいは特別な申請により書籍の入手を可能とする選択肢があったほか、分け売りはされないが高価なセット価格では販売が可能とされるケースもあった。アレクサンドル三世は、トルストイの妻ソーニャによる夫の一三巻に及ぶ『クロイツェルソナタ』の出版を要求する訴えに対し、「誰もが全巻をセットで買うことはできず、それほど広範に流通することはないであろう」と好意的に回答した。(29)

2　直接的抑圧――出版後の検閲

事前検閲と認可制は一九世紀の間、特に自由派の非難の対象で、この時代に出版を管理するためにとられたすべての手法は、引き続き注目の的となった。しかしながら、出版後の検閲（懲罰的検閲としても知られている）は、しばしば出版の自由への脅威となり、個人にとっては通常、相当につらいものであった。事前検閲制度がなくなった後も、ヨーロッパ各国は出版の自由を侵害するとみなされた制裁に利用される法律などを残したのである。ロシア、オーストリア、ハンガリー、ドイツの出版後の検閲は相当厳しいもので、これらの諸国では実際に、一九一四年以前に出版の自由があるとはいえなかった。

場合によっては、このような出版後検閲の執行状況から、事前検閲との境界はほとんど意味のないものであった。オーストリアでは一八六七年、ドイツでは一八七四年、ロシアでは一八六五年、フランスで一八二二年に確立した制度のもとに、「無検閲」の新聞は、発行直前か配送と同時に当局に提出しなければならなかった。これは、当局が好ましくない部分を発見すれば、広範に配布される前に押収できることを意味した。このような「懲罰的検閲」制度と事前検閲の唯一の違いは、事前検閲制度のもとでは、何か漏れがあると検閲官が非難され、出版者はまず印刷し、その後押収されても金銭的損失はなかった。「懲罰的検閲」制度のもとで出版者やジャーナリストは、多大な経済的損失とともに、出版の法を犯したことによる行政あるいは司法面での制裁を受けるリスクを伴う。懲罰的検閲制度のもと、政府当局者はジャーナリストに対し、問題が大きくなれば告発や押収をちらつかせてあからさまに脅すことが時にはあった。例えばプロイセンでは、一八五〇年の憲法と一八五一年の出版に関する法律で事前検閲は廃止されたが、事後検閲による告発はさまざまな違反に対して引き続き可能で、ジャーナリストが体制にかなり批判的になる中、政府は一八五八年に次のような指示を地方政府に送った。

新聞が人々を高揚させたり王の決定に疑義をはさまないように確実にすることを指示する。これらは人々の忠誠心を揺るがすものでしかない。政治に関するこのような違法なコメントについて、新聞発行者と個人的に話をせよ。そうでなければ、一八五一年の出版法における条項発動を躊躇しないこと。

このような脅迫の成果と事後検閲の危険が絶えずあることから、間違いなく当局が意図していたように、ジャーナリストは自己検閲に追い込まれ、時には当局が容認したであろう部分まで過剰反応で消え去ることになった。ロシアのジャーナリスト、アレクセイ・スヴォリンは、「自己検閲は国家のものより厳しく、かなり苦痛だった」と指摘した(30)。

一九世紀のヨーロッパで最も巧妙な懲罰的検閲の一つは、ルイ・ナポレオン・ボナパルトがクーデターにより第二共和制を倒した直後の一八五二年二月一七日に導入したものである。その後一六年間にわたりフランスの出版界を規制したこの政令では、「政治あるいは社会経済」にいかなる形であれ、かかわるすべての定期刊行物の発行者はライセンスを取得しなければならず、これはスタッフが変わるごとに更新する必要があった。誤ったニュースや当局以外の立法府活動の報道を含めた、長大な出版違反リストが策定された。すべての出版違反行為は、陪審なしの裁判となり、一回の重罪あるいは軽い罪で二回有罪となった場合、定期刊行物の出版禁止につながった。行政による「警告」制度も確立され、好ましくない出版物に対して政府が裁判所への告発ができない、あるいは告発したくない場合、措置をとることが可能になった。警告は、政府の好みから外れれば、いかなる基準でも発することができた。三回警告した後、内務大臣は出版物を二カ月間発禁処分することができ、また共和国大統領（ルイ・ナポレオン）は、公共の安全上必要と判断すれば、いつでも出版禁止措置を講ずることができた。政令が有効だった一八五二年から一八六七年まで、一二〇紙が計三三八の警告を受け、二七回の発行停止、一二の新聞が廃刊となった。この制度のもとで、ある新聞は一八六〇年代に「出版の自由は、制裁金を支払う自由や刑務所あるいはベルギーに行く自由に等しい」と不満を示した。あるフランスのジャーナリストはこの時代を回想して次のように書いた。

新聞および書き手は、障害と落とし穴に囲まれていた。第一に自己検閲、そして編集者が細心の注意で再読および修正し、法の前に出版についてすべての責任を負う印刷者が最後の番人として監督した。息の根を止められて骨抜きにされ、雷鳴を呼びながらも避雷針に付随し、火薬の詰まった砲身の上に座りながらも火種を打つと非難された。一八六〇年のジャーナリストは、帝国体制により苦しめられた真の被害者であった。(31)

一八七五年から一九〇五年までに敷かれていたロシアの出版に関する規制は、一八五二年のフランスの制度をコピーしたものであった。このシステムのもとで定期刊行物は（少なくともサンクト・ペテルブルクとモスクワでは）事前検閲から逃れたが、行政による厳しい制裁の対象で、三回警告を受けると最高六カ月の出版停止の可能性があり、また出版後の裁判所への告発の対象となった。自由派のロシア検閲官、アレクサンドル・ニケントコは、予備検閲としての警告制のもとで、「ダモクレスの剣は書き手と編集者の頭にある」とし「剣は閣僚の手にある。彼は自分の裁量で剣を振り下ろすことができ、その行為を正当化する必要もない」と日記に記した。この制度が有効だった四〇年間に二八〇件の警告が発せられ六四誌が停止処分を受け、なかには一回以上発行停止となったものもあった。最初の警告は一八六五年の『ソブレメンニク』誌に対するもので、「記事の一つに、私有財産制の原則について、労働者階級の貯蓄を不正な手段により取得した資本家が開始したと間接的に批判した」と、「上層階級および資産家に対する憎悪をかきたてた。これは彼らが実際に存在しているという事実により基本的に不道徳であり、国民福祉にとって有害と見られる」という観点から行った。最も回数が多かったのはアレクサンドル二世の時代の晩年にサンクト・ペテルブルクで最大の日刊紙だった『ゴロス』で、五年間に警告二〇回と通算一年七カ月の発刊停止処分を受けた後、一八八三年に廃刊に追い込まれた。一八六五年には、それまでの検閲が主要都市で発行される定期刊行物については廃止されたとみられるが、それ以降のロシアの制度における特徴の一つは、一八七三年から政府はすべての出版物に対し、特定の問題についてまったく触れないように命令する権利を有する、という点であった。これを無視した出版物は、最高三カ月の発行停止処分を受ける可能性があった。この規制が有効だった期間（一八七三〜一九〇四年）に、検閲制度や一八九二年の飢饉、さらにトルコ皇帝の夫人の名誉に対する中傷的な事柄にいたるまで、少なくとも五七〇件の問題が議論を許されなかった。この規制違反として、二三の行政による発行停止処分が科された[32]。

事前検閲が廃止された体制において見られた出版規制の多くの事例は、事前検閲がないことは出版の自由とはまったく違うことを明らかに示していた。スウェーデンでは一八〇九年に事前検閲が廃止されたがカール・ヨハン王（一八一八～四四在位）は、六〇の新聞の発行停止のために認可取り消しに向けて王の自由な権限を利用し、一八三一年から一八三七年までには、この新聞がほとんど発行されていない国で二三もの告発を行った。ドイツでは一八七四年に可決された公式には自由主義的な出版法のもとで、最初の六カ月間におよそ八〇〇件もの告発が行われ、一八九〇年までに三八〇〇件以上もの出版に関する訴訟があった。これとは別に一八七八年から一八九〇年まで有効だった「反社会主義」法は、すべての社会主義新聞の発行停止に向けて利用され、一〇四紙におよぶ新聞や定期刊行物を含め一二九九点の出版物が発禁になった。「反社会主義」法が失効した後でさえも、多くは王を批判するという「不敬罪《レーズ・マジェステ》」により、社会主義者は出版に関連する告発に直面した。一八九四年には「不敬罪」による六〇〇件を超える告発がなされ、一九一三年の一月から六月までに一〇〇人を越える社会主義ジャーナリストが有罪となり、四〇年間に及ぶ刑期と一万一〇〇〇マルクの罰金が科された。事前検閲が一八三〇年に廃止されたフランスでは、一八三〇年から一八三四年までパリだけで五二〇点の出版物が有罪となった。一八四八年一二月から一八五〇年一二月までに、一八五の共和派新聞が計三三五件の告発を受け、そのうち四〇紙が廃刊となった。政治的危機となった一八七七年の七カ月間にはなんと二五〇〇件もの出版への告発が行われた[33]。

ハプスブルク帝国では、一八六七年に事前検閲が廃止されたが、一八六八年から一八六九年の一年半でチェコの複数の新聞編集者が受けた刑は計一七年で罰金も重かった。一八七七年から一八八〇年までにオーストリア全土で二〇〇〇件を超える新聞の告発と押収が行われた。一八八〇年代にチェコの新聞『ナロドニ・リツィ』は三三〇回押収された。一八六七年に事前検閲が廃止されたハンガリーでは、スロヴァキアおよびルーマニア系少数民族が発行する新聞は体系的に嫌がらせを受けた。スロヴァキア系新聞の『ナロディネ・ノビニ』は一八九二年から一九〇四年までに一三回の告発を受けた。イタリアでは一八九八年の政治的混乱期に自由裁量で一〇〇紙以上の新聞が発行停止となった。一八六五年に事前検閲が部分的に廃止され一九〇五年に完全廃止となったロシアでは、一九〇五年から一九一〇年までに定期刊行物に対し計四三八六件の制裁が科せられ（一九〇〇年から一九〇四年までは八二件だった）、一〇〇〇件近く新聞が発行停止となった。一九〇七年だけで一七五人の編集者と発行者が刑務所に送られ、四一三点もの定期刊行物が発禁となった。革命的政党でさえ新聞の発行が許されていたが、これら定期刊行物は容赦ない嫌がらせを受けた。一九一二年から一九一四年までにボルシェヴィキの新聞『プラウダ』は六四五号発行したが、そのうち一五五号は押収され三六号は罰金の対象となり、その額は一万六五五〇ルーブルにのぼった。同紙は一九一四年に発行停止に追い込まれ、帝政が終わるまで再刊されなかった。『プラウダ』の事務所は警官で多く占められ――あるときは発行人も編集者も警察から給与を支給されていた――多くのスパイに監視されていた。ある『プラウダ』の従業員によると、

多くのスパイと警察官がかつて、プラウダの施設をうろついており、彼ら同士でさえわからないほどであった。彼らは従業員や通りがかりの人や御者などを装っていた。あるとき、地元の制服警察官が工場の前に止まっていた馬車に乗り発進するように命じた。しかし御者は先約があるとして拒否した。警察官は憤り、警

棒で御者を殴り始めた。御者は銃を取り出して警官を殴り始めた。……結局、御者は実は警察官で、『プラウダ』の印刷工場の前に留まり事態を報告するのが役目だったということがわかった。(34)

事前検閲がある国、あるいは懲罰的検閲制度の国にいようと、ジャーナリストは絶えず漠然とした出版法と首尾一貫性を欠く法執行に直面し、何が当局との間で問題となるのか、確実な理由を事前に知ることは決してできなかった。一八四五年に国家の事前検閲制度に反対したオーストリアの知識人は、おそらく多くのジャーナリストの不満を代弁して訴えた。「検閲官に関連した出版の状況は、正当性に欠けているという点である。書き手は、自身でわからない規範で判断され、聞かれることなく批判され、自己弁護もできない」。抑圧的な出版の規制の混乱と曖昧さは、時には政府当局の声明にさえも見られることがあった。一九世紀の最初の一〇年間にフランスに占領されていたイタリアで、ナポレオン・ボナパルトは配下のイタリア総督に、「私は君に書物の検閲を完全に廃止してほしい。この国は、これ以上制限しなくても十分なほど度量が狭い。もちろん、政府に反するようないかなる作品も出版は阻止するように」といった。一八一〇年のオーストリアの検閲令では次のように宣言された。

この君主国において、現れるべきところがどこであれ、一筋の光明も見えない将来は、否定されてこそ認められるべきではない。また、いかなる結果も有益なものは奪われるべきではない。しかし、未成熟の心と頭脳は、身勝手な誘惑者の害ある野望と狂った頭を持った危険な幻想から、慎重に守られるであろう。(35)

同様の混乱は、検閲官自身の運営指針に関する発言にも見られる。ドイツの民間伝承研究家ヤコブ・

グリムは、一八一六～二九年までヘッセンの検閲官を務めたが（後に彼は政治的見解を理由にゲッティンゲン大学を免職になる）、一八二二年に同僚の検閲官に対し「既存の政治制度に偏見を抱かせ卑しめるような扇動的な作品は罰すべきである。しかし個別政府の失敗を勇敢かつ必要として明らかにした場合は異なる」と記した。二〇年後にヘッセンのもう一人別の検閲官は、検閲は「警察のように神経質に詮索」すべきでなく、「個人の精神の発展を抑制」すべきでもなく「むしろこれを促すように、新たな芽を刈り取るのではなく、精神・道徳・市民生活にとって致命的な有害菌を一掃すべきなのである」と断言した。(36)

事前検閲でも懲罰的検閲制度下においても、出版の法律の極端な曖昧さについてはいくらでも例を挙げることができる。例えば、一八一二年のスウェーデンの法律では、「公共の安全を危険にさらす」いかなる新聞も、裁判での審理や訴えなしに発行停止とすることが王に許されていた。一七九八年のイギリスの法律は、「憎悪をかきたてる傾向のある、あるいは王族、憲法、政府を侮蔑する」ような文書を発禁とした。一八一九年のカールスバート条項では、「ドイツの平和や平穏の維持」に「反している」印刷物の流布を禁じた。一八四一年のプロイセン令では、「道徳や良心に反する」いかなるものも非合法化された。スペインの一八二二年出版法では、「規制や教義を広めること、もしくは架空の人物あるいは国の寓話、あるいは過去の物語ないし夢物語あるいはフィクションなどとして偽装されたものであれ、反乱を発奮させたり公共の安全を阻害するような行為への言及」の著述を禁止した。同法では中傷を、「名指しせず、あるいは文字の並び替えや寓話による示唆などを含め、個人の名声を損なう」著述と規定した。フランスの自由派詩人アルフォンス・ドゥ・ラマルティーヌが「鉄の法、思想に対する恐怖の支配」と断じた一八三五年九月のフランス出版法は、政府の「原則または形式へのいかなる攻撃」

や「立憲君主制の秩序を阻害するような要請、希望、脅迫を表すこと」を非合法化した。一八四九年のフランス法は、「平和を乱す可能性のある誤り、あるいは不正確なこと」の出版を禁じた。ロシアの一八六三年検閲令は、「我が国家の構造や根本条件に関する基本的考え方、あるいは公共の秩序に」反する著述を非合法化した。オーストリアが支配していたロンバルディア地方のヴェネチア、さらにロシアにおける一八二〇年代の検閲法では、言語の「純粋性」を侵す著述を禁じた。(37)

検閲法の曖昧さは、検閲官に対する上司からの指示が曖昧だったことで増幅された。ロシアの自由派検閲官ニキテンコが一八三三年に職に就いたとき、監督する上司から次のようにいわれた。

> 検閲規範だけでなく、君の直面している特殊状況や事態の流れにもとづいて判断しなければならない。また、政府は迫害する土壌にあると市民が結論づけないよう、職務をこなさなければならない。

当局に反する可能性のあるすべての文書を選り分けることがいかに難しいかを考慮すると、このような曖昧さは不可避だった。メッテルニヒは検閲を「社会秩序、国家の平穏、国家の利益や良性の秩序を、混乱に陥れる考えが表明されるのを阻止する権利がある」と規定した。検閲官自身が、しばしば何を許可し何を許可しないのかを自ら決定できなかったことは驚くに値しない。また、ヘレン・ジェイコブソンが書いているように、検閲官の中には「学者や文学者」の階層の者がおり、他方で「教養がなく愚かで脅えた」ような「まさに無学な階層の出身者がほとんど」で、ある検閲官が否定したものを別の検閲官が許可したり、検閲官自身が寛容すぎたとして、職務停止や免職、時には刑務所に送られたりといったように処罰されることもあったことは、部分的には疑う余地がない。一八四二年に短期間刑務所に留置されたニキテンコは絶望し、秘密警察長官に皇帝ニコライ一世に伝えてくれるように嘆願した。「検閲官という職業がいかに難しいか。何を要求されているのか本当にわからず……決して安全ではなく、任務を果たすことは決してできない」と。あるロシアの歴史家は一八九二年に、典型的な検閲官を次のように結論づけている。

明らかに取り乱している。懲戒、逮捕、現在の職務からの罷免を絶えず予期し、危険な結果を招かないように何を通すべきか、あるいは何が自分に対する予期せぬ当局による怒りを買う要因になるのか、闇の中で模索している。これは彼を懐疑的にし、理性の力を完全に覆うまであら探しさせる。この恐怖がまた、検閲官は料理本にまで革命精神を見いだす理由である(38)。

職務の曖昧性により検閲官は困難に直面したが、彼らが仕事を嫌っていたことで増幅された。ヤコブ・グリムは、「ある意味で、職務の性質に適応し、うまく対応できるほど私は几帳面ではない」と友人に告白した。また彼の同僚だったヘッセンの検閲官クリストフ・フォン・ロンメルは、「専門家としての職務は、個人的な信念とはかなり相容れなかった」と嘆いた。ニキテンコの回想は、ロシアの検閲制度のばかばかしさに対する攻撃に満ちており、検閲は「悪用と無意味」に溢れ、「いつでもあらゆる考え方に犯罪を見いだそうと構える、無学で敵意を持った個人による解釈」に究極的には依存していた、との見方を示した。彼の同僚であるロシアの検閲官で詩人のフョードル・チュッチェフは、上司は「いかなる考えも知性もない」ため、やがて世界が「彼らの低能ぶりに」押しつぶされるまで、「彼らはいまいましくも生き延び、ばかばかしさの極みの中で死んでいくのだ」と妻に書いた。彼は、検閲を「拳で歯をたたきつぶすことで歯痛を直す」ことに例えた。検閲官にとっての次の問題は、その仕事の量の多さであった。一八一五年から一八四八年まで、ヘッセンの三人の検閲官の仕事は、この国で流布しているすべての書籍、雑誌、新聞を検証する職務で圧倒されていた。ロシアの検閲官で詩人のアポロン・マイコフは、一年二カ月の間に四つの異なる言語で一〇万頁を超える二二三冊の書籍を検閲した。あるロシアの検閲当局者は、「著作と複写は際限なく、信じられない規模になっている。惨めな事務官は日夜果てしない労働で手の皮膚が厚く無感覚になっている」と書いている(39)。

3 間接的抑圧——「保証金」と特別課税

誰が出版でき、何を印刷できるかを、認可や事前検閲および事後検閲により直接管理したこととは別に、一九世紀のヨーロッパ諸国の多くは、出版者に「保証金」の支払いを要求したり新聞に特別税を課すなどの間接的な規制を行った。「保証金」は比較的裕福な者だけが新聞を発行できるようにするもので、新聞への課税の目的は比較的裕福な者だけが新聞を購読できるようにするものであった。どちらにしても、貧困層に対する差別であるが、いずれも特定の媒体の出版を規制しているわけではなかった。

担保金や担保証書条件とも呼ばれる「保証金」条件は、一定の金額をまず政府当局に預けなければ、新聞や定期刊行物の発行が違法となるものであった。これは出版法に違反した場合の罰金の支払いを確保することが目的とされるが、貧困層による新聞発行を阻止することが真の意図であったことは明らかであった。フランスの出版界の実力者エミル・ドゥ・ジラルダンが一八四二年に指摘したように、担保証書条件の効果は、「一部の封建臣下のために、世論を独占的に活用する特権を創り出し、これにより上層貴族が認められていない国家内に、より威厳のある特権階級を創る」ことであった。同様にフランスで自由派のカトリックを代弁していたロベール・ドゥ・ラムネは一八四八年に、担保証書について「言論の権利を謳歌するには、今日では莫大な費用が必要である」と公言した。「保証金」は、少なくともオーストリア、ハンガリー、スペイン、ドイツ、イギリス、フランス、ロシアにおいて、一九世紀を通じてあるいは部分的に必要となった(40)。

F・W・J・ヘミングスが記していたように、フランスでの保証金制度は、「体制の自由度、また体制が享受していると感ずる安全性の度合いに反比例して」変動する傾向があった。この制度が導入された一八一九年にパリで発行されている日刊紙は、一万フラン(当時で約二〇〇〇ドル、現在では二万米ドル)を預託しなければならなかった。一八二七年の選挙で自由派が勝利したことで、一八二八年には預託額は六〇〇〇フランに減じられた。出版の自由が争点の一つだった一八三〇年七月の革命後に一段と引き下げられた。これに続くルイ・フィリップによる「七月王政」のもとでは、ただちに新聞との一連の争いが起こった。一八三五年の王の暗殺未遂後、パリの日刊紙に対する担保証書額は一〇万フランにも引き上げられた。七月王政の抑圧的な体制に抵抗した一八四八年の二月革命の後、担保証書は廃止されたが、一八四八年の労働者による「六月蜂起」の暴動後に再導入された。新法のもと、証書の額は一八三五年よりもかなり低い水準に設定されたが、引き続き多くの新聞を阻むものとなった。ラムネの『ル・ピュプル・コンスティテュアン』は、最終号を「貧困層への沈黙」との見出しで発行した。一八五二年にルイ・ナポレオンの出版令で、パリの新聞への預託額は二倍の五万フランとなった。一八七〇年にルイ・ナポレオン体制の終焉により「保証金」は廃止されたが、一八七一年のパリ・コミューン抑圧後に再び導入された。一八八一年の出版法でついに廃止された。スペインでは、マドリードの新聞への保証証書額が、最高となった一八六七年には一万八〇〇〇米ドルに相当した。オーストリアでは一八四九年の法律で最高五〇〇〇〇米ドル相当に定められた。ロシアでの一八六五年の新聞に対する証書額は、五〇〇〇〇ルーブルとされた(41)。

出版に対する特別税は多くの国で、「保証金」の補完あるいは代替となるものであった。一八一九年のイギリス印紙税法の前文に率直に記されているが、「出版社が低価格で大規模に発行している小さな出版物を規制するために」設定されたものであった。課税の結果、新聞を不相応な価格にすることから、もちろん貧困層への「規制」を特に狙っていた。一八五一年にイギリス議会委員会が報告したように、労働者階級の収入や要求に沿った価格や特徴を持っているこれらの新聞の存在を、印紙税は禁止することになる」と。主要リベラル派のジョン・ブライトは、新聞税について「ニュースへの課税、……知識への課税、……人類の進歩への課税」と規定した。一七八九年の議会では課税逃れを防ぐためのくだらない手段として、販売価格以下での新聞の貸出・貸借を禁じた。貧困層は新聞課税の目的をよく認識していた。印紙税を払わずに新聞を違法に販売したとして起訴されたある新聞販売人は、一八三一年に法廷で、次のように述べた。

閣下、この国の貧しく無学な労働者の代わりに、権利と原則にもとづき私はここにおります。彼らは無知といわれていますが、何が無知の原因なのでしょう。彼らが情報を得ようとすることを阻む税金をなぜ課そうとするのでしょう。閣下は、権力者が課税する理由についてよくおわかりでしょう。貧しい者が彼らの権利を知ることがないようにするためです。なぜなら、もし労働者が権利を知れば、彼らを抑圧する堕落した体制をすぐに打ち倒すことになるからです(42)。

新聞に対する税金は通常、新聞一部を販売するごとに支払う印紙税の形で賦課された。オランダ、ベルギー、オーストリア、フランス、ドイツ、イギリスで一九世紀の一時期、印紙税が課せられた。場合によっては、新聞の広告と用紙に賦課されることもあり、これらのコストが新聞の販売価格を押し上げた。この三種類すべてが賦課されたイギリスでは、販売価格と部数に多大な影響を与えた。一八一五年から一八三六年までは一部当たりの印紙税は四ペンスに達し、新聞価格を課税されなかった場合の二倍から四倍に押し上げた。一八三六年には一ペンスに引き下げられたが、一八五五年まで完全には廃止されなかった。広告への課税は一八五三年まで、紙への課税は一八六一年まで続いた。イギリスでの「知識への課税」廃止の闘いは、何十年にもわたり繰り広げられた。四期にわたり首相を務めたウィリアム・グラッドストーンは、この闘いを「私がかかわった中で最も深刻な議会での論争であった」と評した。一八二〇年代のフランスでは、印紙税は最大の新聞『ル・コンスティテュシオネル』の総収入に対して三分の一を占めるにいたり、年間購読料は平均的労働者の一カ月分の給与にあたる七二フランとなっていた。オランダでは、高額な印紙・広告税が新聞収入の五〇パーセントを占め、一八六九年に課税廃止となるまで一部当たりの価格は一〇セントにまで上昇した。ドイツでは、一八七四年に課税廃止となるまで新聞税は収入の二五パーセントを超えており、一八七三年に自由派の都会紙『ベルリーナー・ターゲブラット』はなんと二〇万マルクを税金として納めていた。オーストリアでは、一八九九年に印紙税が廃止されるまで、新聞価格は二倍になっていた。[43]

III　出版物に対する抑圧の影響

一九世紀の出版物への抑圧は、合法的な印刷物による反体制の意見の表明や流布を管理するのに非常に有効だったことは疑いない。また、合法的な印刷物の量を明らかに減少させた。例えばフランスでは、一七八九年の革命以前の認可と検閲の時代には、ほんの一握りの新聞しか発行が許可されていなかったが、一七八九年に出版に対するすべての規制が撤廃され、その後四年間にパリだけで一五〇紙、全国で四〇〇紙を超える新聞が発刊された。一七九二〜九四年および一七九七年に出版に対する厳しい弾圧があり、一七九七年にはパリで四四紙が発行停止となり多くのジャーナリストが追放された。一七九九年にナポレオンが権力を握ったときにパリに残っていた新聞はわずか七二紙で、ナポレオンはすぐに一三紙を除き発禁とし、一八〇〇年の政令では「社会契約の重視、人民の主権、軍隊の栄光とに反する記事を掲載したすべての新聞、および友好あるいは同盟政府を攻撃した文章を出版した者は、……即時に出版停止となる」と宣言した。ナポレオンは一八一一年までにパリでの新聞を四紙に減らし、全印刷所の三分の二を閉鎖した。また、すべての印刷業者と書籍販売業者に認可義務づけを導入し、これは一八七〇年まで続いた。

ブルボン王朝復古期（一八一五〜三〇）と七月王政（一八三〇〜四八）での抑圧的な出版規制は、ナポレオン以降の出版の発展を抑制した。一八四八年の革命期に出版への管理が撤廃され、パリでは一夜のうちに四〇〇紙もの新聞が創刊され、パリでの日刊紙総発行部数は五万部から四〇万部に拡大した。一八四八年以降、出版が再び規制されるようになり、徐々に厳しくなっていった。一八五二年二月のルイ・ナポレオンによる出版令で認可制が再び導入され、パリでは一四紙の日刊紙だけが引き続き発刊を許された。一八五一年に四二〇誌を数えた地方での政治誌は、一八六五年には二六〇誌にまで落ち込んだ。一八六八年の出版への規制緩和により、ただちに出版が再び隆盛となり、パリだけで一四〇点もの新たな出版物が発刊されたが、一八七〇年代の厳しい規制の時期にこれ以上の伸びは抑制された。一八八一年の自由主義的な出版法により、新聞の発行数が大幅に増加し、一八八〇年に一一四紙だった地方での日刊紙は一八八五年には二八〇紙に拡大した[44]。

他の多くのヨーロッパ諸国でも、自由主義的な出版体制のもとでは出版が拡大し、厳しい規制が課されると縮小した。ドイツでは検閲規制の緩和により、一八三二年から一八四三年までに、年間に出版される書籍は八〇〇〇点から一万四〇〇〇点に拡大した。しかし一八四八年の革命以降の厳しい弾圧により、年間に出版される新書籍は二〇年以上にわたり一万点以下となり、一八七〇年を過ぎてようやく一八四〇年代の水準に戻った。ハプスブルク帝国では、一八四八年革命の余波による出版規制撤廃後、定期刊行物が爆発的に増加した。しかしその後、新たな自由に対する弾圧により一八四八年には三八八点あった定期刊行物は一八五六年には一二八点に減った。一八五六年以降の出版規制緩和により、一八六二年までに三倍の三四五点となり、一八六〇年代の一段の緩和により一八八二年までには一三〇〇点以上に膨らんだ。一八九〇年代に担保証書と印紙税が廃止された後、オーストリアの定期刊行物は一九一二年には四五〇〇点に増えた[45]。

ニコライ一世自身からしばしば厳しい検閲が発せられていたロシアでは、彼の治世中（一八二五〜五五）に検閲を通過した、定期刊行物の数と書籍の印刷総頁数は横ばいで推移した。次のアレクサンドル二世（一八五五〜八一）に規制が緩和された結果、定期刊行物の数は一八五五年から一八六〇年までに一〇四点から二三〇点に増え、書籍は一八五五年から一八六八年までに一〇一二点から三三六六点に増加した。アレクサンドル二世の時代にロシアの印刷工場は一五〇軒から八〇〇軒に、書店数は四〇店から一〇〇〇店へと増えた。サンクト・ペテルブルクでの日刊紙の数は一八六〇年には六紙（すべて政府の管理あるいは影響下にあった）から一八八〇年には二二紙（ほぼ民間のもの）に増えたが、アレクサンドル三世（一八八一～九四）の抑圧期には一八七〇年の水準に戻ってしまった。[46]

新聞税は、多くの国で新聞発行数や部数を減らす結果となった。例えばオランダで日刊紙の数は、一八六九年の印紙および広告税が廃止されるとすぐに九紙から一四紙に増え、一八九〇年には五四紙になっていた。イギリスでは、一部当たり四ペンスの印紙税が賦課されていた一八一五年から一八三六年の間に、販売部数は二〇パーセントしか伸びなかったが、（一八三六年に）一ペンスに引き下げられてから年間売上は二五五〇万部から五三〇〇万部に倍増した。一八五五年六月に印紙税が完全に廃止される前は、ロンドン以外で発行される日刊紙の数はほんの一握りだったが、一八五五年以降は飛躍的に増え、一八五五年七月のある日には地方紙六紙が一斉に創刊され、一八七〇年には九〇紙になった。一八五五年以降多くの新聞が価格を一ペンスに引き下げることが可能になり部数は急増した。一八五五年以前に『ザ・タイムズ』の発行部数は六万部で最大だったが、同年に一ペンスの日刊紙として創刊された『デーリー・テレグラフ』は、一八六一年には部数が一四万二〇〇〇部になっていた。[47]

抑圧はジャーナリスト個人の生活だけではなく新聞にも大きく影響した。検閲と告発の脅威は、書き手が推敲し著述したあらゆる考えや文章に影響を及ぼした。作家のルードヴィヒ・フランクルは、メッテルニヒ時代のオーストリアについて、「書き手の自信はかなり低く、自己検閲を課してあらゆる生来の考え方をクロノス［ギリシャ神話の時の化身で生まれてきたすべてを破壊した］のように破壊した」

と回想している。もう一人オーストリアの作家、カール・ポストゥルは、彼の著書『現実のオーストリア』(一八二八)は検閲を逃れるためにドイツではペンネームで出版し、その後広範に密輸されて反響を呼んだ。その彼は次のように嘆いた。

オーストリアの作家ほど足枷をはめられた者はいない。オーストリアの著述家は、いかなる政府、どの閣僚、影響力のあるいかなる階層、いかなる貴族制度も攻撃してはならない。自由主義的でも、思索的にも、ユーモアも持ってはならず、つまりどのようなものにもなってはならないということだ。攻撃的とは、風刺や洒落だけではなく、重大な思想につながる可能性のあるものごともまったく説明してはならなかった。もしシェークスピアがオーストリアで生まれていれば、どうなっていたことか。(48)

フランスではマキシム・デュ・カンはナポレオン三世の時代に、「法廷では思想、文言、行為、怠慢でも罪となるので、執筆は完全にコントロールされている」との不平をこぼした。カール・マルクスがドイツで発行していた新聞『ライニッシェ・ツァイトゥング』は一八四三年、フリードリヒ・ヴィルヘルム四世により「不満をかきたてる」「傾向」を呈しているという理由で発刊停止処分となったが、マルクスは「棍棒ではなく針をもって闘う」必要と、「偽善、愚鈍、無神経な当局、そして我々の卑屈な態度、お辞儀、そして引き返し、言葉を選択する」ことに疲れたと指摘した。自らの著述が検閲の手にかかったルードヴィヒ・ベルネは、ドイツ同盟議会についての検閲に皮肉を込めて、「スペインのジャコバン派内に一人の数学者がいることがわかれば、連邦議会は対数表を禁止にするだろう」と述べた。ドイツでの検閲の犠牲者となったベルネの仲間のハインリヒ・ハイネは、検閲の広範な影響について、この検閲が廃止された一八四八年の革命後に同様に皮肉を込めて、「生涯にわたり検閲を経験してきた者が、検閲なしにどのように書けばよいのか。すべての書き方、すべての文法、標準語法を使い切ってしまう」と述べた。ハイネはまた、より深刻で先見的な言葉として、現在ダッハウのナチス収容所跡に刻まれている次のようなコメントを残した。「書籍が焼却されるところでは、いずれ人間もまた焼かれることになる」。発禁処分を受けたドイツの劇作家カール・グツコーは、検閲官の質を厳しく糾弾している。

検閲が当初から、当局の一部門として文学的には無能者という特質がなければ、まだ許せたであろう。この世の法律に関してあらゆる意見を学んだであろうが、異なった分野の学説やいわんや芸術についてはまったく学んだことがなく、官庁の一角にしか思考が向かないような当局者が、上司という唯一の神や、昇進という唯一の天国しか持たぬような……者が、諸君の著述について判断を下してよいものだろうか。(49)

ロシアでは文学評論のヴィサリオン・ベリンスキーが、ニコライ一世時代の極端な検閲条件について、「例えば二たす二が四であるとか、冬は寒く夏は暑い」といったすべての自由主義的な考えが禁止されたと不平を述べている。ベリンスキーは、「犬のように吠えジャッカルのように遠吠えすることを自然は課したが、猫のように鳴きキツネのように尾を振ることを状況は命じた」とこぼしている。ロシアの多くの彼の仲間が、同様の不満を口にしており、多くの代表作が、時には皇帝ニコライの個人的な命令により削られたり禁止されたアレクサンドル・プーシキンは、「心と能力を持ってロシアで生まれるなどと考えることができるのは悪魔のみだ」と妻への手紙で嘆いた。フョードル・ドストエフスキーは、短編の『地下室の手記』をめちゃくちゃにした「検閲官の奴」と指摘した。ニコライ・ゴーゴリは、代表作の『死せる魂』を削られたことで、検閲官（後に削除した大部分を復活させた）は「七年間を犠牲にして得た一口のパンを、手からもぎとろうと」したとして、「ここで受けた苦痛のため手足の自由が利かなくなった」と述べた。イワン・ツルゲーネフは、作品原稿が検閲官により「すべてバツ印を付けられ、血塗られたように赤インクで改稿されて」返され、検閲官と会うことは「意味のない低俗な説明と正当化の後」に、「上訴できず、多くの場合あざけるような裁断を聞く」ことになる、と回想している。アントン・チェーホフは、ある雑誌のために書いていたときは「検閲対象になっている雑誌に書いているということを、一時も忘れなかった」と述べ、別のときには編集者がチェーホフの作品が問題となることを怖れて事前検閲し、「やりすぎて髪とともに頭まできってしまった」と回想した。一般論として、チェーホフは検閲があるために、「作家であることなど、ちっとも楽しくない」、なぜなら「喉に骨が刺さった状態で書いているようなものだからだ」と嘆いた(50)。

一九世紀のヨーロッパのジャーナリストや作家の多くにとって、出版への抑圧は著作物が台無しになる、あるいは自らが検閲することになる以上の効果を及ぼし、投獄されたり、ロシアの多くの作家の場合は僻地に追放されることもあった。出版への抑圧により投獄されたり追放された有名な著述家として、フランスの社会主義指導者のジュール・ゲド、ポール・ブルス、同じくフランスのジャーナリストのアンリ・ロシュフォール、ロシアの無政府主義者で作家のピョートル・クロポトキン公、ハンガリーの国民主義指導者ルイス・コシュート、スウェーデンの社会主義指導者アウグスト・パルムやカール・H・

ブランティング（後の首相）、セルビアの急進主義指導者ニコラ・パシッチ（後の首相）、オーストリアの社会主義指導者ヴィクトル・アドラー、イギリスのジャーナリストのウィリアム・コベットやリチャード・カーライル（九年以上も投獄されていた）、ドイツの社会主義指導者のヴィルヘルムおよびカール・リープクネヒトやローザ・ルクセンブルク、ロシアの作家ミハイル・レールモントフ、マキシム・ゴーリキー、イワン・ツルゲーネフ、レフ・トルストイ、アレクサンドル・プーシキンなどがいる。

出版物の告発は、一九世紀のヨーロッパの急進派で最も高名な二人、ドイツのカール・マルクスとフランスのピエール・ジョセフ・プルードンの伝記を彩っている。(51) マルクスは一八四二年から、ケルンのやや急進的な新聞『ライニッシェ・ツァイトゥング』の編集者として世間の注目を集めた。同紙はすぐにプロイセンの検閲官に悩まされることになり、その後ロシア政府からの圧力を受け、一八四三年四月に発行停止となった。マルクスは、ザクセン人のジャーナリスト、アーノルド・ルーゲの雑誌に協力するためフランス行きを決意する。しかし、この雑誌『ドイチェ・フランツォージッシェ・ヤールビュッヒャー（普仏年鑑）』は第一号がドイツに送られると、そのほとんどをプロイセンの警察が押収したため、協力することはできなかった。一八四五年にマルクスも寄稿した社会主義者の雑誌にプロイセンの皇帝を批判した記事が掲載され、プロイセンの圧力によりマルクスはフランスを追われた。彼はブリュッセルに移ったが、ロンドンの隠れたドイツの政治亡命団体の依頼で書かれた『共産党宣言』の発行により一八四八年二月に追放された。一八四八年の革命によりフランスとプロイセンの政権が交代し、マルクスはパリ、そしてケルンに戻ることができ、そこで『ノイエ・ライニッシェ・ツァイトゥング』を始めた。しかし一八四九年初めにはプロイセンの革命が挫折し、『ノイエ・ライニッシェ・ツァイトゥング』は発行停止となった。煽動罪に問われたが無罪になった後、一八四九年七月にマルクスはプロイセンを追放され、ヨーロッパにおける政治亡命者の最後の拠り所であったロンドンに逃れた。そこで彼は極度の貧困の中で生涯を過ごし、大英博物館の図書室に足繁く通い、『資本論』などを執筆することになる。

おそらく最も有名な無政府主義思想家であるプルードンは、一八四二年に出版された著書『所有者への警告』でフランス当局と最初に衝突した。彼は、「一人、あるいはそれ以上の人物への市民の憎悪や不信を煽ることで公共の平安を乱した」ことや「王政に対する憎悪や怒りを煽った」ことなどの四つの罪で起訴された。他の一九世紀に抑圧された多くの犠牲者と同様に、プルードンも告発によって受難者となり、その結果、裁判では彼の論点があまり理解されずに陪審で無罪となったものの、有名人となった。次にプルードンは、パリでの労働者の蜂起「六月蜂起」の余波で一八四八年七月に当局と対立した。彼の新聞『ル・ルプレザンタン・デュ・ピュプル（人民の代表）』が一八四八年七月に、不況時には家賃の支払い猶予を求めたことに対し、政府は当該号の発行を停止した。このとき、プルードンは国会議員となっていたので、起訴を免れた。発行部数四万部だったこの新聞はその後、政府によって廃刊に追い込まれる。プルードンの新たな新聞『ル・ピュプル』は一八四九年一月、新大統領のルイ・ナポレオンを批判したため、国会議員としての免責特権を議会は剝奪した。その後、プルードンは三年の刑を言い渡される。彼は獄中で新たな新聞『ラ・ヴォワ・デュ・ピュプル（人民の声）』の編集を許可されるが、早晩に発行停止となった。

プルードンが一八五二年六月に釈放された後、フランスの出版者はもはや彼の著述を扱おうとはせず、家主さえ彼に家を貸すのを躊躇した。彼が *De la justice dans la revolution et dans l'église*（『革命および教会における正義について』）の発行にようやく成功した一八五八年、警察はこれを没収した。プルードンは、「公共の平安を損なう可能性のある悪い考えや誤った情報の複製」や「市民の間の憎悪を煽る」ことなどの罪で起訴された。三年の刑と膨大な罰金に直面してプルードンはベルギーに逃れ、一八六二年まで当地にとどまった。しかし恩赦によりフランスに戻ることが許され、一八六五年一月に亡くなったが、彼の葬儀の列には六〇〇〇人が並んだ。

プルードンの例に見られるように、出版への告発により受難者を生み出すことがある。このような受難により、ギリシャの政治家カリラオス・トリクーピスは、ほぼ一夜にして首相になった。トリクーピスは一八七四年七月にアテネの新聞『カイリ』に掲載されたセンセーショナルな論説「誰が責められるべきか」が原因で投獄されるまでは、比較的無名の政治家であった。この論説は、ゲオルギオス一世の治世下での慢性的な政治的危機、とりわけ王が議会の責任原則を認めようとしなかったことを批判したものであった。彼は三日で保釈され、続いて民衆の称賛のなか無罪となった。いまやギリシャの自由派勢力の英雄となったトリクーピスはその後すぐに、国王に呼び出されて組閣を要請された。彼は、王が議会の責任原則に従うことを約束すれば要請に応ずるとした。トリクーピスは、政府による介入からの自由（これもギリシャの伝統からは外れたものであった）を主張し一八七五年の選挙に破れたものの、一八七八年から一八九五年までに何期か首相を務めた(52)。

出版の抑圧が受難者のみを生み出した別の例として、スウェーデンの新聞『ストックホルム・ポステン』の編集者アンデルス・リンデベリは、カール・ヨハン王は退位すべきと示唆したとして、一八三四年に反逆罪で起訴された。中世の反逆罪の法により断頭刑が言い渡された。王が三年の刑期に軽減したが、リンデベリは、彼の断頭される権利を主張し、彼を逃がそうとする政府の試みに応ずることを拒否することで、王の抑圧的な出版政策を明白にすることを決めた。困った王はついに、「死刑を待つすべての政治犯」の恩赦を公表したが、該当者はリンデベリだけであった。なおも死刑の権利を主張することの編集者に対し、刑務所の庭を散歩していたリンデベリを独房から締め出し、戻るのを認めなかったことで政府はこの問題を解決した(53)。

Ⅳ 出版への抑圧に対する抵抗

一九世紀ヨーロッパにおける出版の抑圧は、公共の問題に関する論議をかなり締め付け、多数のジャーナリストを迫害し、多くの新聞を廃刊に追い込んだが、政府による出版管理への最大の努力が完全に効果を発揮することは決してなかった。世紀を通じて、新聞、ジャーナリスト、さまざまな分野の一般人が、合法的措置、はぐらかし、徹底的な抵抗により出版規制を回避しようと共謀し、かなり成功することも多かった。メッテルニヒ支配下のオーストリアや帝政下のロシアのような最も抑圧的な体制でさえ、ジャーナリズムと出版界の抵抗の波を完全に押しとどめることはできなかった。

出版界の抵抗は主に、(1)「イソップ語」の使用や出版規制を逃れるさまざまなテクニックを含めた合法的方法による抵抗、(2)秘密裏の出版(アングラ出版)や禁止された出版物の密輸を含む非合法的方法の抵抗――の二つの形に分けられる。合法的な抵抗として、「イソップ語(ロシアでは*Ezopovsky yazik*と呼ばれかなり流用されていた)は、抑圧的な出版法がある体制下では広く見られた。これはたんに、出版法に抵触する直接的な言葉を用いずに政治批判をするものであった。政治的な批判は文学的あるいは社会的なコメントを装ったり、特定の政治体制に関するものは表面上は別のものに対するコメントに偽装されることになった。このように、直接的に表現できない政治的なメッセージは隠喩によって表された。
このような著述が出版されるのを阻止することは、文字の印刷そのものを完全に止めない限り事実上不可能で、最も抑圧的だった政府でさえ、このような方法を完全に防ぐことはできなかった。ロシアの一八二八年検閲法を起草したV・F・オドエフスキーは、厳しい規制はたんに出版界が徐々に賢明になっていくことにつながるだけで「警察は有能な作家の策略すべてを止められない」と指摘した。七〇年後、反動的なロシアの内相で一九〇四年に暗殺されたV・K・プレーヴェは、ある高名な急進主義者に対し、「なぜ出版の自由を欲するのだ。それがなくても言いたいことを行間に込めることの天才なのに」と尋ねた。バートラム・ウルフは、帝政時代のロシアで使われた「イソップ語」に幅広く言及した。

政治に関して直接的に論ずることは禁止されていた。すべての作品は、ロシアの生活への批評や文学批評となる傾向があったが、形を変えた社会批判だった。検閲官があからさまな表現を禁止すれば、書き手は鬱積したエネルギーに憑かれ、無邪気に見える別の国や時代の話や、複雑な寓話、動物のお伽噺、二重の意味、含意や、明らかにありふれた出来事で衣をまとうなどの遠まわしの方法で巧妙に逃れた。このため、読者は隠された意味が明らかになるまで思索を強いられた。ドイツ農業の統計研究、四世紀も前に亡くなった王の研究、ノルウェーの演劇評、プロイセンにおける悪事あるいはイギリス国家の善行の分析を通じて、人々は体制批判を見いだした。(54)

「イソップ語」の一つの明らかな例として、一九〇一年二月のロシアの雑誌『ヴェストニク・エヴロピー』に掲載された記事が挙げられる。これはロシア社会の隠喩として生徒数が過剰なクラスを挙げ、新教育法を論じていると見られている。

息をすることが、これまでにも増して難しくなった。動ける余地をとり新鮮な空気に触れるため、窓を開けてドアを開放する必要がある。彼らはこれに代わり、通風孔を閉めて裂け目は詰めようとしている。大多数にとっては呼吸できなくなるか、あるいは部屋を出て重要な事柄のために参集するしか方法はない。

ロシアで特定の考えが禁止されていたときには、これらは婉曲表現で示された。農奴制は、一八六一年に廃止される以前は触れることのできない問題だったが、「経済関係の合理的配分」として表現された。ロシアで一九〇五年に憲法が制定されたが、これ以前はこの目標を「大建築物の表面を仕上げる」と表現し、一九〇五年以降にボルシェヴィキ勢力は、産業国有化と民主共和制を打ち立てることを「一九〇五年の完全かつ自由な要求」と表現した。一八五九年にあるロシアの雑誌は、「神よ可能ならば、良心の求めにより、悪知恵は使わず、寓意的な言葉を作り上げずに、意見を直接そして簡潔に人々に伝えたいものだ」との要求を掲げた。この記事の掲載を許可した検閲官は降格され、この雑誌は発行禁止となった。(55)

多くの国で使われた「イソップ」のテクニックの一つは、特定の体制あるいは政府当局者への批判を、別の国あるいは過去の人物に対する非難として、見え透いた偽装を施すことであった。チェコのジャーナリスト、カール・ハブリチェクは、彼の新聞『プラズケ・ノビニ』で、イギリスによるアイルランドへの誤った処置を論じたが、これはボヘミア人なら誰もがオーストリアによるチェコの主権否定を指したものだと理解できるもので、彼は有名になった。セルビアでは風刺家のラドイェ・ドマノヴィチは、彼の書いた寓話、特に神秘的な「ストラディジヤ」国で称賛された。この寓話の国は、卑劣でくだらないことで知られ、閣僚は椅子取りゲームに興じ、警察は国会議員選出の自由選挙で投票する煩わしさから有権者を解放していた。フランスではシャルル一〇世の統治が衰退しつつあった一八二九年に、プロスペル・メリメが一六世紀の王シャルル九世の悲惨な治世の歴史的考察を出版したが、誰もだまされなかった(56)。

ドイツの偉大な歴史家フリードリヒ・ダールマン（一八三七年に政治的理由でゲッティンゲン大学を解任されたことで有名）は、一八四八年のドイツでの革命へと続く一八四四〜四五年に出版されたイギリスとフランスの革命史により、よく知られる存在となった。ダールマンは、実際は自国の寓話として書いたのだが、直接ドイツに言及することを避けたため、彼自身の言葉でいえば「ドイツ国外に出るとき、杖を手に持つ」必要がなかった。若いドイツの歴史家、ルードヴィヒ・クヴィッデ（一九二七年にノーベル平和賞を受賞した）は、一八九四年の記事『カリギュラ、ローマの誇大妄想研究』［直訳すると『シーザーの狂気』］で、実際はカイザー［皇帝］（シーザー）ヴィルヘルム二世のことを、誇大妄想を患っていたと描写し、カリギュラの短所として挙げていたことは実際にヴィルヘルム二世にも当てはまるということがわかり、センセーションを巻き起こした。クヴィッデの記事は小冊子の形で一五万部売れたが、ドイツ政府はカリギュラがヴィルヘルム二世だという一段の証拠がない限り、この件でクヴィッデを告発することはできなかった。しかし、クヴィッデはその後、公の場で「皇帝《カイザー》」に批判的な発言をしたとして三カ月の刑に服するが、カリギュラの一件が告発の真の理由であることが裁判の過程で明らかになった(57)。

「イソップ」のテクニックは出版の抑圧に対抗する合法的手段の一つだが、これとは別に特定の規制を逃れるさまざまな手法がとられた。例えば、フランス、ロシア、ドイツ、デンマークなどの多くの諸国で事前検閲が廃止された後、出版法はたびたび、違反した出版物に対して責任を負う「責任編集者」を置くように各新聞に義務づけた。これらの国の新聞は、重要な責務に就いていない志願した者を「責任編集者」として任命して服役させ、実際の編集者は業務を続けることができた。デンマークでは一八八〇年代に社会主義の出版者が嫌がらせを受けた時代に、ある家屋塗装業者は、『ゾチアル - デモクラーテン』の責任編集者として、週一〇クローネ、服役した場合には五クローネ上乗せで、服役期間は一三週間を超えないという条件のもと、志願した。ロシア警察は一九一三年、『プラウダ』の「責任編集者」には、「新聞の仕事にはかかわっていない無知な人物」で、多くの場合「完全に読み書きのできない者」がなっている、と報告した。『プラウダ』の事務所には、「編集者必要なし」との張り紙がよく見られた。[58]

一部の国では、新聞は同じスタッフのままわずかに名称を変えて発刊するだけで、発禁を逃れることができた。例えば一八三〇年代のスウェーデンでは、ラールス・ヨハン・イエルタの反対派新聞『アフトンブラデット』*Aftonbladet*（『ザ・イヴニング・ペーパー』）は、カール・ヨーハン王により幾度も閉鎖されたが、幾度も復活し、*Nya*（新）*Aftonbladet*、*Tredje*（第三の）*Aftonbladet*、*Fjarde*（第四の）*Aftonbladet* と名称を変えた。イエルタはスウェーデンの出版規制を物笑いの種とすることに成功し、王は一八三八年に第二三の *Aftonbladet* までできたところで諦めた。ロシアではボルシェヴィキの新聞『プラウダ（真実）』が一九一二年以降、幾度も発行停止となったが、『労働者の真実』、『プロレタリアの真実』、『労働の真実』などの名称で復活した。この状況は八回目の復活となる一九一四年まで続き、その後は帝政が終わるまで廃刊となった。[59]

このほか、多くの合法的手段が出版規制の回避や抵抗のために利用された。一八一九年のドイツ・カールスバッド令では三二〇頁以上の出版物は事前検閲の対象にならなかったので、検閲官は貧困層が入手できないような学術的大作を見る必要はなくなり、安価で急進的な小冊子を食い止めることに専念できた。賢明な印刷業者はこれを逆手にとり、できる限り大きな活字と最も小さい判型を使うことで、短い作品でさえ三二〇頁を超えることになった。ハインリヒ・ハイネなどのドイツの作家は、検閲官が問題とした部分をブランクとしたり、ダッシュを入れることで抵抗したが、このような慣行はドイツで一八三四年に禁止された。フランスの出版者は、事前検閲を定期刊行物（定期的に出版されるものをすべて含む）に限定した一八二〇年の法律を回避するため、印刷を禁じられたものを『検閲拒否』などのタイトルで小冊子として不定期に発行した。イギリスでは同様に、一八一九年に印紙法が厳しくなるまで、「新聞」とされる事務規定にわずかに外れる形式で新聞を作ることで、印紙税から逃れることができた。このような出版物で最も有名なのは、ウィリアム・コベットの『ポリティカル・レジスター』だが、小冊子として発行したことで、「新聞」価格では三倍にもなることを余儀なくされる課税を免れ、一週間当たり五万部もの部数に達した。法の抜け道がふさがれ、コベットも課税されることになった一八一九年以降、この出版物の部数はほぼ一夜にして一週間当たり四〇〇〇部に減ってしまった[60]。

事前検閲を廃止した一部の体制下では、新聞のサンプルを発行後ただちに当局に提出するように義務づけていたため、何か違反した内容があると判断されると流布される前に没収することができた。この点でも、合法的な忌避策は可能であった。一九〇五年のロシア法では、新聞の最初の三部は出版関係委員会に提出することになっていたが、どの程度の時間内に提出するかは特定していなかった。サンクト・ペテルブルクで発行されていた『プラウダ』の編集者は、当日の最初の三部を届ける仕事を、マトヴェフという名の七〇歳の工場警備員に任せていた。

高齢と遅い足取りのため、委員会の事務所まで街を横断して行くのに時間のかかることは明らかであった。マトヴェフはプラウダの工場を午前三時頃に出発し、通常は目的地まで一時間半から二時間かかった。新聞を届けた後、この老人は休憩を装いながら実は検査を注視するために、委員会の事務所にとどまった。……検査官が『プラウダ』を読み終えた後に別の新聞に目を移せば、マトヴェフはゆっくりとしたペースでプラウダの工場まで歩いて戻ったが、検査官がプラウダの工場がある第三警察管区に電話をすると、マトヴェフは事務所を飛び出してドローシュキ（軽装四輪馬車で一種のタクシー）に飛び乗って急いで戻った。工場の周囲に配備されている警備員は彼の帰りを待ち受け、彼の姿を認めるとアラームが発せられ皆が大急ぎで仕事を始める。警察が到着するまでには大半の新聞は発送され、「儀礼的」にわずかに残っているにすぎなかった。

このような場合、印刷されたうち没収されるのは一〇パーセント以下だった[61]。

一部のヨーロッパの都市では、印紙税などが課されているため新聞を購入することのできない労働者階級の中で読み書きのできる層は、結束して新聞を回し読みしたり、小額を払えば個人で多種の新聞を読むことができる公共の読書室などを利用した。皮肉なことに、労働者階級の意識の高まりを抑制するために新聞に課税したところでは、集団での定期購読や読書室の利用が促され、実際には意識の高揚に寄与することになった。ジョン・ギリスは、「リヨン、ベルリン、バーミンガムなどでは、定期購読や集団で読むことを組織した労働者階級の人々が、新たな労働者階級文化のまさに素地を組成した」と記した。[62]

パリでは「キャビネ・ドゥ・レクチュール」という、書籍や雑誌類を、訪れたときだけ一年程度までの期間貸し付ける書店のようなものが、一八二〇年から一八五〇年までに二二店から二二六店に急増した（その後は、出版物の価格が低下し所得も増えたため、急減した）。イギリスでコーヒーハウスやパブ（エールハウス）の経営者は、顧客が購読できないような定期刊行物を提供することで、客を惹きつけ売り上げがかなり伸びることを発見し、このような刊行物を定期購読して労働者階級の楽しみや利便性を高め、この階級の顧客拡大を競った。一八二九年の統計によると、ロンドンではこのような皆で読む場所が提供されたことで、新聞一部あたり三〇人が読んでいたと試算されている。あるマンチェスターの読書室は一八三三年三月の広告で、九六紙もの新聞を提供しているとして、次のように付け加えた。

当所はマンチェスターでこれまでなかった利点を提供しております。経済、健康、禁酒、訓育を合わせ、エールハウスや酒場で通常は供されている有害で酩酊させるものに代わり健全かつ爽快な飲み物を安価で提供し、政治・文学あるいは科学など最も秀逸で人気の高い今日の出版物を、夜にはガス灯で明るく照らされる心地よく上品な一室で熟読できるという特典もあります。

ウィリアム・コベットは保守派だった時代の一八〇七年に、以下のように厳しく批判した。

（エールハウスの）家主になぜ新聞を取るのか聞いてみるがよい。彼らは人々を引き寄せるからだと答えるだろう。多くの場合、そこで飲まれる酒よりもかなり魅力的で、多くの人々が目新しさや虚偽の魅力に酩酊

してしまうのだ。(63)

出版物の抑圧に対する合法的な抵抗はしばしば、発禁処分となった当該国内ではアングラ出版という形式で、また出版法がより寛大な外国からは、密輸といった非合法的な抵抗を伴った。出版に対してより寛容な方針で知られたベルギー、スイス、イギリスは、出版に対して比較的厳しいフランス、ドイツ、オーストリア、ロシアなどの国へやがて密輸される出版物を発行する主要な中心地となった。このためフランス政府が一八二六年に厳しい出版法案を提示した際、ある議員は「ベルギーの利益となるためにフランスの印刷を廃業に追い込むことになる」と述べた。アングラ出版と密輸はおそらく、事前検閲をどのヨーロッパ諸国よりも長期間維持し、反体制派がより賢明な抵抗の方法を考え出さねばならなかったロシアで、最も活発となった。ロシアでこのような方法が広まっていたことは、一八四九年にサンクト・ペテルブルクのある書店で二五八一点、ドルパとリガの二書店で三一四〇点の非合法書籍が警察の捜索で発見されたことで明らかになった。あるロシア検閲当局のトップは、非合法出版物が広く流通していることについて一八五八年、「現在のロシアはこのような出版物で溢れており、容易に流通して手から手へと渡っている。このため読むことのできない大衆まではないものの、少なくとも社会の下層階級まで浸透している」と報告した。(64)

別のロシア検閲の当局者は、「外国書に対する検閲は引き続き行われるが、これまでと同様に禁書の入手が不可能ではないことは、誰もが知っている」とし、「禁書が最終的に民衆の手に届くが（サンクト・ペテルブルクでは、欲すれば入手不可能な本はなかった）、このような場合、禁断の果実の密かな名声と輝きにより読者の目にはより魅力的となるであろう」と嘆いた。このようなロシア当局者の見解は、国外の研究家からも確認されている。あるドイツの歴史家は、ある書籍の「厳格な禁止」により「広く行き渡ったが、実のところ、温床が十分で要求があったため人々は読んだのだ」と指摘した。一八五七年にロシア秘密警察のバシリ・ドルゴルーコフ長官は、「帝国の最高位の人物が海外からイスカンデールの出版物を輸入し［ロシア人亡命者アレクサンドル・ヘルゼンが、ロンドンで発行していた新聞『コロケル（鈴）』は禁止された］、ロシア国内で配布さえしている」と個人的に不平を述べた。アレクサンドル二世と妃でさえ、ロシア内で流布していたおそらく最も影響力のある雑誌『コロケル』を読んでいたといわれ、一八五七〜六二年の発行期間中、非合法の流通部数は二五〇〇部だったと試算されている。あるときは、『コロケル』の記事で攻撃されたロシア当局者が、皇帝が読むためのものと差し替えた版を印刷したが、この策略を知ったヘルゼンは、何とか本物と入れ替えた。(65)

ロシアでは一八六〇年以降、非合法的な出版物の密輸以外に、アングラ出版による印刷物が徐々に増えていった。一九〇一年に発行されたボルシェヴィキのアングラ新聞は薄いライスペーパーに印刷されており、警察の急襲があった場合は飲み込むことができた。ロシアでの最も洗練されたアングラ出版は、文字どおりまさに地下で作られており、バクーで一九〇〇〜一〇年に定期刊行物やチラシなど一〇〇万部以上印刷していた。バートラム・ウォルフは次のように記している。

工場は地下に相当広く拡がり、裁断機、数カ国語でのタイプ機、押し型機、製本機、ステロ版印刷の鋳造機まであった。タタール地区バクー市の住宅地の地下工場で拡大していき、最初は二人、五人、そして七人の無欲な印刷職人が、修道院の修道士のように働き、生活していた。工場は暖房も換気もなく、通りへと続く窓はレンガとモルタルでふさがれていた。夜には三時間ごとに交代で空気を求めて上に行っていた。(66)

禁止された書籍や新聞を国境を越えて密輸することは、一九世紀のヨーロッパでは普通に見られ、密輸のテクニックは時には非常に洗練されていた。例えばフランス革命の時代にフランスからの急進派の著作は、帽子の裏打ちや時計の部品を包む紙の細片となってスペインに密輸された。五〇年後のナポレオン三世の時代、反対派の著作はくりぬかれた石炭、鳩の運び屋や、密封された箱がブリュターニュ地方の海岸に沿って降ろされたり、石膏でできた皇帝の胸像（これは税関検査の際に像が壊れ使えなくなった）などの方法でフランスに持ち込まれた。ジュゼッペ・マッツィーニの新聞『ジョビーネ・イタリア（若いイタリア）』は一八三〇年代に、軽石の筒の中や、魚を詰めた箱、上げ底のトランクによりフランスからイタリアに密輸された。オーストリアでは一八四〇年代に、多くの禁止処分となった書籍やパンフレットが密輸され、ザクセンのライプチヒで発行していた反体制派の新聞『グレンツボーテン』は、自由派勢力を盛り返すことに役立った。ウィーン大学のある神学教授は、禁止となった出版物がクラスではよく出回っており、『グレンツボーテン』は「単調な講義の合間の娯楽として特に読まれたと後に回想している。ウラジミール・ジョヴァノヴィチの『スロボダ（自由）』は、非常に薄い紙に印刷された後、ジュネーヴからセルビアへ普通の封筒で送られた。レーニンの新聞『イスクラ』は、薄い煙草紙に小さな文字で印刷され、ドイツやスイスからロシアに密かに送られた。[67]

おそらく最も洗練された密輸は、一八七八〜九〇年にドイツの禁じられた社会主義新聞『ゾツィアルデモクラート』によって編み出されたものであろう。密輸は業務主任のユリウス・モッテラー（赤の郵便局長として知られた）の指示により、ほとんどがトランクあるいは束ねられて列車や船で毎週一万一〇〇〇部がスイスからドイツへ送られた。入念なシステムにより、包装された品が目的地に着いたかどうか、モッテラーに連絡が入ることになっていた。配送が成功すれば、「アンナは出発した」というような電信の文言となり、部分的に届いた場合は「叔父病気、手紙で連絡」、全部なくなるか没収措置となった場合、「叔父病気、回復見込めず」となった。彼の運営法はかなり有名となり、一八九五年には抑圧的な苦難を被っていたイタリアの社会主義者に報告することを要請された(68)。

比較的まれにではあるが、公然とした出版規制への抵抗例として、一八三〇〜三六年のイギリスにおける印紙税法に対するボイコットが挙げられる。この六年間、推定で五〇〇点の定期刊行物の発行者は悪評高い税の支払いを専ら拒否したため、ピーク時の発行部数は一週間当たり二〇万部に達した。政府が八〇〇人の新聞販売人を告発し多くの発行者を投獄したものの、労働者階級の税に対する反対は相当なもので、非合法な出版物さえ公然と宣伝し売られた。一八三六年に一部当たりの税額が四ペンスから一ペンスに引き下げられ、いわゆる「無印紙への闘い」は終わった。しかし、課税が完全に廃止される一八五五年まで、まだ動揺はあった(69)。

一九世紀のヨーロッパでは、勇気あるジャーナリストや出版者が、すべてのリスクを負ったわけではなく、したがって抑圧的な出版規制に抵抗したすべての功績が彼らに与えられるはずもないことを、強調しておくべきだろう。すべての大規模な密輸、アングラ印刷、「無印紙」出版は、ジャーナリストや出版者ほどには問題を起こすことはなかったにもかかわらず、厳しい制裁のリスクを甘受した多くの個人の支援や協力に依拠していた。非合法的出版物を扱った出版者や書籍販売者は、禁書への一般人の強い関心に励まされて行ったのであり、これがしばしば価格を押し上げ、したがって販売利益も上昇した。もちろん、一八三〇年代のイギリスにおける「無印紙」新聞や、一八四〇年代のオーストリアや一九世紀を通じたロシアにおける非合法印刷物の広い流布は、問題のある体制に公然と反抗しようとするジャーナリストや販売人を支持する風潮を生み出した、広範にわたる潜在的反対がなければ、進展しえなかったであろう。
スイスの歴史家でジャーナリストのジャン・シスモンディは一八四七年に、「書籍が禁止されるような国以外では、一般人は書籍を欲しないし、出版しても本は売れないであろう」という点でロンドンとパリの書籍販売人が一致したと記した。イギリスのある「無印紙」新聞のある販売人は一八三五年に次のように述べた。

もし仮に私が無印紙新聞の販売を譲ることになれば、私の顧客は別の人からこれを得ようとするであろう。彼ら自身で印刷物を定期購読しているとしても、安価で得られる知識として、彼らは非課税の新聞を持てると決めている。

一九世紀のヨーロッパ（そしておそらく、多くのその他の時代や場所でも）で出版を抑圧する試みに対する、おそらく最適な墓碑銘は、人気の高いイギリスの劇作家ジェームズ・ブランストンが一七三三年に書いた詩に表れている。

よく売れるものが、法律に最も反している時代に、
法規によってイギリスの出版（物）に
畏敬の念を抱き続けることができるであろうか。(70)

第三章　風刺画に対する政治検閲

一八五七年、フランスの文化大臣アキル・フルドは青年芸術家集団に対して、「芸術は今、偉大な巨匠たちの美しく伝統的な道のりにおける、純粋性と気高さの特性を捨てることで、芸術本来の姿を失おうとしている」と語った。彼は「自然が与えるに違いないものの真似、詩情がきわめて少なくまた高尚さもほとんどない、独創性の欠けた真似ばかりを追い求める傾向」に対して警告を発したのである。[1] およそ五〇年後には、ドイツ皇帝ヴィルヘルム二世は自ら「貧民窟のどん底芸術《リンシュタインクンスト》」と名づけた有名な告発の中で、特徴的ながさつな言い回しで同様の見通しを披露した。

> 今日しばしばそうなのだが、芸術が我々に悲惨さばかりを見せつけ、そして悲惨さがどのようなものであろうとも、それ以上に醜いものを見せつけるとしたら、芸術はドイツ国民に対して罪悪であるということになる。我々の文化的努力の究極の使命は、我々の理想を育てることにあり……もし文化がその使命を完全に成し遂げることであれば、それは国民の最下層にまで到達するはずである。それは芸術が人々をどん底から引き上げるために手を差し伸べることによってのみ成し遂げられるのであり、どん底へと落ち込んでいくことによってではない。[2]

こうした引用が示唆するように、一九世紀ヨーロッパの多くの体制では、特に皇帝ヴィルヘルム二世の指摘する「国民の最下層」にインパクトを与えるという意味で、視覚的な芸術に何が描かれているかについてきわめて敏感であった。特に一八五〇年以前には、下層階級の人々はほとんど読むことができず、ヨーロッパ諸国のおもな政府は視覚芸術に関心を持ち、当然のことながら検閲を行使したのであり、それは印刷された言語に対する厳格な制限にまさるものであった。保守的体制の立場からすれば、視覚芸術に対するそうした厳格な統制はきわめて重要な意味を持つものであった。なぜなら正確には、彼らが最も怖れる階級は一般に読めないだけであって、目が見えないのではなく、また絵は印刷された文字よりも遥かに大きなインパクトをもたらすと考えられたからである。

一七八九年にはある人が、フランスの革命政権が出版物の検閲を廃止する一方で、かつてあったデザインの検閲を復活させたことを支持している。なぜなら「絵や彫刻は人間の心に影響を与える最も強力な手段であり、それらが残した印象は残り続ける」からである。この認識は悪名高い一八三五年の「九月法」をめぐる議論においてより明確に論じられることになる。それは一八三〇年憲法第七条において「フランス人は出版する権利を持ち」、その意見を広め、そして「検閲は決して再び行使されない」と約束されていたにもかかわらず、その「九月法」はすべてのデザインに検閲を強いるものであった。視覚芸術に対する事前検閲と一八三〇年の約束を整合するために、フランスの法務長官は提案の法制化を成功裏に通過させるときに以下のように演説している。

憲章《チャーター》第七条はフランス人が出版された形態で自らの意見を広める権利を公言している。しかし、絵が流通することによって意見が身振りに転化されるなら、それは目に対する語りかけの問題である。それは意見の表現を超えた何ものかであり、第七条で対応することのできない行動への刺激なのである。

一八五二年にはフランスで、一八四八年革命が廃止して以来初めて、風刺画の検閲が再び強いられたときには、警視総監は絵画を「正しく秩序ある社会の胸にしまわれた最も基本的な自制心や道徳性を揺さぶり、破壊する」ために使われるあらゆる手段の中で「最も危険なものの一つである」と位置づけた。なぜなら「最も悪質な本の悪質な頁ですら、読むのに時間と、それを理解するためのある程度の知性が必要とされるのに対して、風刺画は「例えば、あらゆる誘惑のうちで最も危険なものを誰もが理解できるように翻訳し、提供する」からである[3]。

彫刻から絵画にいたるまで、一九世紀ヨーロッパのあらゆる視覚芸術が実質的にすべて、政治的に発動された政府の検閲によって、幾度かは押収や告発の憂き目を被った。しかし単純にいえば、視覚芸術の分野で続けられた政治的抑圧の主たる標的は、政治的な風刺画であった。それは絵画芸術の形をした政治参加としてはきわめてわかりやすいというだけではなく、新聞や雑誌、そして個々の印刷物として出版され、絵画や彫刻のような高価で限定されたものよりも広く流通したからである。事実、一八三五年九月法を批判して、ルイ・フィリップ体制に対する辛辣な敵意を剥き出しにしたのは、街に溢れるリトグラフの風刺画であった。風刺はイギリスを除くすべてのヨーロッパ諸国で一九世紀の間、多かれ少なかれ、事前検閲の管理下にあった。そうした抑圧はイタリアやオーストリアそしてドイツでは一八五〇年頃かその後まで続き、フランスやロシアでは一八八〇年まで続いた。そしてこれらの国々は印刷された文字への検閲を廃止した後も、その規定を守り続けることになるのである[4]。

風刺画に対する事前検閲が廃止されたところでも、煽動的と思われ、また政府役人の尊厳を傷つけることを禁じた不文律を破るような、出版物として流通する政治的な風刺画を取り締まるという観点から、出版後に告発が行われることも一般的であった。フランスでは一八三〇年から一八三五年まで、絵画に対する事前検閲が廃止されたわずかな時期においても、風刺画が「国王政府の憎しみと軽蔑」を誘い出すとか、あるいは「国王という人格を攻撃」する罪を犯すものと思われる場合は、その風刺画は出版後の報復を一手に引き受けることとなった。出版物をめぐって、作家のみならず印刷者や出版者、そして編集者が有罪とされ、投獄や罰金などが科せられた。同様にドイツでは一八七四年以降、風刺画に対する事前検閲が禁止されていたにもかかわらず、作家たちはなおも「不敬罪《レーズ・マジェステ》」や「皇帝に対する侮辱」を罰する不文律のもとで告発の可能性に向き合っていた。ロシアでは一九〇五年革命の際にわずかの間、風刺画に対する事前検閲が廃止されたときにも、作家たちはなおも「皇帝陛下を侮辱し、大胆にもその最高の権威を犯した」罪において逮捕されうる状況にあった。多くの風刺画家や出版者たち――その中には三人のきわめて有名な作家でフランスの風刺画家オノレ・ドーミエやドイツの風刺漫画家トーマス・テオドア・ハイネ、そしてロシアのイラストレーター、イワン・ビリビンが含まれる――がそうした法律を破った罪で投獄され、罰金を科されていった。彼らは事前検閲が廃止されているにもかかわらず、風刺画の自由として知られるようになった「風刺画を描く自由《クレヨン》」がまったく保証されていないという事実を、明確な形で抗議し続けたのである。[5]

I 「風刺画を描く自由」をめぐる議論と検閲のメカニズム

1 風刺画に対する恐怖と検閲による防衛

保守的なエリート層はその権力と特権を脅かすものと怖れ、文字を読むことのできない下層階級に対して、風刺画家が特に魅力的な革命思想と堕落の伝達人として働きかけていると見ていたが故に、風刺画家は厳格な迫害の対象に置かれた。あるイギリス人は一八世紀末に風刺画家を「道徳や哲学ではなく、嫉妬、悪意、そして恐ろしい無秩序」を教えていると非難し、「社会にかかわるすべてのものを基礎づけ、そして破壊する目的でそれを悪用し、使うくらいなら、芸術などないほうがよほどましである」と結論づけた。一八三一年にはイギリスの雑誌『アセネウム』が風刺画家の仕事を、「心の劣性を侮辱し、身体の欠陥をさらしものにし、——そしてすでに悪いものをさらに悪化させ、十分に暗いものを真っ黒にする」と特徴づけた。一八三五年に出版されたフランス政府の新聞は「絵画芸術を汚すものの増大」が、街に「現体制に対して無言であるにもかかわらず、生き生きとした反抗という堕落的な見世物」をばらまき、「国王、裁判所、そして法に対する卑劣きわまる暴力」にかかわり、「家族制度にとって危険」を与えるという観点から、風刺画に対するかつての検閲を復活させることを主張している。(6)

ドイツの民主的かつ反軍国主義的な（しかし根本的には革命的というわけではない）、一八九六年に発刊された風刺雑誌『ジンプリチシムス』はロビン・レーマンが記しているように、ドイツの権威筋によって「道徳、若者、そして国民の団結にとって危険な、革命的な色彩のポルノ的な〈売春宿文学〉である」と繰り返し批判された。一八九八年には保守的なドイツの新聞が『ジンプリチシムス』を「芸術家の飯と道徳の毒」を特徴とすると批判し、他方で数年後には軍事大臣のフォン・ヘーアリンゲンが、それを「われわれのあらゆる理想を破壊する細菌」であると非難し、ドイツのすべての役人にそれを読まないことを誓うように求めた。ミュンヘン警察が「組織的かつきわめて破廉恥なやり方で現にある社会秩序を嘲り、侮辱しようとする出版物を国家に属する公共空間で販売するのは適切ではない」という見地から行動を起こして以来、バイエルンの役人は一九〇九年に国有鉄道の駅で『ジンプリチシムス』の販売を禁じた。[7]『ジンプリチシムス』は雑誌として先頭きって、反体制芸術がもたらす危険に対して権力者たちが抱く恐怖心を誇張的にさらけ出しながら、辛辣に風刺したために、プロイセンの国有鉄道の駅でも（一八九八年には）販売が禁止されていた。駅員が腕ほどの長さの大きな鉄バサミで、血を滴らす雑誌をつかんで、運び出し、駅から追い出そうとする様が描かれた（図版1）。不穏な絵画を可能な限り、すべて抑圧しようとする権力者たちの無情な決定に対する同様の辛辣な描写は、ポルトガルでしばしば検閲による禁止の標的になった雑誌『ア・パロディア』の一九〇二年の誌上に見ることができる。それはポルトガルの検閲が、絵画がすべて政治的な「当てつけ」であるという見地から、あらゆる風刺的な表現形態に敵意を表明しており、安全無垢は完全な白い頁のみによって表現できることを描き出すものであった（図版2）。

反体制的な風刺画が下層階級に与える効果は、特に権力者たちによって怖れられることとなった。フリードリヒ・ヴィルヘルム四世に対して、一八四三年に絵画に対する検閲廃棄の取り消しを訴える中で、プロイセンの内務大臣は風刺画が「厭世的な哲学と民主的なスポークスマン、そして作家たちの破壊力を用意している」と主張した。なぜなら、特に「教育を受けていない階級は文字で書かれたものには見向きもせず、風刺画に注意を払い、その意見を理解する」からである。皇帝は（風刺画を）否定しがたいこと、すなわちその印象は持続し、時には打ち消すことのできないことを付け加えている。同様に一八二三年には、パリの警視総監が印刷物販売業者に対する手入れを指示している。なぜならそのような業者はしばしば「社会の下層階級」に危険な思想を広めるからである。一八二七年には大衆版画を売る出版者の第一人者が、馬に乗ったナポレオンの絵を売ることを禁じられた。理由は内務大臣が説明するには、それらは「国民の下層階級のために用意された粗雑な印刷物」だからであった。おそらく絵画をめぐって保守的なエリート層を悩ませる中心的な恐怖感は、オリバー・ゴールドスミスの演劇『負けるが勝ち』（一七七三）の登場人物の一人によって表現されている。マルローがその愚考を暴露されたとき、恐怖のあまりに「私はどこのプリントショップにもある風刺画に一刺しにされたのだ！」と叫ぶ一シーンである。悪名高い、不正にまみれたニューヨークの政治家、ウィリアム・[親分《ボス》]・ツイードは市民戦争後の素晴らしい風刺画家、トーマス・ナストの手による敵意ある風刺画に痛みを感じていた。「なんといまいましい絵だ。私は自分について書いている新聞なんて大して気にしない。私の選挙民は字など読めないからだ。でも何たることだ、やつらは絵を見ることはできるのさ！」と公言している。(8)

たしかに風刺画が広く普及し、その展示を目にしようと大勢の人々が集まった様子を描いた無数の印刷物からも明らかなように、風刺画が国民のあらゆる階層に大きな関心を引き起こしたことは事実であった。あるイギリス人は当時を観察して、一八〇二年には有名なプリントショップの一シーンを次のように描き出している。

もし（運河を越えて）向こう側で、（ナポレオンという）コルシカの追いはぎと持ち物と身体をかけて戦うくらいなら、まずはじめにこのアッカーマンの店で戦い、ギルレーの最新の風刺画を見るがよい。新しい絵が登場したときの熱狂ぶりといったら言葉にできないくらいだ。まったくの気違い沙汰だ。群衆を掻き分けて通り抜けるには、握り拳を作らなくてはいけないのだから。

ドイツの作家ハインリヒ・ハイネは、反体制的な風刺画家がルイ・フィリップ体制を小馬鹿にする象徴として〔西洋〕梨を用いていた時代の、一八三二年のパリから報告を寄せている。町々は「国民の終わることのないお決まりのジョーク」としての梨を表現するような「無数の風刺画」の懸華装飾《フェストゥーン》で飾られ、「〔王の〕頭からこぼれる栄光は過ぎ去り、人々がその中に見るものは梨だけ」であったという。後進的で、厳しい検閲が多くの絵画を宗教的なテーマに押し込めていたロシアでさえも、絵画を求める要求が高まり、市場やマーケットでは行商人が民衆の要求に戸惑っていた。「誰が七つの大罪などというものを知りたいと思うというのか。誰が異郷の世界の未来について知りたいと思うというのか」。一八七〇年以降、コストの低下がさらなる流布の可能性を高めていく。風刺画は風刺画雑誌に支えられて驚くほどの流通量を獲得し、その人気を確実なものとする。一九一一年にはロンドンの『パンチ』誌が九万部を印刷し、ドイツの社会主義風刺画誌『デア・ヴァーレ・ヤーコブ』が三〇万人の予約者数を獲得した。他方でフランスの『ラ・リュンヌ』と継続誌『レクリプス』が一八六〇年代後半には三万部から四万部を印刷し、『ラシエット・オ・ビュール』は一九〇一年の最も売れた時期には二五万部以上を売ったのである。(9)

2　検閲のメカニズム

フランスで一八三五年から一八八一年まで執行された「一八三五年九月法」は、あらかじめデザインに許可を与えようとするものだが、それはまさに一九世紀ヨーロッパにおける風刺画検閲法の典型といえる。

パリの内務大臣や各省の大臣からあらかじめ許可を受けないものは、絵画であれ、彫刻、リトグラフ、メダルや切手であれ、出版される類のありとあらゆる性質と種類の図像は公開も販売もしてはならない……許可申請には描く内容の要約文、出版願い、そして予定のタイトル、……著者名と出版者名が含まれる必要があり、認可を受ける際には、比較するために校正刷り……を預けなくてはいけない。この校正刷りと出版しようとするものが一致しなければならない[10]。

フランスなどの地域では、検閲行政は文字どおり強固なものであった。というのも、その決定を説明したり、弁護することすら求められなかったからである。さらに検閲による支配は刑法上の規定はなく、現実に行政化されていたので、裁判所に訴訟が持ち込まれることはなかった[11]。何千とはいわないまでも、何百ものデザインが検閲によって棄却された。もしくは意図するメッセージが台無しにされて、かなりの程度、手足を切り取られた状態でしか出版できなかった。例えば一八七三年八月三日の『レクリプス(天体食)』に掲載されたフランスの画家アンドレ・ジルの風刺画は、前首相アドルフ・ティエールの貢献があまりに早く忘れ去られていることに対して異議を唱えるものであったが、それはティエールが絵から姿を消すという意味のない形でしか公開することが許されなかった（図版3）。

検閲のメカニズムが一般にヨーロッパ中で類型化していく中で一八五二年の八月、ルイ・ナポレオン率いるフランスが一八四八年革命の結果として確立した民主政体を廃する、いわゆるクーデターに引き続いて、一つのユニークな要素を導入することになる。ルイ・ナポレオンは一八四八年に廃止されたデザインの事前検閲を復活させただけではなく、風刺画を出版する前に、その中で描かれたすべての人に文書による同意を得なければならないという新しい要求を課したのである。その新しい規定は実質的に一八八一年まで、ほぼ途絶えることなく機能し続けることになるが、それは絵画に対する二重の検閲に等しいものを生み出すことになる。なぜなら生存中の人物を描く風刺画はいまや、政府による承認と描かれた対象の両方に許可を得なければならなくなったからである(12)。

「承認規定《オーソリゼイション・ルール》」（以後はこう呼ぶ）はおそらくプライバシーの侵害を防ぐことを意図したものであろうが、同時にそれは風刺画家の生活と労働をより困難なものにしようとするキャンペーンの一環でもあった。というのも、風刺画で描こうとする人から文書化された同意を得ることはしばしば多大な時間とエネルギーを要するものであり、時には多様な人を訪ね歩くことが求められたからである。さらにデザインに革命的な隠喩を含ませないようにするという戦略においては、風刺された権威ある人が絵を見て、自分をからかい、もしくは侮辱していると感ずれば、出版を認めないこともできることで、この規定は検閲を補助する役目を果たした。たぶん、ナポレオン三世の最大の強敵ヴィクトール・ユゴーは第二帝政の間、亡命生活を送ることになるが、彼は二重の検閲に示される、体制の絵に対する格別の憎しみを、以下のように説明している。「政府はそれ自体、忌まわしい姿を自覚している。だからそいつは肖像を求めず、特に鏡を求めないのだ。ミサゴのように闇夜に逃げ込むのだ。人目に触れたら死ぬことになる」[13]。
承認規定は一八五二年から一八八一年の間、フランスの風刺画に対して間違いなく大きな効果を発揮した。事実、皇帝ナポレオン三世（一八五二～七〇統治）やマクマオン首相（一八七三～九）が権力を握っていた時期には、実質的に彼らの風刺画は出現しなかった。時には承認規定は誰ともわからない顔を持った、奇妙な風刺画を出版させることになった。一八七〇年にジルは『レクリプス』に五人のジャーナリストを描いた絵を発表したが、そのうちの一人が風刺されることを拒否したために、顔の一つが空白になっている（図版4）。おそらく、よく知られた人間が描写されるのを拒んだ最も顕著な例は、フランスの作家で政治家のアルフォンス・ドゥ・ラマルティーヌの場合である。ラマルティーヌは自分が拒否した理由を説明する出版物の中で、嘲笑が流布されることに断固として異議を唱えた。

私はたとえ人に危害を加えることがなくても、本性を傷つけ人間性をあざけるような、人類に対する侮蔑を認めることはできない……神の造りたもうた創造物の威厳を攻撃することを認めるのは、私にとっては誤った寛大さにすぎない。私はそれに加担しようとは思わない……私の人格は全世界に属し、広大な流れとともに太陽に属するものであるが、そのものではない。私は自らそれを汚そうとは思わない。なぜならそれは一人の人間であると同時に、神からの授かり物だからである[14]。

他方で多くの人士は、フランス全土にその顔を示すことができることを幸いに感じていた。『ル・ドン・キショット』のシャルル・ジルベール＝マルタンが一八八七年五月二一日出版の雑誌の中で、その思い出の中に記しているように、風刺させることを完全に拒み、また許可を与える前に絵を見せるように求めるものがいる一方で、条件を課すことなく、求めに応じて好意的に対応する者もいた。そして「君の雑誌の中で私を描くのに想像をめぐらす場合には、私の頭を使って君のしたいようにすればよい、君に任せるよ」とある人が書いているように、「それについて何も尋ねることなく許可を与えた」人もいた。一八六〇年代の後半には風刺画家が絵と合わせて、描かれた人の文書化された承認文書を出版するのが習慣化するにつれて、描かれた人々は適切な言葉を作り上げるのに相当の努力とエネルギーを払うようになった。例えば、有名な年配の俳優フレデリック・ルメトゥルは『ラ・リュヌ』に対して、それはまさに「若者を風刺する！　時間は年寄りを風刺する」（一八六七年六月一六日）と語った。法務大臣のテオドール・カゾーは『ル・ドン・キショット』が肖像画を発表するのを、冗談交じりで「私をとてもハンサムに、雄弁で、上品で、などなどの条件」（一八八〇年五月二八日）で許可した。ジルベール＝マルタンはカゾーを実際の姿よりむしろ年配の太った男として描き、一方の手には承認を、他方の手には若くて陽気でハンサムなカゾーの絵を持たせることで応じた。

3　風刺画に対する称賛と検閲に対する攻撃

一九世紀のヨーロッパで保守的なエリート層が風刺画を怖れ、迫害した一方で、風刺画家やその支持者は風刺画が社会の各階層、特に教育を受けていない人々とコミュニケーションし、啓蒙に貢献するものとしてその職業を守り続けた。偉大な芸術家、オノレ・ドーミエは文字を「読むことのできない人にとって風刺画はためになる」と記し、大衆的な印刷物を発行する主要な会社の代表は、そのお抱えの画家の一人に「忘れるなよ、息子よ。おまえは文字を読むことのできない人たちのために絵を描いているのだ」と語っている。一八七一年には、あるフランスのジャーナリストが、風刺画は反体制側にとって印刷された文字よりも強力な武器になることを褒め称えた。なぜなら、パンフレットは知性に対してのみ浸透する。それを理解し、味わい、さらには一定のレベルや教育、少なくとも注意を傾けることが求められる。風刺画は直接、目にぶつかり、私たちの中で最も感受性の高いもの、すなわち想像力に効果を発揮する。それは誰にもわかりやすい。その場でわれわれの目を引く……。パンフレットは記憶の中に考えを残すだけにすぎず、さもなければただちに忘れ去られてしまう。風刺画は記憶の中に形と色のイメージを刻みつけるのであり、それは見たときからずっと忘れ去られることはない。

同様にヴィルヘルム二世体制の指導的な批判者であった一九世紀後半のドイツのジャーナリスト、マクシミリアン・ハルデンは「絵のある風刺的な雑誌ほど、大衆の世論に効果を発揮する出版物は存在しない。そうした風刺画はきわめて総明な人たちおよびきわめて純真なおひとよしの心に訴えかけるのであり、その冷笑的な挑戦と耳障りな笑いで、どこでも関心を引き寄せるのである」といっている。ロシアの作家レフ・トルストイは以下のように述べている。

一九世紀を記述する二二世紀や二三世紀の歴史家にとって、（ドイツの風刺雑誌）『ジンプリチシムス』は最も貴重な情報源となるであろう。それは我々の現代社会の状況に関する情報を与えるだけでなく、他の情報源の真実さを確かめる役割も果たすからである。(15)

風刺画はたしかに時折、国民に大きな衝撃を与えた。あるフランス人は一八三〇年代に出版された反体制的な風刺画について、「それぞれの雑誌は古い時代の考え方から我々を救い出し、生き生きとしたイメージに書き換え、レリーフに刻み付けてくれる」と記している。また他のフランス人は当時を見渡し、ナポレオン三世の統治が弱まりかけた一八六〇年代に出版されたアンドレ・ジルの反体制的な風刺画に言及して、ジルは賢くも「我々の政敵の弱点」を標的とし、「帝国崩壊に最も貢献した芸術家の一人」であったことを明らかにしている。ドイツの劇作家ゲルハルト・ハウプトマンは『ジンプリチシムス』を「ドイツにおいてきわめて鋭く、容赦のない風刺的な武器」と称している[16]。

風刺画家やその支持者たちは、特に印刷された文字が統制から解放されたずっと後も絵画に対する事前検閲が残っていたフランスのような国では、自分たちの作り上げたものに対する政府の制限を厳しく攻撃した。フランスでは一八三〇年に出版物に対する事前検閲が廃止され、その後再提出されることはなかったにもかかわらず、風刺画に対する検閲は持続的かつ重要な問題であり、主要な政治変動は風刺画を規定するルールに影響を与えた。一八一五年、一八三〇年、一八四八年の体制崩壊によって事前検閲は廃止されたが、その後ただちに、一八二〇年、一八三五年、一八五一年、そして一八七一年に再び課せられることになった。『レクリプス』は一八七四年九月二〇日に「いつか、我々の風刺画の歴史を描くことによって、我々が生きた時代の、楽しむ自由の歴史を正確に記述するようになるに違いない」と評している。

フランスにおける風刺画の検閲は、一八八一年になってようやく永久に廃止された。それまで、苦悩に満ちた風刺画家たちが自分たちの職業に対する邪悪で、不正に満ち、偏見溢れる扱いの経験に対して声高に抗議をした結果であった。風刺画誌『ル・グルロ（鈴）』は一八七八年二月三日に、「ペンが語ることが許されるのに、何の権利があってクレヨンに邪魔をするのか」と主張している。それは「我々がばかげたことにかかわっているという口実のもと」にある事前検閲が「路上でパンツを下ろそうとして二人の警官に連行される」市民と同様であるとして、それ相応の扱いを受ける権利を主張した。ボルドー地方に根拠を置く雑誌の『ル・ドン・キショット』は、その編集者で風刺画家のシャルル・ジルベール＝マルタンが検閲規定を破り、何年間か投獄されているが、この雑誌は一八七〇年代に厳しさが増す中で、ペンとクレヨンが異なる扱いを受けることに抗議している。「なぜ絵を描くことが文字と同様の自由を得ることができないかについて、もっともらしい理由を説明してもらおうか」。ジルベール＝マルタンはさらに一八七五年六月二五日に、もし作家が画家と同様の統制を受けたならば、「フランスの新聞はまさに巨大な泡立てクリーム工場にすぎなくなるだろう」といったことも付け加えている。

検閲の決定と手続きの横暴さはフランスの風刺画にとって抗議のおもな焦点となった。『ル・グルロ』は一八七一年九月九日に、検閲の決定が「審議を経たものでもなければ、評決を受けたものでもなく、まさに内務大臣の意のままにある」と抗議し、一八七二年三月一〇日には大臣が何を許可するかはわからないと付け加えている。なぜなら「今日禁止されたものは、一週間前には許可されており、おそらく明日には許可される」からである。『ル・ドン・キショット』は一八七五年六月六日に、検閲は「眼鏡を合わせ、睫を立たせ、唇をきゅっと締めて、完璧にする……。もし新しい靴が足に合わないというのなら、もし妻が同伴するというのなら、赤鉛筆を探せばいい……。ジルベール＝マルタンは、教育に対するカトリックの影響を攻撃する絵の内容を変更せよという検閲の要求に、特に憤慨した。彼は一八七六年四月一五日の『ル・ドン・キショット』で、梟から聖職者の帽子を取り、アヒルが持つ紙に書かれた銘文を変更せよという命令に背いたことを説明している。なぜならこれらの変更は、その絵を「特徴がなく、わかりにくく、目的のない」ものにしてしまうからである。ジルベール＝マルタンが悲嘆するように、検閲の「意志は法そのものである」との建前で、「梟のいた場所にはゼラニウムのポットを、アヒルのいた場所にメレンゲを置く」ことが求められたのであった。一八七四年七月の『ル・トロンビノスコープ』は、フランスでは〈マダム・アナスタシ〉とニックネームの与えられる検閲が、その決定に関してきわめて不合理なやり方を繰り返していることに抗議している。

彼女は線で描かれた影絵の中に仄めかすものの煽動的なシルエットを見いだし、七回のうち一〇回、次のように納得する。「何も見つけられなかったわ。でも何かあるに違いない」と。彼女はデザインを拒否している……。彼女は迫害する喜びを求めて迫害するが、その理由を知らない。彼女は自分が手に持つ鉛筆とハサミがどうして気まぐれに動くのかを説明するようにいわれたら、とても困惑するに違いない。

一八五二年から一八八一年にかけての承認規定もまた、風刺画家たちに多くの激しい不満を抱かせた。ジルベール＝マルタンは一八八〇年五月二一日の『ル・ドン・キショット』に寄せたコラムの中で、この規定は芸術家たちが叱責したくなるような人物の前で「ペコペコ」させられるような、「私個人としては、それができるほどの柔軟な気骨も、控え目な精神も持ち合わせていないのだが、そうした耐えがたい役割」を風刺画家に強いていることを論じている。風刺される人から個人的な許可を取ることがしばしば多くの時間をとってしまうことを確認したうえで、彼は何よりも画家の仕事は作家の仕事より「遅くなってしまう」点において、承認規定があるために、最新の出来事にコメントする絵を発表することが難しくなっていると付け加えた。ジルベール＝マルタンが不平をこぼすように、規定がもたらした効果とは、「雑誌が払うべき唯一の代価である時事性をデザイナーから奪い去ってしまう」ことであり、彼には「ヘンリー四世がポットにチキンを入れたとか、メアリー・スチュアートがフランスにサヨナラをいった」などの一六世紀の王室の出来事のような、死んだ人を描くことしか残されていなかった。『ル・トロンビノスコープ』の編集者レオン・ビアンヴニュは一八七四年一〇月二五日の『レクリプス』で、承認規定は検閲「お得意のトリック」であり、「批判する対象に承認してもらえるように批判するほどばかげたことはない」と論じている。『ル・グルロ』は一八七八年一〇月一一日に、アドルフ・ティエールやレオン・ガンベッタのような共和国の指導的な政治家が、「もし（芸術的なやり方で）謝罪をするなら」よいが、「リアルに、正当に批判するなら、いかなるときも断固として拒否する」という、「二刀流で許可を与えている」ことに抗議している。『ル・ティティ（パリの若者）』は一八七九年六月七日に、「文面上の許可なしにその人の肖像を出版することができないのなら、ペンの自由が神話的なものにすぎないということだ」と結論づけている。

当然のごとく、風刺画家は自分たちを迫害する者を文章だけでなく、絵によっても攻撃した。おそらく検閲を憎む風刺画家のいちばん明らかな表現は、一八七五年一一月一一日に『ル・シフレ（喉笛）』に掲載されて出版された「恐ろしい事件！」と風刺的に題された絵である。その風刺画は二人の検閲官が『ル・シフレ』を切り刻もうとするが、代わりに大きなハサミで互いの頭を切り落としてしまう様子を描き出している（図版5）。検閲を攻撃する風刺画の多くは権力者たちを、画家や作家、そして絵にさまざまな被害をもたらす存在として描いている。例えば一八五一年にはフランスの雑誌『シャリヴァリ（ドンチャン騒ぎ）』は、政府の役人が大槌でリトグラフ用の石板をこなごなに砕く様子を描いている。ロシアの雑誌は、一九〇五年革命の勃発で検閲による管理が、わずかの間廃止されているときに、軍帽をかぶった恐ろしい生き物が風刺画雑誌を細かく検査するものとして検閲を表現し、さらには当局の指示でプリントショップが板づけされ、錠をかけられた様子を描き出している（図版6）。一九〇六年にはドイツの風刺画誌『ウルク』がニコライ皇帝の頭が最初から黒く塗りつぶされた絵を発表することで、ロシアの検閲における輸入雑誌の扱いを風刺している（図版7右）。画家やジャーナリストに課せられた検閲の諸問題は一八七〇年代のフランスと一九〇〇年代のポルトガルにおいて、二つの同じような風刺画によって描写された。それは禁じられたトピックを避けるために、画家が卵の上を歩かねばならないという災難を描くものであった（図版8）。フランスの画家はしばしば検閲を、大きなハサミで災害をまきちらす、哀れな鬼婆〈マダム・アナスタシ〉として表現した（図版9）。一八八一年になって適切にも風刺画に対する事前検閲がなくなると、『ラ・シルエット（影絵）』で発表された風刺画は、アナスタシが風刺画を破壊するという仕事を失ってしまったために、新しい出版法を彼女の首を落とそうとする大きな鎌として描いた。

攻撃的に自分を表現する風刺画の中には、その仕事のために投獄された画家たちを描くものもあった。例えば一八九九年一月の『ジンプリチシムス』で発表された絵は、その画家の第一人者トーマス・テオドール・ハイネがヴィルヘルム二世の外交上の失政をからかった絵を理由に六カ月の禁固刑に服している間に「次の掲載予定の絵を描く」自分の姿を描いている（図版10左）。一九〇八年の『ラシエット・オ・ブュール（利権）』に掲載された、フランスの画家アリスティド・ドゥラノアによる同様の絵には、フランスの将軍を血にまみれた肉屋として描いた風刺画を出版したため、一年間の禁固刑を受け、彼と編集者が牢獄に鎖でつながれている様子が描かれている。画家や作家にとっての最悪の恐怖感は、ドイツで一八九七年に発行された『ジンプリチシムス』の風刺画に表現されている。ジャーナリストの首には「不敬罪」の看板がぶら下げられ、斬首刑に処せられる様子が風刺されるのであった（図版10右）。

II ヨーロッパにおける風刺画に対する検閲の歴史

I 一八一五年以前の風刺画に対する検閲の発展

絵画的表現に対する感受性はヨーロッパ史の遙か古えにまで遡る。古代ギリシャにおいて、プラトンは「芸術の目的は、青年を高貴な精神と性格の人間に育てるために教育することである」と宣言し、「絵画および彫刻に、品位を欠き、気まますぎ、平凡で、見苦しい刻印」を残すような芸術家には、一切作品の制作を禁止することを要請した。さらに近代に近いところで、検閲規制は少なくとも一六世紀にまで遡り、肖像に適用された。こうした初期の掟は、一六世紀および一七世紀における宗教改革の抗争で印刷された出版物の配布を伴い、また宗教改革で役割を果たした政治的・宗教的印刷物の爆発的発行をまずは窒息させる目的で公布された。例えば、マルチン・ルッターはカトリック教会を攻撃するのに風刺画を大規模に利用し、「そうした私の絵画で教皇を激怒させた」と自慢した。『ヴォルムスの勅令』(一五二一)で、神聖ローマ帝国のカルロス五世が「印刷および挿し絵入り」出版物の検閲を行い、あらゆる種類の風刺の作成を特別に禁止した。ニュールンベルクでは、印刷物の発行のための指導的な出版センター当局が、マルチン・ルッターのすべての肖像画を一五二四年禁止し、同時にその他の多数の破壊的、異端的なものをすべて禁止した。ウィーンでは一五五八年特別な帝国調査機関により、なかんずく「無礼な絵画」、その中の一つに裸体の教皇と神聖ローマ帝国皇帝を描いた絵があったのだが、そうした絵を販売する多くの印刷物販売者に有罪判決を下した。フランスではシャルル九世が一五六一年に事前検閲（すでに印刷された言葉の事前検閲は実在した）を「カードと絵画」にまで範囲を拡大した勅令を発布した。認可を受けるために事前に絵画を提示しなかったものには、初犯には鞭打ちの刑、前科があれば死刑をもって脅した。一七世紀のイギリスではチャールズ一世が、市民戦争時の王を嘲笑した「このような気違いじみたデザイン」に不満を述べた。王の後継者オリヴァー・クロムウェルは王を卑下するようなトランプ・カードを配布したものを死刑にするよう命令した。スペインでは宗教裁判が一八二〇年に発売禁止するまで絵画の検閲を実行していた。一六一二年に異端の絵画に対する規制を発令し、続いて世俗の権力者を批判した印刷物をご法度とし、攻撃的な印刷物の没収を繰り返し行った。ロシアでは政治的なものも個人的なものも共に風刺画は、少なくとも一七二〇年にすでにピョートル大帝の検閲勅令の発せられた期間、禁止されていた。この公布は「神の法、内閣、すべての市民の道徳、および個人的名誉」を傷つけ違反するものを禁止するものであり、「風刺文の著者は最高の拷問を受けるであろう」と警告した[17]。

一七〇〇年以前の完全に「破壊的」絵画を発売禁止にするこれらの公布が失敗したことは、明らかにこのような規制が引きも切らず敷かれ、繰り返し強制執行されたという事実からもわかる。例えば、フランスの当局は、絵画を事前検閲に提出することを一五六一年のみならず、一五八一年および一六八五年にも要求した。一七二二年に政府は体制に対して敵対的な「印刷物を出版し、配布する彫版工および印刷工」を裁判する特別法廷を設立した。ドイツでは、一五二一年のヴォルムスの勅令は、宮内庁役人により再三繰り返され強制されたが、地方の権威筋、特にニュールンベルクでは、検閲のために提出された絵画に対して絶えず要求を繰り返すように強制した。ロシアの市民および宗教的権力者は一七二〇年のピョートル大帝の勅令を一七二一年、一七二三年、一七四二年、一七四四年、一七八三年、一七九

○年、そして一八〇〇年のそれぞれに追加補足し、繰り返して発布した。検閲規制を冒瀆した廉で有罪判決を受けた人たちは、しばしば罰金刑を受け、投獄され、版画や印刷物を没収され、破壊された。ニュールンベルクの中世の記録には、「不適切な絵画」、および作家、芸術家、書籍販売者を規律に服させることについての言及が多い。フランスでは、不運な印刷業者二人が、情婦であることが明らかな四人の女性に囲まれたルイ一四世の姿で肖像を描いた版画を出版した廉で、一六九四年死刑を執行された[18]。

こうした抑圧的行為は、体制に対して敵対的な膨大な量の風刺画を破壊し、多くの芸術家と印刷物販売者を脅迫し、投獄することに成功した。特に、政府権力が勢力を伸ばし、効果を発揮し経験を積むにつれ酷くなった。一八世紀、宗教戦争の混沌とした時代まで遡れば、国家権力は国家統制のための強力な官僚体制をもって、ますます中央集権化されるようになった。このことは、一方で検閲当局は、内密に配布された反対派の印刷物を禁止することにまったく成功せず、ラルフ・シャイクが述べているように、一七七五年まで政府の勅令は、ほとんどのヨーロッパで「口を黙らせ、ペンと銅版画用鋼を痙攣させる」ことだった。例えば、ウィリアム・クープが述べているように、ドイツでは、一八世紀の政治的印刷物のほとんどは「カード遊びやそれに類するものに興ずるヨーロッパ権力に関する、無味乾燥な問題と面白くもない表現に限られていた[19]」。

ヨーロッパの主要諸国の間には、検閲に関する一般的規則に二つの顕著な例外があった。イギリスでは、絵画および印刷言語に関する事前検閲が一六九五年に終焉しており、政治的印刷物が一八世紀に隆盛を極めていた。フランスでは一七世紀および一八世紀に、反体制的風刺画がかなりの量密かに印刷され、あるいはオランダから密輸され「闇で」売られた。フランスでは頻繁に逮捕され没収されていたにもかかわらず、「旧体制」が一八世紀にゆっくりと衰退するにつれ、王国の高位役人を嘲笑する不正風刺画が広く配布され続けた。アンドレ・ブルムの言葉を借りれば、「フランスはシャンソンで鍛えられた絶対君主制だった。つまり、さらに付け加えようとすれば、風刺画によって鍛えられた体制であった」。[20]

フランス革命によってヨーロッパ中を震撼させた恐怖はイラストレーションに対する新しい苛酷な禁止令を課することになった。例えばスペインではすべての印刷物、箱、扇子、その他フランス革命に関係する製品の生産と販売は一七九〇年一月に禁止された。一八〇三年にはゴヤが『キャプリース』として知られる彼の傑作を、宗教裁判前の裁判に脅威を与えるという理由で、一般販売から引き揚げるように強制された。ロシアでは、エカテリーナ大帝が芸術作品を含むフランス製の物品の輸入をすべて禁止した。一八〇八年、エカテリーナ大帝の孫、アレクサンドル一世が、ロシアで最初に発行された風刺画雑誌の発売を禁止した。その理由は編集者のアレクセイ・ヴェネツィアノフが、外で嘆願者たちが待っており、猫が重要書類と戯れているのに、一人の貴族が情婦と寝ているところを描いた戯画を、間違って出版してしまったからである（アレクサンドルは慎重にヴェネツィアノフに、「君の才能を遙かにもっと良いことに向け、職業［国の監視官としての］訓練を受けるなどして、時間をもっと有効に使うように」と忠告した）。イギリスでさえも、一七九〇年代のジャコバン党の恐怖時代に、風刺画に対する出版後の報復があった。例えば、当時の指導的風刺画家ジェームズ・ギルレイは、一七九六年の版画が皇太子プリンス・オブ・ウェールズを嘲笑しているとして逮捕された。他方、ひとたびフランス革命戦争が起こると、フランスと抗争中の諸国はフランスの革命およびナポレオンを〈攻撃した〉政治風刺画に対する規制を解いた。事実、彼らは数百点のしばしばかなり悪意をもって、イギリス、ロシア、ドイツその他の地域で出版されたその種の作品を、積極的に奨励し支援さえしたのである。[21]

フランスでは一七八九年中葉の革命的煽動の真っ只中で検閲統制が都合よく崩壊し、大量の風刺絵画の波が国中に洪水のごとく溢れた。[22] パリの臨時政府は絵画（言葉の検閲ではない）の事前検閲を一七八九年七月三一日に再び課したにもかかわらず、あらゆる階層、あらゆる信条の政治風刺が、およそ三年間一般に大目に見られていた。しかしながら、革命の抗争が激しく、思潮がジャコバン党の方向に向き始めるにつれ、王党派および反ジャコバン派の風刺画はしだいに禁止されるか、あるいは地下に潜らざるをえなくなった。一方パリでは激しい反君主制および急進的絵画で手も足も出ない状態だった。一七九三〜四年の恐怖時代の絶頂期に、風刺画はすべての思想に影響を与えるとして他のものと同じ抑圧にあい、エルシと名乗る芸術家は「フランスにおいて誰も彼も他の人をギロチンに架けた後、死刑執行人をギロチンに架けている」ロベスピエールを描き、処刑された。フランスの歴史家アルセーヌ・アレクサンデルは「死刑執行人がなお殺すべき人物がいるかどうか、仕事への支払いとして、個人的に情報を」得たことを、精緻に記している。[23] フランスの執政政府時代（一七九四〜九）に、政治風刺画は実質的に姿を消したが、それは一部報復に対する恐怖によるものだが、大部分は政治的に力尽きた全体的疲労感のためであった。

フランスの政治風刺画に残されていたわずかな生命は、ナポレオン・ボナパルトの一五年間の支配（一七九九〜一八一四）の間に、ほとんど全滅に近い形で消滅した。[24] ナポレオンが一七九九年に権力を把握した後の、最初の行動の一つは、印刷物販売人に対して、「善き道徳に反するもの、あるいは政府の原則に反するいかなるものであれ」その展示を禁止することであった。その後は反体制的著述および風刺画を根絶することに取り憑かれてしまい、トランプカードから共和派のシンボルまで禁止するにいたった。[25] ナポレオンは敵国で生産された彼を批判した風刺画に対して立腹し、イギリス政府に対し、フランスからの亡命者によって資金が出されている風刺画の出版を禁止するように要請しさえした。しかしながら、ナポレオンも彼の敵を笑いものにする風刺画の製作を委託していた。例えば、一八〇五年彼の秘密警察署長に、「異なる勢力に、金を受け取るように乞うている、手に財布を持ったイギリス人」を描いた「何枚かの風刺画を作らせる」ように指導している。そして「この作品のきわめて重要な点は、描かれたイギリス人についての誤った情報で人々の目をそらすことができ、時間を稼げることである」と記している。[26]

2　ヨーロッパにおける風刺画に対する検閲、一八一五～四八年

一八一五年から一八四八年までのヨーロッパ主要諸国における風刺画に対する政治検閲の問題点は、ほとんどフランスの問題に集中する。イギリスでは政治戯画は本質的に拘束されていなかった。一方ロシア、ドイツ、スペイン、イタリア、そしてハプスブルク帝国では、厳格な検閲のため批判的な政治画を配布することはきわめて危険であった。これらの国の体制は、彼らのエネルギーを、いかなるものであろうともフランス革命と関連した思想が再興することを防御することに集中させた。そして、ドイツの政治的戯画のエキスパートが微妙に述べているように、「メッテルニヒ時代の精神的風土は、グラフィックによる政治的風刺の伝統をさらに発展的に繁栄させるに適した条件を、ほとんど提供しなかった」。[27] 大胆な風刺画家が曖昧な法律を逆に利用し、巧みに避けようと努めたフランスにおいてのみ、激しい争いが起きた。

イギリスでは、あらゆる実践的目的のために、戯画作家は一八一五年までに事前・事後の出版に対する検閲の対象にはならなかった。保守的なエリートはなお敵対的な戯画作家の影響力を恐れていたが、

一八二〇年までに風刺画家の起訴は、悪名高い恋愛遊戯者、摂政公（後のジョージ四世）が、本人と本人の犯した微罪を描いた木版画と販売されなかった版画を買収して、戯画作家を秘密裏にもみ消そうとしたことからもわかるように、ほとんど法の適用を回避していた。摂政公は第一線で活躍する風刺画家ジョージ・クリュックシャンクに一〇〇ポンド払いさえし、「いかなる不道徳な状況においても陛下を風刺しないこと」という彼の誓約を獲得したが、クリュックシャンクは、新しい王が、教会で自分の行った数々の姦淫を懺悔することで、これまでの自己の行為の罪滅ぼしをしているところを描き、公に同意するのを回避した。もう一人の風刺画家、ルイス・マークスは一八二〇年に少なくとも一〇回に分けて金を強請して、王の弱みを利用した。[28]

一八四一年以後、イギリスの政治風刺画は、支配階級のエリートをただ穏やかに慰み物にしていた『パンチ』誌がこの種の発表を半ば独占し、訴訟問題に盾ついていた。ラルフ・シャイクスとスティーヴン・ヘラーは『パンチ』誌のコメディーは「ペット」化され、「読者を辟易させることは決して……ない、――ほとんどなかった」とコメントしている。さらに同時代のあるイギリス人は、フランスでは辛辣な風刺画が特徴的なことと関連して、「パリの人々は我々ヴィクトリア朝の風刺画について、笑うというより微笑むと称している」と述べている。それにもかかわらず、ヨーロッパ大陸の支配者たちの面の皮が非常に薄かったので、オーストリアおよびフランスの両国は、『パンチ』誌を一八四〇年代に発売禁止にした。[29]

一八一五年以後イギリスで風刺画が自由に描けるようになった一方で、ロシア、ハプスブルク帝国、スペイン、ドイツ諸国、イタリア諸国では一八一五年から一八四八年まで束縛され続けていた。歴史家は、この時期のドイツの「政治風刺画は完全に無力に陥っており」、したがって「無慈悲な検閲により禁止され」ており、ハプスブルク帝国では（検閲は企業のブランド名、地図、墓石にまで及んだ）「メッテルニヒの凄まじい検閲がすべてのものを襲い」、「当局により課せられたいかなる政治条件、あるいは尺度に対しても批判するものは、いかなるものも」窒息させたため、「一八四八年まで、何も創造されなかった」[30]。ドイツでは、検閲は非常に厳格だったので、ドイツの宮廷の一種の飾りもの的存在だった著名なソプラノ歌手ジェニー・リンドを風刺することさえできず、検閲された。プロイセンで行われた短期間の試みとして、絵画と戯画の事前検閲が一八四二年に免除された。しかしこの年フリードリヒ・ヴィルヘルム四世は風刺画と風刺文の津波に襲われ、たった四カ月後に規制を復活させた。一八四三年までに、検閲は再び厳しくなったため、夜警が寝ている間に家を襲った数人の強盗を描いた挿絵がベルリンで禁止になった。その理由は夜警は公務員であるから、それを風刺するのは国家に対する侮辱罪にあたるというものであった。バイエルンでは、一八四五年ミュンヘンで創刊された『フリーゲンデ・ブラッター（さまよえる呼び笛）』誌が、最初はある程度慎重に政治批判を明確に出さず専ら絵画で表現していたのだが、突然の検閲の取り締まり、特に一八四七年一〇月の広範囲に広告された告発により、その声はただちに消された。条件はイタリアでむしろ過酷であった。イタリアではパパシーとメッテルニヒの反動的影響のもとで、当局が政治的に断定的な印刷物の発行の阻止にかかった。スペインでは一八二〇年における厳重な宗教裁判の廃止後も、ところによっては冷酷な政治統制が行われていた[31]。このように、スペインでは政治風刺画についての情報を求める要請に応えて、マドリッドのアメリカ大使館のメンバーが一八七五年、以下のようなことを書いている。

スペインの風刺画に関連してここで多くの人に質問してみた。しかし常に同じ答えしか得られなかった。すなわち風刺画は、政治的であろうとなかろうと、一八六八年までスペインには存在しなかったからである［一八六八年は革命によりイサベル二世の君主制が崩壊し、短期間だが共和制が確立した年だった］。私は本屋と本棚を調査したが、何も見つからなかった。また本屋も私の探し物を見つけることができなかった。風刺とユーモアに満ちたスペイン文学から考えて、スペインには風刺画があるはずだというのが、我々公使館での考えであった。しかし萌芽は存在したかもしれないが、イサベル二世が強制退位させられ、共和国になり、印刷出版物の自由、といっても型破りでなければだが、その自由にとっての障害物を、破壊し取り除くところまで発展しなかったのだと考えるようになっていった……この時期まで、宗教裁判、検閲その他の原因が、実在したかもしれない風刺画の精神を誇示させないようにしているのだと、心の中で想像していた。(32)

ロシアでは、実に厳しい検閲が長期にわたって維持され、特に政治的に緊張した時期には強固だった。その時代の検閲について、フレデリック・スターは「風刺あるいは反体制派の芸術を鎮圧するリスクは疑いなく大きかった」と述べている。(33) 例えば、一八二〇年代に、貪欲な聖職者と汚職判事を出し抜いた賢い農夫を描いた一連の銅版画は禁止され、アレクサンドル一世は個人的に、少女が隠されている藁束を背負った僧侶の陶器製の小さな像を、所有することを禁ずる布告を出した。ニコライ一世（一八二五〜五五）による暴君支配体制の間、挿絵入り『イソップの生活』は一八三〇年代に「治安妨害的である」として発禁になった。そしてロシアの芸術家パヴェル・フェドートフの最も有名な作品は、検閲官によりずたずたにされてしまった。彼のリトグラフ『新しく装備された騎士』は、初めてメダルを授与された日の翌朝、整髪する前の乱れたままの頭の役人を描いているものだが、メダルを削除して初めて許可され、その絵は『パーティーの後の翌朝』と改題させられた。イラストに対するおもな新しい突然の検閲の取り締まりは一八二八年と一八三九年に始まり、一八五一年には、それまで検閲されなかった木版画および銅版画すべてが集められ、破壊された。それに続き多数の銅版の原版が警察により溶解され、スクラップにされた(34)。

一八一五年から一八四八年までのヨーロッパ大陸における検閲規制は決して全体的に成功したわけではなかったが、それに近かった。ドイツでは明らかに政治風刺画を出版することは法的には不可能であったが、芸術家は貴族制度や官僚制の服装や習慣、なかんずく貴族や官僚の階級が身につける様式化した弁髪をからかうことができた。ドイツの風刺画に関する指導的歴史家、ジョン・グラン＝カルテレは「風刺画家は個人的には攻撃できなかったことに対して一団となって、検閲官に認可された唯一のもの、すなわち上層階級の衣装を笑いものにし、彼らの恨みを晴らした(35)」と記している。こうした合法的風刺画に加えて、一部の不法風刺画は闇で販売された。例えば一八四二年九月に、警察は四カ所のベルリンの書店宛に発送することになっていた発売禁止風刺画の九〇〇部の包みを差し押さえた。「考える人たちのクラブ」(一七九六年にイギリスで実際に存在した印刷物をモデルにしていた)と題した一八二五年の戯画のような、二、三の作者不明の内密に配布された印刷物が、一八一五年から一八四八年までにドイツで被害に合わずに生き残っている。この戯画は「我々はどのくらい長く考えることが許されるのであろうか」という、当時の問いを禁止するポスターの下で、テーブルの周りに座っている猿轡をはめられた一団の市民を描いたものである(36)。

一八一五年から一八四八年まで、ほとんどのヨーロッパ諸国において政治風刺画が全般に欠けていた第一の理由は、厳格な検閲の存在だったことは明らかで、一八四八年の革命の結果として、検閲が一時的にせよ挫折した諸国で、この芸術形態が突如爆発的に起こったことでもわかる。ウィリアム・クープは次のように記述している。ドイツにおける風刺画ビジネスは「実際に無から」「週刊の小規模産業」へと発展し、ベルリンだけで挿絵入り風刺雑誌が三五種も発行された。ほとんどのドイツの人気風刺週刊誌は一八四八年に創設され、『クラッダーラダッチュ』はたった一日で初版を四〇〇〇部も売った。イタリアでは少なくとも八つの主要風刺雑誌が一八四八年に生まれた。しかしながらロシアとスペインでは、一八四八年に革命を経験していなかった(むしろ弾圧が強化された)ので政治風刺雑誌が発行されないままであった[37]。

3　フランスにおける「風刺画を描く自由」の闘い、一八一五～四八年

フランスでは、風刺画の事前検閲は一八一四年ナポレオンの敗北以後廃止された。その結果、敗北した皇帝とルイ一八世の復古ブルボン王朝を共に嘲笑した、しばしば激しい議論を巻き起こす挿絵の洪水となった。しかしながら、反対派の風刺画は出版後ただちに没収され、起訴の標的になり、一八二〇年三月王の甥が暗殺されるのに続いて、「印刷、版画、あるいはリトグラフのデザインは、政府による事前の認可なくして出版し、展示し、配布し、あるいは販売することはできない[38]」という出版法が通過した。フランスの外務大臣は政府としては芸術の傑作に干渉する意図はないと立法府に保証したが、「フランス人の感情の核心にはぐくまれ復活させる」可能性のある「消却すべき」画像を禁止しようとした[39]。

政治風刺画は一八二〇年以後フランスでは決してなくならなかったが、それに対する検閲により、明らかに君主制を嘲笑し、ナポレオンを称え、あるいはフランスの他国との外交関係を脅かす怖れのある挿絵の出版は不可能であった。カトリック教会と特にルイ一八世の兄弟で、継承者のシャルル一〇世(一八二四～三〇在位)に対するイエズス会の影響に関する批判が高まり、一八二〇年代末この問題に

触れた風刺画の検閲が厳しくなった。シャルル一〇世を転覆させた一八三〇年の七月革命の寸前にパイオニア的風刺雑誌『ラ・シルエット』の編集者が、王をイエズス会士として描いた禁断の挿絵を出版した廉で、六カ月の禁固刑と一〇〇〇フランの罰金刑の判決を受けた(40)。それにもかかわらず、いくつかの場合には敵対的デザインでも検閲で許可された。それは明らかに寛容と無能力が結びついた結果であった。例えば、蠟燭の芯を切るもの（明かりを消すことで、フランス語では「リュミエール」だが、この語には啓蒙の意味もある）は反動の象徴として芸術家により繰り返し使われた。ちょうど鋏が検閲の象徴として使われたのと同じである。そして蟹、ロブスター、ザリガニのような甲殻類も鋏を持ち、「後ずさりする」印象を与えるので使われた(41)。

一八三〇年の七月革命は、一部にはシャルル一〇世が出版物に対する新しい統制を課そうとしたことから起こったともいえるが、ブルボン君主制を崩壊に導き、オルレアン王朝の分家のルイ・フィリップ公が取って代わった。同時に、風刺画の検閲は廃止され、政治画の洪水をもたらした。検閲当局は出版後の規制のキャンペーンで対応した。フランスの作家シャルル・ボードレールが後に「人間がみな激し、燃え尽きた」「無常な闘い」と表現したものは、一八三〇年から一八三五年の「九月法」の通過まで、政府と政治風刺画の間で猛威を振るい、一八三五年デザインの事前検閲が復活した(42)。

七月君主制に反対する風刺画の指導者はシャルル・フィリポンであった。彼は二〇代半ばにして二大リトグラフ風刺画雑誌の創設者にして編集者、指導的天才（そして風刺画家）になった人物である。一つは週刊誌『ラ・カリカチュール（風刺画）』（一八三〇〜五）でもう一つは日刊誌『ル・シャリヴァリ（ドンチャン騒ぎ）』（一八三二〜九三）である(43)。フィリポンは非常に才能があり、しかも豪胆な風刺画家のチームを採用し育てた。彼らは「頭脳にナイフ」を持っているとさえいわれた(44)。その中に、オノレ・ドーミエ、グランヴィル（ジャン＝イグナース＝イシドール・ジェラール）、トラヴィエ（シャルル＝ジョセフ・トラヴィエ・デ・ヴィリエ）それにアンリ・モニエがいた。フィリポンの成功のもう一つの要因は、風刺画を再生する当時新しく発展していたリトグラフの技術を採用したことであった。リトグラフは従来の木版画や銅版画の技術に比べて、芸術家にとって創作がたやすく、しかも早くでき、出版者にとっても安く、遙かに多数のコピーを作ることができた。過去において、ほとんどの風刺画は独立した印刷物として出版されてきたが、リトグラフでは高度に時事的な挿絵を定期刊行物の毎回通例の特徴にすることができるようになった。なかんずくフィリポンの成功は、空間的にも広がり、増大しつつあった多くのフランス人の怒りを、風刺画の中に捉えた彼の能力の賜物であった。フランス人はルイ・フィリップの七月君主制は政治的自由と社会改革を求める一八三〇年革命の約束を裏切るものと感じていた。この社会改革は一八三一年の参政権を人口の〇・三パーセントから〇・五パーセントというばかげたほど微小な率だけ拡張し、出版後の出版物起訴を突発させ、一八三〇年から一八三四年までのみでパリで五〇〇件以上数を増やした（起訴の六〇パーセント以上が陪審による無罪放免で終わるという不評判であった）ことで象徴される。(45)

シャルル一〇世の没落体制に対して初期に暴力が突風のごとく吹き荒れ、さらに輝かしい芸術的攻撃が行われた後、フィリポンと彼の仲間は「フィリポンと「ルイ」フィリップの闘い」として知られるようになった出来事において、新しい体制を嘲笑することに方向転換した。ルイ・フィリップを嘲笑する上で最大の貢献は、フィリポンが王を表現する梨を発明したことであった。ルイ・フィリップ王の頭は少なくとも、まもなく「フランスを代表する果物」になるものと偶然似ていた。梨のイメージは、フィリポンの芸術家たちがあらゆる形の滑稽で抑圧的な肖像で、フィリップ王を描写する多数の戯画に使われ、ただちに人気ある肖像画、文学、落書きなどいたるところに見られるシンボルになった。「『ラ・カリカチュール』の」最新号を見たか」と尋ねる代わりに、パリジャンは「最新の梨を見たか」と互いに尋ね合った。一人のジャーナリストが「梨の侵略」と題した、一八三二年に出版された『ラ・カリカチュール』のある記事で、パリから一〇〇マイル離れた町オクセールの市長が「はり札無用」の表示に「梨も無用」というサインを書き足したと報告している。一八三三年ドーミエが投獄されたとき、ある新聞が彼が投獄された刑務所の壁は、「林檎でも、桜桃でも、桃でも、杏でもない」果物に覆われていたと報じた。(46)

ルイ・フィリップ王に対する風刺画の闘いの指導者として、フィリポンは政府の冷酷な弾圧的報復に深刻なまでに悩まされた。一八三一年から一八三三年までに彼は『ラ・カリカチュール』に関連して出版物規制違反の廉で、六回も起訴され、三回は有罪判決を受け、四〇〇〇フランを超える罰金刑を言い渡され、一三カ月の禁固刑に服した（フランスのよく知られたジョークの一つに、「梨は種を出さないが、罰金を生む」（梨の絵は種を出さないが、政府の告訴＝罰金を受ける）というのがある。(47)『ラ・カリカチュール』は、累積された罰金と九月法により、一八三五年に事業を強制的に廃業に追いやられる前に幾度も拘束された。フィリポン自身でさえ、度重なる弾圧を記録することができず、後に記しているように、「強奪、逮捕令状、裁判、闘争、名誉毀損、攻撃、そしてあらゆるタイプの嫌がらせを数え切れないほど受けた。［馬車による］旅行者が旅での激しい上下運動の酔いを勘定できない以上の凄さだ(48)」。『ラ・カリカチュール』に対する審査は明らかに次の言説を確証している。つまり一八三二年六月一四日版は創設以来二三回目の差し押さえにあったと報じており、二カ月後の八月九日版の差し押さえでは、二一回目だと報告され、その後『ラ・カリカチュール』誌としては正確には二二回！　の強制押収を受けたことになると報じた。フィリポンと連携した多くの芸術家その他の人々もまた、政府からの報復に悩まされた。『ラ・カリカチュール』の出版社（フィリポンの義理の兄弟ガブリエル・オーベール）と紙のリトグラフ印刷者は、それぞれ一八三一年から一八三三年までに数回逮捕されていた。さらに一八三三年三月から一八三五年七月まで『ル・シャリヴァリ』のスタッフは五回逮捕され、合計一四カ月の禁固刑を言い渡され、一万四五〇〇フランの罰金を科せられた。ドーミエは「王の政府に対する憎しみと侮辱を喚起し、リトグラフによる『ガルガンチュア（大食漢）』のせいで、王の人物を侮辱している」として五カ月間牢獄で過ごした。この『ガルガンチュア』（オーベールの会社で別刷りとして出版された）は、トイレットの王座に腰掛け、フランスの貧しい人たちから支給された食物と貢物を消費し、貴族の支持者に名誉と贈物を排泄している鼓脹症のルイ・フィリップを描いていた。

フランス政府が、政治風刺を一括してすべて終わらせるための口実は、一八三五年七月二八日に到来した。ルイ・フィリップ王の命を狙った身の毛のよだつ事件が起こり、未遂におわり、王がわずかな打撲傷を負っただけで済んだが、四〇人が死傷した。その後あらゆるデザインに対して事前検閲を課する九月法が議会を通過した。九月法の通過が差し迫っていた一八三五年に、フィリポンは『ラ・カリカチュール』を廃刊にした。最終版は活版印刷による梨の形で検閲規定のテキストを発表した。それには挑戦的に「我々のクレヨンを破壊する（風刺画を描くことを禁止する）ために特に我々のために造られた法を取り上げた。すなわちこの法は我々にとって、無数の差し押さえ、理由なき逮捕、破滅的な罰金と長期の投獄にもかかわらず、それまで続けていた仕事を続けることを物質的に不可能にする法律である」と述べている。(49)『ル・シャリヴァリ』は、「この雑誌は毎日新しい挿絵を掲載する」と宣言した発行人欄のスローガンに、「検閲の許可」を付け加えただけで出版を続けた。九月法が効力を発揮し始めた直後、『ル・シャリヴァリ』は黒枠つきの空白頁に検閲を受けた挿絵の代わりに言葉で表現して出版した。この方式を続く数カ月間数回使った（『ル・シャリヴァリ』は猿が梨を食べている挿絵を発表したため、禁止されたことを九月一八日に報道した）。

九月法は明らかに、体制に対して敵対的な政治風刺画の発表を不可能にする一方で、一八二〇～三〇年に事前検閲を課しても、体制批判の戯画を一掃することに成功しなかったのである。フィリポンの戯画作家、特にドーミエはその才能をいわゆる「社会的」風刺画に向けた。「社会的」風刺画は想像的で象徴的な社会的類型を、腐敗、偽善、守銭奴的雰囲気を描写することに使った。この雰囲気は一攫千金を狙う企業主義と初期の工業化を享受し始めていた、一八三〇～四八年におけるフランスに浸透していた。社会的風刺画は工業化の発展を黙認し、あるいは奨励し、また絡み合う政府の腐敗した姿を描いていた。ドーミエが彼の「非政治的」風刺として打ち込むのに用いた最も有名な戯画に描かれた登場人物、ロベール・マケールは一八三六年から一八三八年までに発表された一〇〇点以上の風刺画に描かれているが、ブルジョア階級のペテン師の原型を呈しており、破産した銀行家、付和雷同する熱狂的な見物人、偽善的政治家、藪医者そしてシャイロック的弁護士としてさまざまな姿で現れた[50]。マケールの戯画は見事に成功した。エドワード・ルーシー＝スミスの表現によれば、特に風刺画は、読者が週刊誌だったので、「週を追うごとに風刺画家たちの冒険に従うので、一種の共犯関係を勇気づけることになった」。カール・マルクスでさえも、マケール現象について述べており、ルイ・フィリップ体制はフランス国家の富を搾取するための共同株式会社と少しも変わらないし、王は「この会社の理事で王座に座っているロベール・マケールである」と書いている[51]。

しかしながら、九月法はなお勢力を持っていた。そして絵画はやりすぎだと見られるか、あるいはときどき見られたように、風刺画が検閲をものともせず出版されたとき、当局はすばやく行動した。例えば、一八三五年一一月『ル・シャリヴァリ』は問題の挿絵が以前に大臣により、本として出版されたことがあったことを示して、起訴に対抗して自己防衛に成功したことがあったが、一八三七年と一八四二年の二回の起訴で、『ル・シャリヴァリ』のスタッフは、合計ほとんど三年の禁固刑と一万二〇〇〇フランの罰金刑を言い渡された。このような雰囲気の中で、フィリポン自身の言葉がおそらく最も明らかに指摘しているように、自己規制と警戒は必然的に毎日の仕事となった。すなわち、ルイ・フィリップ治世が終焉し、一時的に風刺画の事前検閲が廃止された革命の数週間前の一八四八年初頭、新しい風刺雑誌『ジュルナル・プール・リール（笑いの雑誌）』（後に『ジュルナル・アムザン（おもろ草紙）』と改名）の結成を発表したとき、フィリポンは次のように書いた。この新しいジャーナルは「できる限り気迫に満ちて常に陽気に努めるが、政治は、決して……九月法のおかげで……ではない」[52]。

一八四八年二月末にルイ・フィリップが転覆した月に、フランスの共和制臨時政府は九月法および、前体制下における出版に関する判決をすべて廃棄し、すべての市民はその意見を、印刷物を通して「あるいはその他のいかなる手段による出版によって」も知らせる権利と義務を持つ、と宣言した[53]。『ル・シャリヴァリ』は勝ち誇って「検閲は競売に出された」と宣戦した。体制が転落し、風刺画の事前検閲が廃止された（すなわち一八一四年、一八三八年）以前の場合に見られたように、崩壊政府に対する多くの厳しい攻撃を含む政治風刺画が洪水のように生まれた。しかしながら、一八四八〜五二年の特筆すべき政治風刺画は、ナポレオンの甥、ルイ・ナポレオン・ボナパルトによる新しいフランスの民主制に対する脅威を警告した。ルイ・ナポレオンは一八四八年一二月フランスの大統領に選ばれた。この時期の最も重要な風刺雑誌は『ルヴュ・コミック』で一八四八年一一月ボナパルト主義の脅威を警告するために設立された。ドーミエは、相変わらず彼の素描を『ル・シャリヴァリ』に掲載したが、この時期の最も重要な貢献は『ラタポイル（『毛ムクジャラの鼠』あるいは『鼠の皮膚』）』のキャラクターを考えついたことで、これは暗殺団と挑発行為者を自堕落に結合させたものであるが、フランスにルイ・ナポレオンの計画を警告するため、一八五〇～一年の間、一〇〇点以上の戯画に彼自身および他の画家によって使われた。歴史家のジュール・ミシュレがドーミエのスタジオを訪れ、ドーミエがラタポイルの戯画の基礎として作成した小さな彫刻を見たとき、「あー！　敵を完全に打ち負かしたね。これこそ、君が永遠に笑いものにしたボナパルト主義だ！」と叫んだ。(54)

4　ヨーロッパにおける風刺画に対する検閲、一八四八～八一年

体制の急速な軍事体制復古は、ドイツ、オーストリアおよびイタリアでは一八四八年の革命によりぐらつき、フランスではルイ・ナポレオンによる一八五一年一二月のクーデターにより、フランス共和国の敗北は、束の間の自由な風刺画の時代を迅速に終焉に追いやった。現実的にはあらゆる新しい風刺雑誌は革命後の無気力な状態の中で崩壊し、あるいは政府の弾圧により粉砕された。後者の場合は全体的には以前の検閲を再開させ、また「永遠の鋏で武装して、旧体制に敵対的な風刺画を死にいたらしめた」。(55)例えばフリードリヒ・フォン・ヴランゲル将軍が一八四八年一一月一万三〇〇〇の軍勢を率いてベルリンを占拠し、革命政府を一掃したとき、まず彼がとった処置は皮肉の利いた風刺雑誌の販売を完全に禁止することであった。一八四八年のドイツの指導的民主的風刺雑誌『ロイヒトクーゲルン（照明弾）』の編集者は、革命を教唆したという理由でその年に逮捕され、嫌がらせを受けた三年後に、彼らの雑誌は最終的にはバイエルン政府により課せられた留置期間と罰金のため、一八五一年廃刊に追いや

られた（図版11右）。ドイツでは多数の犠牲を払ったため、数少ない生き残ったものの一つ『クラッダーラダッチュ（喧騒）』は風刺雑誌を悼んで墓地を訪れる様子を描いた戯画を一八四九年に出版した。『クラッダーラダッチュ』自体は内容の調子を落とし、ドイツ国内政治の批判を大幅に避けることで生き延びられたが、それでもなお、二人の編集者が一八五〇年末、ロシア皇帝を批判した廉でスパンダウ刑務所に短期間だが留置された。ドイツにおける状況は一八六〇年以降まで基本的には何の変化も起こらなかった。プロイセンに対して敵対的な態度をとった二つの風刺雑誌は、——一八五〇年代にザクセンで創刊され、プロイセンの圧力でただちに発売禁止になり、批判的スタンスを維持しようと努めた少数の雑誌は、プロイセンに対して敵対的な態度をとった二つの風刺雑誌の場合のように——沈黙を守るか、あるいはしだいに自主規制する方法を学んでいくかした。例えば、ウィリアム・クープが記しているように、一八五〇年代のほとんどのドイツの風刺雑誌は「無味乾燥な冗談を書いた本の状態に逆戻りし、政治問題よりも継母や酔っ払いが起こす問題を取り上げるようになった」。[56]

ドイツにおける展開はオーストリアおよびイタリアにおいても同じように見られた。[57]オーストリアでは一八四八年の風刺雑誌はことごとくただちにつぶされるか、発禁になった。そして絵入り雑誌は、一八五九年出版物に対する統制が幾分撤回されるまで、風刺画雑誌は一〇年間実質的には存在しなかった。イタリアではローマの風刺週刊誌『イル・ドン・ピルローネ』*Il Don Pirlone* はフランス軍が教皇の戴冠を復活させた後、一八四九年に発禁になった。イタリアにおけるその他の一八四八年以降の反動の犠牲になったのは、『ラルレッチーノ』*L'Arlecchino*（ナポリ、一八四八〜九）、『ロ・スピリト・フォルレット』*Lo Spirito folletto*（ミラノ、一八四八）、『イル・ランピオーネ』*Il Lampione*（フィレンツェ、一八四八〜九）、『シオル・アントニオ・リオバ』*Sior Antonio Rioba*（ヴェネチア、一八四八〜九）などであった。ただサルディニア王国（ピエモント）では立憲政府と出版の自由が一八四八年後も生き残っていたので、政治風刺画雑誌も生き残れた。この一八四八年の指導的なピエモントの風刺画雑誌トリノの『イル・フィシェット』*Il Fischietto* は、指導的芸術家フランチェスコ・レデンティが一九一六年まで出版した。彼はロンバルディアを支配していたオーストリアからの政治難民であった。ヴェネチアの志士ダニエル・マニンはイタリアの『シャリヴァリ』に相当する『イル・フィシェット』と名づけた雑誌に一八五五年書き、次のように述べている。「これはすべての人を嘲っている。なかでも特に政府の大臣たちを嘲っている[58]」。実際、『イル・フィシェット』は、非常に危険であると判断されたため、他のイタリアの諸国はすべて、一八五〇年代にこの雑誌を出版禁止し、そのため時にはピエモントの行政機関にも影響を与え面倒な問題を起こした。

フランスでは、ドーミエの『ラタポワール』戯画と、『レヴュ・コミック』誌の反ボナパルト主義の風刺画が、フランスの政治的自由に対する脅威の高まりを反映していることは、ルイ・ナポレオン統括下の第二共和国が、一八四八年の急進的下層階級の革命の暴動、すなわち弾圧された「六月蜂起」に刺激されて、脅威の只中で急に右よりになったことでも明らかである。かくして一八四九年七月、政治問題を扱ったパンフレット、歌、印刷物を販売する人物は、地方の当局の認可を受けなければならないという法律が可決された。ある左翼の新聞に従えば、一八五〇年一月までに評判の印刷物および年鑑はどこでも「停止され、没収され、引き裂かれ、寸断され」ていた。『ルヴュ・コミック』は一八四九年一二月政府により出版禁止になり、『ル・シャリヴァリ』の風刺画家シャルル・フェルニエと編集者レオポール・パニエの二人は一八五一年四月に投獄された。フェルニエの描写がルイ・ナポレオンを不法に攻撃している、というのがその理由であった。フランスの立憲的秩序を覆した一八五一年一二月二日のクーデター後、およそ一〇週間経た一八五二年二月一七日、ルイ・ナポレオン（彼は一八五二年、後に、自ら皇帝ナポレオン三世を宣言した）は、さまざまな厳しい行政上の規制により印刷された言葉を特に束縛した出版に関する法令を公布した。しかしこの法令は以前の検閲制度に従属するものではなく、九月法の中で当面の問題に関連する部分を再度課することによって、政治風刺画を効果的に禁止した[59]。

一八五二年の法令とその極端に厳しい行政上の実践の結果、一八五二年から一八六七年までのフランスにおける批判的政治風刺画はほとんど空白状態であった[60]。一八二〇年代および、支配階級を標的にした、社会的で象徴的な風刺で体制を厳しく政治的に批判することのできた一八三五〜四八年の期間とは異なり、無言の風刺さえ姿を消した。一八六七年以後、体制の人気も衰え、共和主義の反対派の食欲を、ほとんど認めないが大いに刺激した、一連の申し訳程度の改革に刺激されて、芸術家はますます現存する検閲規制を覆すか、無視しようとした。新しい風刺画入りの雑誌が数誌発刊され、一八三〇〜五年に行われた小競合いを幾分思い出させるような「風刺画を描く自由」についての一連の抗争が起こった[61]。あるジャーナリストが状況について書いているように、「風刺画の再生は、精神の再生を告げるものであった[62]」。

多くの新しい雑誌とその風刺画家は、いつでも可能なときには政治的あてつけを作品に滑り込ませようと努め、多くの場合、風刺画は事前の認可を要求されずに出版することができた。結果的には、雑誌を犯罪扱いする全体的嫌がらせによって、必然的に絶え間なくキャンペーンが行われ、そうした雑誌の多くは発売禁止になった。例えば、『ル・フィロゾフ』（一八六七〜八）、『ル・アヌトン（こがね虫）』（一八六二〜八）、『ラ・リュ（路）』（一八六七〜八）などである。最も重要な雑誌で政府の弾圧に悩まされていた二誌、『ラ・リュンヌ（月）』（一八六五〜七）と『レクリプス』（一八六八〜七六）は実に才能ある若手の風刺画家アンドレ・ジルが采配を揮るっていた。一八六七年一二月『ラ・リュンヌ』誌の出版者が投獄され、雑誌は、ジルの風刺画がナポレオン三世の外交政策に批判的であるとして認可されず、出版を禁止された。しかしながら、いったん発売禁止になった雑誌が改名して新組織で出直したとしても、それを禁止する法律はなかったので、『ラ・リュンヌ』誌のスタッフがただちに雑誌を『レクリプス』（すなわち『ラ・リュンヌ（月）』が覆い隠された《エクリプス》＝月食）の名のもとに改名して発行した。次に起こったのは、ジルが敵対的な政治的批判を密かに絵の中に暗示する機会を常に利用していたように、風刺画的ゲリラ戦争といいうるものであった。したがって検閲の反応は、理解できる絵と、安全のために理解できないものも共に禁止するというやり方であった。『月食《エクリプス》』の片割れによれば、一八六八年一月から一八七〇年八月までに、ジルの風刺画のうち二二篇が禁止された(63)。

　フランスにおいてすでに名声を確立していた芸術家の作品は、定期的に検閲による禁止令に悩まされていた。一九世紀において、おそらく最も悪名高かったのはエドアール・マネの傑作の一つ、一八六九年のリトグラフ『マクシミリアン皇帝の処刑』が禁止されたことである（最終的には一八八四年に出版された）。マネが描いた出来事がナポレオン三世を酷く当惑させ、それは明らかに政治的理由で禁止された。つまりメキシコにフランスの居留地を作ろうとするナポレオン三世の計画は、オーストリアのマクシミリアン大公（一九一八年までのオーストリアの皇子の称）がメキシコの帝権の候補を自らの手で選び、さらに一八六七年射殺隊の目前での死という屈辱的放棄で終焉したことを揶揄していた。マネの作品が禁止されたニュースは、出版界の注目を大いに集め、その結果『ラ・トリビュンヌ』は一八六九年一月三一日、「政府は、マクシミリアン公が撃たれたことに専ら固執しようとする人を、遠からず追跡するようになるであろう」と辛辣なコメントを書くにいたった。若き作家エミール・ゾラは数日後に出版された同誌に論評を加えている。

私には、こうした紳士たちがどのようなリトグラフを権威づけたがっているかはっきりわかる。もしマネ氏が彼らをうまく納得させたかったら、私だったら、マクシミリアン公を生かし、元気でしかも彼の側で妃が微笑む、幸せそうな姿を描くであろう。さらに、芸術家は、メキシコは決して大量殺戮を経験しなかったし、メキシコは生きており、ナポレオン三世の被保護者の祝福された規則のもとで生き続けるであろうことを、明らかにしなければならないのである。このように解釈される歴史的真実は、検閲官の目に喜びの涙を流させるであろう。(64)

普仏戦争の悲惨な敗北の結果、一八七〇年九月四日にナポレオン三世が打倒されると、出版と風刺画の自由に対する帝国の規制を速やかに廃止した国防政府が発足した。ただちにパリを巻き込んだ風刺画の氾濫は皇帝が退位した体制に怒りを集中させたにもかかわらず、芸術家たちはただちに新しい政府(一八七一年初頭にヴェルサイユに設置された)を、プロイセンとの覇気のない戦争遂行だったと攻撃し始めた。ヴェルサイユ体制は指導的風刺画誌の一つで、ピロテル(ジョルジュ・ラバディ)の編集になる『ラ・カルカチュール・ポリティク』を発売禁止にした。彼は以前にナポレオン三世に対する芸術家としての反対の立場で、投獄されたことがあった。この行為とそれに伴う一般の出版物弾圧は、ヴェルサイユ政府に対する三月一八日のパリ暴動を爆発させた一つの要因であった。暴動はパリ・コミューンという短期間の政府の成立に導いたが、二カ月の市民戦争で残酷に粉砕された。その間、勝利に満ちたヴェルサイユ体制は風刺画の事前検閲を復活させ(一八七一年四月一五日)、およそ二万五〇〇〇人のパリ住人が、ほとんど冷酷に虐殺された[65]。

一八七一年の共和制への復活後、一八八一年まで風刺画に対する検閲は効力を発揮していた。一八八一年をもってフランスでは（戦争時代を除き）風刺画の検閲は全面的に永久に廃止された。一八七〇年代は「風刺画を描く自由」を求める一八六七〜七〇年の闘争が強化されて一〇年間復活した。その間、ある歴史家が「極端に支離滅裂な[66]」と特徴づけたような、極端に厳しく、勝手気ままな検閲が行われ、それはこの時期の混乱した不確実なフランスの政治の本質を反映していた。一八七一年二月における普仏戦争の最終段階の期間に選出された国民議会は、君主制主義者に支配された。しかし彼らは三党に分裂（ブルボン派、オルレアン派、ボナパルト派）し、三つの異なった王朝を支持した。君主不在のまま、フランスは、一八七〇年九月以来事実上共和国になったが、政府の共和主義形態が正式に確立するのは一八七五年一月で、フランスの共和制による統治は一八七六年と一八七九年の選挙の結果大勝利を勝ちえ、さらに一八七九年、マーシャル・マクマオーンを反動的君主制大統領に指名したことで初めて、地固めができたのである。このように正式には「共和国」体制のもとで、一八七一〜九年における検閲の多くの犠牲の中でも特に目標とされたのは、しばしば長期にわたり、声高に印刷された（検閲からの解放を保持していた）共和派の風刺雑誌で、その芸術は禁止された。しばしば雑誌は彼らが禁止された絵が何を表現しようとしていたかを、専ら文字で表現するにいたった。

風刺画に関する一八六七〜七〇年の闘いにおいて、一八七一年から一八七九年までの最も有力な芸術家であり検閲の第一の目標となったのはアンドレ・ジルであった。一八七一年から一八七六年までの『レクリプス』およびその後彼自身で発行した雑誌『ラ・リュンヌ・リュス（ロシアの月）』（一八七六〜九）に掲載したジルの風刺画は、さまざまな事情を根拠に検閲官により禁止された。時にはその時代にはそぐわなかったがために理解されず、したがって今日でも同じく測りがたいものとされている。おかしなことに、検閲は一般には風刺画それ自体には寛容であったが、ジルおよび一八七〇年代のその他の風刺画家たちの最も優れた作品の一部が、検閲官の芸術攻撃の対象になった。

共和主義の風刺画家にとって、おそらく最も厳しい展開は一八七九年初めにおけるフランスの共和制統治が強化された後も、事前の検閲が引き続き行われたことであった。崩壊した王朝に対する批判は認められても、現政府に対する批判や教会・国家関係のような異論のある問題についてのコメントは、しばしば禁止されたままで、かつて権力の座にあり、現在は信念を放棄した共和制の大臣を非難する怒号を上げることになった。一八七九年三月三〇日号の『ル・グルロ』によると、一冊の雑誌の中の五篇のスケッチが拒否され、検閲を継続せざるをえなかったことの唯一の説明は、ボナパルト派が賢くも共和主義の大臣に身をやつし、その名前、習慣、さらに「ついには根性まで変え」たことであった、という。一八七九〜八一年の共和制での検閲は、右翼同様左翼も攻撃し、君主制下での共和派のデザインに対するほど君主派の風刺画に対して寛容ではなかった。例えば最も重要な反共和派の風刺雑誌『ル・トゥリブレ（道化師）』（一八七八〜九三）は、三七回も政府により起訴され（一般には認可されないデザインの出版に対して）、一八七八年から一八八一年までに合計二〇万フランの罰金を科せられた。(67)

5　ヨーロッパにおける風刺画に対する検閲、一八八一〜一九一四年

一八八一年フランスにおける風刺画に対する検閲の恒久的廃止によって、ロシアを除く主要ヨーロッパ諸国はどこも、そのような統制を放棄した。ヨーロッパではどこにおいても、一八四八年までに発生した脅威が弱体化し、新興中産階級および自由専門職階級（伝統的には出版の自由にかかわっていた）

の代表がますます力を得るにつけ、一般的に出版に対する規制、および特別には政治的風刺画に対する規制は、およそ一八六〇年以後に緩和し始めた。例えば、一八七〇年までに、イタリアの新興統一国家全体およびハプスブルク帝国において、事前の検閲は終わった。そして一八七四年の統一ドイツの出版法は特に、「大衆頒布を目的にした機械的ないし化学的に再生産《コピー》された印刷物あるいは絵画的表現」の事前検閲を禁止した。[68] 結果として、皮肉に満ちた風刺雑誌の一部は支配階級に対して厳しく敵対し、しだいに発展し始めた。芸術史家シーダ・シャピロが述べているように、なぜそれほど多くのそうした風刺雑誌が急進派とアナーキストたちによって出版されたかという理由は、「新聞にはほとんど接することのなかった大衆——労働者、農民、女性といった、ほとんど読み書きできない大衆——に手の届く手段として、風刺画への視的接近は格好の手段だったからである[69]」。

新しい主要な雑誌の中でも、イタリアでは『パッパガロ』*Pappagallo*（一八七三、ボローニャで設立）、『ラシノ・エ・イル・ポポロ』*L'Asino e il Popolo*（ローマ、一八九二）、『ゲラン・メッシノ』*Guerin Meschino*（ミラノ、一八八二）などであった。ウィーンを代表する雑誌『フィガロ』（一八五七）、『デア・フロー（蚤）』（一八六八）、それに『キケリキ』*Kikeriki*（一八六二）が含まれていた。ドイツでは、君主の描写に対する禁止、および共和制以後の訴訟（一八七七年『クラッダーラダッチュ』の編集者に対する二〇日間の投獄を含む）に対する絶えざる恐怖は、一八六〇年代において台頭し始めた風刺雑誌の新しい波の気迫を、幾分調整する役を果したが、一部の雑誌、特に『フランクフルター・ラターン（灯火）』（一八六〇）、『ベルリーナー・ヴェスペン（雀蜂）』（一八六八）、『ウルク（冗談）』（一八七二）、『ルスティーゲ・ブレッター（陽気な新聞）』（一八八五）、『デア・ヴァーレ・ヤコブ（素顔のヤコブ）』（一八八三）などは、ドイツの実質的支配者、オットー・フォン・ビスマルク（一八六二～九〇首相）を極力批判しようとした。ドイツの政治統制が一八七八～九〇年の反社会主義法の多少の失効とともに緩和されると、一八九〇年代に、例えば、『ジンプリチシムス』、『パン』、『ユーゲント（若者）』を含む、新興した強力な反体制風刺雑誌のもう一つ別のグループが台頭した。スペインでは一八六八～七四年の短期ではあったが共和制のもとで風刺雑誌が激増した。その中の最も有名なのが『ジル・ブラス』*Gil Blas* と『ペリオディコ・サティルコ』*periodico satirco* であった。実際にロシアを除き、一八六〇年以降ヨーロッパではいたるところで政治指向の風刺雑誌が現れた。小国からの例を多少挙げると、『ボルツェム・ヤンコ』*Borrzem Janko* は一八六八年ブダペシュトで発刊され、デンマークの『コルツ＝ハンス』*Kolds-Hans* は一八九九年に創設され、ギリシャの『ロメオス』*Romeos* は一八八三年出版を開始した。一九世紀末のヨーロッパにおける風刺画誌の爆発的激増は、一八八一年のフランスの検閲制度廃止によって触発された。少なくとも四五誌の風刺画誌の新刊は一八八一年から一八八五年までに創刊され、さらに九四誌が一九〇〇年から一九一四年までに発刊された（そのうちの多くは、同人雑誌的な『アンチ・コンシエルジュ（管理人反対）』に代表されるように、きわめて短命で、指向するものも限られた狭い範囲にとどまっていた[70]）。

一九世紀も終わろうとする頃、風刺画はフランスで思いもよらないほど以前とは異なり自由になった。多数の国の行政機関は、彼らが極端だとみなしたものを抑制するいくつかの手段をなお保持していた。ほとんどの出版法は共和制後の訴訟に対して、多数の許容差を備えていたので、「ユーモアの中の鋭さ」は、歴史家のパトリシア・ケリーが述べているように、雑誌として「政府が認められる自由の範囲に釣り合っている」ことが必要であった[71]。ドイツでは並外れて広域にわたる不敬罪法が力を持っており、一八八八年から一八九八年までに、ジャーナリストなどを一〇〇年以上の刑に処する判決を科すのに使われた。その犠牲者の中に、『クラッダーラダッチュ』の編集者がいた。彼は皇帝ヴィルヘルム二世の述べたコメントを嘲笑した一八九七年の戯画を発表したために、二カ月の刑の判決を受けた。そして風刺画家のトーマス・テオドーレ・ハイネを含む『ジンプリチシムス』のスタッフ三名とともに、戯画（図版10）と皇帝の中東旅行を嘲笑した詩で一八九八年投獄された（フランスの風刺雑誌『ル・リール（お笑い）』は同じヴィルヘルム二世の旅行をばかにしたとして一八九八年の版がドイツで発売禁止になった。特に皇帝とトルコのスルタンがアルメニヤ人を射撃演習の的にしているのを描いた風刺画が禁止された）。フランスではポルノグラフィーを禁止し、アナーキーと反軍国主義を煽ることを禁止する法律は、政治風刺画に対処するために一八八一年以後ときどき適用された。例えば、ある悪名高い実例として、芸術家ルイ・ルグランは、一八八八年六月二四日『ル・クーリエ・フランセ（郵便馬車）』（一八八四～一九一三）に発表した「売春」と題する絵のために猥褻罪で二カ月間の刑に処せられた。描かれた絵は明らかに売春という社会悪を批判したものであったのである。その他の多数の国で、風刺画を禁止する刑罰行為は多かれ少なかれ、引き続き実践されていた。ポルトガルでは一九〇六年にいたるまで、風刺画は事前検閲を受けていた。リスボンの雑誌『ア・パロディア』は頻繁に検閲の犠牲になっており、出版の自由に対する規制を、しばしば怒りを込めて攻撃するのを特徴としていた（図版12）。オーストリアでは、オーストリアの風刺画は、一九〇五年まで長期間フランツ・ヨーゼフ皇帝を標的にしたことがなかったので、規制を受けてこなかったのであるが、『フィガロ』誌は定期的に没収され、民主主義指向の風刺雑誌『キケリキ』のスタッフは、一八五九年検閲制度規制の緩和が行われた後も数回投獄された。王が長年嘲笑されることはなかったイタリアでもまた、風刺画は一九〇〇年までは俗権からは、ほとんど総合的といってもよい自由を享受していたのだが、痛烈な反聖職的ローマの雑誌『ラシノ（驢馬)』はヴァチカン・シティにより発売を禁止された(図版13左)[72]。

ポピュラーなバルセロナの週刊誌『ク＝ク！』*Cu-Cu!* で発表された、一連の反軍国主義的政治漫画に対する一八八一年から一九一四年までの政治的弾圧は、おそらく、風刺画に対する抑圧の最たるもので、劇的様相を喚起した[73]。『ク＝ク！』という、美しい装丁の挿画雑誌は、一八八〇年以後に創刊されたスペインの風刺雑誌の一つである。この年は、一八七四年に厳しい出版規制が導入され、その後スペイン共和制が崩壊し、続いて王政復古し、規制が緩和された年であった。この雑誌は悪評高い愚かなスペイン軍隊を嘲笑することを持ち味としていた。例えば、一九〇五年の戯画には、スペインの外務大臣がドイツの皇帝に「スペインはいかなる国とも平和を望む」と語り、それに対してドイツ皇帝の返答が描かれている。「それは理解しうることです。誰も鞭打ちは受けたくありませんからな」(図版13右)。スペイン政府は『ク＝ク！』誌を幾度か起訴したが、バロセロナの軍隊は文官政府の取り締まりは緩すぎると感じていた。一九〇五年一一月二五日に、バルセロナ守備隊(スペイン政府の認可を受けずに行動する)は『ク＝ク！』誌の編集および印刷スタッフをくまなく捜査した。続く騒動で、軍隊や守備隊を攻撃する将来の言語および絵画に歯止めを求めるスペイン軍隊の要求、およびクーデターに対する潜在的恐怖により、バルセロナでの立憲的保証および首相の指名を停止し、究極的には一九〇六年の管轄権に関する法の通過に導くにいたった。これらのことは、軍事裁判所の統括者が軍隊に対する名誉毀損で一般市民を訴え裁判にかけようとしたことで、多くのスペイン人を憤激させた。

フランスおよびドイツの両国で、風刺画の事前検閲が一八八一年までに廃止されたが、当局はなお、彼らが攻撃的と思える雑誌の、公道および国営鉄道の駅での販売を禁止した。こうした武器は出版、個人経営の店での販売ないし定期刊行物の定期購読者への通信販売を妨害することはなかったが、彼らは、それでもなお、風刺雑誌に真剣な一撃を加えることができた。そうした雑誌は定時収入としてキオスクでの販売に強く依存していた。そのうえ、問題になっている規制は純粋に行政上の問題で、犯罪的攻撃を加えるものではなかったので、裁判所で挑戦されることはなかった。ミュンヘン警察は一九〇九年、バイエルンでの『ジンプリチシムス』を鉄道駅で販売することを禁止するよう勧告することに成功したとき、こうした事態をすべて理解した。同様のことはプロイセンですでに制度化されていた。彼らは「駅での販売は考慮に値する。それ故に禁止は出版社にとって非常に目に見える効果をもたらす」と記している。(74)

『ジンプリチシムス』は、明らかに、第一次世界大戦が勃発する以前の二〇年間、ドイツにおける風刺画の抑圧の第一の目標であった（一八九六年の創刊後まもなくオーストリアでも禁止された）。(75)『デア・ジンプル（ジンプリチシムスの略）』のアプローチは急進派というよりは中産階級を相手にしているのだが、雑誌は本質的に権威主義の政治状況の中での皇帝、軍隊および富裕階級の自惚れをあてつけて、嘲笑していた。プロイセンとバイエルンの鉄道の駅での販売が禁止され、一八九八年には三名のスタッフが投獄の判決を受け、雑誌の街頭での販売も禁止され、さらにさまざまな機会に、さまざまな理由で財産没収と裁判沙汰に悩まされた（一八九八年以後スタッフの一人が投獄されたケースが一度だけあったが）。ハンブルクの政治警察の新聞の切り抜きファイルは、ドイツ中から集めた資料を含み、一九〇三～七年の期間だけで没収の数は二七件にのぼった（図版14、15左）。街頭および駅での販売禁止に関するような行政的尺度は特にドイツの当局の注意を引いた。なぜなら出版訴訟は、まず陪審員を不要なものとするばかりか、しかも問題にされた雑誌の発行部数の増大を無料で宣伝させることになったからである。つまり一八九八年の『ジンプリチシムス』の訴訟以後、一人の傑出したスタッフが記しているように、事態は「発行部数が四、五週間で一万五〇〇〇部から、私が思うに、八万五〇〇〇部まで増加するという結果になった」。同じように、ミュンヘンの検察官が訴訟に対して一九〇三年に行ったアドバイスは『ジンプリチシムス』の「宣伝として役立つのみである」というのであった。彼は明らかに心の中では「うまく」やったと思っていた。それはハイネおよびもう一人の編集スタッフに対して小額の罰金で済ませたことと、さらに没収された部数をすべて裁判所の命令で破棄したこと――八万部のうち合計でわずか一三四一部だった！――であった。時には行政的制裁が逆効果をあげることさえあった。つまり『ジンプリチシムス』の街頭販売が禁止されたとき、商人は警察の要請に応じて任意に販売を引き上げることなどしなかっただけではなく、公衆の注目を引くためにあえて「街頭販売禁止」(Kolportsgeverbot) と読める赤い帯を付けて、店頭に置くといったことさえしたのである[76]。

『デア・ジンプル』は長年皇帝ヴィルヘルム二世を直接風刺しなかったので、厳しい迫害を辛うじて避けようと思えば避けられた。これこそドイツの風刺雑誌が、ドイツの特権階級をあからさまに揶揄する風刺画を出版しないという一般ルールと一致した。というのも、ウィリアム・クープが述べているように、「彼らがそうしようとしていたなら、ただちに迫害されていたであろう」。その代わり、『ジンプリチシムス』はルイ・フィリップに対して行った「梨のような」回避策に訴えた。つまりヴィルヘルム二世をお伽噺に出てくる王子のように描くが、彼だということは、それとすぐわかるうえに跳ね上がった口髭だけで確認できた。口髭は「苦労して華麗な効果を出しているだけに、彼の基本的な弱さの真のシンボルになった」。一九〇五年以後、ドイツの風刺雑誌に対する圧力は幾分弱まった。ヴィルヘルム二世が戯画作家にとって無尽蔵の素材を提供した。「それには軽蔑、善意のユーモアおよび苛立ちの混ざり合った人物として、彼の過失と異常状態が記録されていた[77]」。名の知れたフランスの風刺画の学生ジョン・グラン゠カルテレが一九〇五年出版したヴィルヘルム二世の風刺画集を、ドイツで自由に販売することを許可するようにヴィルヘルム二世に決意をさせ、規制の緩和を図ったのは、『ジンプリチシムス』の編集者によるものであった。グラン゠カルテレは彼の著書の序文で、「風刺画の自由販売」を訴える公開文書を載せ、ヴィルヘルム二世に、彼を風刺した外国および国内での風刺画の禁止を中止するように訴えた（ロシアの支配者を嘲笑した風刺画集の前書きで、皇帝ニコライ二世に同じようなアピールを書いたが、明確な反応は得られなかった）。グラン゠カルテレは皇帝に、規制はかえってドイツ人に禁止された風刺画をあえて捜し求めさせ、購買意欲を促すことになるだろうと述べた。したがって禁止することは「禁断の木の実に対する永遠の関心を引くこと」になり、ドイツからこうした絵画を締め出そうとすることは、「このスピードを主権とする自動車が、境界線をただ架空の分離線にするだけの時代には」無意味だと述べた。さらに

陛下の部下と行為についての風刺画を怖れ禁止することは、ヨーロッパの目に陛下は小さく映るでしょう。もし陛下が禁止すれば、陛下はもはやきわめて近代的な平和の皇帝ではなくなるでしょう。陛下！　陛下の分別と理性で政治検閲に対して拒否権を発動してください。陛下！　世界が陛下に期待しているのは解放の意思表示なのです。画像を見過ごしてください！(78)

風刺画に対する嫌がらせはドイツでは一九〇五年以後幾分弱まったが、当局は彼らが認められない芸術形態すべてに対して散発的にではあるが干渉し続けた。したがって、新たに戯画を攻撃するための問題を作り出していた。こうしたことは、皇帝の文化領域での人気取りと、ドイツ社会のために芸術的基

準を設けようとする悪名高い試みを風刺する戯画の中に見られる。『デア・ジンプル』は、王座のあるロココ様式の公式謁見室で、粉末をかけた鬘を被った皇子の肖像画を描き、そこには次のようなことを本人に語らせている。「毎日同じ心配事だ。――描くべきか、書くべきか、あるいは社会問題を解決すべきか」と。もう一つの戯画はヴィルヘルム二世が芸術家になぜドイツの画家は描き方を学ぶのにそれほど長く時間がかかるのかを尋ねた。それに対する答えは、「陛下、その理由は、芸術の天才は王位継承のように世襲制ではないからです」。こうした戯画はヴィルヘルム二世のために文化的独裁者の評判を打ち立てた一連の事件について、ドイツの芸術家と知識人の間で怒りが込み上げたことを反映していた。ヴィルヘルム二世の首相の一人、ベルンハルト・フォン・ビュロー公でさえも、一九三〇年の回想録で次のように嘆いている。「陛下が芸術問題では一面的で、物が見えておらず、ほとんど寛容な態度が取れないことよりも、ドイツの文化人たちに対してヴィルヘルム二世のイメージを壊しているわずかなことのほうを心配した」。例えば、一八九八年皇帝ヴィルヘルム二世は、「ベルリン芸術展」で専門家の審査員の推薦を、君主の大権を利用して覆すという愚行をしでかした。この展示会で、ケーテ・コルヴィッツの並外れた一連のリトグラフとエッチングの集成『機織』に金賞が授与されるはずであった。これは一八四〇年代のシレジア（シュレジエン）地方の暴動中におけるドイツの労働者の苦悩を描いたものであった。一九〇七年ヴィルヘルム二世は、リアリズム派の画家マックス・リーバーマンのベルリン芸術アカデミーでの六〇歳の誕生を祝う回顧展の計画を拒否した。その理由はこのタイプの芸術家は「ドイツ国家の精神を毒する」からというものであった。一九一二年コルヴィッツのポスター『偉大なるベルリンのために』は、展示会場が混みすぎているうえ、貧しい子供のための遊び場がないと公然と非難し、「階級嫌悪を煽動し」、政治ポスターに対する一般的プロイセンの禁止令を冒瀆しているとの理由で、禁止した。この事件で皇帝の気まぐれで一貫性のなさが露呈した。『デア・ジンプル』の風刺画家ハイネは、ポスターでも検閲問題を巻き起こした。それは貧しい女性が貧民窟から生きの良い新鮮な花を集め、裕福な女性が手にしぼんだ花を持っているところを描いていた「貧民窟のどん底芸術」について、皇帝が怒鳴り非難したことを嘲ったものであった。(79)

フランスでは第一次世界大戦期間、風刺雑誌への公的攻撃の最も重要な標的は『ラシエット・オ・ビユール』（一九〇一～一二）であった。これは一つのテーマで、一人の芸術家による他に優るもののないグラフィックの、当時としては典型的な一二頁から一六頁程度の小さな戯画の週刊誌であった。(80)『ラシエット』は首尾一貫した政治的立場を維持していたわけではなかったが、フランスの既存体制の大黒柱を残忍なまでに痛烈に嘲笑し、蔑ろにされている貧困階級の社会的不満に光を当てて強調していた。一九〇一年から一九〇五年までにおよそ五回にわたり、フランスの当局は『ラシエット』の街頭販売を禁止した。いずれの場合もフランスの外交関係に対する損害を怖れての処置だったことは明らかであった（図版15右）。一つの悪名高い事件は一九〇一年九月二八日発行の版の街頭販売の禁止で、これは南アフリカのボーア戦争におけるイギリスの政策を批判したものであった。しかしこれを『不謹慎なアルビオン』と題名を変えた戯画に修正してやっと許可された。この修正されたものは〔アルビオンはグレイト・ブリテンの古語で、後のイングランドのこと〕、一人の女性の下半身に世界地図を、そして腰の部分にはイギリスの王エドワード七世の特徴を描いたものをまとわせた形で、イギリスを表現したものであった。この版はただちにエドワード七世からフランスの大使に個人的な不平として伝わったが、フランス大使は私的に、このデザインは「スキャンダル的」であると表現したが、「非常によく描けており」、王に「ことのほか似ている」と風刺画のできを認めていた。雑誌は続版でエドワード七世の特徴を隠すように強制されたが、最初の禁止令は明らかに販売を刺激し、前代未聞の二五万部も売れた。

そのような事態はその後法的執行は行われなかったが、それはおそらく『ラシエット』誌の値段が高くなり、購買者の大部分が中産階級になったためである。したがって、雑誌の発行に貢献したスタッフは誰一人投獄されることはなかったが、二人の指導的貢献者が別の雑誌で戯画を発行した廉で投獄されたことはあった。例えば、『ラシエット』誌のために八篇の完成版を描いたアリスティッド・デラノワは、モロッコの鎮圧に関与した、血だらけの手で死体を解剖している屠殺者のように、フランスの将軍を描いた『レ・ゾーム・デュ・ジュール（時の人）』誌で、一九〇八年発表した素描で、（編集者とともに）一年間の禁固刑を言い渡された。『ラシエット』の最も多作な貢献者だったジュール・グランジュアンは八〇〇篇の絵画と三五冊の雑誌の発刊に貢献したのだが、一九〇七年から一九一一年までに、他の出版物で反軍国主義的絵画を発表した廉で六回も起訴された。彼は一八カ月の刑を言い渡されたが、服するのを嫌って一九一一年フランスを逃れたが、大統領の恩赦により、翌一九一二年帰国することができた。(81)

6　一八五〇年以降のロシアにおける「風刺画の自由」を求める闘い

ロシアでさえ、皇帝の絶対主義下で検閲による統制は、一八五五年にニコライ一世の死後、アレキサンドル二世の権力に継承されて、かなり緩和された。この緩和によって、一八五九年から一八六三年まで『スパーク』や『アラーム時計』〔両誌ともロシア語からの英訳で著者ももとのロシア語はわからない〕のような、風刺画を使った数多くの風刺雑誌が発行されるようになった。しかし印刷された言葉と挿絵はともに事前検閲され続けたので、それらの雑誌は承認を得るために、「イソップ語」や寓話に訴えなければならず、政治的人物像を批判するのに社会風刺で代用しなければならなかった。こうした工夫をしてもなお、検閲は多くの戯画を禁止した。しかしそれにもかかわらず、非公式の人目を忍んだ配布によって驚くほどの人気を勝ちえていた。例えば、一八六二年に禁止された一つの戯画は一人の農民をロープに縛ってつれている地主を描き、ちょっとロープを緩めた後「今解放されたと感じたかね」と問うている。ある児童用絵本は、中世の皇帝イワン四世の死を描いたために一八六〇年代に禁止された。[82]

絵画に対する怖れは、一八六五年のロシアにおける主要な検閲の改革で特に明らかになった。この改革は、モスクワとサンクト・ペテルブルクで出版されたほとんどの書籍と、イラストのない定期刊行物に対する事前検閲を中止した。しかし「定期刊行物、その他の印刷物、絵画、そしてその他の、テキストの有無にかかわらず絵入り表現物の出版」は中止の対象にはならなかった。こうしたものは出版の少なくとも三日前に検閲の認可を受けねばならなかった。一八六六年のアレキサンドル二世の暗殺計画の後、規制の波が続き、その結果、ほとんどの風刺雑誌は一八七五年までに閉鎖されるか、休業するように嫌がらせを受けた。一八八一年皇帝アレキサンドル二世が暗殺された後、肖像の検閲は強化されさえした。例えば、出版物は一八八六年に、社会主義示威運動を解散させようとするロンドン警察の絵を、発表することはできなかったし、当時偉大な作家にして平和主義者のレフ・トルストイの肖像画は、一九〇一年に国家の統制下にあったロシア正教教会によりトルストイが破門された後、示威運動の焦点になったが、サンクト・ペテルブルクにおける展示会から撤退させられた。一九〇二年、当局は、トルストイの肖像画はいかなるものも印刷することは「永遠に」控えるよう各新聞社に通達した。ロシアにおける芸術に対する嫌がらせは非常に広く普及し、一九〇四年にはロシア芸術家連合が以下のような決議を採決した。

唯一自由な芸術のみが生命に満ち、創造的仕事のみが快楽をもたらす。そしてもし、かくも才能に恵まれている我が国が、芸術の分野で足跡を残し、内部に隠された偉大な芸術家の力を解放する努力をしないのであれば、また我々の芸術がロシア人との真の関係を持ちえないのであれば、そのおもな理由は、ロシアの社会にあって芸術を殺すのみならず、あらゆる創造活動を禁止する、窒息させるための保護であると確信する。(83)

他のヨーロッパ諸国において、一八四八年の革命によって起こったような一連の出来事で、ロシアの風刺画を堰き止めていた検閲のダムは、一九〇五年の革命勢力のもとで崩壊した。(84)ところが、一九世紀全体を通して、わずか八九誌の風刺雑誌しかロシアでは発行されていなかった（そのほとんどは短命で、全体的には非政治的）。一九〇五～六年には少なくとも四〇〇〇点の風刺定期刊行物が栄え、その多くはニコライ二世の独裁治世に最も辛辣な敵対的姿勢をあらわにしていた。こうした雑誌のほとんどはすべての検閲制度が公式に廃止された（一九〇五年一〇月）後に発行された。しかしわずかではあるが、（一月に）暴動が炸裂した直後に発行された。この暴動はサンクト・ペテルブルクでの平和なデモ隊数百人を殺戮したことから起きた。革命の初期には絵画的風刺は力があったが、新しい雑誌はばかげた検閲制度の決定を受け入れ、巧みな回避策に訴えた。例えば、蠟燭を燃やす一つの戯画は、『ズリテル（オブザーヴァー）』から削除されたが、その根拠は「独裁君主の排除を象徴している」というものであった。もう一つの『ストゥレコザ（蜻蛉）』から駆除された戯画はひとり遊びをするブルジョアの一人の男性を描いており、その見出しは「私の人生にとって、これが何を意味するのかまったくわからないけれど、実に楽しい」。検閲官は次のように説明している。(85)絵画は許可されない。その理由は「現在の国内状況の不確実性の宣伝的挿絵」だからである。

このような制限を避けるために、風刺雑誌は検閲の認可を受けた後に挿絵と説明を別々にし、連続画をばらばらにして、無作為に並べて提出するというテクニックに訴えた。握り拳を振っている農民の絵は「馬泥棒逮捕」という説明付きで検閲官の認可を得、農民一揆を煽動したという説明を付けずに出版し、少年と猫（ロシア語でkot）そして立法府（Dumaロシア帝国議会）の会合の絵を提出するはずであった。もしこの三者を一緒に出版したら、Boycott the State Duma（「ロシア帝国議会ボイコット」）という綴りになる（同じようなテクニックで、三人の太った警官に支えられた王冠の上に座り、手には皇帝の絵を描いた瓶を持った木製の人形を描いて、検閲の禁止を回避していた。商人は玩具を単純に別々の部品として売り、客がそれを自分で組み立てて楽しむようにしていた）。ニコライ二世に関しては直接的には描けなかったので、「梨のような」回避策を用いた。つまりニコライ二世はかつて偶然だが、日本の警官に頭を叩かれたことがあるので、それ以来頭の上に瘤のあるように描かれた若者は、それ以外の解剖学的特徴には関係なく、一般に皇帝と解釈された。「棒を持った少年」（malchik-pal-chik）のキャラクターと同じである。このような工夫のために、『ズリテル』Zritelは「永久に」閉鎖され、編集者は一九〇五年七月に投獄された。しかし雑誌は一九〇五年一〇月の大衆ストライキに続いて復活した。このストライキで、ロシアの印刷者によって、それ以後の検閲には協力しないという全面的拒否の態度が表明された。このことから、一〇月三〇日、いかなる事前検閲も廃するという公式の終焉宣言がなされた。

事前検閲が終焉するとただちに風刺雑誌が堰を切ったように大量に発行された。政府による公式発表だけでも一一月だけで三八〇種、それ以上は数えることもわずらわしいほど多かった。こうしたほとんどの雑誌はわずか数頁のぞんざいな折込印刷で、一回か、よくて二回出版されればよいほうであったが

（さもなければすぐに発売禁止になった）、かなりの数は芸術的にも質の高い、知的にも洗練された雑誌であった。数百部にのぼるロシア語の風刺雑誌とは別に、イディッシュ語の風刺雑誌が五〇種とウクライナ語の雑誌が二〇種も出版された。ある人物は、そうした風刺雑誌の爆発的出版について次のように観察したことを記している。

風刺雑誌が八月の夜の星のように現れた。あるものはウィットに富み、辛辣で、またあるものは退屈で、品がなかったが、みな街頭の隅で売られていたので、警官が読者の手から冊子を取り上げ、破いた。しかし発行部数は増える一方で、そのエネルギーと人気は、こうした風刺雑誌を生み出した大衆ストライキにその源泉があった。(86)

事前検閲が廃止されるとともに、長期間発売禁止されたことに対する人々の怒りに風通しを与えた風刺雑誌側と、一八三〇年から一八三五年にかけて、似たような闘争でフランス当局がまきちらした毒を遙かに凌ぐ毒をまきちらした体制側との間に、全面戦争が始まった。暴動の鎮圧に成功する以前に、体制は一万五〇〇〇人以上を殺害し、二万人は負傷し、さらに二万人が逮捕され、投獄され、亡命した。このように敵対的な印刷物を統制するためにとった方法には容赦がなかった。『パヤッツ（道化）』Payats誌の初版は一九〇五年一二月に出版された。それによると、「我々は今や笑うための権利を勝ち取ったのであるから、大胆に、大声で、冷酷に笑おうではないか。この研ぎ澄まされた素晴らしい武器を手に入れたものは誰でも、我々のところに来て一緒に笑おうではないか」。しかし『道化』の笑い手は三回目の出版で当局により発売禁止になり、他の数知れない雑誌も同じ運命に襲われた。警察は出版物を粉砕し、荷台から雑誌のコピーを押収し、街灯で雑誌を読み、売っていた人を攻撃さえした。『プレメット（マシーン・ガン）』Pulemet誌は初版（一一月一三日）が出た後閉鎖させられた。一つの挿絵が大きな自由を約束する法令の上に血塗られた手形を描いていたのである。印刷者は逮捕され、雑誌の編集者、ニコライ・シェブエフは一年の刑を宣告され、雑誌は五年間出版を禁止された。『ジューペル（おばけ）』Zhupelの初版は、様式化された双頭の鷲を逆さにすると、皇帝の臀部の形になるので、警察によって没収され、同じことが次の二回の出版にも行われ、二回目には皇帝を象徴する紋章に囲まれた驢馬を描いていた（図版16）。これを出版したために、『ジューペル』は廃刊になり、編集者のジィオンヴィ・グジェヴィンおよび驢馬の風刺画の責任を取らされた芸術家、イサーク・ビリビンは逮捕された。その他廃刊に追い込まれた雑誌は、『ジューペル』を継承した『アドスカイア・ポーチタ（地獄からの郵便）』Adskaia Pochtaを含み、四回出版した後廃刊になった。例えば『矢』は六回出版した後一九〇六年一月に廃刊になった（スタッフは投獄された）。『シグナル』とその後を継いだ『シグナルス』、『嵐の森』、およびそれを継承した『嵐』と『暴風』、『刺痛』、『爆弾』、『啄木鳥』、『蛸』、それに『木の小鬼』などが続いた。『吸血鬼』誌は、九回出版した後廃刊に追いやられたが、一九〇六年初頭にロシア市民の自由の実態を注釈で要約していた。「出版社は求めるものを出版することができる。そして警察は出版社が求めるものを禁止することができる。結社の自由、つまり、政府の役人と役人ではないものという人民の二つの範疇とは別に、何人も団結に参加することが許される」[87]。

一九〇六年四月に、絵画の事前検閲が新しい出版規制により結果的に再び課せられ、挿絵入り定期刊行物は、配布する少なくとも一日前に、当局に提出しなければならなくなった。この法令は、激怒した恐怖政治政府の一般的雰囲気と結びつき、それ以前の数カ月に発行されていた、歯に衣を着せぬ風刺雑誌に終止符を打たせる結果になった。二、三の穏健な雑誌は一九〇六年以後に再発行できたが、政治風刺を利かせた知的に洗練された作品はわずかしか現れなかった。有力な雑誌『サテュリコン』（サンクト・ペテルブルク、一九〇八～一三）は『ジンプリチシムス』をモデルにし、「あらゆる非合法、虚偽、陳腐」に対する闘争に貢献した。これも『バグパイプ』誌に関して検閲官が四回の版のいずれも出版を許可しなかったときに判明したように、曖昧であっても厳格な検閲の制限に黙従しなければならなかった。たしかにある人物が述べているように、一九〇八年から一九一四年まで検閲の規制は以下に引用するように複雑で混乱していた。

一方ではすべては許可されるように見えて、他方ではあたかもすべてが禁止されるようであった……今日は黒と見えると思ったものが、翌日には白とみなさなければならない。そしてこうした命令はどこにも表示されていない。こうした出版物は雨後の筍のように繁殖するばかりである。(88)

あらゆる実践的目的にとって、一九〇五年におけるロシアの風刺画の流れは革命それ自体とともに埋もれてしまった。

第四章　演劇に対する政治検閲

印刷された文字の検閲と同様、舞台に対する検閲は、一八一五年まであまねく安定したヨーロッパ体制の伝統であった。しかしながら、出版物に対する事前検閲は、一九一四年までにはヨーロッパ全土で実践されなくなってはいたが、ヨーロッパ諸国は、第一次世界大戦まで（時には遙か後まで）舞台演劇に関して厳格な検閲を行っていた。一六九五年イギリスは出版物に対する検閲を廃止したヨーロッパ最初の主要国になったが、それから四〇年後の一七三七年、議会は往時の演劇に対する気まぐれな検閲を体系化し、その統制は最終的には一九六八年まで廃止されなかった。その他のほとんどのヨーロッパ諸国はおよそ一九世紀中葉まで出版物に対する検閲を廃止せず、一方一九世紀を通してずっと演劇に対する検閲を続けていた。演劇に対する検閲は時には出版物に対する検閲の統制より遙かに厳しかった。イタリアのトスカナ地方におけるドラマに対する一八二二年の検閲規則には、次のような記述がある。

出版物で、政治的に破壊的な原理や宗教原理を広めるような［印刷］された著作物、あるいは宗教ないし王位に対する敬意を弱めたり、破壊したりする恐れのある悪意のある計画にもとづく作品、また宗教にせよ王権にせよ、いずれかに対して敵意を持つような感情を人々の心の中に目覚めさせるような作品に対する検閲の一般的規則は、演劇の上演に対して特に厳しく適用されるものとする。[1]

演劇に対するこのような厳しい規制は一九世紀のヨーロッパにとって決してユニークなものではなかった。演劇史の専門家ジョン・アレンは次のように記している。「多くの時代と場所においてドラマは、文学や美術のような他のどの芸術形態よりも、遙かに厳しい検閲にさらされてきたということは、舞台がいかに潜在的に影響力を持っているかということを示す興味深い証拠であり」、「破壊的可能性のある情感と理念で観客を動かす影響力を持つ演劇は、いちばん怖れられている」。[2] こうした恐怖は一九世紀のヨーロッパでは特に顕著であった。というのも、ラジオ、テレビそして映画が発達する以前、つまり、ほとんどの国では、この時代は政治的集会や結社は禁止されるか、厳しく規制されていたので、演劇は大衆娯楽の重要な形態であったばかりではなく、教会以外では唯一、一般大衆が一堂に会することができる機会であり場所であった。事実、およそ一八七〇年以前、ほとんどのヨーロッパ人がまだ字が読めず、義務教育もまだ初期の形成段階であった頃から、演劇は唯一最も有意義な情報源と広くみなされていた。少なくとも都市部においては、人口の大部分にとってそのようにみなされていた。例えば、一八五二年にフランス演劇監視官に与えられた指導要領は、このような「最も粗野な階級の人々の集まる」劇場に対して、特別な精査に従わせることを規定していた。なぜなら、こうした場所は「社会の下層階級が教育を受ける唯一の学校になっていた」からである。[3] 劇場の重要性がこのように特別視されていたために、意見を異にする多くの人々も、舞台に対する厳格な政府の監視を支持した。このような理由から、フランスの社会主義政治家ルイ・ブランは一八四〇年代に次のように述べている。

集った聴衆に対して、魅惑的な舞台装置、ドラマの面白さ、女性の美しさ、芸術家の才能、装飾と照明の魅力によって、民間人に気侭な演技を許すことは、退廃という餌をはじめて人々の心に提供することである。つまり、人間の知性の源泉を毒する権利を委ねてしまうのである。このことからも判るように、政府がその名に値しないような国では、検閲規制を維持したまま、社会を道徳的に演出する力が演劇にあることを否定することはできないであろう。(4)

一九世紀のヨーロッパで演劇に対する執拗なまでの厳しい統制は、ブランが指摘しているように、長期的には「人間の知的源泉を毒する」のではないか、また短期的には暴力と犯罪行為の突発を招くのではないか、という恐怖心を反映していた。こうした予想される二つの危険は、特にヨーロッパ全土の保守主義者によって感じられていたが、一九世紀後半にベルリンの宮廷の規則によって、演劇の上演を政治的理由で禁止する警察権力を擁護したことからも判断できる。

警察は、もし舞台上演の効果が国民の平和、安全そして秩序にとって危険を創り出すのではないかと考えれば、戯曲の上演を禁止する権能を与えられていた。このことは騒動あるいはその他の暴動による観客の側の治安妨害に適用されるのみならず、国民の幸福と秩序を脅かすとみなす見解を、観衆に誤って信じ込ませてしまうという考えにも当てはまる。このことは、例えば、現実の政治秩序が個人としての市民に権利を与えないという考えによって起こる騒乱にも当てはまる。特に、法を運用する際の信頼関係を損なう怖れのあることが、ドラマティックな作品を禁止する理由である。(5)

「騒動あるいはその他の暴動」が暴発する怖れは、たしかに根拠なしには起こりえない。したがって、二〇世紀以前の劇場の観衆は、今日ほど御しやすくなかった。かくして、スペインの作家セルヴァンテス（一五四七～一六一六）は「二〇から三〇の戯曲を書いてきた。それにそれらの作品は、胡瓜とか、そういった類のものを投げつけられることもなく、すべて受け入れられた」と自慢した。一九世紀になって、一八三〇年にヴィクトール・ユゴーの『エルナニ』がパリで初演された晩、そして一八九六年アルフレッド・ジャリの『ユビュ王』の初演の晩、二度妨害に見舞われたが、それは作品の上演に観客が反応して巻き起こした騒乱に近い、というか実際の騒乱の最もよく知られた例である。フランスの保守主義者は、反体制的なドラマの上演を許すような演劇に対する検閲を緩めることは、一八四八年と一八七〇年の革命を導いた異議の申し立てを唱える風潮を助長すると、しばしば批判した。一八四〇年代に、フェリックス・ピヤやウジェーヌ・シューといった反対派の作家の数本の戯曲は、演劇に対する検閲および体制に抗議する観衆のデモを喚起し、また反政府感情を煽った。例えば、フランスのドラマに対する保守派の検閲官ヴィクトール・アリス＝ダボは後に、観衆にとって、この作品は一八四八年の革命の「一種の衣装を着けてのリハーサル（ゲネプロ）といってもよいもの」であったと書いている。ヨーロッパの役人は特に、一八三〇年のブリュッセルでのオペラ『ポルティシの唖娘』の上演を思い出していた。このときの上演が、その年のオランダ支配に対するベルギー革命を惹起したことは、誰もが認めていることである。この事件については、第五章で詳しく述べるが、フランスでは七五年後もなお演劇に対する検閲の擁護者が、必ず言及する事件であった。一部の保守主義者は観衆を即座に犯罪者にしてしまうと演劇を非難さえした。これと関連してあるフランスの監獄監督者は、「質の悪い新しいドラマが上演されると、多くの若い新しい犯罪者がこの監獄に送られてくる」と断言した。(6)

I　演劇に対する保守主義者の怖れ

なぜ保守主義者が演劇を怖れ、演劇の上演の検閲を求めて問題を起こしたかについては、根本的な理由が三つある。一つは、一九世紀のヨーロッパにおいて、識字率の低さから見て、風刺画と同様に、演劇が下層階級の観衆にとって、印刷物よりも近づきやすかったことと、そしてまさに国民の中のこうした人たちが、一般的に最も恐るべき脅威であったことと、治安を乱す煽動的なドラマに簡単に動かされてしまうとみなされたからである。こうした恐怖心を反映して、フランスでは政治的に受け止められかねないデリケートな戯曲は、中産階級か上層階級の観衆が通う劇場で上演される場合のみ、しばしば許可された。労働者の反逆に関するゲルハルト・ハウプトマンの戯曲『織工』は警察によって上演が禁止されたが、それを覆す一八九三年のベルリン法廷での判決は、この異端的な理念が下層階級の間で広く受け入れられるのを懸念した結果であることを同じように反映していた。この作品は、上演会場が、「暴力行為やその他市民の安全を妨害するような行為には向かわない、上流社会の人々がまずは集まる」ことが明らかな場所であることを理由に、上演が許可された。『ザ・タイムズ』紙もまた、一九〇七年の版で、堕胎を扱ったドラマを禁止したことを支持し、劇場が下層民大衆に影響を与えることに関して、特に懸念を示した。そして、この演目は「我々がこれまでに社会的、政治的問題の数々をイギリスの舞台で上演してきたものの中でも、おそらく最も根本的なものである」にもかかわらず、「その主題」は「戯曲が真剣に現実の問題を扱っていることと合わせて、普通の条件のもとで、さまざまな年齢と気分そして知的水準の雑多な公衆を相手に上演するには、全体的に不適切であると、我々は判断した[7]」と発表した。

なぜ保守主義者が舞台を特に怖れるかについての二番目の理由は、風刺画を含めて出版物は、特に孤立した個人か、さもなければ小集団によって「消費され」ることが典型であったが、他方演劇の上演に関しては大勢の観客を動員するので、もし煽動的で治安妨害の怖れのある内容の出し物が舞台上演されるなら、市民の秩序をただちに脅かしかねなかったからである。例えば、モスクワ総督は、書物としては黙認した作品も舞台で上演するのを禁止したが、その理由を、「一般市民は一人で単独に本を読むが、劇場での上演では大衆が鑑賞し」、劇場の観衆は特別に創られた「政府と支配者を批判するような大胆な表現や思想」に、動かされかねない、と一八〇五年に説明している。同じように、イギリスでの舞台上演に対する検閲の擁護者は、「群衆の知性度は低下するが、感性度は高まる」ので、舞台を見て劇場の観衆は「非理性的で、興奮しやすく、自制心に欠け」てしまう、と一九〇九年の議会での審議で述べている(8)。

舞台上演の規制を正当化するための第三の理由は、話される言葉の与えるインパクトは、同じ文章の印刷されたものが与えるインパクトより遥かに煽動的だということであった。ある演劇史家が指摘しているように、舞台演劇は常に特に当局にとっては脅威の的であった。なぜなら、舞台では「観衆と俳優とが現実にきわめて接近しており、直接語りかけることを仕来りとしているからである」。意見を発表し出版する権利を保障し、一八三〇年制定されたフランス憲法が、検閲は「決して」復活することは「ない」と宣言しているにもかかわらず、一八三五年には再び演劇に対する検閲を復活させた。そしてその一八三五年の法律をうまく通過させるにあたり、フランスの役人は舞台化された演劇は、話される言葉のインパクトが大きいが故に、意見のたんなる発表と同じ範疇に属するとは考えられないと論じている。

著作家には自分の作品を印刷することに満足してもらおうではないか。それ以外に従うべき予防策はないであろう……しかし戯曲の上演によって作品に盛られた著者の意見が行為に変われば……それはもはや意見の提示ではなく、行為である……その行為によって政治体制が支配されることはないが、体制権力の最高指導部に委ねるべき行為である。(9)

多数の観衆が表すさまざまな危険な行動の結合と、話される言葉のインパクトは、市民の秩序と「適切な思考」への特に危険な脅威として、しばしば言及され引用されてきた。このように演劇に対する検閲を支持するオーストリアの俳優にして作家F・J・W・ツィーグラーが一八二〇年の書簡で、次のように書いている。

ドイツの観衆に災いあれだ。彼らは話される言葉としての戯曲の舞台上演が、ドイツ全土を支配しかねない政治力になることに気がついていない。つまり演劇の持つこの力は、忍び込むように、徐々にゆっくりと、しかし確実に宗教、法律、そして君主制にさえも反逆しているのであり、あらゆる政治的なパンフレットが及ぼす力よりも破壊的であった。幾千という多数の人たちに届く、話された言葉が発する熱気は、少数の人にしか読まれない、熱のこもらない冷たい政治文書より深く人の心に響き渡る。

イギリスの演劇に対する検閲を支持する人たちは、一八三二年のイギリス議会審議会での公聴会で、演劇が規制されるのは「演劇が一冊の本を読むように一人の読者に提供されるのとは異なり、最も魅力的なやり方で幾百、いや幾千もの多数の人々の目と耳に一度に訴えるからである、と同じような論議を交わしている。フランスの演劇検閲官アリス＝ダボは、一八六二年に出版された書物の中で、同じ論点にかなりの紙幅を割いている。

突然の熱意に煽られ、また予期せぬ勇猛さを与えられて、俳優から見物人へ、そして劇場全体に電流が流れる。公衆はあたかも一団の子供のようである。一人ひとりは皆それぞれ優しく、無害で、時には敬虔でさえある。しかし一度合体すると、大胆で、騒々しく、しばしば邪な集団と化す。勇猛あるいはむしろ匿名の群衆といったほうがよいかもしれないが、彼らは絶大な力となる！……最も不実にして勇猛な性質を備えた社会理論は、群衆に向かって演出される姿と、話術から放たれる嘘偽りを見抜く力がない観衆を、ドラマの持つ情感で刺激する。ドラマに酔いしれて見境をなくした数千にも及ぶ見物人が、致命的な影響に従わなければならないとき、また世間を騒がせた反響によって市民を騒乱に巻き込んだとき、その社会は、法律の遅々として進まぬ手続きに対して、いかなる防衛手段を見いだしうるのか［すなわち、舞台上演後の告発］。(10)

一九世紀の演劇に対する検閲の多くは、あからさまに猥褻性と神への冒瀆に向けられていたが、検閲官は、現存の社会・政治秩序を脅かすとみなされる素材に、まずかかわった（いわゆる猥褻的で神を冒瀆するような素材でさえも、しばしば脅威とみなされた。それは大部分支配者側の求める公的な基準に逆らっているからである）。かくして、フランスでは一八三五年から一八四七年まで、検閲によって拒否された作品の四八パーセント以上が明らかに政治的理由により禁止されており、たった一九パーセントが宗教的理由により禁止され、三二パーセントが道徳的反則と思われた。一九世紀フランスにおける演劇に対する検閲史の第一人者である、オダイユ・クラコヴィチは、同じことは他のどの国にも当てはまると述べている。正確に当てはめれば、フランスの検閲は時代とともに異なるが、「検閲官が政治的、宗教的、あるいは道徳的基盤に立って行為していようとも、彼らは常に同一の原理で判断していた。つまり、権力を握っている階級を守り、既存体制を尊重する」ことであった。その結果は一九世紀末まで、ヴェラ・ロバーツとロバート・ボイヤーによる演劇史に記述されているように、ヨーロッパの舞台芸術は、「この世のものとも思えぬ世にも不思議な高貴な英雄、理想的な優しいヒロイン、ロマンティックなラブストーリー、ハッピー・エンド、そして豊かで贅沢な物質」が「現実の生活とは遙かにかけ離れ」「思想性のかけらもない」設定で、金ぴかで安ぴかな特徴を呈していた。演劇公演のパトロンがこのようなドラマから得たものは、「劇場の入り口で彼の着ているコートと一緒に知性も預けてしまうような「無思慮で、健忘症者の経験」であった。[11]

安定した既存の秩序に対する真剣な批判は、(脚本家および劇場の支配人がこうしたドラマを検閲官に提出するだけの勇気があれば)一般には青鉛筆で修正、削除され、また現状に対する批判を暗に仄めかすような歴史的な内容の戯曲でさえも、しばしば禁止された。ホーヘンツォレルン絶対王政の関係者を描くことは、生存者であろうと過去の人物であろうと、「王一族に対する一般市民の忠誠心を覆す」怖れがあるという理由で、プロイセンでは禁止された。イギリスでは生存者のことを扱った舞台はいかなるものも禁止されたが、同じように歴史的ドラマが君主制あるいは君臨する君主制に対する潜在的な批判を含んでいるとみなされた。例えば、退位させられ処刑された王チャールズ一世(一六二五~四九在位)を扱ったものはいかなる表現形態であれ、一八二五年から一八五二年まで「君主制を侮辱する」

としてイギリスの舞台では上演を禁止された。同様にフランスでは、ヴィクトール・ユゴーの一八二九年の戯曲『マリヨン・ド・ロルム』がシャルル一〇世の遙か昔の先祖のルイ一三世を不利な形で表現したという理由で、上演を禁止された。イタリア・ルネッサンスを扱ったアルフレッド・ミュッセの『ロレンザッチォ』は一八六一年フランスでは上演を禁止された。そのときの検閲官が禁止した根拠は、「両親による王子の殺人を含むものであれ、犯罪と不正行為を犯し、復讐を求めて叫ぶ君主を暗殺する権利について問題にする作品は……一般に公開するには危険な見世物である」。オーストリアでは、中世のスイスにおける民主的民族主義者のハプスブルク家に対する反逆を扱った、シラーの『ウィリアム・テル』は演劇監督の報告が記しているように、この戯曲は、「オーストリアとスイスとの過去の関係が言及されていないこと、さらに本来の目的と考えられたであろう民主主義的傾向は専ら家族的で一般的な人間的関心を優先させることで消し去ること」を条件に、「脚色された」後初めて上演することができた。支配階級のエリートについての論評は、たとえ平凡な日常的なものであっても、批判的なものはしばしば禁止された。例えば、フランスの劇作家エミーユ・オージエは、自分の戯曲『試金石』（一八五〇年頃）から、「社会は乱れている」と発言する一人の配役の論評を削除せざるをえなかった。一方、イギリスの検閲官は一八二九年の戯曲から、「宮廷の正直な男たちはあまり場所をとらない」という表現を削除した。オーストリアの劇作家ヨーハン・ネストロイは、彼の戯曲『お守り』から、「こんなに多くの真の善良な仲間たちが綻びたジャケットを着て踊る」というコメントを削除せざるをえなかった。その理由は、この台詞はあまりにもプロテスタントに対して同情的に響いたからである。一方、一九世紀末バイエルン地方のドイツの検閲官は、国家の立法府に関するジョークはたとえいかに微細なものでも許さなかった。(12)

社会問題への真剣な取り組み、特に下層階級の抗議運動を描写するようなものは、一般に検閲が不可とするものの壁に突き当たった。一九世紀末近くに禁止された戯曲の中に（この頃には一般的には政治検閲は緩やかになっていた）、労働者のストライキを同情的に描写したドラマが四本あった。その一つは、ハウプトマンの『織工』で、シレジアの繊維労働者が一八四四年に暴動を起こした事件を描いたため、一八九〇年代にはドイツの多くの都市で（ドイツの宮廷により許可されるまで）禁止されていた。二つ目は、エミール・ゾラの『ジェルミナール』で、正規の法令が規定しているように、この戯曲は「社会主義的傾向」を呈し、特に「ストライキで暴動を起こした鉱山労働者を狙撃した軍隊」を描いたために、一八八五年一時フランスで禁止された。三番目はマキシム・ゴーリキーの一九〇七年〔『世界文学事典』（集英社）では一九〇六年〕の戯曲『敵』で、織工とその雇用主の間の亀裂を描いたために、ロシアで禁止された。四番目は、『支配者《ロード》と労働者』と題するイギリスの戯曲で、労働者とその監督官との関係が「いかなる時代の舞台でも上演には適さない」主題であるという理由で、一八七四年禁止された(13)。

規制を受けない政治的な演劇は、ヨーロッパのエリート層に破壊的脅威を与えるものとみなされていたが、統制を受け、中身のない空虚な舞台は、不満を抱きそうな中産階級と下層階級の関心を非政治的な事柄に向けることによって、体制の潜在的つっかい棒になるとみなされた。例えば、フランスの役人は、一七七五年次のように宣言した。すなわち、

大都市の見世物《スペクタクル》〔すなわち、演劇、その他の公的娯楽〕は実務家を慰め、高潔な人物や富裕な人たちを楽しませ、究極的には、いかなる見世物にも無関係な場合には、党派主義に誘い込めそうな人々を従わせるには

欠くことのできないものである。民衆は興奮し、混乱し、付和雷同することはおわかりであろう。それは当然安定させる必要がある。そう、見世物こそそれをなしうる……以上のような理由で、立法者はいつの時代にも、それぞれ異なった見世物を確立させてきた。私はあえて、そうした見世物を長続きさせ、増やすことさえ健全な政治である、といいたい……教会が宗教の崇高さに捧げる聖母の祝祭日やその他荘厳な祝祭日には、劇場が公演を行わない日であり、首都では、遊興、酩酊、自由思想、窃盗、暗殺であろうとも、あらゆる種類の悪がこうした祝祭日に行われる。

一八〇六年のオーストリアは、ナポレオン戦争の最中で、価格の上昇が公表されようとしており、逼迫する経済問題が政府当局に劇場の閉鎖を考えさせるまでになった時代であったが、警察は劇場を閉鎖すべきではないと急き立てる報告書を、皇帝に送っている。なぜなら、

このように種々の苦悩が庶民の人格を抑圧している現在のような時代に、警察は以前より、あらゆる道徳的方法で市民の気晴らしに協力しなければならない。一日のうちで最も危険な時間帯は夕刻である。この時間帯は劇場の中の方が危険度が少ない……思慮分別は……何年もの間親しんできた娯楽はこのような瞬間にはなおさら閉鎖されるべきではない……と欲する……なぜなら、庶民の娯楽と気晴らしは常に政府の金言であったのだから……。

一八二〇年代にオーストリアの警察は同じ点を強調し続け、劇場は下層階級のために開場すべきであると明言した。「なぜなら、道徳的娯楽を欠くと、下層階級は簡単に間違った方向に引かれてしまうから

である」。劇場通いのような「それ相応の安上がりな娯楽」は庶民、「特に下層階級」を「もっと高価で、しばしば不健康なパブやコーヒーハウス、賭博場」から目をそらせ、「何らかの教育的、道徳的影響を与えて、もっと健康的な善い娯楽へ」導き、「劇場通いをする人を公的監視のもとに置き、上演中には秩序を保つ」と警察は報告した。政府が演劇を支持するに当たっては、「道徳観と公的秩序を危険にさらす活動を規制し、一方で日常会話を豊かにし、害のない、有り余るほど豊かな話題を提供するような」傾向があったと、警察は強調した。(14)

一九世紀までにわずかな保守主義者が劇場の全面的閉鎖を擁護したとしても（多くはそれ以前に閉鎖されていた）、当局は舞台が実際人々の心を政治から逸らしていたことを確認するのに苦労していた。例えば、ナポレオンは、伝えられるところによれば、公的娯楽に関して明言した。「人々には自ら楽しませよ、ダンスをさせよ、そうすれば、政府のやることに首を突っ込むことはない」。もう少し優雅な表現で、フランスの役人は一八五〇年代に検閲官に対して、「演劇は安息と気晴らしの場所であり、政治的情熱を展開する土俵ではないという原則にもとづいて、革命的精神に裏づけられたすべての場面およびあらゆる形態の党派心を、演劇から完全に」取り除くように指導した。ロシアでは、皇帝ニコライ一世が、「社会的抗議のエネルギーの土台となる感情的点火伝動体とでもいうようなもの」と考えた、煽情的な「血と雷鳴」のドラマの上演を許可するにあたって、秘密警察の反対を押し切って拒絶した。(15)

ウィーンおよび一部のドイツの諸都市ではたしかに、演劇と上演場所の劇場は社会的集合の主要な焦点としての役割を果たしており、当局が民衆の関心を政治から逸らすために舞台を利用するという目的は成功した。ウィーンでは、メッテルニヒ体制下で、演劇は「庶民の生活の中心」であり、「いみじくも議会の［不在］の代替物であった」とエダ・セガラは記している。あるオーストリア人は、一八二八年ロンドンで（検閲を逃れるため）匿名で出版した書物で、メッテルニヒ体制はウィーン市民が「真面目で、知的な職業」に就くことを妨げたが、それと同じように「プラター公園〔遊園地〕、グラシス〔主要市民公園〕、コーヒーハウス、そしてレオポルトシュタット劇場が庶民の思想と願望のかけがえのない対象である」と述べている。ドイツとオーストリアで著作が発禁になっていたドイツ人のカール・グツコウは、一八四五年のオーストリアの舞台について、次のように描写をしている。つまり「軽薄で取るに足らない、ひょうきんな暗示に富んだものがきわめて好意的に黙認される。しかしある社会問題を解決しようとするような真面目な試みは危険視される。歴史、政治、宗教は完全に閉ざされた主題である(16)」。

II　演劇の自由の防衛

統制された演劇が、統制派から現状維持とみなされた一方で、最も少数派のヨーロッパの自由主義者と急進派の演劇は、下層階級の教育および彼らのプロパガンダとして効果的で強力な手段とみなされていた。したがって、フランスの劇作家ギルベール・ド・ピクセレクールは、「字の読めない連中のために書く」と明言している。検閲による揉め事によって大きな精神的悲痛に悩んでいたロシアの作家ニコライ・ゴーゴリは、友人の一人に次のように書いている。

演劇は、一度に五、六千もの群衆を一堂に集めることができ、その大多数は個々には何の共通点も持たない群衆で、同じ衝撃で突然動揺し、同じ涙ですすり泣き、同じお笑いで笑う輩であることを考慮するなら、もはやどうでもよい取るに足らないものとは決していえない。舞台は世界に向かって善について語りかける説教台といえる。

ロシア最高の演出家コンスタンチン・スタニスラフスキーは、一八九八年、大胆な実験で名を馳せたモスクワ芸術劇場の落成式で、劇団員に次のように語った。

今我々が実践しようとしているのは、たんに個人的なことではなく、社会的な課題なのである。貧困階級の暗黒の実存を輝かし、彼らに一抹の幸せを与え、彼らを包んでいる陰鬱な部分を開放するための美的向上の場を与えようと努力していることを忘れてはならない。我々の目的は、初めての知的、道徳的、開放された演劇を創造することであり、この目的のために我々はその生涯を捧げることである。

一八九〇年ドイツでは、社会主義指向の自由国民舞台《フライエ・フォルクスビューネ》の創設者たちは、下層階級にとっての劇場の恩恵について同じような見解を抱いており、舞台は「高踏な芸術的喜び、道徳的向上、そして時代の大問題について考える力強い刺激の源泉でなければならない」と明言している。彼らは演劇を「解放と社会的再生」の潜在的源泉とみなした。――それは「資本主義に服従」し、「世間話……サーカスそして漫画のレベルで演劇を公演して」大衆の好みを腐敗させた、既存の演劇とは異なる。ベルギーの「社会演劇」の擁護者は、「あらゆるタイプの献身、禁欲、犠牲、プロレタリアートの英雄主義など」を描写することによって、労働者階級の美徳を称えるドラマを求めた(17)。

演劇の教育的役割に関するその他の支持者は、ドラマは中産階級を教育し、活気づけることができ、あるいは社会全体の救済を実践することができると論じた。かくして、ドイツの自由新聞の『グレンツボーテン』は、一八六八年ライプチヒ国立劇場の建設に歓呼して、舞台は「庶民の思想と感受性に計り知れない影響」を与えると明言し、演劇は「国家の良心、中産階級の願望と希望の統合点であり、中産階級社会の自己証明の因って立つところ」と称した。フランスの共和主義の偉大な歴史家ジュール・ミシュレは、その政治的見解故に、大学教授の地位を二度も追われた人物であるが、「演劇、真の演劇は、世界を再生させ」、また「大変人気のある演劇は……どんなに小さな村でも巡回すれば、将来「疑いなく最も強力な教育手段になり……おそらく国家維新の最高の希望」になるであろうと明言した。ヴィクトール・ユゴーは、フランスの演劇に対する検閲に最も強硬に反対した指導的な人物の一人であるが、演劇を「文明の厳しい試練で……市民の魂を形成」し、もし国家により資金援助され、検閲されなければ、フランスにおける階級の差異を埋め合わせることができると称した。

金持ちも貧乏人も、幸せな者も不幸な者も、パリの人間も地方の人間も、フランス人も外国人も、毎晩出会い、互いに仲良く心の交流を行い、人間精神の偉大な作品を通して瞑想を共有するであろう。そうすれば、庶民の、そして普遍的な進歩が得られるであろう。(18)

III　演劇に対する検閲の発展

一九世紀ヨーロッパにおける舞台の検閲は、ローマ時代にまで遡り、演劇は性的非道徳性、宗教的異説、政治的動乱教唆の温床であるという、長年にわたって受け継がれてきた見解を反映していた。古代ギリシャでは、俳優は非常に尊敬されており、ドラマは影響力を持っていたので、かのプラトンも自国を「演劇政体《シアトロクラシー》」と称したほどであったが、ローマ時代までに、演劇はますます淫らで、無秩序になっていった。キケロは、ローマ皇帝統治下では俳優は投票権を持たず、また公的な事務所を持つことを禁じられていたこと、さらに、俳優は酷く悪に染まっているので、本人もその子供たちも俳優以外のいかなる職業にも就くことが許されないとみなされていた、という事実を証拠に、ローマ人は「演劇と劇的芸術は一般に不名誉で、恥ずべきもの」と考えていた、と書いている。この俳優という職業に対する悪評と差別は、もっぱら行き過ぎた性的表現と批判的な政治的論評を加え、そして台頭しつつあったキリスト教の秘跡を茶化す一部の俳優の傾向から助長されていた。例えば、西暦一世紀の間、ネロ皇帝時代、ネロの両親殺害に言及したイタリア出身の俳優を罰し、カリギュラ皇帝は彼を嘲った一人の俳優を生きたまま焼殺し、皇帝の妃の愛人になった別の俳優を処刑した。テルトゥリアヌス、カエサリウスそしてアウグスティヌスのような初期キリスト教神学者は、規範に反抗的で神聖を汚す傾向の強い後期ローマ時代の演劇に関する多くの舞台の特徴を、「ヴィーナスの殿堂」「悪魔の祝祭」「査問の巣」と表現している。[19]

紀元四一〇年ローマの略奪後数世紀にわたり、教会は俳優たちに、その技能を発揮した場合には破門に付すという規制により演技することを禁止した。五六八年と六九二年、それぞれ東西ローマ帝国の支配当局は、教会の圧力のもとで、あらゆる劇場における見世物を禁止した。後に中世になり、演劇も――しばしば典礼規定に準ずるドラマ、受難物語あるいはそれ以外の宗教的内容を伴った見世物の形態で――徐々に復活するようになったが、世俗的な内容の舞台に対する不信と嫌疑は続き、かなり広範囲にわたって非難の声が頻繁に聞かれた。例えば一六六二年ミラノのカルロ・ボロネオ枢機卿は、演劇を

「あらゆる悪と犯罪の源泉であり基礎である」と称し、さらに一六六六年フランスの著述家ピエール・ニコルが発表した言説では、戯曲を「公衆を毒殺するもの」と称している。神聖冒瀆罪、治安妨害、規律違反の廉で演劇を通常どおり攻撃することとは別に、多くの批判家は下層階級に怠け癖と軽蔑の感情を育てるという理由で攻撃した。例えばフランスの著述家は、演劇は「開演前の二時間あまりを安い席に座って、カード遊びをしたり、ダイスをしたり、公衆の面前で、取っ組み合いの喧嘩をしかねないようなやり方で呑んだり食べたりし、淫らな行為で時間を過ごしているのを見ると、貧しい職人の家族を崩壊させる」として、一五八八年不満を述べている。イギリスの著述家は一七三〇年、演劇は下層階級には不向きであると宣言している。それは以下の理由による。

演劇は下層階級に対して、彼らの階層を越え、それ故に彼らの知的水準には不適切な行動様式、つまり生活様式に親しませることになる。それは偉大さと悦びの概念を彼らに与えてしまうのみならず、この社会における雇用と社会的位置には不適切である。さらに時には彼らの健康にとっても傷害をもたらすこともある。それのみならず、彼らの労働を妨害する気分転換になり、労働時間を邪魔することになる。[20]

このような演劇に対する敵対的態度は気まぐれな規制や、迫害、ある場合には舞台上演の全面的禁止といったことが、周期的に行われることによく表れている。このように一六四二年から一六六〇年までのイギリスでは、「あらゆる舞台俳優」を「ならず者」と規定し、舞台を「好色的な歓楽やはしたなさを、あまりにもわかりやすく一般的に表現した、快楽を見世物」とする場として、禁止する法律により、完全に閉鎖されてしまった。スペインでは短期間ではあるが、一五八八年および一六四六年に再び劇場が閉鎖されたことがあったが、その理由は舞台は「無秩序とずぼら」を表すというものであった。カルヴァンによるジュネーヴにおける一六世紀の演劇禁止令は、「俳優団体が青年にばらまく遊興と道徳律廃棄論《リバティニズム》」に反対して護ろうとするもので、その後二〇〇年間効力を持っていたが、一八世紀、有名な演劇の自由論争で、ジャン＝ジャック・ルソーの積極的な支持を獲得した。一七三八年デンマークのクリスチャン六世は、「俳優、綱渡り芸人、奇術師、デンマークやノルウェー［当時はデンマークの規則に従っていた］でよく見かけたロシアン・ルーレットのような運に任せるゲームを実践する人たち、さらに彼らが行う演技および日常的な仕事も、どこで行われようと、実践してはならない」と布告した(21)。

　舞台の完全な禁止よりもっと典型的なのは、幾分無計画なやり方で強制される傾向があったのだが、通常そうした行政的法令を通して、演劇を規制する試みであった。一五五九年イギリスでは、エリザベス一世はあらゆる無許可の芝居の上演を禁止し、政治的および宗教的な内容の作品はすべて禁止した（この法令を実施する責任は地方役人に課せられていた）。一五八一年イギリスの舞台に対する規制の数々は、王室家政部の役人、祝宴《マスター・オブ・レヴル》係に「ショー、芝居、役者、芝居作家、それに加えて芝居小屋などに、命令し、改革し、認可し、記録する」権限を与えることによって、中央集権化し、標準化した。フランスにおける演劇の舞台上演を規制する試みは一三九八年まで遡る。あらゆる劇的表現に対して散発的に行われた一連の事前検閲の最初のものである。もう一つ同様の試みは一六四一年、ルイ一三世が「正直な公衆に悪影響を与えるような、あらゆる不正行為、挑発的言語表現、隠された意味《ダブル・アンタンドゥル》」を使うことを禁止した。しかしながらフランスにおける体系的な演劇の検閲は、ルイ一四世が一七〇一年、すべての戯曲はあらかじめ、すべての登場人物が「最も高い純潔」の基準に準じていることを確認するために、パリ警察に提出することを命じたことに始まる。あるいは演劇史家グライン・ウィッカムが述べているように、「君主制に批判的とみなされ、あるいは教会に対して懐疑的とみなされる公表された言動は、いかなるものであっても」揉み消されることになっていた。その結果として、ボーマルシェは、彼の戯曲『フィガロの結婚』の上演許可を得るために、二年以上の歳月を闘わねばならなかった（初演は一七七五年）。問題になった記述は次のフィガロの言葉の一部から派生した。

もし私の記述の中に、政府、公衆の信仰、政治、道徳、役人、影響力の強い組織、オペラ、その他の演劇、あるいは以上の事柄とかかわりのある人物について触れていなければ、二、三人の検閲官の認可に従えば、何事も自由に印刷することができるであろう。(22)

スペインにおける演劇の検閲は一七世紀に始まった。他方一八世紀中葉に始まったオーストリアでの似たような規制は、皇帝ヨーゼフ二世が一七七〇年に発令した俳優に対する指令に明記されている。つまり、是認された台本から逸脱することは許されないということであった。

〔俳優は〕何人もその役柄に故意に付け加えたり、変えたりすること、あるいは不適当なジェスチャーを採用することは許されない。逆に、何人も著者により指定され、帝室劇場の検閲により認定された用語は厳格に守らなければならない。これに違反する場合、反則者は月給の八分の一を罰金として支払わなければならない。

多数の国では、フランス革命により課せられたイデオロギーの脅威に反応して、演劇に対する検閲は極端に厳しくなった。例えば、ドイツのバイエルンでは「我が国の歴史に関係する戯曲はすべて」一七九〇年代に禁止された。先に引用したオーストリア皇帝ヨーゼフ二世の政令が示すように、認可および検閲に関する舞台規則を犯した者は、報復的強奪を受けた。多くの場合、俳優および劇作家は、その違反行為に対して罰金刑、投獄あるいは国外追放に処せられた。例えば、著名なイギリスの劇作家ベン・ジョンソンは作劇上の無思慮な行為があったとして、短期間であるが二度投獄された。しかし劇作家としての経歴の終わりには彼自身検閲官になりたいと熱望していた。(23)

Ⅳ　演劇に対する検閲のメカニズム

遙か初期の演劇に対する検閲は無方針に行われていた。地域により、また年により強制の仕方が千差万別で、多くの場合規制がほとんど効果を持たないままに強制されていた。一八世紀および一九世紀初頭多くの国で、演劇に対する規制を強め、中央集権化しようとする試み（これは国家権力の拡大と中央集権化への一般的傾向を反映している）が見られたが、同じことがルイ一四世と前述のヨーゼフ二世の訓令、および一八〇四年のロシアにおける演劇に対する検閲の正式な実施にも見られた。イギリスではこの傾向は舞台を規制する最初の主要議院立法、すなわち一七三七年の認可条例に明記された。この条例はヘンリー・フィールディングおよび他の劇作家たちが当時の首相ロバート・ウィルポールに向けた一連の政治的風刺劇に、当の首相が応えた結果であった。この認可条例は一九世紀までヨーロッパの各地であまねく標準化されるにいたった二つの主要な規定を含んでいた。すなわち、(1)認可を受けた演劇のみ「正規の」劇場で公演することができる（すなわち、言葉のみからなるドラマ――音楽が関与している場合には別の規定が適応された)、(2)「新しい」戯曲はいかなるものでもチェンバレン卿の前もっての認可なく「利益、賃金あるいは報酬」を目的に上演してはならない。宮内庁長官は、演劇検閲の長として宮廷の祝宴係の代行を司っていた(宮内庁長官はただちに演劇と劇場に関する責任ある役割のほとんどを、戯曲検査官として知られる彼の部下に代行させた)[24]。

いわゆる「劇場の独占」と事前の検閲とを制度として確定した双子の規定は、印刷された言語を統制するために、ヨーロッパ全土でかなり早くから採用されていた規定とよく似ていた。一八世紀初頭にはまだ、ヨーロッパの印刷者で政府の認可なく作業できるものはおらず、また検閲をクリアせずに印刷できる特別な出版物はありえなかった(先に述べたように、一六九五年に出版物に対する規制が終わっていたイギリスは例外である)。一八〇〇年頃までには一般に公認されていた舞台規制に対する類似の規定は、支配階級に効果的な手段を与えた。ヨーロッパ全土で、一九世紀を通して、特に政治的弾圧が厳しかった一八六〇年以前に、全体的に演劇を統制し、舞台からの深刻な社会的政治的批判を排除することを成功させた。こうして例えば一七八一年にはすでに、フランスのドラマ批評家トマ・ルソーはあらゆる真摯な演劇を破壊する検閲を激しく攻撃している。

自分の作品を厳しい検閲に引き渡すと、カットし、削り、調整し、不完全にし、哀れな子供を、最初の形態の影さえ残さないほどずたずたに切断する。このような一撃を与えた後、彼らはその破片を父親に返す。無気力にさせられ、あるいはもっと酷いことに絶滅状態にされて、この形をなくした骸骨は反乱するしかない。彼は二度と生き返られないであろうほどに崩れ落ちる。彼は姿を現し、倒れ、死に、埋葬される。そしてすべてが終わる[25]。

ほとんどのヨーロッパ諸国で実践されていた劇場独占規定は、「合法的」劇場の数を制限し、したがって、「信頼のおける」劇場支配人と組織のみが認可されるであろうことは確実であった。一七三七年以降のロンドンでドゥルーリー・レーン劇場とコヴェント・ガーデン劇場の二つの劇場のみが許容範囲に置かれ（ヘイマーケット劇場は合法的にドラマを上演できたが夏の間のみであった）、その他の劇場で非合法的に演ずる俳優は投獄されそうな「ごろつきとか浮浪者」と思われていた。一八四三年の独占劇場制廃止とともに、ただちにロンドンを中心にさらに二五の劇場が設立されるにいたった。フランスでは認可にあたる役人がイギリスより寛大で、パリでは認可された劇場の数が、一八一四年に八つだったのが一八五〇年には二三まで増加した。しかし認可制は一八六四年まで完全に終わったわけではなかった。この年、ナポレオン三世は、今後はいかなる者も劇場を建て運営することができ、「あらゆるタイプの劇的作品は……すべての劇場で上演することができる」と布告した。一九〇五年までにパリの劇場の数は四三まで増加した。小国家に分かれていたドイツとイタリアでは、ほとんどの各都市国家は一つないし二つの劇場に独占的な権利を与えており、特に宮廷の強い統制のもとに置かれていたのが特徴であったが、一八四八年の革命の時代から一八七〇年にドイツやイタリアで民族的統一が達成されるにいたるまでに、独占的運営制度はしだいに薄れつつあった。イタリアではレアレ・サルダ座が一八四八年までトリノで散文劇を上演する独占的権利を持っており、フィオレンティーニ座が一八六〇年までナポリで同じような独占的権利を持っていた。ドイツでは、一八七〇年の国家統一後独占劇場制が廃止されてから二五年間劇場と劇場従業員の数が三倍に増加した。ロシアではモスクワとサンクト・ペテルブルクでの劇場独占制は正式には一八二七年に始まったのであるが、一八八二年まで続いた。それまで厳格な政府管理のもとで二、三の帝室劇場のみが、二都市で合法的に認可された演劇を上演することができたが、続く三〇年間はおよそ何百という劇団が結成され繁栄した[26]。

劇場独占制が舞台芸術を統制するのに政府が用いる一つの主要な道具であった一方で、検閲制はそれより遙かに厳しく、一九〇六年に舞台に対する検閲をどこよりも先んじて止めていたフランスをおもな例外としても、なお検閲は行われていた。演劇に対する検閲はイギリスでは一九六八年まで、デンマークでは一九五三年まで、オーストリアでは一九二六年まで、ロシアでは一九一七年革命により旧体制を覆すまで、ドイツでは一九一八年まで続いた（後にボルシェヴィキおよびナチ体制で復活した[27]）。典型的なやり方は、劇場支配人は初演開演の少なくとも一、二週間前に台本すべてのコピーを検閲機関に提出しなければならなかった。検閲官は提出された台本を認可する権限を与えられ、戯曲を完全に禁止するか削除することで認可した。一部の国では、フランスにおけるように、時には台本作家あるいは劇場支配人との会合で交渉して決めることもあった。検閲官アリス＝ダボによれば、そのような交渉の席では検閲官は「真面目に反対の理由を説明し、検閲されるほうは自らの考えを防衛した[28]」。

演劇に対する検閲の法的基盤と行政に関する詳細の多くは、国によって多少の違いが見られた。例えば、一七三七年以降のイギリスおよび一八三五年以降のフランスでの舞台に対する検閲は常に国家法にもとづいていたが、ロシアでは（一九〇五年以前には選挙による議会は存在しなかった）専ら皇帝の勅令にもとづいていた。ドイツでは一八五〇年以前はほとんどの場合、王の勅令の形をとっており、それ以降は法律に従うようになった。一方デンマークでは、法的な権威による検閲機関はなかったが、演劇の認可に関する伝統的な役割をもとに政府が行っていた。イギリスでは宮内庁に付属する長官である戯曲検査官が、全国の検閲の長を務めていた。デンマークでは一八五三年から一八九三年まで各劇場をそれぞれ別の検閲官が監査していたが、一八九三年以降法務大臣により任命された一人の検閲官がすべての劇場を監督するようになった。ロシアでは演劇に対する検閲はニコライ一世（一八二五～五五）治世下の悪評高い第三課およびアレキサンドル二世（一八五五～八一）治世下の出版物管理課によって行われていた。フランスでは、パリの演劇は劇場課《ビュロー・ドゥ・テアトル》の管轄権のもとで検閲委員会がコントロールしていた。この劇場課は時と場合により政府の閣僚、特に内務・文化・教育の各省庁の管轄下に置かれた。当該部門では検閲の決定は監督官によって行われた。監督官はパリのために認可された戯曲を当該部門で禁止することもあったが、一八八〇年以降は首都で禁止されたドラマを当該部門のために認可することはできなかった。ドイツの諸国および一部では、各都市は独自の演劇に対する検閲行政の部門を持っていた。これは一般には道徳警察《シッテンポリツァイ》の特別部署である劇場保安警察局《テアター・ジッヒャーハイツ・ポリツァイ》の手中にあった。同じように、イタリア（一八八九年以降）、オランダ（一八五一年以降）、そしてスペインでは舞台に対する検閲は地方の役人によってコントロールされていた。

　前述したように、フランスは一九〇六年に演劇に対する検閲制度を廃止したが、その他ヨーロッパの多くの小国は一九一〇年までこうした演劇に対する検閲を実行していなかった。ベルギーでは一八三一年以降地方の関係機関が演劇を検閲する法的権利を保有していたが、実際には実行していなかった。一方スウェーデンでは演劇の上演に際し、法的な認可を必要とはしていなかったが、マネージャーは上演の意図を地方警察に届け、必要に応じて要求される情報を提供しなければならなかった。プロイセン、バイエルン、ザクセンといった最も重要なドイツ諸国ではいずこも、厳格なドラマの検閲規則を適用し、その他ヴュルテンブルク、バーデン、ブルンスヴィック、ハンブルクといった一部の諸国では検閲されないまま舞台上演ができた。ポルトガルは一九一〇年まで独特の体制をとっており、劇場支配人は、戯曲が認可されれば妨害されずに上演できるという理解のもとで、事前に警察に台本を提出するか、あるいは警察の上演中止命令の危険を冒し、刑事訴訟になる危険を冒しても事前検閲を受けずに実行するかのどちらかであった。

ほとんどの国において、検閲の否定的決定に対する抗議の訴えは、もう一つ別の官僚組織で受理されることはあった。例えば、イタリアでは一八八九年以降、地方政府による否定的決定に対する訴えは、内務大臣に訴えることができた。フランスとドイツでもバイエルンでは検閲官の決定に対する訴えは、同様に所轄監督大臣が受け付けた。しかしながら、ドイツ諸国、なかでもプロイセンとザクセンでは法廷に訴えることができた。法廷闘争では多くの場合検閲官の決定は覆された。最も悪評高かったものは、ゲルハルト・ハウプトマンの『織工』に関するもので、これはベルリンの役人によって禁止されたのだが、その役人はこの作品を「破壊的ドラマ《ウムシュトゥルム・ドラマ》」とみなしたにもかかわらず、一八九三年の法廷での判決では上演が許可された。しかしながら、その後ドイツの他の一七諸国で警察により禁止され、法廷で救済されるといったことを繰り返した。皇帝ヴィルヘルム二世はベルリンの法廷の決定を酷く恨み、さまざまな方法で嫌がらせを行い戯曲と闘い続けた。例えば、ベルリン最初の戯曲上演舞台劇場であるドイツ劇場の皇帝専用ボックスをキャンセルし、年間四〇〇〇マルクの運営予算の賃貸を拒否したり、皇帝の意向に背いた判事を公に辱しめたり、強制的に引退に追い込んだりした。ヴィルヘルム二世は一八九六年と一八九九年の二度ハウプトマンのシラー賞受賞を妨害した(一九一二年のノーベル文学賞の受賞を妨害することはできなかった)(29)。

行政的処置の手続きにはいろいろあることはさておき、ヨーロッパ諸国(なかんずくドイツおよび、その他の中央集権化していないさまざまな小国および都市の場合)演劇の検閲を監督する度合いもさまざまであった。イギリスの検閲制度は一八五二年から一九一二年までに提出されたすべての戯曲の一パーセント弱を完全に拒否し、フランスでは一八三五年から一八四七年まで提出された戯曲のおよそ二・五パーセントが禁止され、ロシアでは一八六六〜七年までおよそ一〇パーセントが完全に拒否され、さらに別の一三パーセントが改訂することを条件に許可された。イタリアでは一八六〇年以前は、かなり抑圧度の高い諸国がおよそ一〇に分割されており、それぞれは各自の検閲制度を持ち、国家統一を諸国存続への脅威と捉えて恐れていた。スタンダールは一八一七年にナポリを訪れた際の日記に、彼の友人が「ナポリではアルフィエリの悲劇の三本しか許可されず、ローマでは四本、ボローニャでは五本、ミラノでは七本それぞれ許可されたにすぎないが、トリノでは一本も許可されなかった」と知らせてくれたと記している。ストリンドベリの『父親』はベルリンで検閲にあったが、コペンハーゲンではカットされずに許可され、戯曲『令嬢ジュリー』はデンマークの首都では禁止されたが、ドイツでは許可された。バイエルンのようなドイツではミュンヘンの演劇に対する検閲はきわめて厳しかったが、ニュールンベルクでは比較的穏やかであった。[30]

特殊な検閲の決定はしばしば説明を拒否したが、「いかなる時もまた場所においても検閲官は悪い意味で予測ができず」[31]、一般に検閲の仕方の相対的な厳格さは各国の政治的抑圧の程度を反映していた。例えば、皇帝ニコライ一世（一八二五〜五五）治世下のロシア、および一八六〇年以前のオーストリア、イタリア、それにドイツ諸国の抑圧体制は舞台上演に対してきわめて厳しい統制を行う傾向があった。オーストリアでは、シェークスピアの戯曲の上演で『リア王』と『ロメオとジュリエット』が死ぬことはありえないと、検閲官が決めていた。かの悪名高き反動的な皇帝フランツ一世（一七九二〜一八三五在位）でさえも、自分の検閲制度に不満を述べていた。彼の表現によれば「まったくばかげている」。さらにかつて次のように宣言しているのである。「今日は劇場に出かけなければならない。いつ何時《なんどき》でも検閲によってミルクの中に髪の毛一本を見つけ、戯曲を禁止することになるかもしれないが、私はそれを見たくない！」。このような体制下にあっても熱心で決断力のある演出家は、知的な刺激はなくても、それなりに立派な演劇を創造することができた。ウィーンのブルクテアターのヨーゼフ・シュライフォーゲルの場合はこれに相当する。彼はヨーロッパでも最も苛酷な検閲に直面し最高の作品を制作し、素晴らしいアンサンブルを発展させることのできた人物であった。(32)

V 気まぐれな検閲

一九世紀のヨーロッパにおける演劇の検閲は、その気まぐれさと一貫性のなさに特徴づけられる。同一の戯曲が場所によって禁止されたり、されなかったりした、というだけではなく、多くの戯曲がはじめは認可されたのに、後になって禁止されたり、数年後にまた同じ体制で許可される、といった具合である。こうした気まぐれの最たるものの一つとして、アレキサンドル・オストロスキーの戯曲『コスマ・ザハリチ・ミニン、スホルク』*Kozma Zakharich Minim, Sukhoruk*（英雄の名前に因んだもの）が一八六二年に出版が許可され、皇帝アレキサンドル二世が非常に悦び、五〇〇ルーブルもの価値のある指輪を著者に贈った。ところが翌年には戯曲は舞台上演を禁止された。それがもう一度覆されて、一八六六年には上演が許可されたのである。(33)

検閲による決定の多くは実にくだらない結果をもたらした。オーストリアでは、シラーの戯曲の一つで、検閲が父親を叔父に変更させた。理由は父親の息子に対する態度には相応しくないからだという。その結果として、一カ所息子は次のように熱弁を振るうはめになった。「心の中には叔父という言葉では決して入り込めない領域がある」。イギリスでは「老人を悲しませて死なせるな」という台詞は神聖さを汚すものとしてある戯曲から削除された。ロシアのドラマ作家レールモントフは検閲によって彼の作品『仮面』全体を変えさせられたが、その理由が、とりわけ貴族の間で行われていた「仮装舞踏会に対する下品な批判」、さらに「華やかな社交界に属する淑女を批判するのは無礼である」というのでスキャンダルになった。このような屈辱的な違反は「酷いなどという類のものではなく、その名に値しない」とみなされた。フランスでは、一八二〇年代の検閲官は、公爵の息子が商店主の娘と結婚するという話とか、大実業家の娘が相手を選択するなどという設定の内容は、戯曲として認めなかった。一八五〇年代にはフランスの検閲官は義務を怠った郵便局員を描いた戯曲、また笑い者にされた関税職員がワインテイスターになる話は、共に一般人の政府役人に対する敬意を傷つけているからという理由で拒否された。同じようにジョルジュ・サンドの『モリエール』（一八五一）は攻撃された。ヒーローが「お祭りごとに弦楽器を奏で、戦争ごとにトランペットを吹くフランスの貧しい人たちに乾杯したという一節を問題にし、また一八五三年の戯曲で「神の計画では、裕福な人は貧しい人の会計係にすぎない」という表現を否認し、ヴィクトール・セジュールの戯曲『冒険家たち《レ・ザヴァンチュリエ》』（一八六〇）で「もし金持ちが狩りに出かけるかダンスに出かけたいと望んだら、貧しい人は彼の足を疲れさせないために歩く道に絨毯を敷く」という表現を削除させた(34)。

　著名なイタリアの女優アデライーデ・リストーリは回想録で次のように書いている。一八六〇年以前サルディニアの独立国の首都トリノで、天使および悪魔について言及することも含めて、あらゆる宗教的な文章は禁止された。それは「イタリア」そして「祖国」という言葉が禁止されたことと同じであった。例えば、ある戯曲で「美しいイタリアの空」は「美しい世界の空」に変えられ、もう一つの舞台演出では「ここで俳優は祖国を思って経験する悦びを表現しなければならない」という説明を、明らかに愛国心を表す表現をパントマイムで表現するのを避けるために、禁止された言葉に代わって「故郷《ネイティブ・ランド》」と替えさせられた。ローマにおける一八四八年の革命を鎮圧した後、関係当局はイタリアの民族色である赤、白、緑を同時に表現することを禁止した。一人の俳優は次のような経験を回顧している。女優が白と緑の服を着て舞台に出たとき、「赤いリボンを結んだもう一人の女優が、白と緑の服を着た女優の側に寄ってはいけない」といわれ、またその俳優がある晩「赤い襟章や袖章が付き白い飾りの付いた青い軍服を着て」罰金を払わされた。「なぜなら、照明で青が緑に見えたからという見事な理由であった(35)」。

検閲のやり方が気まぐれで一貫性に欠けるおもな理由は三つある。(1)舞台で演じてよいこととやってはいけないことを規定する法律および法令が曖昧であること（この曖昧さは検閲官の仕事の性質上おそらく避けられないであろう）。(2)個々の検閲官のパーソナリティの問題。(3)おそらく三つの中で最も重要と思われるが、その時々の全体的な政治状況。

一部の検閲制度の規則、例えばイギリスに見られたような、生存中の人間を主題にしたものはすべからく、そして聖書にもとづくあらゆるドラマを禁止するとか、またナポレオンに関したことを表現することを禁止した一八四〇年のフランスの布告に見られるように、実に明確に定義されているが、演劇の検閲を権威づけたほとんどの法律および布告は、明確なガイドラインを引こうとさえしなかった。イタリアのトスカナ地方における一八二二年のドラマ検閲規則は、「現代の良心および原理をいかなる方法においても脅かす可能性のある舞台上演」は禁止した。イギリスの一八四三年の劇場規定条項は、「醇風美俗、礼節、あるいは公共の平和を保護するという条項に該当する」と宮内庁長官が感じた場合、その戯曲を弾圧する権限を宮内庁長官に与えた。一八五〇年におけるフランスの閣僚間の回状で、地方知事に対して、いかなる戯曲といえども、「中傷的あるいは誇張的な政治的感情が込められている作品、あるいは道徳および宗教を攻撃するような作品が、貴殿の管轄地域の劇場で上演」されていないことを確認するように通達した。一八七一年のバイエルンの警察規約は、「道徳、財産、あるいは公共の平和」を護ることを目的に、舞台上演の検閲に権限を与えた。ロシアでは演劇を規制するための皇帝アレキサンドル二世の一八六五年の布告は、検閲するにあたっての手続きについての詳細を満たしていたにもかかわらず、検閲に対してそれがいかなるものであろうとも基準というものを与えていなかった（戯曲は「きれいに読みやすい筆跡で書かれたもの」のコピーを二通提出しなければならない。検閲官は削除すべき個所に「赤インク」で印を付けなければならない。「禁止された戯曲に登録された」戯曲を舞台上演した劇場支配人は「五〇〇ルーブルを越えない額の罰金および三カ月以内の留置を受けなければならない[36]」）。

演劇に対する検閲官は、もし問題があっても、全体的にはほとんどその操作原則を参照しようとはしなかった。戯曲に対するあるイギリスの検査官は、「一般に人に悪い印象を与えかねない」ものは攻撃しようとしたといい、また別の検査官は一九〇九年の議会による審理にもとづき「定義できるような原理など存在せず、慣例に従う」と述べている。オーストリアの劇作家フランツ・グリルパルツァーが一八二三年の彼の戯曲『オットカール王』を禁止した検閲官に会い、その理由をただしたところ、その責任者は、「何も問題はない。ただ私がそう思っただけで、〈その理由などない！〉」と応えたという。ベルリンの劇場支配人オスカー・ブルメンタールはヘルマン・シュダーマンの一九〇〇年頃の戯曲を禁止した理由をただしたところ、それは警察が「これは我々の仕事だ」と積極的だったので、特定の場面とか表現が問題だったわけではないと答えた。フランスの演劇検閲官は一八四九年に、舞台上演検閲に関する公聴会で意思決定について報告を試みた。

我々は良心以上の何ら指針を持たない。厄介な表現を見つけたら、自問自答する。「こういうものを聞きに行くために妻や娘を連れていくだろうか」と。これが我々の基準だ。政治的あるいは社会的に意義のある表現に出合ったら、自問自答する。「これは対立する階級に互いに攻撃し合う口実を与えるであろうか。つまり貧者が富裕者に反旗を翻すような刺激を与え、反乱を起こすようなことにならないだろうか」と。かりに国家の制度、そして特に最も効果的に秩序を維持している人たちを舞台の上で嘲笑することが許されるなら、つまりもし後者「すなわち警察と軍隊」を事前に武装解除し、群衆の笑いと冷やかしにさらす権利があるなら、原則として自問自答する。ノーと応えることは難しいことではない。(37)

個々の検閲官のパーソナリティが政策決定に重要な役割を果たした。多くの演劇検閲官、例えば、ナポリのフランチェスコ・ルッファ(一七九二〜一八五一)、フランスのジャン゠ルイ・レイヤ(一七六一〜一八三三)、イギリスのジョン・ケンブル(一八〇七〜五七)などは、著名な作家であり学者でもあったが、ひとたび役所に着くと多くの検閲官は権力と個性を最大限に発揮しようとしたように思われる。例えば、ローマ時代の下層階級の社会を二〇〇〇にも及ぶ写実的でウィットに富んだソネットで描写した注目の詩人ジュゼッペ・ベッリは、ローマの検閲官として未曾有の物知りとして知られていたが、ある人物に次のように論評させている。もしその検閲官の原則が厳しく吟味されていれば、「劇場で朗詠されるものはすべてバラの花園と化すであろう」。一八二四年から一八三五年までイギリスで戯曲検査官を務めていたジョージ・コルマンはその奇妙な意思決定で悪評高かったのであるが、「腿」という語は猥褻であるとしてたたき、王族を「恰幅の良い紳士《スタウト・ジェントルマン》」と表現することを禁止するにいたった。ある評論家はコルマンのことを公然と次のように述べている。「悪魔のような前代未聞の恐怖によって、愚か者は最後に息を引き取るまで仕事に従事し、そうしたばかげていて、しかも人を傷つけるような、卑しむべき職権を濫用することができた」。もう一人の検査官、E・F・スミス・ピゴットはイプセンの『幽霊』を禁止した人物であるが、「私はイプセンの作品をきわめて注意深く研究してきたが、彼の戯曲に登場する人物はすべて、私には道徳的に乱れているとしか思えない」と言明している。スミス・ピゴットが一八九五年に死んだとき、ジョージ・バーナード・ショーは、検閲官としてのピゴットについて、次のような残酷な死亡記事を書いた。

知的混乱の渦中にあって唯一明確なことは、長年の愚行とパニックであり、イギリス国民は道徳と礼儀の民族的退廃のどん底に向けて邁進しているとみなすのが彼の考えであり、そしてその強力な把握力によって国民を崖淵に追いやった。(38)

フランスでは、アレキサンドル・デュマの戯曲『椿姫』は高級娼婦の物語であるが、一八四九年国民の道徳律を脅かすものとして禁止された。しかしデュマの友人モルニ公爵が演劇に対する検閲の総責任者である内務大臣に任命されると、そのすぐ後に認可された。また同じく、前任者によって認可されたある風刺の利いた戯曲を、モルニ公爵が禁止した。ある歴史家が要約しているのだが、彼が挙げた理由は、「国家に多少とも奉仕した」財政家は「でしゃばりな風刺家の投げ矢から盾で守る権利がある。それに反して都市の青年が身持ちの悪い女性の家にしばしば通うことを暴露するのは、影響力のあるコミュニティの階級を冒瀆することにはならない」というものであった。[39]

このような前の決定を覆すことはかなり一般的に行われていたことであるが、通常はたんに検閲官の気まぐれの結果というよりは、むしろ政治状況の変化によって起こることのほうが多く、しかも長期にわたった（さもなければ、個人的な影響力の行使がしばしば起こり、また人間関係が密であればそれだけ効果があり、またフランスでは現金による賄賂で検閲官を買収できるとか、女優には性的関係を好んで要求したとかの噂がたった）。このようにロシアではプーシキンの戯曲『ボリス・ゴドーノフ』（一八二五）は四五年間禁止されていたのだが、一八七〇年上演が許可された。アレキサンドル・グリボエードフの傑作『智慧の悲しみ』（一八二五）は、最初は禁止され、その後一八三一年ある人物が記録しているところによると「苦悩以外何も残されない」形で削除されて許可されたが、最終的には一八六九年ノーカットのままで上演された。ツルゲーネフの『村のひと月』は一八五〇年禁止されたが、一八七二年最終的には許可された。こうした逆転は多くの場合政治的条件の変化によって起こっており、ロシアでは他の国と同様、劇場検閲政策の中に見られた。皇帝ニコライ一世の治世下では、上記の作品はすべて禁止されていたが、それは単純な反動の一つにすぎなかった。ニコライ一世は「〈非特権階級〉による独立的見解を称揚する」可能性のある表現は一切削除すべきだと主張したが、一八四八年の革命で動転し、秘密検閲委員会の頂点に名を連ねていただけではなく、拒否された台本に個人として「上演禁止」と印を押した。しかしながら、検閲の条件はニコライ一世の後継者、アレキサンドル二世（一八五五〜八一）のもとではかなり緩和され、過去の皇帝、つまりイワン雷帝が大衆殺戮者であったと書かれたドラマさえ許可した。[40]

ロシアのドラマの検閲は、一九〇〇年までかなり緩和されていたにもかかわらず、政治的緊張の時代は舞台上演に影響し続けていた。このよい例は、一九〇一年モスクワ芸術劇場でイプセンの『民衆の敵』を上演した際に、その雰囲気を描写したスタニスラフスキーの記述である。舞台は警察が政治改革を求める平和な大衆を暴力で解散させた翌日に上演された。

会場は興奮状態が限界に達しており、自由を仄めかすようなわずかなきっかけでも捉え、ストックマン〔戯曲の主役〕が発する抗議の言葉にことごとく敏感に反応した。これこそ何故、演技の最中にほとんど予期せぬところで特定の喝采が爆発するのかの理由である……劇場の雰囲気はいつ何時逮捕され、また上演を中止されてもおかしくない状況であった。検閲官は『民衆の敵』の上演中は初演から千秋楽まで会場に来ており、観劇していた。ストックマン博士を演ずる私はといえば、検閲されたテキストしか使用しなかったものの、検閲によって許可されなかったシラブル〔アドリブか〕でことごとく面倒を起こしていた。検閲官は、この日は特別いつもより注意深く監視していた。私もいつもの倍は注意力を集中させなければならなかった。役割の台本は幾度もカットされ、さらにカットを繰り返し、台詞を間違えないようにすることのほうが難しく、台詞が多すぎるか、少なすぎるかのどちらかであった。[41]

一年後、モスクワ芸術劇場はマキシム・ゴーリキーの新しい戯曲（最初は検閲によって上演禁止になったが、削除された形で後に許可された）を制作上演したとき、当局はシーズン・チケットの所有者のみ（貧乏人を排除するため）入場を許可し、そのため警察がすべての入場券をチェックした。制服を着た警官がいることでパトロンをぎょっとさせると劇場支配人が不満を述べたので、警官は案内係の服装をした。「フロック・コートを着た警官の一瞥の〈振り〉は当時のコメディーで大評判となった[42]」。

演劇の検閲に対する政治的条件の変化の影響はフランスの場合に特にはっきりと表れていた[43]。ルイ一四世治世に確立された体系的検閲は、一七九一年フランス革命の初期の頃に、特徴的な言論の自由を求める一般的な運動の一部として廃止された。しかしながら、一七九四年革命がさらに過激にしかも暴虐的になるにつれ、検閲制度は復活し、遙かに極端な苛酷なやり方で実践されるようになった（三カ月に一度の割で、一五一の戯曲から三三篇が拒否され、二五篇が削除の形で許可された）。ナポレオンは一七九九年権力を握ったときから厳しい演劇に対する検閲制度を続行した。パリで許可されていた劇場の数を三三から一八〇七年には八に減らし、個人的に検閲官を監督し、転覆されたブルボン絶対王政に関連するもの、および専制君主や（彼がジョセフィーヌとの離婚を決意したときには）離婚を罰するといった、脅威を与えるようなトピックに対してはすべて完全に禁止した。検閲制度はブルボン王政復古（一八一五〜三〇）時代には行われたが、ナポレオンと彼の大勝利（マレンゴの戦いおよびオーストリッツの戦いのような）の戦場跡については言及してはならなかった。ルソーやヴォルテールのような一八世紀の啓蒙主義の著作家についても同じことがいえた。

王政復古による抑圧の反動として大いに燃料補給された一八三〇年の革命の結果として、演劇の検閲制度は廃止された。しかしながら一八三五年フランスの議会は再び検閲を復活させたが、それは実際の社会改革を煽動しようとして一八三〇年の革命が失敗したことから、労働者階級の不安をかきたてたオルレアン公ルイ・フィリップのもとでの反動に向けての全体の成り行きであった。一八三五年および一八四〇年の短い期間ではあるが、ナポレオンに関する一切の言及は禁止された。一八四八年二月体制の抑圧に対する反対が高まるなかで、第二共和制のもとで、否応なくもう一つの革命が勃発し、もう一度演劇の検閲が廃止になった。しかし検閲は、一八四八年六月に不発に終わった労働者の蜂起の余波による反動に向けてまた別の成り行きに従って、一八五〇年ルイ・ナポレオン（後のナポレオン三世）のもとで立法府により復活したことからもわかるように、自由な舞台上演は長続きしなかった。一八五一年一二月第二共和制を転覆させるルイ・ナポレオンによるクーデターをもたらした反動の波の中で、演劇の検閲制度は驚くほど厳しく適用されるようになった。一八五二年検閲官により検査された六二八篇の戯曲のうち、たった二四六篇のみが変更なしに許可されたにすぎず、五九篇は徹底的に拒否され、三二三篇が修正を条件に認可された。一八五二年一二月演劇検閲制度に対する立法府当局の任期が終わる寸前、そして彼自身がナポレオン三世として皇帝を宣言した直後に皇帝布告によって舞台検閲制度を無期限に延長した。一八六七年までヴィクトール・ユゴーの戯曲はすべて上演禁止されたが、『エルナニ』の検閲を受けた改訂版がパリ万国博覧会を祝うということで、同年ついに許可された。群衆はこの作の舞台上演を、明らかに反体制のデモンストレーションに転換させようと、狂気に満ちた喝采で迎えた。彼ら群衆は検閲でカットされた省略部分を正確な言葉を叫ぶことで応えた。

ナポレオン三世体制が一八七〇年崩壊するとともに、演劇に対する検閲制度は四度の廃止をみた。一八七一年に続くパリ革命政府《コミューン》による包囲期間に、もう一度検閲が管理上復活しただけであった。検閲制度は一八七四年六月、下層階級による不穏な空気が漂う最中に立法府により批准され、コミューンに関連したものはすべて一八七〇年代を通して最大の厳しさで適用され、禁止された。人気あるカフェ・コンセールで上演することを目的にした短い戯曲は特に厳しく扱われた。カフェ・コンセールはミュージック・ホール、ナイトクラブ、キャバレーの前身で値段が安かったうえ、しばしば野外でのバンド演奏、寸劇、歌《シャンソン》などの出し物で多数の観客を引き付けていた。一八七二年一一月政府の指令がカフェ・コンセールに飛び、政治的風刺は「絶対に禁止」すると通達された。一八八〇年以降の第三共和制の統合により、統制は劇的に緩和されたが、一九〇三年になってやっと、検閲官はある一つの戯曲でパリ・コミューンに関するものすべてを攻撃し、次のように宣言した。「コミューンとか、パリ革命政府支持者《コミュナード》という表現は最早存在しない(44)」。一九〇六年（フランスの基準としては）長期の比較的安定した政治状況が続いた後、フランスにおける検閲制度は（戦時中に一時復活したのを除き）永遠に廃止になった。しかし一九〇六年以降でさえも、地方の役人は、公共の秩序を乱す不道徳あるいは偏見を抱かせる疑いのある舞台上演を、中止させる権限を与えられていた。

VI　演劇取り締まりの逃れ方

全体として、一九世紀ヨーロッパの演劇規制は、政治的主権を脅かしそうにない舞台、また支配階級の宗教的信仰あるいは道徳を公言するような舞台を創る目的としては効果的であった。それでもなお、検閲制度による規制を逃れるだけの十分な決意と発明の才があり、さらに関与した危険を冒すだけの勇気がある人には、ほとんどの検閲制度の規制を回避することができた。このような検閲の回避策は一九世紀の演劇の性格を根本から変えたり、あるいは、体制秩序にとっての脅威になるほど十分には徹底していなかったが、一九世紀中には何百人もの劇作家、劇場支配人、そしてヨーロッパ中を股にかけて活躍する俳優たちは、規則を破るか、すれすれの線を行こうと積極的に陰謀をめぐらしており、さらに幾十万という演劇の支援者は、技術的に条文の上では非合法か、あるいは合法かのいずれかであったが、精神的に問題のなかった舞台上演を見に出かけることで彼らに協力した。

演劇の独占が行われているところでは、二つの手段のどちらかの方法で規制を回避することができた。一つは、ロシアにおいて一般に行われていたように、公衆のエンターテイメントを舞台上演することが認められていない場所で、非合法的に舞台上演に踏み切る。もう一つは、イギリスにおいて一般的に行われていたように、つまり「正劇《レジティメイト・ドラマ》」といわれたものは何か他の形態として目立たない程度にごまかすかし、「正」劇の上演場所としては認可されてはいないが、他のエンターテイメントのために認可されている場所で、人為的に合法的な形態として上演するというものであった。

ロシアにおいて一八八二年まで二ないし三の合法的劇団を有していたモスクワおよびサンクト・ペテルブルクでは、劇場上演の独占権も私的なエンターテイメントでかなり定期的に破られていた。そうした出し物は贈収賄で簡単に買収されたり、あるいは「親戚の集まり」とか、「ドラマの夕べ」といった名目で偽装していた。このような集まりは通常モスクワでは一八六一年設立された演劇芸術愛好家協会なるものによって支援され、サンクト・ペテルブルクでは「華族会」、「画家の会」、「商工会」といった集団によって支援されていた。そのようなグループが一八七五年までにおよそ二五団体もあり、上記の二都市で定期的に上演していたと概算できる。帝政ロシアにおけるように高度に規制されていた社会で、こうした不法行為が当局に知られていなかったわけがなく、彼らが見逃していたのは、疑いなく支援グループを政治的に信頼しうる団体とみなしていたという事実を表している。とはいえ、こうした団体が幅広く存在したという事実は地方で私的な劇場が上演を許されていたという事実とともに、劇場上演権の独占の合法性を徐々に崩していたことになる。帝政ロシアにおいて政府が一八八二年劇場独占権を最終的に廃止したのは、ロシアにおける世論形成の初期の段階での圧力、および演出家のアレキサンドル・オストロフスキーのような帝室劇場所属の影響力の強い劇場関係者の圧力があったからである。(45)

イギリスでは、劇場独占権制度が一七三七年に設立され、ロンドンで「正」劇の上演できる劇場を二カ所に限定したが、「正」劇と「否正《ノン・レジティメイト》」劇の区別は曖昧で、そのために規制を逃れる道が考え出された。「正」劇上演の認可を受けた二つの劇場に加えて、ロンドンには一七五一年の秩序紊乱所条例《ディスオーダリー・ハウス・アクト》により、舞台上演とは区別される「音楽、ダンス、その他の一般庶民の娯楽」のために認可された多くのエンターテイメントの場所があった。こうした別の娯楽形態は「軽いおどけ芝居《ブーレッタ》」としてしばしば分類されていた。この用語は一場面に少なくとも五曲の音楽が付く上演はすべてこの部類に含まれるものと定義された。例えば、『マクベス』を下手な狂詩に書き換えるとか、バックグランドで絶えずピアノをちゃらちゃら鳴らすとか、魔女が歌を歌うコーラスを加えるなどして、逃げ口実を作り、「ブーレッタ」を策略的に上演することによって、上演を認可されなかった劇場は独占権制を巧みにかわすことができた。別の場合には、イギリスの劇場はロシアの場合と似た回避方法を使っていた。一七三七年の法律によると、「雇い、稼ぎ、あるいは報いる」ために上演される舞台に適用する場合にのみ、「正」劇上演のために認可されていない劇場でも、上演が可能であった。そのようなとき、例えば「六時三〇分の茶会」に後援者を招待するという名目、あるいは「チョコレート・ケーキ」を楽しむ会にご招待という名目で、おそらく「自由」に上演するとか、関心のある人は近くの御茶屋かペパーミント（ハッカ油）を売る店で法外な値段で入場券を買うことができるとか、入場料だけは必要だが、無料の演劇がサーヴイスとして上演される演奏会、あるいは「絵画のオークション」といった情報を流していた。このように一七七四年のロンドンの宣伝をみると、「ウォルファーハンプトン・コメディアン・カンパニーにより、七月一一日声楽および器楽演奏会を開催する。演奏会は七部からなり、その合間に有名なコメディー『西インドの人々』を「無料《グラティス》」で提供する」と広告している。こうした回避方法は決して安全とはいえなかった。一八三九年九月ショアディチのロイヤル・ユニオン・サルーンは警察の手入れを受けた。およそ八〇〇人以上の労働者が非国教派集団の後援で上演されていた非合法の戯曲を見ていたが、そのうち七〇人が逮捕された。しかしながら、ロシアと同様、イギリスでもこうした非合法の上演の実数は、世論の発展を促し（早くも一八三二年劇場検閲の議会による調査を促した）、劇場の独占体制を廃止に追いやることを助長した。これは独占体制実施一〇〇年後の一八四三年に行われ、演劇史家ヴェラ・ロバートが記しているように、「遵守することによるよりも違反することによってのほうが顧慮されることであった(46)」。

ヨーロッパでは、劇場の独占体制は一九世紀最後の四半世紀までに全体的に姿を消したが、これは演劇に対する検閲（いわゆる「正」劇のみならず、ミュージカル、バーレスク、キャバレーといった類のものまで含めて、散文体の戯曲を遙かに越えて拡大した典型的な形をとったものも対象とした）のためでも、または一九世紀を通してなお実施され、ますます研ぎ澄まされていく検閲制度の回避技術を巧みに駆使してきたためでもなかった。検閲された戯曲が印刷され、配布されると、広く行き渡り実践される。そして禁止された部分に特別の関心が注がれる。イギリスでは一六九五年に出版物の検閲は終わり、フランスでは一八三〇年にこうした統制は終わっていたが、そのやり方はきわめて合法的な形で行われた可能性が高い。検閲された戯曲は、禁止された部分をイタリック、大文字で書くか、あるいは引用符をつけて印刷するのが一般的だった。それがかえって検閲された戯曲が注目され、よく売れるといった逆効果を生んだ。例えば、ギルバートとサリヴァンのコンビで著名なW・S・ギルバートらによる戯曲『幸せな国』は指導的政治家を物まね道化師のように描写したため一八七三年に検閲され、怒った演出家は、テキストの削除された部分をすべて大文字で印刷して出版した。この出版された戯曲には次のような辛辣な但し書きの前書きがついていた。読者は「毎晩上演される検閲により削除された版とオリジナル版とを比較するのは煩わしいでしょうが……宮内庁長官の改変個所の価値を評価できる立場にあるのです[47]」。

出版物の検閲が一九世紀のある時期あるいは全期間を通して依然として行われていた国々では、禁止された戯曲は合法的には出版できないのが普通であったが、一部には内密に印刷されるか、手書き原稿のままで配布された。このように、イタリアでは、ジョヴァンニ・ニッコリーニのドラマ『アルナルド・ダ・ブレッシャ』は民族主義的主張が強いという理由で上演も出版もできなかったが、一八四三年フランスで出版され、その結果「イタリアの隅から隅まで密かに読まれ、その強烈な愛国的表現はイタリアの自由と統一を求める労働者によってどこにおいても記憶されるにいたった[48]」。同様にロシアでは、グリボエードフの禁止された戯曲『智慧の悲しみ』(一八二五)は手書き原稿のコピーが密かに配布されたため、かえって広く知られる結果になった。ポーランドの観衆は少なくとも一八六〇年以後、国境を越えてガルシア地方(オーストリア領ポーランド)までロシア占領下のポーランドにおいて最悪の極端な検閲制度を避けることができた。というのも、それまでに舞台の検閲制度が、ロシア皇帝の支配下におけるよりもハプスブルク体制下になって、かなり厳しさが緩和されていたからである[49]。

全土に広がっていた検閲の違反的回避策は舞台上かあるいは観衆からの即興的な反応で行われた。これはヴィクトール・ユゴーの一八四九年劇場検閲に関するフランス公聴会での説明に見られるように、さまざまな形で行われた。

演劇に関与する違反はあらゆる種類にわたる。戯曲の中で何らかの法に対立することを書くことによって、著者が故意に犯す類の違反もある……また俳優の犯す違反もある。俳優の犯す違反は作家が意図しなかった不埒な意味を、ジェスチャーや声の抑揚で言葉の意味以上に別の意味を加味しうる違反である。舞台に裸体をさらす演出家の犯す違反もある。舞台装置に紛れてその中に幾つかの治安妨害的あるいは危険な象徴的な印をさらす舞台装置家の犯す違反もある。このように衣装デザイナーの犯す違反、ヘアードレッサーの犯す違反……最後に観衆の犯す違反もある。叙事詩を強調して喝采したり、俳優や作家が意図したものを越えて口笛を吹いたりするのがこれにあたる。(50)

劇場検閲局は、彼らの指導どおりに運営しているか、ヴィクトール・ユゴーが述べているような類の違反は犯していないかを確認するために、各舞台上演を見たりする人材も時間もないのが普通であった。しかし検閲官は時には衣装を着けてのリハーサル（ゲネプロ）や初日の舞台を見に行くことはあった。また時には、追加の場所を検査することもあった。特に告訴されたり、新聞の批評が検閲官の関心を引くようなことを報告したときなどは、特別検査が行われた。こうした気まぐれな検閲が強化されるにつれて、俳優は逆に検閲されて削除された台詞を危険を冒しても即興的に工夫したり、復活させたりして検閲を回避する機会を増やすことになった。少なくともわずかだが少数の俳優がそうした行動に出ていた。オーストリアの偉大なる劇作家で俳優でもあったヨーハン・ネストロイは即興（および言葉で皮肉る演技で検閲官を苛立たせる技術にも長けていた）で、しょっちゅう検閲当局と摩擦を起こしていた。一八二六年の場合は、彼が台本を守る約束を拒否したため契約をキャンセルされたのだが、一八三五年には、演劇批評家を台本にない言葉で攻撃したため、五日間拘留された。もう一人の劇作家で俳優だったフェルディナンド・ライムンドは、「舞台上で即席に演説を含め演技してはならないとする禁止条項を故意に犯した」廉で、三日間鉄格子の部屋に入れられた。彼の罪は、演劇仲間の名前を明かさなかった彼の愛人を鞭打つことを、劇場の観客の前で謝罪したことであった[51]。

評論家に対して言語による攻撃を繰り返したり、愛人を鞭打って、そのことを観客に謝罪するといった即興的な演技による違反よりも、遥かに一般的だったのは、禁止された題材を徐々に、それも密かに復活させることによって、検閲制度の規則に違反することであった。ナポレオン三世治世下では、

衣装を着けてのリハーサルおよび舞台上演の最初の数回だけ、青鉛筆で書かれた台詞を素直に指示に従って削除し、舞台上演を重ねるにつれ、カットされた台詞は気がつかないように俳優によって復活させるか、検閲官が見ていないときに作家は新しい台詞を付け加えた[52]。

このやり方があまりにも一般的になったため、戯曲の上演をより緊密に監視するために、一八六一年「パリ演劇・見世物興行監督官」の新しい役所を設置することになった。しかしながら、多くの実演には検閲官は現れることがなく、少なくともパリの劇場の一つ、ただちに新しいシステムで運営したポルト・サン・マルタンでは、監視官が監視に来たときには俳優に合図して許可されたテキストに早変わりさせていた[53]。

即興による逃げ方、および検閲されたものを復活させることに対する規制の強化は、特にイギリスでは緩やかだったように思われる。ジェームズ・ヘイネスの検閲を受けた一八四〇年の戯曲『メアリー・スチュアート』は、かなりの個所でヴィクトリア女王に言及していることを検閲官は明らかに承知していたのだが、新聞の論調は、禁止された台詞の多くに対する観衆の反応を報道したにもかかわらず、何

も取り締まりは行われなかった。名うての検査官ジョージ・コルマンは、少なくとも一人の作家に言葉ではいわないが暗黙に、彼にとって、重要なのは正式の台本であって、舞台で何がいわれようとそれは、それほど重要ではないのだと伝えた。また劇作家サムエル・ビーズリーは検閲によって、彼の「成熟した天使を羽の生えた天使童子に」変えられ、「天国にも雲の上にも休ませてはいけない」といわれたと不満を述べていたのだが、そのビーズリーに、検閲官のジョージ・コルマンは、戯曲の台本は「検閲官の削除に厳格に同意して印刷されなければならないが、もし［検閲されなかった］部分が前もって渡されていれば、私の検閲したテキストで俳優を説き伏せるのは難しいであろう」と語ったという。一八七二年イギリスの劇作家J・R・プランシェは検閲の指図が「一向に注目されない」だけでなく、禁止された台詞は「昨夜の上演で発言され、天井桟敷の怒号と称賛を煽り続けた」と公式に発言した(54)。

ドイツのバイエルンでの演劇監視官は法律を執行するのにかなり厳しかった。ミュンヘンでは監視官は定期的に上演を見ており、そして決まりきって、観衆は「上品な服装をした階層」であったかどうかを書き、さらに演技者の衣装とともに話し方もより詳しく書き留めることさえあった。一九〇九年三月ミュンヘンにおいて検閲官が劇場を訪れた際、女優の衣装について、以下に示すように実に事細かい描写が、後世のためにドイツ古文書館に保管されている。

> 彼女は非常に短なまるでバレリーナが着るような小さなスカートをはき、靴とふくらはぎの半分のところまでしかないようなストッキングをはいていた。足は膝から遙か上、およそ腿の半ばくらいまでのふくらはぎから先は素足であった。下着はバレリーナが着る襞飾りのある不透明なスカートではなく、むしろ簡単なスカートとパンツだけであった。

バイエルンのもう一つの例は、女優のはくタイツの露出度に関する報告で、この「忌まわしい見世物」を最終的に隠しおおせるまで、六人の役人が別々に一〇回も署名または頭文字の署名をしているのである。こうした熱狂的なバイエルン人の公明正大さについて語るついでに、一八三〇年代にフランスの当局がカンカン踊りの踊り手がどこまで高く足を蹴り上げるかを明記し、イタリアの当局はバレエダンサーがあまりに足を見せすぎることに繰り返し懸念を表明し、また一八七四年イギリスの検閲が戯曲の演出家にダンサーのスカートの長さを指定し、演出家は当の指摘に従うが、そのプログラムに衣装の変更は当局の指図に従ったものであると書いた場合には、認可を取り下げられたことも、ここに付け加えておきたい(55)。

いくつかの事例において、検閲制度規定の意図を避けるためには、観客からの解釈上の助けを必要とした。例えば、過去の王に対する批判と思しき戯曲を禁止したことに見られたように、検閲官が支配体制に対する譬え話による政治的批判でさえ排除しようとしていたにもかかわらず、過去や遙かかなたの話を現在の問題への当てつけとして観客が見ようとしても、その現状批判の根拠をいちいち確認することは現実には不可能であった。同じように、ルイ・フィリップ王治世下のフランスの役人は、ローマの皇帝クロデュウスに関する戯曲を禁止した。そのとき劇場の観客は、専制君主を殺害した後、俳優が「過去の神聖な共和制」の復活を求めたことに対する説明に喝采した。イタリア人についての、「もしあなた方が不満を持ちながら同時にうまく洒落がいえるような民族を扱っているのであれば、すべてはただちに〈風刺〉の表現になる」というスタンダールの論評は、一八六〇年以前にはイタリアの観客の性格からみて支持されることはわかっていた。過去におけるフランスとスペインのイタリア統治に関する文学的表現を、同時代のオーストリア統治の隠喩《メタファー》として解釈することは簡単だったからである。一つの例として、ミラノ滞在中のフランスの大臣の一人が、一三世紀のフランス支配に対するシチリア人の反乱を扱ったニッコリーニの戯曲『ジョヴァンニ・ダ・プローチダ』（一八三〇）に見られる反フランス的言及に、観客が喝采したことに憤慨したとの報告がある。フランスの大臣を元気づけるために、現場にいたオーストリアの大臣が次のように述べた。「悪く取らないほうがよいですよ。封筒は貴方宛ですが、中身は私宛ですから」。この戯曲はフランスとオーストリアの圧力のためにただちに発禁になったが、密かに配布された(56)。

観衆の積極的な参与は、また政治的嘲笑を表現する無言のパントマイムの能力を高めた。検閲官は言葉を欠いた表現を訂正することはほとんどできなかったので、熟練したパントマイム・アーティスト、そして想像力逞しい観客は、時には言葉では表現できないやり方のジェスチャーで、体制を嘲るのに協力することがあった。おそらく一流の無言による政治的な劇的風刺家は、ピエロの役で演ずる偉大なフランスのパントマイム家、ジャン・ドゥビュロであった。ドゥビュロについての著書で、演劇評論家のジュール・ジャナンは次のように記している。

> 彼があなた方を嘲っているのは確かだ。しかし一言も発していない。彼の風刺は顔をゆがめる表現で悪徳と強大さを強襲するが、すべてのボーマルシェの機知をもってしても対抗できないほど辛辣なものである……［彼は］感情も、言葉も、ほとんど顔もない、しかしあらゆることを言い、あらゆることを表現し、あらゆることを嘲る俳優である。

イギリスでは、デーヴィッド・メイヤーに従えば、パントマイムは「政治的で宗教的にも重要な事象に関する痛烈で辛辣なコメント」にかかわったことで、国家による報復的強奪を怖れて不自然に自制した。しかしいまだ「一九世紀初頭の三〇年間、舞台で行われる最も効果のある唯一無比の風刺手段」であった。道化の言葉によらない表現は、愚挙と社会問題を試験的で一般的に風刺してみせる機会をいつまでも提供してきた。(57)

よく知られた人物の真似は、前もって取り締まるのが特に難しかった無言の舞台上演の一形態であった。バルザックの戯曲『ヴォトゥラン』Vautrin は、四回提出してやっとフランスの検閲を通過した作品だが、俳優フレデリック・ルメトルがルイ・フィリップ王の機嫌を損ねた鬘をつけて舞台に現れたため、一八四〇年一回上演されただけで禁止された。イギリスでは一八七三年、検閲官は、W・S・ギルバートとギルバート・ベケットの『幸せな国』The Happy Land の三人の登場人物を三人の閣僚に似せて作らせたため、取り締まりを強化した。少なくとも一つの例として、イタリア人は舞台上の演技の助けをまったく借りずに、一八四八年以後のオーストリアのイタリア占領に反対する意思表示として劇場を利用した。パヴィアの町では、イタリアの愛国者たちはオーストリアの支配に抗議して劇場をボイコットしたが、それに対してオーストリアの司令官は怒って次のように宣言した。「もし犯罪的で政治的な頑固さから、誰もが劇場には頻繁には通わないと頑なに主張するならば、そのような行動は、捜査し罰するに値する、犯罪的傾向の無言のデモンストレーションとみなされるべきである」。(58)

一九世紀のヨーロッパで、舞台上演の検閲の回避システムで最もよく知られているのは、一八八五年以降に誕生した「独立」劇場とか「自由」劇場の発展であった。(59)「自由劇場」は「私的クラブ」で禁じられたドラマを上演したが、これは年間の会費を納入する会員制度をとっていた。したがって入り口では入場料を取らないので、方法として検閲法には抵触せずに済んだ。検閲に関する法律は一般的には

「利益、雇用、報酬」のために舞台上演するか、また一般公衆相手に公開するか、またその両方のために上演する戯曲にのみ適用されたからである。この種の「私的クラブ」で最も有名なのがパリの「自由劇場《テアトル・リブル》」で、パリのガス会社の職員アンドレ・アントワーヌが一八八七年から一八九四年まで経営し繁盛した。一八九六年財政上の理由で閉鎖したが、一八四本の戯曲（ほとんど一幕物）の六二のプログラムすべてを上演した。その他のおもだった「自由劇場」は「ベルリン自由舞台《フライ・ビューネ》」であった。一八八九年から一八九一年まで文芸評論家オットー・ブラームの演出のもとで頂点に達し、一九〇一年に終えた。ロンドンの独立劇場は一八九一年オランダからの移民ヤコブ・グレインにより設立され、一八九七年まで定期的に上演していた。その他ロンドン舞台芸術協会《ステージ・ソサエティ》、ダブリン修道院劇場《アビー・シアター》、ミュンヘン近代生活協会、ライプチヒ・イプセン劇場等々がある。同じようなグループがウィーン、ハンブルク、ハノーヴァー、ドレスデン、その他の都市に結成された。

このような「私的クラブ」はみな、同じような目的で作られた。すなわち、ヨーロッパの体制派の舞台で、イプセンとそれに続く人たちとかかわる新しい「リアリスティック」なドラマを上演することが不可能で、検閲制度、保守体制、および財政的理由のために上演できない場合に、それを克服してでも上演しようとする目的で作られた。例えば、「ベルリン自由舞台」の設立宣言は「因習、検閲、商業主義から解放」された劇場を求めるものであった。設立にかかわった人物の一人は「自由舞台」は「何よりも、警察の検閲官の鼻をあかす方法」として考え出されたと明言している。(60)「ベルリン自由舞台」と「ロンドン独立劇場」の柿落としはイプセンの『幽霊』であった。この作品はイギリスおよびドイツの大多数の諸国では上演が禁止されていた。「ベルリン自由舞台」は特にゲルハルト・ハルトマンのドラマとかかわるようになり、一八九三年ベルリンの検閲官が禁止した彼の傑作『織工』を上演した。「ロンドン独立劇場」はジョージ・バーナード・ショーと密接にかかわり、彼の出生地の話をもとにした戯曲『男やもめの家』を一八九二年に初演した。

一般に検閲当局は「自由劇場」の活動を見て見ぬ振りをした。おそらく年間の定期会員券が高く、下層階級が排除される額だったからであろう。イギリスでは、宮内庁は「独立劇場」の上演が会員と招待者にのみ開かれている限り、法的には実在しないと公言していた。しかしながら、忍耐にも限度があった。バイエルン当局は一九〇一年、ミュンヘンのキャバレー「一一人の死刑執行人《シャーフリヒター》」に対し、風刺に政治的性格が増したことに反応して検閲を課した。バイエルンの内務大臣は、警察に、このクラブは「閉ざされた社会の会員にのみショーを見せているという幻想を生み出そうとしている」が、「興行は明らかに一般に公開されている」と語った。警察は数カ月間、このキャバレーが「登録会員」と「招待客」のみに解放しているという言い訳を大目に見てきたが、広範に配布された広告によると、「招待状」を受け取った客は入場券の代わりに三マルクにも跳ね上がったクローク代を払わされると伝えていた（一般にはミュンヘン当局はキャバレーでの上演戯曲に神経を尖らせていた。一九〇六年ミュンヘンの警察は、六週間で、たった一カ所の、しかも二流のキャバレー、「親密劇場《インテイミス・テアター》」での上演で一一の寸劇を拒否し、二二曲の歌を禁止した）[61]。

「自由劇場」の多くは短命であった。「リアリスティック」な戯曲は、ある場合にはただちにレパートリーが枯渇してしまい、一部の会員は、禁断の木の実を楽しむという新しさのみ追求して、ただちに興味を失ってしまった。ある程度、演劇は演劇そのものの成功の犠牲になってしまった。つまりアントワーヌとブラームは演出家として顕著な評判を確立したので、通常の劇場が彼らを雇い、「自由劇場」が開拓した多くの戯曲は注目の的となり、主流をいく劇場での上演に対する検閲および商業的障害は取り除かれた。「自由劇場」が課していた高い年間会費は観衆を減らし、そのため各戯曲の上演回数が減り、永続団体が存在しきれなくなってしまった。通常劇場は制作ごとに「特別に《アドホック》」俳優を雇っていたが、それが団体に膨大な財政的、芸術問題の負担を増やしていた。イギリスでは宮内庁の保証にもかかわらず、劇場支配人は「自由劇場」が禁じられたドラマを上演するために劇場を使わせることに、しばしば不安を感じていた。ロンドン舞台芸術協会がバーナード・ショーの発禁戯曲『ウォレン夫人の職業』（一八九四）を上演しようとしたとき、一二以上の劇場、二カ所のミュージック・ホール、三カ所のホテル、二カ所の画廊が、上演場所を決める前に戯曲の上演支援を拒否した。この戯曲は売春を真剣な社会問題として扱った作品である（結局一九二五年まで一般公開の上演許可を与えられなかった[62]）。

「自由劇場」で長続きしたものは少なかったが、近代的かつ社会的にかかわったドラマの先駆者を舞台に立たせ、また検閲という障害を打ち壊すのに力を貸したという、有意義な役割を果たした。ロイ・パスカルが述べているように、「自由劇場」は「印刷された形でのみ知られていて、しかも演劇論の立場からしばしば批判されていた劇的に質の高い作品」を観衆に提供し、さらに著者には「舞台上演を禁じられていた作品を上演させる機会」を与え、したがって著者に「その独自の様式を発展させること」に力を貸し、「新しい世代の作家に自覚と連帯感」を高めた[63]。

「自由劇場」運動の一つの分派は長続きした。つまり「ベルリン自由舞台」のプロレタリア支部とその模倣者として発展したドイツの「自由人劇場」運動である[64]。一八九〇年自由国民舞台《フライ・フォルクス・ビューネ》が社会民主党の後援のもとでベルリンに設立され、党機関紙で「革命精神を盛り込んだ戯曲を公開上演すること」を求めた。これこそ以前には「切符売場あるいは警察の検閲によって」商業演劇からは排斥されており、また「ベルリン自由舞台」を高い券で定期会員にすることで「経済的理由によりプロレタリアを拒否した」演劇であった。警察によるかなりの嫌がらせ（一九一〇年以後自由国民舞台を無理やりドラマ検閲に従わせた）および一八九二年派閥による分裂でベルリンにライバルの新しい国民自由舞台が設立されたにもかかわらず、一九一三年までに二つの集団はおよそ七万人の会員を擁し、同じような集団がドイツとオーストリア全体に散在するにいたった。ジョージ・バーナード・ショーは次のように公言した。「ドイツのすべての劇場の中でも、自由国民舞台以外のところで、自分の作品を上演することはないであろう」[65]。自由人劇場は一九一四年までに、プロレタリア演劇のレパートリーをおよそ一〇〇にまで増やし、一方新自由国民舞台は、基金設立促進により一万四〇〇〇人以上から寄付を受け、自分たちの作品上演のためにおよそ二〇〇〇人収容の素晴らしい劇場を建設した。一九三〇年までに五〇万人の会員を擁するそのような組織がドイツには三〇〇以上もあり、今日でもこれらの集団はドイツ演劇界において有意義な力を維持している。

VII 演劇に対する検閲が与えた影響

検閲制度の中で最も有害な影響は、たしかに、劇作家あるいは脚本家になろうと考えている人に対してであった。一部のかなり才能ある作家が演劇に対する検閲制度があるためという、ただそれだけの理由で舞台上演のための作品を書かなかった。多くの国、例えばイギリスの劇作家エリザベス・インチボールドは次のように述べている。文学者は「自由の国に生きている。一方ドラマの作家は専制政治の支配のもとでしか存在しない」。H・G・ウェルズは一九〇九年イギリス国会の議院法委員会で、検閲は「私があえて劇作に乗り出さなかった理由の一つであった」と述べている。また演劇史家のマージョリー・フーヴァーは、プーシキンとグリボエードフはほんのわずかしか戯曲を書いていないが、それは「戯曲を書くのは引き出しに入れるためだとわかって、誰が書くだろう！」といっているからだと記している(66)。

他の著述家は、自分たちの戯曲を前もって検閲にかけるか、あるいはある種の主題では書かないように努めた。というのも、イギリスのある戯曲検査官が、著者は「どういうものが許可されるかよく心得ている」と一八六六年に述べているのである。戯曲『闇の力』がロシアおよびドイツで禁止されたトルストイは、次のように宣言している。「問題なのは、私が書いてきたものに対して検閲官がなすことではなく、書いたかもしれないことに対して彼らがなすことである」。トルストイの同国人のグリボエードフは、彼の傑作『智慧の悲しみ』は長年にわたり検閲制度によりずたずたにされたのであるが、作品を提出する前に自ら作品を検閲していたという。彼にいわせると、

この劇的詩篇の草稿は、思うに、強制されて着せられた浅薄な衣を着けた現在のものより遙かに有意義で良いものであった。劇場で私の詩篇を聞こうとする子供じみた野心、つまり成功させたいという野心が、私の創造性を可能な限りスポイルさせてしまう。

もう一人のロシアの作家、ニコライ・ゴーゴリの戯曲『検閲官』が致命的な切断を逃れられたのは、皇帝ニコライ一世がたまたまこの作品を個人的に好きだったからで、彼自身は初期の戯曲を完成できなかった。その理由として、友人への手紙に次のように書いている。

執筆中に検閲によって許可されそうもないパッセージで、ペンがうまく走らなくなるのに気がつくと、書くのを止めた。警察管区役人でさえも怒らないような最も無難な筋書きを考えること以外に、私にはなす術がない。しかし真実も義憤もないコメディーなどいったい何なのだろう。

オーストリアの戯曲家ヨーハン・ネストロイの手書き原稿には、自ら自分のドラマを大幅に検閲した痕跡がある。例えば、『一階と二階』（一八三五）の草稿で、「もし金持ちが他の金持ちを招待せずに貧乏人を招待したら、我々はもっとたくさん食べられたであろう」という表現を、社会批判を表すもとの記述を削除して「彼らは我々を招待すべきだった」と替えた(67)。

作家本人が自ら検閲をしなかった場合でも、許可を求めて戯曲を発想する前に、劇場支配人はしばしば最も脅威的と思われる部分をカットした。ロンドンのドゥルリー・レーン劇場で上演予定のバイロンの戯曲『マリノ・ファリエロ』のプロデューサーは一八二一年検閲官に原稿を送ったとき、彼はこのドラマは削除されすぎているので、もはや不愉快な［削除すべき］個所は一行も［残って］ないと信ずる、という覚え書きを添えた。この戯曲は失敗した。少なくともその理由の一部は、検閲官が検査する以前にもとの原稿の四五パーセントも「削除されていた」からであった。作家あるいは劇場の支配人が自ら戯曲を検閲などしなかったところでは、もし検閲官が戯曲の上演を見たいと言ったなら、公式に布告して応じなければならなかった。レールモントフは検閲官を宥めるために一八三五年の戯曲『仮面舞踏会』を二度も書き直した。しかし、検閲官は三度目の改訂版が「淫らな表現はすべて削除され、完全に書き換えられている」ことを認めたにもかかわらず、一八五二年まで上演することを認めなかった（二度目の改訂版は一八六二年に上演を許可された(68)）。

戯曲が検閲にかかった作家は義憤に満ちていた。偉大なるオーストリアのドラマティスト、フランツ・グリルパルツァーは検閲に対して深く憤激し、傷つき、自伝および私的著作で、故国では「手足は目に見えない鎖で括られ、ガラガラと音を立て」、「このような条件のもとで完全に平常でいられる作家は真の英雄といえるだろう」。「こうした状況のもとでは、オーストリアの作家に活躍の場はない」。そして「体制」は「天才に十字架を負わせ」なかったが、「天才を十字架に釘付けする」と書いている。ヨーハン・ネストロイは検閲制度と「根を引き抜かれた心」とを対比させて、一八四八年の革命の間、演劇に対する検閲が一時的にせよ挫折したときに書いた戯曲で、「我々は思考の自由を現実のものとした。つまり、思考を自分自身のために自由に護ることができる」と記した。さらに加えて次のように述べている。

検閲官は人間に向けられたペンだ。あるいはペンに向けられた人間だ。そして天才の創り出す作品をなぶり倒し、アイデアの流れの岸に待ち伏せている鰐であり、その流れの中で泳いでいる作家の頭を嚙み取る……検閲は二つの醜い姉妹の妹だ。姉のほうの名前は宗教裁判《インクイジション》。検閲は我々の統治者による生きた認可制度だ。彼らは麻痺した奴隷を蹴飛ばすだけで、自由人を統治することはできない(69)。

ヴィクトール・ユゴーもまた演劇に関する検閲を、宗教裁判と比較し、検閲を「憎たらしい」と称し、作家にとっては「牢獄」であり、「他の聖務省と同様」、検閲は「秘密の裁判官であり、仮面を被った執行人を抱え、拷問と切断、そして最後には死刑執行」とくる。ドラマが検閲を受けずに済んだ期間が二年間続いた後、一八五〇年に再開されたとき、ユゴーは「私は心の底では咽び泣いている」といい、別のフランスの劇作家アルベール・ギノンは一九〇一年次のように不満を述べている。

私が検閲の機能を正しく理解しているとして、その役割は、聴衆を感動させ、したがってある種の感激ないし興奮を引き起こすことは危険であると判断させるような、社会風刺の利いた作品をすべて禁止することにある。しかし社会風刺の作品が公衆の心を動かさないのであれば、それは明らかに作品としては劣る……それは検閲制度にとってはいささか屈辱的なことである。検閲制度の役割は軟弱でしぼんだ社会風刺を通過させ、徹底した力強い作品を止めさせることである。

ゲルハルト・ハルトマンは『織工』が受けた嫌がらせによって、残りの人生を惨めな思いで過ごした。五〇年後の一八四二年に著作活動を再開したが、そのとき彼は「まるで犯罪者のように、そして、その辺のならず者のように扱われた」と当時を回想している。バーナード・ショーにとって、イギリスの検閲制度は「最も専制的で、御しがたい性格」を持っていた。[70] 俳優と演出家は作家とともに検閲に苦しんだ。『リア王』はオーストリアの舞台では死ぬことができない、と聞かされてリア王を演じた俳優のハインリヒ・アンシュッツは、「もし家族を養う必要がなければ、そんな「ばかげた」「無思慮以外の何ものでもないこと」には耐えられなかったであろうと、怒りを込めて述べている。オーストリアの演出家ヨーゼフ・シュライフォーゲルは「現代に生きながら、検閲はなんと難しいことを課しているのか、信じられない」と嘆いていた。ロシアの演出家コンスタンチン・スタニスラフスキーは一九〇五年「当局の身勝手な行為によって絞め殺される」ことから、演劇を守るために何かしなければならないと主張した。そして同僚の演出家ウセヴォロ・マイヤーホルトは「ロシアではいつも検閲官は、それは禁止されると主張することで仕事を始める」と苦々しく不満を述べている。[71]

多くの演劇関係者が検閲について苦々しく不満を述べている一方、わずかだが、検閲が時には利益をもたらす側面のあることを指摘するものもいた。まず、検閲が、失敗作の口実、あるいはまったく著作活動ができないことへの口実として使われたこと。オーストリアにおける一八四八年の革命期、検閲されない自由な日々があったのだが、その期間に、ネストロイが創作した戯曲で書いているように、「作家はその間書けないことの格好の口実を失ってしまった。その意味で、人々にいうべきアイデアが浮かばないときには、検閲はまったく悪いものではない。つまり、「おお神様、なんと畏れ多い。そんなことできませんよ」。第二に、有名になる確実な方法の一つとして、戯曲が検閲されることがあった。そして検閲を受けた戯曲が印刷され販売されるような国では、しばしば実質的な財政的報酬が見込まれた。イギリスでは検閲された戯曲の脚本がよく売れたので、ある一紙は最近のドラマについて、「非常に熱狂的に受け入れられ、そのシーズンを成功させるために宮内庁長官による禁止の勅令を要請することさえある」と報じている。ヘルマン・ズーダーマンの戯曲『ソドムの最後』が一八九〇年ベルリンで上演を禁止されたとき、著者は母親宛に次のように書いている。「もし、私の評判から考えて、私に何かまだ欠けているものがあるとすれば、それは残酷な警察の命令によって修正を余儀なくされることなのです」。彼はドイツ全国の劇場から数十件の、禁止された戯曲の上演の要請を受けたと報告しており、加えて、「この禁止令が演劇界を活性化し、創造力を駆り立てているというこの興奮状態を想像できますか。ウィーン、ローマ、ロンドンの各都市では、この点について各新聞の社説が書いており、アメリカのジャーナリストが私にインタビューを求め、芸術家は私のポートレートをスケッチにくるのです」。この検閲による禁止が、ズーダーマンの初期の戯曲の一つに対して関心を高め、数カ月後に禁止が解かれたとき、大勢が『ソドムの最後』を見に押し寄せた。禁止されたドラマが後に許可された場合、ドイツでは常に同じ現象を示していた。(72)

最後に、一部の戯曲作家および多くの演出家と俳優は、検閲に関して、いつも惨めな思いをしていたわけではなかった。なぜなら、ひとたび戯曲が当局により問題なしと認可されれば、警察は上演予定の期間の途中に終了させることはせず、したがって、制作費および俳優や団員スタッフを解雇して総額として損失する心配もなかったからである。このように一九〇九年イギリス国会委員会の公聴会で、俳優協会は検閲制度の継続を支持したのである。劇場支配人のほとんども同調した。一八三〇年から三五年までフランスでは劇場に対する事前の公式の検閲は行われなかったのだが、当局は作品の上演準備をする前に、政府役人に自主的に戯曲を提出することを半ば強制的に教唆することで、途中で作品の上演を中止することを怖れる劇場支配人の心理を利用した。文化大臣は一八三四年演劇の演出家に次のような通達を送った。

諸氏は、文化省に事前に草稿を提出することによってすべての問題を避けることができる。提出されなかった戯曲は単純に停止されるだけである。もし内容によっては［公の無秩序を煽動する怖れがあるとみなされた戯曲は、すべて当局によって中止されるという一八〇六年の］法令の適用を受けることになり、さらに上演のために使われた制作費のすべては無駄になり、その結果生ずるであろう損失は本人の負担とする。(73)

一九世紀が終わるとともに、成長しつつある世論の力と連携した新しい現実主義的ドラマが発展し、演劇に対する検閲は初めてヨーロッパ中の主要問題へと変化していった。イギリスでは演劇に対する検閲に反対する力が増大し、一九〇九年の国会審議（その結果重要な変化があったわけではないが）に持ち込まれ、ドイツでは一八九〇年以後舞台検閲を拡大しようとする試みはどこにも起こらなかったが、むしろ大衆の抗議運動を発火させた。一九〇〇年四月だけで、ミュンヘンに四〇〇〇人の関心を集めたのである。ドイツにおける検閲に対する主導的な反対運動の中で、作家ではトーマス・マンとアルトゥール・シュニッツラー、画家ではマックス・リーバーマン、作曲家ではリヒャルト・シュトラウスがおり、ベルリンで公然と発言した人たちの中に、J・M・バリ、トマス・ハーディ、H・G・ウェルズ、ジョン・ゴールスワージー、ジョージ・バーナード・ショー、オスカー・ワイルド、ヘンリー・ジェイムズ、ジョーゼフ・コンラッドのような著名な作家が含まれていた。一九一四年のオーストリアは議会が最悪のばかげた行為を避けたいという希望から、「心理学的文学教育」を受けた検閲官の認定を求め、作品の上演が治安妨害あるいは犯罪行為に導く可能性があると思われる強い根拠がある場合を除いて、演劇に対する検閲を止めるように進言した(74)。

演劇に対する検閲に関する論争はフランスが最も激しかった。フランスでは台頭しつつあった反対勢力が一八九一年に国会審議の開催を強要し、一八八〇年以降一九〇六年に立法府によって演劇に対する検閲が廃止されるまで、検閲実施に必要な資金の要求を投票で決めるかどうかで、現実に毎年激しい議論が行われていた。『ル・リール』、『ラシェット・オ・ブュール』、『クーリエ・フランセ』のような風刺画雑誌は、一八八一年以来、素描に対する事前の検閲からは解放されていたが、風刺画雑誌は全誌をあげて検閲を攻撃することに専念した。検閲に対する批判はますます演劇に対する不公平な差別に不満を述べたものになっていった。エミール・ゾラは自己の戯曲（同名の小説にもとづく）『ジェルミナール』が一八八五年に上演禁止になったとき、演劇のみが検閲にいまだに従っていることに疑問を抱き、その理由の説明を求めた。「書籍と定期刊行物は自由だが、なぜ演劇だけがいつまでも隷属していなければならないのか」と。別の検閲の犠牲者だったエドモン・ゴンクールも同じように、一八九二年「発言は自由で、新聞も自由、書籍も自由なのに、演劇だけが自由ではない。自由をモットーとするこの共和国で、なぜこのようなことが起こるのか」と問うている。もう一つの検閲に反対する議論として、すべての演劇的表現は政府によって許可を受けなければならなかったため、舞台で行われるあらゆることは政府の保証を必要としたことに関して、ある人物の次のような証言がある。「検閲によって、汚れた歌を歌うのは政府だ。カンカン踊りを踊るのは政府だ」と。(75)

演劇に対する検閲が喚起した抗議運動がますます多く強くなっており、決然とした、創意工夫に富む劇作家や演出家、俳優、聴衆によって検閲は避けられたという事実があったにもかかわらず、全体としては、一九世紀ヨーロッパの検閲は、一般に、同時代の生活問題を現実に扱う素材をほとんど表現しない、社会的にも政治的にも安全で不毛の舞台芸術を創造するという目的は、疑いなく達成していた。一八二七年イタリアの劇作家ジョヴァンニ・ピンデモンテは次のように嘆いている。「我々がイタリアにおける他の悲惨なものと比較しても、演劇は最低で、その名に値するものは存在しない」と。他方、一八七九年イギリスの作家、マシュー・アーノルドは「イギリスでは現代ドラマといわれるものはまったく存在しない」(76)事実を記している。このような論評は一九世紀のほとんどのヨーロッパ諸国における演劇に同等に当てはまった。歴史家は次のように結論している。すなわち、この時代のロシアの舞台芸術は「安っぽいメロドラマ、笑劇、凡作」が主流であった。オーストリアではあらゆる芸術領域において、厳しい検閲の結果、「総体的に政治的無関心、一般人の生活に対する徹底した無関心に支配されていた」。そしてドイツの舞台は、検閲が「潜在的に不快であると判断したものを挫折させることによって、凡庸さの生産に貢献した」ように、「舞台から感興を得ることもほとんどなかった」。したがって一八四八年の革命による弾圧後「上演された戯曲はほとんど、不快感を抱かせないほど空虚なものにならざるをえなかった(77)」。一九世紀ヨーロッパの保守的エリートが演劇の政治的重要性を過大視していたのは疑いないが、現存する秩序を破壊に導くような理念を宣伝するような舞台の効能は、たしかに厳格であるが——しばしばばかげた——検閲を実行することによって、大幅に否認されていた。

第五章　オペラに対する政治検閲

「音楽家は恵まれている、検閲に煩わされることがないのだから」、とオーストリアの劇作家フランツ・グリルパルツァーは、友人である耳の聞こえない作曲家ルードヴィヒ・ファン・ベートーヴェンとの『会話帖』に書いている。グリルパルツァーの戯曲は、オーストリアの検閲官の殺戮的な検閲の犠牲になり、彼はしょっちゅう激怒していたので、さらに「しかし、検閲官は、音楽家〔ベートーヴェン〕が作曲中に何を考えているかわかっているとは思えない」と続けている。ベートーヴェンの自称協力者の一人、クリストフ・クフナーは、同じく『会話帖』で、同じようなコメントを次のように記している。「言葉は検閲の対象になるけれども、言葉に表現力を与える音楽は検閲の対象にはならない」と。グリルパルツァーは、もう一人の友人の音楽家で、ボヘミア出身の作曲家イグナツ・モシュレスのために、書かれた言葉は検閲されるけれども、音楽が検閲から逃れられている自由を祝して、次のような詩を書いている。

けれども音楽は堂々とした調べを語る
暴君と誰ともわからぬスパイに向かって、

そして、天使のように、天使とともに歩み
看守の目の届かぬところへ通りすぎることができる。[1]

〔訳注〕英訳は音楽家が何を考えているか、としているが、原本のドイツ語はあなたが（Sie）となっており、ベートーヴェンを指している。

グリルパルツァーとクフナーの述べていることは、言葉を伴わない音楽に関する限りは本質的に正しいが、時には歌詞を伴わない音調でさえも禁止されることがあった。例えば、エクトール・ベルリオーズの『ラデツキー行進曲』の演奏が、ハプスブルク帝国の当局により、禁止されていたことなどが挙げられる。この曲は一八五〇年代のオーストリア支配下にあったハンガリーのナショナリズムと強く結びついていたからである。[2] しかし、歌詞の付いた音楽は話が別であった。ヨーロッパの施政者はあまねく、音楽というものは人に感動を呼び起こし、行動に駆り立てる強力な潜在的な力を持っているとし、したがって、音楽に言葉が伴う場合には潜在的に破壊的な力を有しているので、検閲しなければならないとみなしていた。例えば、現在のフランス共和国の国歌となっている『ラ・マルセイエーズ』は、王政復古時代（一八一五〜三〇）とナポレオン三世体制下（一八五二〜七〇）には、あからさまな共和国主義を謳歌するものとして禁止されていた。一八七〇年からの膨大な公文書が保管されているが、それによると、検閲官はナポレオン三世に禁止令を継続するように進言している。というのも『ラ・マルセイエーズ』は表向きは「必要欠くべからざる、英雄的で堂々たる特徴」を備えた、まさに「優れたフランス歌曲」であるが、実際に演奏されると、「革命の象徴になる。すなわち、もはやたんに国家独立と自由を歌った歌ではなく、民衆煽動の戦闘の歌であり、共和主義を最も高揚させる賛歌」だからである。かりに政府がこの歌に対する禁止を解くなら、この歌を繰り返し演奏することによって、「新たな危険な刺激」を与えることになる。特に、「この歌の極端に革命的性格は広く知られ、今日では受け入れられているので、検閲を廃止するような寛大な処置を政府に求めることはできない」と報告書は警告している(3)。

このように、『ラ・マルセイエーズ』の場合に見られたように、また時にはキャバレーの歌でさえも対象にされたように、一九世紀ヨーロッパのほとんどの体制では、検閲による統制が言葉を伴ったあらゆる音楽に行われたが(4)、歌に対する検閲が最も体系的に、しかも確実に実行されたのは、オペラに対してであった。時代としてラジオが現れる以前のオペラは、多くの異なった地域で、同じ歌詞を大勢の観衆を前に上演し宣伝し広げるのには、最も効果的な場《フォーラム》であった。このオペラという強力な影響力を持つパフォーマンスを統制するために、ヨーロッパのほとんどの国では、一八一五年から一九一四年までのほとんどの時期、芸術的にも政策的にも、オペラの最終的な仕上げは、芸術家、つまり、作曲家、戯曲家、指揮者、あるいはプロデューサーの手にはなかったのである。むしろ、オペラがいつどのような形で上演できるかを決定できたのは、政府の検閲官であった。彼らはヨーロッパの主要国ではどこでも、たとえ弱小国であっても、検閲を行っていたのである。

ヴェルディが直面したイタリアの検閲官との度重なる摩擦は、オペラ・ブッファの世界ではよく知られていたが、作曲家なら誰でも、一九世紀に広く浸透していたヨーロッパの検閲の影響を少なくともある程度は被った。多くのオペラが検閲によって上演禁止あるいはカットされた。その中には、ロッシーニ、ドニゼッティ、ベートーヴェン、ヴァーグナー、シューベルト、リムスキー・コルサコフ、そしてチャイコフスキーの作品も含まれていた。軽歌劇といわれたものの中ではオッフェンバック、ギルバートとサリヴァンの作品が含まれていた。一九世紀のオペラの検閲は、概してあからさまに舞台の上での不道徳な行為と神に対する冒瀆に向けられていたが、検閲官は、第一に、政治的な含みを持った作品で、彼らが現体制の社会・政治的秩序を脅かすものとみなすものにかかわった（例えば演劇に対する検閲に見られたように、おそらく、不道徳で神を冒瀆するとみなしたものは、大方は、支配階級にとって公認の道義的標準に対する挑戦とみなされたが故に、認められなかったのである）。例えば、ある一九世紀イタリア・オペラの第一線の研究者は、非宗教的で不道徳な内容は検閲当局の注意を引いていたことを認めたうえで、次のように記している。

しかしながら、検閲官が厳しく監視したのは、政治的な出版物に対してであったことは、明らかである。君主あるいは体制の政府に対する不遜の念を表すような主題、状況、言語表現、あるいは愛国主義的な表現［例えば、統一イタリア」とか、自由主義、共同謀議あるいは暗殺といった表現は、不信あるいは疑惑と捉えられるか、イタリアのある地域では……台本の出版禁止、あるいは削除というケースがあった。[5]

抑圧的な政府の統制下にあっては、いかなる作曲家といえども、その思考と著作に影響を与えずにはおかない雰囲気があった。ヘンリー・レイノアが述べているように、「一九世紀前半に、作曲家が財政的に独立し評判を得ることのできた唯一の方法はオペラを創ることとであった」。しかし「作曲家の一般聴衆に対する訴えかけは、政治的にも社会的にも、旧体制の基盤を覆す怖れがないと判断しうる範囲内でしか、許されなかった」。さらに「体制の公的政策を批判したり、疑問を呈したりするものはいかなるものも、宗教、道徳、あるいは秩序に対する偏見とみなし、弾圧の対象となった」[6]。才能に恵まれた作曲家に対して、こうした状況が与える衝撃はベートーヴェンの残した多くの言葉がはっきりと証明している。ベートーヴェンは甥にかつて「静かに！　壁に耳あり」、と警告しており、また、オーストリアの弾圧は一八一五年以降特に厳しくなり、「彼らは（オーストリアの政治家）は鳥がいかに高いところを飛び、野兎がいかに速く走るかについて規制する法律を考えている」とも述べている[7]。

I　オペラに対する検閲の発展

オペラに対する検閲は、ヨーロッパでは一八一五年までに確立された。通常は一般の舞台芸術に対する検閲の一部として行われた。したがって行政が管理する劇場に対する検閲と同じ法律に従っており、通常同じ役所が担当した。例えば、イギリスでは、一七三七年と一八四三年に舞台検閲法が改正されているが、オペラに関しては、特別に、検閲を受ける劇場の形式に則っていた。それ以外のところでは、オペラは明らかにドラマの検閲規制の中で言及されているか、実際にはその法律にもとづいて処理されるかのどちらかであった。例えば、一七八六年のオーストリアでは、モーツァルトのオペラ『フィガロの結婚』（ボーマルシェの戯曲にもとづいており、フランスでは上演されることもあったのだが、オーストリアでは貴族をばかにしているという理由で、上演が禁止されていた）は、上演する場合には皇帝ヨーゼフ二世の個人的な許可を必要とし、台本作家がカットするように指示された個所を削除したことが確認されて初めて、上演が許された[8]。

フランス革命によって引き起こされた衝撃的な恐怖によって、いたるところで抑圧的統制が激化し、一七九四年にベートーヴェンはウィーンで次のような不満を述べている。「ここではあえて声をあげるものがいない。声高に論ずれば、警察があなたの住まいを見つけてしまう」。モーツァルトのオペラの傑作『魔笛』は一七九五年にオーストリアでは、貴族の出自よりも徳にもとづく高貴な同胞愛が好意的に描写されており、フランス革命のプロパガンダも同然である、という理由で、上演が禁止された。ベートーヴェンの唯一完成されたオペラ『フィデリオ』(ベートーヴェン自身「殉教者の栄誉を勝ち取るであろう」と予言していた)は、暴君によって不正にも牢獄に幽閉された政治犯を題材にしており、一八〇五年のウィーンにおける初演は、検閲によってずたずたにされた後やっと上演にこぎつけたのである。ナポリでは、一七九九年ほんの束の間ではあったが、ブルボン王朝がナポリを再び占領したとき、ドメニコ・チマローサが共和国賛歌を作曲したという理由で、逮捕された。(9)

ナポレオンの敗北後も長い間、ヨーロッパの主要国ではどこでも、引き続き苛酷な検閲が行われていた。フランスでは、ブルボン王朝復古期(一八一五〜三〇)には、ナポレオンに言及したオペラはすべて禁止されたし、一八四四年エクトール・ベルリオーズは、パリ産業博覧会の祝典のために選曲したプログラムに、一四世紀の王シャルル六世に関するオペラの合唱曲から引用したいくつかの曲節に、観衆が熱狂的に拍手したからといって、フランスの警察から譴責された。フランス政府はイギリスとの関係を改善しようと努力していたときに、百年戦争に関する「フランスではイギリスの犬は愛されない」という一節に、観衆は称賛を惜しまなかったのであり、また政府が「抑制しようと努力していたある種の情熱的高まりを、あえて喚起するようもくろまれた音楽を、プログラムに密かに載せた」と、当局はベルリオーズを糾弾した。一八五二年ルイ・ナポレオン・ボナパルト政権は、「フロンドの乱」(一七世紀の宮廷とマザランに対して起こした貴族の乱)についてのオペラを禁止した。理由は、民衆を煽動するようないかなる主題も潜在的には危険をはらんでおり、また、「武器を取れ」という歌詞は劇場でも街頭でも、すぐに覚えられる危険があるとして、怖れられたからである。[10]

ロシアでは、一八三七年ニコライ一世により、オペラの舞台には皇帝を登場させてはならないと命令された。ロマノフ王朝以前には（そのときのみ）皇帝は口述される悲劇と同じく口述される歴史の中で表現されることはありえたが、作曲家のリムスキー・コルサコフは、いかなる王朝においても、一国の皇帝がまるで「突然民謡を歌いだすようなことなどありそうにも思えない」という説明を受けた。他方、このようなニコライ一世の気まぐれな命令は、その後継者たちにも気まぐれに受け継がれ、アレキサンドル二世は一八七二年ムソルグスキーのオペラ『ボリス・ゴドーノフ』の上演を許可することを個人的に決定した。このオペラは、中世の皇帝の物語であるが、「特に音楽的な功績が認められる」と忠告されて、上演を許可したといわれている。[11]

オーストリアとドイツでは、一八一五年から一八七〇年頃までのオペラに対する検閲規制は特に厳格であった。フランツ・シューベルトのような、まったく政治とは無関係な作曲家でさえ（彼の友人の一人が政治活動をしていたために、彼自身一八二〇年に破壊活動分子に対する警察の手入れで逮捕され、一晩留置された）、少なくとも三回の検閲にあっている。例えば、一八二三年のシューベルトのオペラ『謀叛人たち』は『家庭争議』と改題を余儀なくされた。検閲当局が、政治的陰謀を仄めかすような内容を怖れたからであった。もう一つの一八二三年のオペラ『フィアラブラス』は検閲により一部削除された。そして彼が晩年に作曲したオペラ『グライヒェン伯爵』（*Der Graf von Gleichen*（この Gleichen には「平等」という意味がある）は、結局完成されなかったが、明らかに台本のテーマが重婚を扱っていたので、それが原因で検閲にあった。このシューベルトの最後のオペラについて、彼の友人の一人が一八二六年に次のように記している。「シューベルトはこのオペラに夢中だった。けれども我々は検閲を懸念した」。そして後に「オペラの台本は検閲官によって禁じられた」。グリルパルツァーによれば、検閲問題のためにベートーヴェンは、一八二〇年代に構想していた幾多のオペラを諦めている。ベートーヴェンは、ギリシャがオスマン・トルコ帝国から独立を企てて闘った古代ギリシャについて書かれた戯曲を、ベートーヴェンの同時代の指導的な自由思潮になぞらえて翻案しようと計画していた。グリルパルツァーは「このアイデアは、現代の出来事を、古代ギリシャの出来事に結び付けて考えようとするものであった。なぜなら、現代の出来事は検閲により禁止されていたからである」。ドイツではザクセンの検閲により、ヴァーグナーの『リエンツィ』はずたずたにされていた。このオペラは一四世紀のローマにおける革命の話であるが、当時のイタリアの自由主義や統一運動を想起させると解釈することで、関連する個所はすべて削除された。それが、四〇近い小国の専制君主国に分かれていたドイツを含意するものであったからである。かくして、リエンツィの叫び「ローマだけを解放するのではなく、全イタリアを解放する。イタリアの統一万歳！」は、「ローマだけが偉大なのではない！　イタリア全体が偉大なのだ。イタリアの古の偉大さ万歳！」に変更させられた(12)。

一八一五年以後のオーストリアおよびドイツでは、作曲家、台本作家、時には合唱団でさえも、彼らの作品および行動が破壊的な傾向を帯びていないかどうかを決定するために、慎重な監視と警察の規制のもとに置かれていた。メッテルニヒは合唱団を、指導者やマネージャーをメンバーの中から互選で選ぶような、民主的な手続きで組織が運営されているが故に、特に危険であるとみなし、次のように警戒した調子で述べている。「共同体的活動や意気込みは、直接的にせよ間接的にせよ、自由を鼓舞する」。卓越した音楽家に関する精緻な身元調査書はオーストリア警察にファイルされていた。例えば、ヴェネチア（当時ヴェネチアはオーストリアの支配下にあった）の警察公文書館に保管されている一八二一年の記録は、「有名な作曲家」ロッシーニは「革命原理に強く感染している」といい、「最も厳しい監視のもとに置かれるべきであるとばかばかしい警告を発している。メッテルニヒはまた、エクトール・ベルリオーズの出した手紙を横取りし、その中でベルリオーズが「最大の貧困階級の人々を救い」、「社会構造の襞に潜む寄生虫のように隠れ、改革のためのあらゆる努力を麻痺させてきた権威は、いかなるものも」崩壊させたいという願望を表明しており、「狂信的行為に向かう危険性を」表している人物であるから、ローマ在住のオーストリアの学生はすべからく、「この若者（ベルリオーズ）とはいかなる接触もしてはならない」[13]と警告するように、ローマ駐在の部下に忠告した。

メッテルニヒの失脚後も、オペラに関連したいかなる活動に対しても、オーストリア警察の嫌がらせは続き、しかもますます苛酷さを帯び、一八六九年に、ウィーンの風刺雑誌は、新オペラハウス（現国立歌劇場）の杮落としに上演するモーツァルトの『ドン・ジョヴァンニ』の上演に関して、警察から公安当局宛に通達した書類を想像して、次のような記事を発表した。

ウィーンの人々はまだ自由の恩恵を受ける心構えができていない。劇場のクローク係が、外套を一着につき一〇クロイツで預かることが許されていたので、預けるように要求したところ、三四人の婦人と少女が預けるのを断り、厳格な規律に反抗して当局に引き渡された。彼女たちは、コートの下には下着以外何も身につけていないというような、実に他愛のない理由でコートを預けるのを頑なに断ったのである……失神した一人の女性は、正気に戻れという命令にただちに従わなかったという理由で、逮捕された。ついには、八三人が、調子外れで歌った歌手を批判し、また出し物が上演される場合には、はじめのうちは習慣として好意的

に観賞するのに、そうせずに自由な態度を表明したという理由で劇場から追い出された。(14)

検閲が一七八九年以後、ほとんどいたるところで、ますます厳密にしかも厳重に行われるようになったが、それも特にイタリアで著しかった。おそらくオペラが他のどこよりも重要視されていたからであり、またイタリアが、ヨーロッパでも第一級の反動主義国オーストリアに支配されていたからであろう。一九世紀初頭のイタリアにおいて、オペラが重要視されていたというのは決して誇張ではない。あるイタリア人の著述家は一八六九年次のように記している。

一八四八年以前にイタリアに住んでいなかった人は、当時の劇場が果たしていた役割を理解できないであろう。……新しいオペラの成功は大変な出来事で、オペラの初演を成功に導いたことは、その都市にとって幸運であり、市の根底をも揺るがすほどの出来事なのであった。そして、そのオペラの台詞はイタリア中に広がった。(15)

現代の学者は次のように論評している。

オペラがイタリア人の生活にとって圧倒的に重要な役割を果たしていることを理解する必要がある。その意義と目的から見ても、オペラにまさる娯楽は存在しない。あらゆる人の関心は劇場に注がれる。劇場は、国民のあらゆる分野の人たちが、仕事や私的な問題にいたるまで討議するために集う一種のクラブの働きをしている。(16)

このオペラという絶大な影響力を持つ芸術形態が、体制を転覆させる道具にならないようにするために、煩わしい検閲の装置がイタリアのいたるところに設置された。検閲の仕方は地方ごとに多少の違いはあったが、最も苛酷を極めた統制を実行していたのはナポリとローマで、最も手ぬるかったのがオーストリア統治下のロンバルディアのヴェネチアであった（おそらく、当地のイタリア語を話す検閲官が民族主義の立場から、同情したためであろう）。一人の研究者は一般にイタリアの検閲官は「いかなる政治的ないし宗教的論評も抹消」し、「国王殺し、反逆罪、自殺、不義密通、聖職者、十字架、あるいは宗教的儀式の記述および描写」、そして「神、天使、専制君主あるいは自由という言葉を発言すること」を禁止した(17)。最も複雑な検閲のための官僚機構はローマに置かれ、いかなる書類も宗教的には「宗教、道徳、良俗」を検閲し、政治的には「法と人間の尊重」を検閲し、地方自治に関しては「言語学的事象」を検閲しなければならなかった（結果として、ローマの役所には、企画中のオペラの台本一つにつき、そのコピーを四一部提出することが義務づけられた！）。ナポリは検閲の苛酷さに関してはローマに近かった。ここでの検閲の規定は、オペラの台本は初演予定の一年前に提出することが義務づけられ、王は、オペラ座の新しい椅子が木製か鉄製かといったような些細なことまで、個人的に決定した。パルマのマリー・ルイズ公爵夫人はオペラの上演を何時に始めるかといった時間まで決めた(18)。

II　オペラに対する施政者の怖れ

オペラに対する当局の怖れは、劇場上演一般に対する怖れと根本的に似ていたが、オペラが特に意味を持っていた国々、とりわけイタリア全土、イタリアほどではないがドイツ、オーストリア、ロシア、フランスでは、こうした怖れは、おそらく音楽に付けられた言葉の煽動的な力の効用をよく心得ていたことに大いに関係があった。印刷された言葉より、舞台で話される言葉のほうが遙かに影響力が大きく危険であるという本質的な議論は、演劇に対するのと同じようにオペラに適用された。つまり、上演に際し、観客動員が大きいこと、さらに同じ言葉でも個室で個人が一人で読むよりは、大勢が一堂に会する舞台上演は遙かに大きなインパクトを与えるからである（一九世紀のイタリアのジャーナリストがオペラの検閲を支持しているが、その理由は、ある表現は「読書においては耐えられても、歌われると耐え難い印象を与えられるからだ」といっている[19]）。つまり、印刷物の字が読めない下層階級でも、舞台上演は理解できるから危険なのである。

オペラと歌曲は一般に、コミュニケーションの強力な形態であった、ないしはありえた。おそらく舞台で口から発生される台詞より強力でさえあるという議論は、一八世紀および一九世紀のヨーロッパではよくいわれていたことであった。イギリス人のアンドリュー・フレッチャーという人物は、一七〇三年「誰がこの国の法律を作ろうと私はどうでもよいが、歌は私に作らせてほしい」と宣言した。フランスでは、ボーマルシェが、一七八七年個人の館で上演される類のオペラの代わりに、「高尚な哲学的理念」にもとづいた音楽劇を創作したいと主張した。オペラが上演される上層階級の館は、「なぜだかわからないが、数日間人が集う一種の社交場」でしかなかった。フランスの革命論者は、一八三二年の自分の裁判で、「オペラは感性を覚醒し、刺激する見世物であり……強力な感性的興奮の巨大な宝庫である」と意思表示した。ドイツの急進的若者アーノルド・ルーゲは一八三〇年代に作曲したオペラ『スパルタクス』で、政治的メッセージを「音楽のマジック」で強化しようとしたと明言している[20]。

一七九〇年代のフランス革命体制は、この音楽の呪術的効力という哲学を実践に移し、自分たちの政策を少しでも早く支持させるために、オペラや賛美歌、また大衆動員のために音楽付き見世物を委託制作し後援した。このような調子で、例えば、ダントンは「士気高揚は共和国の形成を可能にする」ものとして、政治的オペラの制作を要求し、一七九三年一二月二一日のフランス憲法制定会議の議事録によれば、「あらゆる催しには、祖国、自由、平等、博愛を称える賛美歌を歌って祝福すべきである。なぜなら、賛美歌はあらゆる徳目を市民に植え付ける力があるからである」と述べている。革命期のイデオロギー的オペラの中には『旧体制の犯罪』とか『共和国の看護婦』、『理性の祭典』（この作品ではサン・キュロットが自由の帽子を被り、聖職者が聖服を脱いで公に自由を謳歌している）、『暴君、聖ドニ』（「児童に……平等の神聖さを教え込むこと」への欲求を称えると書かれている）といった作品が見られる。フランス政府は、「イタリアからの芸術上の宝を戦利品として持ち帰ったことを記念した、祝賀のための賛歌」を後援しさえした。しかしながら、この同じ過激なフランス政府が、オペラが脅威となりえた一九世紀の保守的なヨーロッパ体制の見解と立場を同じくしていた。例えば、政府が良しとする傾向から逸脱した風刺的作品『詐欺師の墓と真理の殿堂の落成』を上演した後、一七九一年すべての劇場上演に関する検閲は公式には廃止されていたにもかかわらず、政府は一七九三年一二月二二日以下のような禁止例を発動した。

公共の安全を脅かすことをもくろんだ反体制的策略の沈静を願う公安委員会は……ここに、オペラ『詐欺師の墓と真理の殿堂の落成』および、その他同じタイトルの作品、同じような結果をもたらすと懸念される似たような作品の上演を禁止する。これは、革命に対して敵意ある見解を促進するために、劇場を悪用するような人物を罰するために設けられた法令にもとづいて、実施される。(21)

イギリスのようにオペラが舞台演劇ほど重要視されていなかった国では、一九世紀の検閲はオペラに対する刑罰は演劇より緩かったようである。このように、アレクサンドル・デュマの戯曲『椿姫』は、ヴェルディが同じ戯曲に作曲したオペラ『ラ・トラヴィアタ（椿姫）』の上演をただちに許可した同じ検閲官が、禁じているのである。その検閲官の説明によれば、「もし音楽作品であれば作品の意味が違ってくる。話の内容は音楽と歌に付随するからである」。しかしながら、オペラが最高の地位に位置づけられていたイタリアでは、オペラの検閲は演劇の検閲より厳格であったようである。ヴェルディは、一七九二年に起きたスウェーデンのグスターヴ三世の暗殺をもとにしたオペラは、設定を植民地ボストンに変えなければ、ローマ当局の許可を得られなかった。そのくせ、同じ題材でも演劇の場合はなんなく許可されている。ヴェルディは友人に「ローマではグスターヴ三世は散文では許可されるが、同じ主題でもオペラの台本だと許可されないとは！　まったくおかしなことこのうえない！」と不満を述べている。[22]

舞台上演の演劇に対するのと同じで、一九世紀のヨーロッパのエリートは規制されない政治的なオペラを破壊的脅威とみなしていたが、検閲で規制された浅薄なオペラを、不満分子の気持ちを非政治的な事柄に向けさせて、体制に対する不満の防波堤にするのに効果があるとみなしていた。一八三七年（ヨーロッパにおける広範囲にわたる不安定な時代）ローマにおいて、諮問委員会は教皇に対して、オペラの支援を増やすように促した。その理由は、

人々の心を沈静し従うべき政府に不満を抱かせないためには、気晴らしとして劇場へ通わせ、分相応の娯楽と真面目な気分転換が最も適した効果的な方法であることは、数世紀にわたる経験からも明らかであり、確

信しております。特にこの時期には人々の気晴らしと娯楽は、世界中いたるところで打撃を受けて傷ついた人々にとって、最も健康な治療法だと思います。

オペラを育成し支援するもう一つの利点は、一八一五年以降のオーストリアの属領ロンバルディア・ヴェネチア総督の言葉にも表れている。彼は、ミラノのスカラ座は「日の落ちた間に教養ある人々の大部分を観察するのに適した場所として、開放するに値するので[23]」興行を怠らないように促した。

イタリアの権威筋は、一八四〇年以前は、市民の関心を政治から逸らす目的で劇場を利用することに概して成功していた（しかし、以下に指摘するように、一八四〇年以降はこの作戦は逆効果を発揮し、政治的示威運動の趣を増すようになった）。例えば、著述家マッシモ・ダツェグリオは、一八一五年以降長年、スカラ座は「イタリアの民族主義者の群団よりも遙かに熱烈な関心」を引き、「オーストリア政府の精緻にして抜け目なさにうまく利用されてしまうに違いない」。なぜなら、「長年オーストリア政府は、スカラ座の舞台を通してロンバルディアを統治してきたといわれうるし、さらに、いつの日か、後に彼らはそれをうまくやり遂げ成功させたと評価され、我々もそれを認めざるをえなくなるからである」と告白している。フランスの作家スタンダールも似たようなコメントを残している。すなわち、イタリアの施政者はオペラを育成する。なぜなら、「オペラは人の心には何ら働きかけない」、特に音楽は一般的には「心地よい官能」によって特徴づけられ、また「官能的な悦び」が「政府を煩わす」ようなことはしない、と思えたからである[24]。

III　秩序を乱すオペラ

「フランス革命に反目する見解を助長するために劇場を悪用」して、「市民の平安」を脅かすようなことに対する警告として、一七九三年一二月二二日にフランス政府が法令を布告したことからもわかるように、フランス政府当局は、破壊活動を助長するようなオペラは、政治的無秩序に導く怖れがあると判断し怖れた。このような怖れはまったく根拠がないわけではない。なぜなら、オペラの観衆は一九世紀においては今日より遙かにオペラに刺激され、興奮していたからである。一八二〇年から一八三〇年にかけて、オペラが革命を成功させる動因になった事件がいくつか見られた。例えば、一八二一年一月イタリア北西部のピエモントで、束の間とはいえまがりなりにも成功した革命は、オペラ上演とオペラが引き起こした興奮状態によって、一部促進されたと一般には見られている。フランスでは一八三〇年七月二九日、ロッシーニの『ウィリアム・テル』(原題はフランス語『ギヨーム・テル』。著者と同じく以後『ウィリアム・テル』で通す)のリハーサル中にヒーローの台詞「独立か、さもなければ死か」の叫びに呼応し、音楽家、照明係、道具方などの舞台係、護衛の兵隊など、劇場にいた人たちがみな一斉に、シャルル一〇世の圧政の転覆を図る革命に参加するために、街頭に押し寄せた。[25]

一九世紀のオペラで最も煽動的な作品は、ダニエル゠フランソワ・オベールの『ポルティシの啞娘』であった。この作品は一六四七年ナポリを支配していたスペインに対する平民の反逆を描いており、広義には、民主主義と民族主義を求める作品と一般に解釈されていた。[26] あるオペラ史家の一人は、一八二八年のパリにおけるこのオペラの初演後、『ポルティシ』は「たちまちのうちに政治的な色彩を帯び、暴動と反乱の情景が強調されて前面に押し出され」、「七月革命［一八三〇年］の前夜の様相は、オペラの場面はほとんどこの実際に起こった革命の前座を務めたかのようであった(27)」と述べている。パリの一八三〇年革命の後、オペラ『ポルティシ』は、フランスの国境に近いブリュッセルおよびドイツの小都市で、暴動を怖れた当局によって、上演を禁止された。しかしながら、ブリュッセルを統治していたオランダ当局（ベルギーは当時オランダと同盟を結んでいた）は、後にこの禁止例を解除し、一八三〇年八月二五日に、このオペラの上演を許可した。ベルギーの憂国の士はオランダの支配に長い間恨みを抱いていたので、観衆の感情は次のようなオペラの台詞にかきたてられた。

鎖につながれ、追放され、奴隷として生きるよりも
危険にさらされて死んだほうがましだ！
団結し、よそ者を追い出せ、
一撃のもとに、我が国の自由を護ろう！

上演中に、観衆の一部は街頭に飛び出し始め、オランダ支配の象徴を破壊し、「オランダ人をぶっ飛ばせ！」と喚き散らした。ある記事によると、「オペラがヴェスヴィオス火山の爆発の場面を舞台上の花火仕掛けで華やかに終わらせたときには……革命の溶岩は、すでにブリュッセルの街頭にとめどもなく流れていた(28)」。このように、一つのオペラの上演が――決して原因を作ったわけではないが――一八三〇年のオランダに対するベルギーの革命を成功させる火種になったことは、今日一般に認められている。

イタリアではオーストリアの支配に対する民族的感情が一八四〇年以後高まるにつれて、イタリア中

のオペラの観衆は、ヴェルディのオペラの台詞を愛国心の爆発的炸裂に代わるものとして、繰り返し歌い上げた(29)。もし一八四〇年以前にオペラが政治への関心を逸らしたのなら、それ以後のオペラ座は政治活動の広場に変貌していた。例えば、ヴェルディのオペラ『ナブッコ』は一八四二年ミラノで上演されたとき、観衆はバビロニアの圧政的支配下に置かれていたヘブライ人の心情を、自分たちの置かれていた苦境に置き換えて解釈した。三幕の冒頭で歌われるヘブライ人の奴隷の合唱「行け、我が思いよ、黄金の翼に乗って」をアンコールし、また舞台もそれに応えた。この合唱曲には(法律によって、あらかじめこのような愛国的な表現はアンコールを禁止されていたにもかかわらず)、「かくも美しい我が祖国は失われ」と歌われる。そして、後にこの合唱曲は第二の国歌といわれるまでになった。『ナブッコ』への反応があまりにも強烈だったために、ミラノの警察署の最高責任者は、指揮者のアンジェロ・マリアーニを叱責し、ヴェルディの音楽は「あまりにも帝国政府にとって、敵対的で、反逆的な表現」を与えすぎるとして、指揮者を逮捕することで、脅した(30)。

ヴェルディの他のオペラに対しても、イタリアのオペラの観衆は同じような反応を示した。例えば、サラセンからイェルサレムを解放しようとするイタリアの十字軍についてのオペラ『ロンバルディアの十字軍』(一八四三)の中で、「聖地は今日われわれのものになる」という歌に反応し「戦《グェッラ》いだ!」と叫んだ。また中世イタリアでローマ軍が襲撃中にフン族の首領に「貴殿は世界を制覇し、私にはイタリアを頂きたい」と宣言する『アッティラ』(一八四六)の台詞に、観衆が「我らのイタリア」と叫び、嵐のような喝采で応える。『マクベス』(一八四七)の合唱「おお! 祖国は圧政に苦しんでいる」に応えて、ヴェネチアの観衆は、赤と緑のイタリア国旗の色と同じ色の花束を舞台に投げた。警察がこうした行動を禁止すると、オーストリア(ハプスブルク家)の色で黒と黄色の花束を投げれば、歌手がそれを拾い上げないであろうことを知って、あえて舞台に投げた。フィレンツェの検閲官の一人は、作品の上演に対して「作品の字義どおりの意味以上に」解釈を与える「市民の反応のおかげで、検閲が混乱している」と、落胆したように報告している。イタリアのジェノヴァで喧嘩好きなオペラの観衆を観て、チャールズ・ディケンズは、「最低限の不満しか表現することが許されていない国民性以外のなにものでもない」と、イタリアの独裁政権が作り出した状況について、「おそらく、観衆はこの機会を最大限に利用して問題を解決しようとしているに違いない」と述べている。(31)

一八五〇年代まで、イタリアでは、観衆がオペラで政治的示威運動を表現しようとする台本を求めることはなかった。このように、「ヴェルディ万歳」Viva Verdi の叫びは、拳を上げて叫ぶ。特にオーストリアの兵士がオペラ座に現れたときにはしばしば見られた。この叫びは、ヴェルディが愛国的合唱曲で知られるようになったために、「イタリア革命の巨匠《マエストロ》」と祝福するためだけではなく、政治的要求を表現するようになった。つまり、Verdi の名前の綴りは、サルディニアの王、ヴィットリオ・エマヌエレのもとでイタリアの統一を狙った標語の綴りと関係があった（Verdi は次の頭文字を集めたものと同じだからである。*V*ittorio *E*mmanuele, *R*e *d*'*I*talia［ヴィットリオ・エマヌエレをイタリアの王に］）。優れた民族主義運動の指導者、エミリオ・ダンドロが一八五七年に死んだとき、ミラノの人々はスカラ座を取り巻き、彼の死を悼んで三日間スカラ座を閉鎖するよう要求した。(32)

フランスでは、オペラのロマンティックで民主的な訴える力が、自由の名のもとに、フランスの独裁者と王党派に対する一連の暗殺に向けられたように思われる。例えば、一八〇〇年のナポレオンに向けられた二つの暗殺計画のうち（その一つは八〇人を殺傷した）一つはオペラの初演で合唱がクライマックスに達したときに起こすように策略され、もう一つはナポレオンがオペラ座へ向かう途中で暗殺するように計画された。一八二〇年には、王位継承者のベリー公爵がパリのオペラ座で暗殺された。一八五八年には、ナポレオン三世がロッシーニのオペラ『ウィリアム・テル』の上演を見るために、パリのオペラ座に向かっている途中でパリ・オペラ座の外で爆発が起こり、一五〇人を超える市民が殺傷される大惨事が起きた。ナポレオン三世はそのときの標的だったのである。このオペラは中世のスイスでオーストリア（ハプスブルク帝国）の圧政に対する抵抗を描いたものである。(33)

Ⅳ　気まぐれな検閲制度

一九世紀のオペラの検閲は概して気まぐれで、一貫性に欠けていた。他のメディアの検閲の場合と同じく、オペラの検閲の苛酷さは、その国の常に政治的抑圧の全体的な状況を反映していた。それ故に、ニコライ一世（一八二五〜五五）治世下のロシア、オーストリア、そして一八六〇年以前のほとんどのイタリア諸国とドイツ諸国に見られたように、抑圧体制下にあった諸国では、厳格にオペラを検閲する傾向があった。例えば、『ウィリアム・テル』はフランスでは一八二九年に上演が許可されたにもかかわらず、ロシア、プロイセン、オーストリア、イタリアの検閲によって、作品はずたずたにされていた。オーストリアの検閲官はオーストリア治世下のロンバルディアで『ウィリアム・テル』が上演できるようになる以前は、遙か遠いスコットランドに状況設定を移し、ロッシーニのオペラのオーストリア人は、イギリスの抑圧勢力に置き換えざるをえず、ウィリアム・テルはウィリアム・ヴァレイスに変更を余儀なくされることになった。(34)

あるいくつかのオペラが、ある一部の国で上演禁止されたとか検閲されたというだけではなく、多くの例が示しているように、同じ国において、はじめは上演を禁止されたが、後に許可されたり、最初は変更せずに上演が許可されたが、後に禁止されたり検閲された例もある。例えば、リムスキー・コルサコフの『クリスマス・イヴ』（一八九四）は、最初から検閲官たちをトラブルに巻き込んだ。それはこのオペラがエカテリーナ大帝を半ば偽装して描いたもので、オペラにおいては皇帝ないし女帝をいかなる形においても扱ってはならないという、一八三七年の禁止条例を冒瀆するものであるというのがその理由であった（これより先に同じ運命にあったのが、チャイコフスキーの『鍛冶屋のヴァクーラ』と題するオペラであった。これはリムスキー・コルサコフが『クリスマス・イヴ』で使ったゴーゴリの同じ小説を台本にしたものであった）。しかし、人脈を使って（リムスキー・コルサコフは一八七二年にオペラ『プスコーフの娘』でイワン雷帝を取り上げたことで受けた同じような異議を覆すために、早いうちから実行していた）、リムスキー・コルサコフはオペラを認めさせることに成功した。ニコライ二世は個人的にリムスキー・コルサコフに次のように書き伝えた。「あなたの作曲したオペラ『クリスマス・イヴ』を、帝室劇場で台本の変更なく上演することを許可するのは当然のことです」。それでもなお、宮内庁の影響力の強い二人の役人が一八九五年一一月の最後のリハーサルを見て、オペラにエカテリーナ大帝が描かれていることに抗議したため、作曲家はエカテリーナ女帝を「妃殿下」に変更することを余儀なくされた。そのために話の筋書きの中心をなす事件はまったく無意味なものになってしまった。「〈守るつもりがないのなら、約束するな〉という表現をなくせ」と当局はいったと、リムスキー・コルサコフは友人に苦々しく手紙を書いている。(35)

リムスキー・コルサコフの最後のオペラ『金鶏』はロシアの専制政治の衰退を比喩的に皮肉った作品で、プーシキンの有名な詩にもとづくものであり、検閲のために二年間も放置されていた。問題の一部は、一九〇五年の革命期における作曲家自身の民主主義に対する強力な支持に起因するともいえる。このことから、リムスキー・コルサコフは一時的とはいえサンクト・ペテルブルク音楽院の地位を追われ、彼の作品すべての上演を二カ月間禁止されたのである。検閲の問題が起こった結果、『金鶏』は一九〇八年作曲家が死んだ後初めて、ずたずたに削られた形で上演された（ある一部の記録によると、厳しい検閲の問題が彼の死期を早めたという）。もとの台本に扱われた特定の皇帝は「皇帝陛下の将軍」に変更され、多くの重要な内容変更がなされた。かくして、オペラの終わり近くで、もとの台本では合唱が「何が新しい夜明けをもたらすだろうか」と歌うところを、脅威的に響く「新しい夜明け」を「白い夜明け」と変えるように検閲官に強要された[36]。

ミラノでは、ドニゼッティのオペラ『マリア・スチュアルダ』の上演許可が（ナポリでは禁止されていた）六回の公演を終えた後に撤回された。ローマでは、先に述べたように、一七九二年に起きたスウェーデンのグスターヴ三世の暗殺にもとづく戯曲が、一八五〇年代後半に上演が許可されたにもかかわらず、ヴェルディの同じ戯曲にもとづいた『仮面舞踏会』は、一七世紀の北アメリカに設定を変え、暗殺の目標はボストンの〈植民地知事〉〈リッカルド〉に置き換えられた。ナポリでは初期このオペラは八八四詩句のうち二九七カ所が変更を余儀なくされたほどずたずたに削除されたため、ヴェルディはナポリでの上演を取り止めた。ナポリで問題が深刻化したことの一部は、ヴェルディがこのオペラを一八五八年に完成するという不運にあった。というのはこの年はナポレオン三世がパリのオペラ座で暗殺されそうになった悪名高い事件の直後だったからでもあり、さらにこの事件はヨーロッパ中の支配者たちを不安に陥れたからである[37]。

イギリスでは、ギルバートとサリヴァンのオペラ『ミカド』が二〇年間何の煩わしい出来事もなく上演できたのに、一九〇七年突然上演が禁止された。それはイギリスの役人が日本の皇族の訪問を控えていた折でもあり、日本側を怒らすのではないかと怖れたためであった。皇族が帰国した後、再び上演が許可された。フランスでは、一七世紀のフランスで実際に起こった宗教紛争を扱ったユジェーニ・スクリーブの『ユグノー教徒』が、一八三〇年代のパリでは上演できたのに、プロテスタントの町では上演が禁止されていた。三〇年後ナポレオン三世治世の政府は、ジャック・オッフェンバックのオペレッタ『ジェロルステン女大公殿下』〔日本では『ブン大将』〕の台本を検閲した。この作品はヨーロッパの支配階級を穏やかだが皮肉っており、一八六七年のパリ万国博覧会を訪れる外国の皇族を脅かすのではないかと怖れて検閲を入れた。しかし多くの支配者および貴族たちはこの作品をいたく気に入り、幾度も繰り返し観賞したほどであった。一八七〇年フランスの体制が変わった後、このオペレッタは完全に上演を禁止された(38)。

　多くの検閲による決定は実にばかばかしい結果を生み出した。オーストリアでは『ユグノー教徒』は『ピサのジベリーンス』と名前を変えるだけで上演が許され、マルティン・ルッターによる一六世紀の賛美歌を一三世紀のイタリア人が歌うといった特徴を持たせた台本を用意した。「ローマ」という語はイタリアの運命を決めた一八五九年のオーストリア・サルディニア戦争の後、オーストリアの舞台では禁止され、ヴァーグナーの『タンホイザー』の主人公タンホイザーは、教皇の赦免を求めて「彼の地《ドルト》」へ赴かなければならなかった。一八三七年パルマの当局はドニゼッティのオペラ『ランメンモールのルチア』の女声合唱の衣装を変えるように要求した。彼女たちの衣装が、白地に赤と緑のリボンの飾りが派手についたもので、これはイタリアの愛国的な色彩をうっかり再現したものであった。ミラノでは、検閲官がドニゼッティのオペラ『マリーア・パデッラ』（一八四一）の主人公が、もとの台本では自殺することになっていたのを、代わりに「喜びのあまり」死ぬように変えさせた。ローマの検閲官はロッシーニの『アルジェのイタリア女』の主人公が「あなたの国のことを思って！」と歌うところを、「あなたの配偶者を思って！」とどうでもよい歌詞に変えさせられた。[39]

『仮面舞踏会』の場合におけるように、イタリアの検閲官はヴェルディに対して、時代、設定、オペラの登場人物の名前を繰り返し変更するように迫った。観衆を同時代の状況と考え合わせてみるのを阻止しようとしても、それはしょせん無駄であった。フランスの支配に対する南イタリアの一三世紀の反逆に関連したオペラ『シチリア島の夕べの祈り（晩鐘）』（一八五五）は（一八六〇年に独立を勝ち取るまで）イタリアでは、『ジョヴァンナ・デ・グツマン』の題名に変えて初めて上演することができた。設定は一七世紀のスペインの支配に対して反逆するポルトガルという、遙かかなたの話に変えられていた。一八四八年イタリアの革命が鎮圧された後、同じ年のヴェルディのオペラ『レニャーノの戦い』は、中世にドイツ人がイタリアの都市国家によって敗北したのを祝った話であるが、『ハーレムの包囲』と改題して初めて上演できた。しかし一八五九年オーストリア人が大部分のイタリアの都市国家から追い出されたとき、この作品は再び『オーストリア人の敗北』という題名に変えられた。[40]

オペラの検閲の規則が聖職者の描写を全面的に禁止していたロシアでは、「修道僧は巡礼者か、時には行政官あるいは知事に変更される」と、あるイタリアのジャーナリストが一八六二年に書いている。[41] リムスキー・コルサコフはオペラ『プスコフの娘』の上演許可を得るために、一六世紀のプスコフの共和主義および自治政治に関する個所を、すべて削除することに同意させられた。チャイコフスキーはイワン雷帝治世下の政治的弊害を扱ったオペラ『オプリチニーク』（一八七三）の大々的な変更を余儀なくされた（このオペラの台本になった戯曲は、舞台上演の初演が許可された一八六七年以前の八年間、上演が禁止されていた[42]。ロシア・オペラのある歴史家が述べているように、オペラ『オプリチニーク』が失敗したのは、一部「検閲官の要求に応じるために、悲劇の中心人物、つまり暴君［イワン雷帝］が取るに足らない存在に弱められてしまったためである[43]」。

フランスの検閲官がオッフェンバックのオペレッタ『ジェロルステン女大公殿下』に課したもっとばかげた条件の一つは、想像上の国の女性支配者が象徴的な皇族の衣装を身につけるべきではないというもので、あたかも行幸中の君主が身につけているある本物の衣装を嘲っているかのように見えたというのである。ショーの主役、オルタンス・シュナイダーは、禁止された衣装をまとい、大公殿下に扮した肖像画を注文することで、当局に仕返しをした。オッフェンバックを巻き込んだもう一つの事件は、二人のフランス憲兵の二重唱が、一八六七年にオペレッタ『ブラバントのジュヌヴィエヴ』で禁止された。理由は、検閲官がいうには、「我々は憲兵隊を嘲笑にさらすことができないからである」。しかしながら、この二重唱は、憲兵に伍長ではなく軍曹の位が与えられたことから、その存在は認められたことになった（憲兵に軍曹の位はなかった）。その結果この作品は大いに当たった。イギリスでは、聖書に出てくる人物の役を劇場で上演することが禁止されていたので、多くのオペラが奇妙なタイトルに変えられた。そのため、ロッシーニのオペラ『モーゼ』は、一般にイギリスよりも遙かにオペラの検閲規制が厳しい大陸の国々で大いにヒットしていたが、イギリスでは『隠者ピーター』として上演した[44]。

検閲官が検閲の根拠について説明するその曖昧な理由のために（もしあればであるが）、その気まぐれな検閲によって引き起こされる欲求不満は、ますます高まった。ヴェネチアの当局がヴェルディのオペラ『リゴレット』（このオペラはヴィクトール・ユゴーの台本にもとづいており、中世フランスの道楽者の王を描いているため、フランスでは上演が禁止されていた）の上演を拒否した一八五〇年に、ヴェネチア当局が挙げた理由は、台本が「胸糞が悪くなるような品のなさと卑猥で取るに足らない代物」だから、というだけであった（多くの訂正を命じた後、結局オペラは上演を許可された）。ナポリの検閲は一八三四年にドニゼッティのオペラ『マリア・スチュアルダ』の上演を禁止する理由をまったく挙げないまま、次のような意味不明の手紙を彼に残している。「『スチュアルダ』は上演を禁止された。理由は神のみぞ知る。沈黙すべきである、なぜなら王がそれを求めているからである。それで十分だ」。(45)

V　オペラに対する検閲が与えた影響

オペラに対する検閲が行われた結果、作曲家および台本作家は作品の上演禁止あるいは削除に堪え忍んだのみならず、自ら前もって検閲する、つまり自主規制し、ある種の主題の作品はまったく書かなかった。この点について、イタリア・オペラの歴史家として第一線で活躍するウィリアム・アシュブルックは次のように記している。「オペラ台本の筋書きおよび言葉遣いに対する最終的な権限は、検閲官の手に委ねられていた」ので、「一九世紀初めの六〇年間（その後検閲は明らかに行われなくなった）に、イタリアのオペラ界に与えた彼らの影響力の大きさは、これ以上誇張されることはないといってよいほどであった」。さらに彼は付け加えて、「検閲される可能性の高い形態」を避けようとする「台本作家が［作曲家に与える］脅し」は、「疑いなく台本としては全体として醜い、最も狡猾な形態であり、同様にこうした妥協の産物としての台本は、テキストに曲のインスピレーションを求める作曲家に、根本的な影響を与えるとみなすことは、しょせん無理」なことであった。(46) 同じように、ロシア・オペラの歴史家ロバート・オルダーニは、「いかなる［ロシアの］作曲家と劇作家も、政治的に受け入れられそうにない素材を排除することに細心の注意を払わなければならなかった。そして、どういうものに可能性があり、何に可能性がないかを見極めることは、しばしば難しいことであった[47]」。

芸術的自己検閲、つまり自主規制の具体例を見つけるのは難しいことではない。ベッリーニはヴィクトール・ユゴーの戯曲『エルナニ』をもとにしたオペラの作曲計画を断念した。なぜなら、彼自身の言によれば、「主題は警察の手である程度修正を受けざるをえないであろう」し、台本作家は「妥協する気がなかったからであった。ドニゼッティのオペラ『ルクレチア・ボルジア』の台本作家は、「検閲官がかかわっている限り、慎重にならざるをえない」と、スカラ座の支配人に確認した（ここまで慎重に配慮したにもかかわらず、この作品は一八三四年ナポリで上演禁止になった）。ヴェルディはナポリの検閲を「あまりにも厳しくて面白い主題を許そうとしない」といっているが、その本人もナポリで一八四八年の革命が短期間だが成功したとき、今や「いかなる主題でも完全に作曲できる」にいたった、と勝ち誇ったようにいっていたのである[48]。

検閲を受けたオペラの作曲家は耐えがたい義憤に満ちていた。ヴェルディは、彼の妻が「検閲されるという憂鬱なこと」と称したものに対して最も激怒した犠牲者、あるいは少なくとも最も声高に反抗した犠牲者であった。一八五〇年『リゴレット』がヴェネチアの検閲で「絶対禁止」と報道されたとき（後に修正されることで許可された）、彼は次のように友人に手紙を書いている。「ほとんど気が狂いそうだ」。禁止令に「私は絶望している」。そして、「この上演禁止のおかげで私は大いに傷つきあまりにも不愉快なので、何と表現してよいか言葉がないくらいだ」）。一八五一年一二月ヴェルディは、彫刻家の友人にオペラ『リゴレット』と『スティッフェリオ』はローマの検閲で「破壊」されたと書き、「君の美しい彫刻の銅像の鼻に黒いマスクが付けられたとしたら、君なら何というかね」と尋ねている。かって自棄になった彼は、『リゴレット』のための広告掲示板に「リゴレット、ドン［——］による詩と音楽」と読めるようにし、空欄に検閲官の名前を入れたらどうかと、仄めかしたこともあった。一八五八年ナポリの検閲がオペラ『仮面舞踏会』に要求した変更に対して、「芸術的殺人」と表現し、また次のように宣言した。

自分の芸術と己自身を尊重する作曲家が、まったく異なった理念のもとに書かれた音楽の素材として、このようなグロテスクなものを受け入れることは名誉毀損もはなはだしいので、受け入れるわけにはいかないし、またすべきでもない。このような奇怪なものは劇的芸術の明白な原則を冒瀆するものであり、芸術家の良心の品位を低下させるものである……ドラマについてはどうだろう、また常識についてはどうだろう。フフン！　能無し！　駄作！

ヴェルディは、ナポリの検閲が彼のオペラ『仮面舞踏会』に変更を要求してきたことから「まさに地獄だ」と嘆いた。さらに続けて、一八五九年ローマの検閲官の同じオペラに対する扱いに「吐き気を催した」と報告している。これはまさに、彼の表現によれば、「気まぐれ、無知、何もかも覆そうとするマニアの特徴である。『椿姫』もまたローマの検閲官によって、メッタ切りにされた。この検閲官は主役の高級娼婦ヴィオレッタの役柄を、「清純な乙女」に変えるように求めたため、ヴェルディは怒鳴り散らした。

検閲官はドラマの意味を破壊した。彼らは『椿姫』を清純無垢なものに変えた。ありがたいことだ！　このような具合に、彼らは状況設定全体と、すべての配役を破壊した。全体は一全体として残さなければならない。もし、太陽が夜に輝くとすれば、それはもはや夜ではなくなる。要するに、彼らは何も理解していないのだ[49]！

一八四二年ドニゼッティのオペラ『マリーア・パデッラ』がナポリで上演された後、イタリア・オペラの検閲によるもう一人の犠牲者ドニゼッティは、このオペラは「承認できないので、検閲官によって」「恐るべきやり方で」「皆殺し」にされてきたと不満を述べた。同じ都市での、彼のオペラ『カテリナ・コルナーロ』のたどった運命について懸念を表し、彼は友人に次のように書いている。「私は一生懸命しかもオペラについて誠実に働いてきたのに、ほんの些細な気まぐれと裏切り行為のために、興味深い主題をばかばかしいものにすり替えたいとは思わない」。一八四四年ナポリで『カテリナ』の初演についての報告を聞いた後、ドニゼッティは「検閲がどんな屠殺場を作ったかは、神のみぞ知る」と嘆いた[50]。リムスキー・コルサコフは（ゴーリキーの物語にもとづく）オペラ『クリスマス・イヴ』に対する検閲に応えて、苦々しく個人的な見解を述べている。「私のオペラと並んで、ゴーゴリの作品のすべては禁止されればよいものを。そうすれば、少なくとも彼の作品をテーマにしたオペラを書こうとするものはいないであろう」。（他方リムスキー・コルサコフは個人的に次のようなことを認めている。ある音楽はあまりにも酷いので、「理論的には激烈に検閲に反対することができる一方、実践的には検閲制度を残したいと思っても許せる[51]」。

全体として、語られる演劇と同様に、検閲により、一八一五～一九一四年のほとんどの期間ないし全期間にわたって、ほとんどのヨーロッパ諸国において、社会的にも政治的にも安全なオペラを創作する目的はほぼ達成された。一九世紀のヨーロッパ史の過程で、検閲により音楽の影響力を骨抜きにする効果は、全体的な政治的抑圧の衝撃的影響とは別個に評価されることはほとんどないが、オペラと作曲家に対する衝撃的な影響力については過大視してもしすぎることはない。イタリアあるいはその他どこであろうとも、政治的に波長を合わされた観衆が、遙かなる過去の時代と設定に置き換えられたオペラにさえ、同時代の政治的当てつけを見いだすことはできたが、作曲家も台本作家も反体制的主題のオペラを直接作曲することはできなかったし、常に検閲のことを念頭において作曲せざるをえなかった。ヘンリー・レイノアは「こうした条件のもとでほとんどのオペラは「遠隔地の出来事あるいは過去の非現実的な出来事に設定して」「現実とはほど遠いロマンティックな物語」に作り上げた出来事に焦点を合わせ、「もしかつて実際に起こったことであれば、遙か昔の出来事で望むらくは遙かかなたでの出来事」で処理した。作曲家と台本作家は、

> 検閲当局と無鉄砲に頭から衝突し続ける危険を冒すか、政治的・社会的現実はもはや考えられず、登場人物の関係も社会的現実から切り離された、虚構化した真空地帯で作曲することに甘んずるような、快楽的で飾り立てられた人生の上っ面を描く以上の仕事はできないことを認めるか、そのいずれかでしかなかった。(52)

要するに、一九世紀ヨーロッパにおける政治検閲は政治的に安全なオペラばかりではなく、現実離れして、毒気を抜かれて貧弱になってはいるが、実際にありうる現実的なものと有意的に関連した内容を扱ったオペラを生み出した。

第六章　映画に対する政治検閲

一九一四年の第一次世界大戦勃発にいたる二〇年間に、娯楽の新しい形が生まれた。それは動画である。動画はそれ以前のあらゆる娯楽に比較しても、大衆にとっては遥かに身近なものであり、一般的に映画は、演劇や出版物よりも強力なコミュニケーション手段であるとみなされていた。映画は大衆とのコミュニケーションを可能にするような、発達過程の拡大かつ強力な手段であるとの認識と、国民のあらゆる階級に話しかけるような魅力的なメディアとして、「危険な」思想が広がることへの保守主義者特有の恐怖感を背景にすれば、映画を検閲しようとする要求が早急に展開したことは驚くにあたらない。そうした要求はそれ以前の権力者たちが演劇を理解したのと同じように、一般に映画を悪徳と反乱の温床と見る保守的なエリートたちの間で広い支持を得ることになった。彼らは特に下層階級に対するとてつもない魅力（と伝達能力）を心配した。例えば一九一四年には、あるロシアの保守的な法律家が、彼の目には「侮辱的なやり方」で自分を描くように見えるニュース映画に憤慨し、映画は「新しい疫病」であると銘打って、仲間たちに警告している。「気をつけたまえ！　今日は私かもしれないが、明日は別の誰かだろう。そのうちには国に仕える高貴な方々が、大衆の革命主義が利用する宣伝活動という、このぞっとする武器で笑い者にされるのだ[1]」。このような恐怖感を反映して、芝居に対する検閲が下火になり（例えば一九〇六年のフランスでは演劇の検閲がなくなっている）、ヨーロッパでは最も遅れてロシアが一九〇五年に出版の検閲を廃止したにもかかわらず、第一次世界大戦に近づく頃には実質的にすべてのヨーロッパの国々で映画の検閲が強いられることになった。

映画は驚くほどの拡大を見せることになる。一八九五年から一八九六年にかけて公開された初期の映画はほとんど、定期市やミュージックホールでの生演奏の合間に上映されたもので、駅に到着する列車といった短い日常的な映像や、簡単な観光映画やコメディータッチの描写にすぎなかった。しかし人々が急速に映画に惹きつけられるようになるにつれ、筋のある長い映画が出現し、それらを上映するための「画像宮殿」や「電影劇場」と呼ばれるような特別な建物が造られていった。ベルリンだけでも、一九〇五年から一九一四年までに映画館の数は二〇館から二〇〇館以上に増えた。その後のデータによれば、ドイツには二五〇〇館以上の映画館が存在し、イギリスには四五〇〇館、ロシアとフランスにはそれぞれ一二〇〇館が存在した。[2]

このような途方もない成長が、映画産業のあらゆる局面に見られた。イギリスでは映画の配給にかかわる会社の数は一九〇八年から一九一二年にかけて三社から四六四社へと膨れ上がり、有力な映画制作会社の一つであるパテ社の収益は一九〇一年から一九〇二年にかけて四二万一〇〇〇フランであったものが、一九一二年から一九一三年にかけては八〇〇万フランに跳ね上がった。一九一四年には一日のうちに一五〇万人のドイツ人が映画館にやってきたと見積もられている。一九一六年には年間で映画に行くロシア人の数はライブシアターに行く人の一二倍もあり、ロシアにおける映画の観客数は他の劇場、コンサート、サーカス、そしてミュージック・ホールに行く人すべてを合わせた数を超えるものであった。[3] あるロシア人は一九一〇年頃に、次のような観察をしている。

もし夕方に首都や地方都市、田舎町や新開地、村々の通りを歩けば、あらゆる道で寂しげに揺らめくランプの灯りとともに同じ事実を目にすることだろう。一つの入り口がランプに照らされ、入り口の横では人だかりが列をなして待っている。映画だ。もし君が観客席の中の観衆の構成を観察するなら、びっくりすることだろう。あらゆる人がそこにいるのだ。学生や憲兵、作家や娼婦、士官や士官候補生、髭をはやし鼻眼鏡をかけたありとあらゆる知識人たち、そして労働者、店員、商人、社交界の貴婦人、着飾った女性、公務員、文字どおりあらゆる人たちだ。(4)

この観察者は「すべての人」が映画に魅了されたと書いているが、観客の圧倒的な多くは労働者階級に属する人々であった。そのことはとりわけ劇場のチケットが高く、排他的な雰囲気を持つのに対して、映画のチケットの安さと形式を気にしない雰囲気が、貧しい人にとっての抵抗を少なくしているという事実を反映している。イギリスではある人物が見た様を回想している。「今世紀初頭の映画は下層階級向けの視覚装置となった。そして急速にコンサートや芝居に代わり、その主要な娯楽源とともに、教養的な成長のきわめて大きな要素の一つになったのである」。たしかにゲリー・スタークは一九一四年にはヨーロッパ中で、「セックスや酒と並んで、映画が大衆の娯楽メディアになった」と結論づけている。(5)初期の映画は安っぽい恋愛劇や犯罪もの、そして性的遊戯や風刺に重きを置くものが多く、三文小説に相当する絵画的なものであった。ロシアでの映画の通称である「幻影」Illyuzionyとは、動画が圧倒的に大衆の逃避的な娯楽に重きを置いていたことを反映している。ロシアの詩人モラヴスカヤが映画について、「人生がペテンのような人間にとっては、電気的な楽園が開かれている」と書く一方で、オーストリアの劇作家フーゴー・フォン・ホーフマンスタールは映画を、「労働者の大衆」にとっての「夢の

代用品」であると位置づけている。(6)

I 新しい産業に対する希望と危惧

初期の映画において、重要な政治色や深刻な社会批判を含むものが比較的少なかったにもかかわらず、政治的なプロパガンダが持つ潜在力、特に労働者階級の観客に向けられたものは、体制派と反体制派の双方からただちに注目された。特に後者の中では、フランス社会主義の指導者ジャン・ジョレが、映画はやがて「プロレタリアートの演劇」になることを予言した。一九一三年にはロシアのリアリズム作家レオニード・アンドレーエフが、自ら名づけた「奇跡的な映画《キネモ》」に、想像を絶するほどの大きな社会・心理学的役割が課せられるであろうことを予言している。彼は映画が音声を欠いているおかげで(もちろんこの当時はすべての映画が無声だった)、それがサンクト・ペテルブルクの野蛮人にもカルカッタの野蛮人にも等しく理解可能」であることを称賛している。このようにして映画は「国際的な連帯の守り神となり、地球上の断片と個々の魂をかき集め、不安定なヒューマニティを一つの流れに束ねる」のであった。同様に一九一四年にはロシアの反体制的スポークスマン、ウラジミール・ゼレンスキーが、既存の映画が「ブルジョアの俗悪さ」や「あきあきする俗物的な道徳性」に特徴づけられる「資本家の召使い」にされていることから、「労働者の映画撮影《シネマトグラフィ》」への発展を求めていた。だがそれにもかかわらず、映画は「各国で労働者階級が前進していることを示すために、生きた挿絵で社会生活のあらゆる現象を映し出し、国際的な芸術的科学的宝典の頁を開いて、すべての国の労働者たちの生活を物語る」ような潜在力を備えるものであった。革新的な勢力が映画を積極的に利用しようとすることは少なく、むしろ教師や他の専門家たちが早くから映画の教育的な可能性を認めていた。一九〇二年になると早速、第一回ロシア歴史学教育者協議会は諸学校の「映画化」を要求し、その結果としてロシア養蜂協議会をはじめとする諸団体が、教育的な目的のために映画を利用することを促進した。同様にイギリスの『タイムス・エンジニアリング・サプリメント』のある筆者は一九一〇年に、映画が「今なお幼少期にある」一方で、それは「たんなる娯楽やレクリエーションの道具」ではなく、「教師や社会教育家にとって強力な教育的手段を提供する」ような、「きわめて強力な教育の媒体になるべきものである」ことを記している。(7)

しかしプロパガンダや教育の媒体としての映画の潜在力は、保守的なヨーロッパの諸政体にとっては戦慄の的であった。彼らは映画が、大衆に革命的な影響を与えるために使われはしないかと怖れていたのである。そのような恐怖心は一九一四年までにはすべてのヨーロッパ諸国で映画に対する検閲のメカニズムが実質的に確立するにあたって、その背後の重要な要因となった。フランスでは一九一四年以前の段階で、内務大臣が定期的に地方役人に、「公共の秩序や静粛を乱しかねない示威をかきたてるような」映画を禁ずるように警告し、他方で一九一二年におけるバイエルンの公的な映画検閲のガイドラインは「国家教育や公的秩序、宗教、道徳もしくは礼儀に反する」ような映画やシーンを禁じていた。映画産業によって運営される自己検閲組織で、地方の検閲機構の指示に寄りかかったイギリス・フィルム検閲委員会（British Board of Film Censors）は、例えば「社会不安や不満を助長し、かつ助長することを意図するような作品」、「それなりの力量で行為する公的人物を侮辱するような」シーン、「大英帝国の白人と有色人種との間の敵対あるいは緊張した関係を示すようなストーリー」や「犯罪を犯すような登場人物にロマンや英雄的雰囲気を与えようとするテーマや、犯罪者を含めて観衆の共感を得ようとするような方法で語られるストーリー、他方、現体制や法の執行者を不誠実あるいは粗野な人物として、また無能あるいは笑い者として軽蔑する」ような作品の検閲を支持することを宣言した。(8)

ドイツでは、一九一二年に保守的なコメンテーターが「我が都市の住人、特に大都市の若者において、映画の影響が世論の形成にかかわり始めた」ことを記し、「国民の未来を考えるたくさんの日刊紙がこの渦中の社会政治的な問題に大きな関心を寄せ、これがためにその多くが可能な限り強力な警察の検閲を要求している」ことを記している。この関心を受けて、一九一〇年にはベルリンの警視総監がプロイセンの内務大臣に、映画の観客は主として労働者階級やその子供たちであるから、「この種の人々に、我が王朝の成員のパーソナリティや行動として誤った印象を残し、もしくは王族に対する大衆の忠誠を減じるような映画を確実に見せないようにすることが重要である」と報告している。一九一五年にはプロイセンの学校検査官が、人気のある映画はいつも上層階級を豪華で頽廃的に生活し、貧乏人を酷使する怠惰なエリートとして描いていると批判している。彼は他の役人に対して、「特に多くの映画ファンが下層階級の出身である」としたら、彼らの心の中にそのような「誤った認識や破壊的なイメージ」の根を下ろすことは危険であることを警告した。(9)

イタリアでは映画の検閲規定を確立した一九一四年の内務大臣の政令が、「国家の名声や自尊心に有害であり、また社会秩序に反するような」映画および「公的制度や体制、もしくは役人や法の番人たちの名声や名誉を汚すような」すべての映画を禁止するように検閲官に指示している。ロシアでは一九一三年に皇帝ニコライ二世が、映画を「まったくの屑」であり、「無価値で、害あって益のない娯楽の形態」であり、それは「異常《アブノーマル》な人」のみが芸術とみなすものであると特徴づけていた。同年、ロシア当局が検閲官に、労働者の生活を扱う映画に慎重な注意を払い、労働者の困難な生活、反抗的な活動を描く映画や、雇用者に対して労働者の目を覚まさせるようなシーンを含む映画、攻撃的な映画、契約奴隷の生活を描くなどの映画には何としても上映の許可を与えないこと等々を指示したのである。

ロシアの映画検閲規定はまた、いかなる「政治的な殺人あるいは殺人の試み」、もしくは「純粋に歴史的な関心で遙か昔のシーンを描く以外には、政治集会や行進の様子」を描くことを禁止した(10)。映画の内容に対する支配者階級の関心は政治的な作品ばかりに限られるものではなく、犯罪やセックスを描く初期の映画の多くが圧力を加えて、映画の観客の大部分を占める労働者階級、特に子供や青年たちの道徳性や従順さをわずかながらも、そして徐々に破壊していくことに対する怖れを反映するものでもあった。プロイセンの文化大臣は一九一二年には、人気のあるくだらない映画が危険であることを警告している。なぜならそれらは、

神経を興奮させ、想像力を不適切に刺激して、好ましくないぞっとするようなシーンを描くことで、倫理的な感性に害を与えている。そのような物質的な毒を見ることで、若者の豊かな感性はくだらない安っぽい作り話を読んだり、あるいはポルノ写真を見るのと同じ結果となる。スクリーンでそのようなものを見ることは、善と悪を見極めることのできる人の心を腐敗させるのに値する……。多くの子供たちの汚れない性格は、悪い道に引きずり込まれる怖れもある。若者の美的感受性も堕落しかねない(11)。

このような道徳や感性に対する侵食が直接に政治的革命を導くものではないにせよ、そこから引き出される印象は、映画を日々の食事のように定まって与えられることで、下層階級は社会における自分たちの「位置」を忘れ、もしくは拒否し、今ある秩序を脅かすようなさまざまな反社会的な行動を引き起こし、社会の上層が持つ道徳的基準を拒否するのではないかという一般的な懸念を反映することになる。初期のドイツ映画に関する歴史家が記しているように、「大衆映画を統制しようとする国家の努力は、明らかに都市部の下層階級に対する上層階級の恐怖心から発せられている」。なぜなら下層階級の多くが映画を見るようになることは、「その階級を混乱、腐敗させ、伝統的に規定された価値への関与を弱体化させ、道徳的かつ、おそらくは社会的な無秩序にまで導く」ことを怖れていたからである。[12]

特に映画は子供たちを犯罪的な行動に誘い込むという理由で非難された。例えばベルギーの児童裁判所は、「ベルギーの若者たちへの映画の悪い影響力が少年犯罪の主たる原因になっていることについて、同裁判所において意見の一致をみたことを宣言」し、一九一六年にはイギリス国務省が、イギリスの多くの町でその警察長官が「最近増加する年少者の非行」がかなりの程度、風紀を乱す映画によるものである」としていると報告している。一九一二年にはスペイン国王は、「児童の保護と虚偽の防止のために」、王室の支援を受けた評議会から次のような報告を受けた。

> 子供たちは映画のような展示上映にはあまり行くべきではない。そこでは暗闇に多くの大衆が集まり、汚れた空気を吸い、さらに嘆かわしいことには肉欲、情熱、犯罪のイメージが示されて、子供たちのデリケートな器官に一生患う嘆かわしい道徳的結果や病理学的な影響を及ぼすような光景が展開されて、日々影響を与えるのである。

ドイツの映画批評家は一九一二年の記録の中で、犯罪映画の影響について警告している。「それは大胆な犯罪、血のほとばしる汚らわしい戦いや野蛮な計画をたたえながら、一度に大勢の人がそれを見ることで、孤独に読まれる印刷物よりも煽情的な効果を発揮する[13]」。

映画はまた、暗い映画館の中で非道徳的な行動を誘発する点で非難された。「膝のいちゃつき」といったフレーズがすぐに広まり、アメリカのある作家は映画を「ホモセクシャルな行為を教えるための格好の場所」と位置づけた。ドイツのブレーメルハーヴェンの警察署長は一九一二年に、「映画館は多くの場合、恋人たちが通常、明るい日差しの差し込むところではできないことを、暗がりならできると思う場所、とみなされている」ことを明らかにしている。セルビアでも、ベオグラードの教育雑誌『ウヒテル』*Uchitel* が一九一三年に、フィルムは「若い男女を圧迫し、基本的な類の誤った満足ばかりを提供するが故に、いかなるものであろうともあってはならない芸術」として特徴づけられることを明らかにしている。マドリッドでは道徳的に問題のある危険な映画館に当局が触発されて、単独の男性は一定の場所に座らなければならず、女性も同様で、カップルは第三の席に座り、そこには赤いランプが点灯することが法律で定められた！　映画はまた、あるロシアの映画批評家が「火事と盲目と道徳的悪弊の温床」と称するように、目に悪い影響を与え、危険な状態で人が集まることで火事を引き起こす危険性がある点でも批判された。ドイツのヴュルテンベルクの政府は一九一三年に、映画のシーンは観客を「はらはらし、緊張した……」ままにすることで、特に「子供や神経的抵抗力がきわめて弱い人」に対して、深刻な心理的煽動や激しい興奮、そして神経障害さえ引き起こしかねないと警告している。デンマーク映画のある歴史家はまもなく「すべての法律違反が、あらゆる悪の根源になりつつある映画のせいにされた」ことを記して、これらの批判の存在を指摘している[14]。

ある場合には、映画に対する否定には道徳的かつ政治的な問題点と同様に、物質的な問題関心が反映されることもあった。劇場の所有者やサロンの経営者、映画に経済的な脅威を感ずる人、そして映画が宗教的行事に参加する人の数を減らすのではないかと怖れる聖職者たちが、映画に対して公平といえない態度で反対する人々と手を組んでいた。イギリスでは教会とその支持者たちが長年にわたって日曜日には映画館を閉めるように強いてきたし、ロシアでは脅威を感じていた財界が短い期間ではあったが、ロシア政府に映画館を開く時間を制限するように働きかけ、成果を上げた。[15]

全体としてこれらの問題はすべて、映画がそれ以前のマスコミュニケーションや娯楽の形態と同様に、出現するとまもなく検閲規定のもとに置かれるようになった事実を物語っている。出版や演劇の検閲が廃止されたか、あるいは攻撃対象として問題視されなくなり始めていたが、それは、映画が特に観客を集めるという点において潜在的に印刷や舞台よりも強力で、脅威を与えるメディアであるとみなされたからである。イギリス・フィルム検閲委員会は「本の印刷された文字と映画の映像表現は根本的に異なった心理的印象を生むという、人間心理の初歩的知識でも理解される原則」からすると「ある物語が文字により文学としてすでに発行されているために、スクリーンにも適しているとする考えは捨てる必要がある」ことを明らかにしている。一九一三年にはフランスの裁判所が当時、演劇の検閲を廃止したにもかかわらず、映画の検閲規定を取り上げることについて次のように宣言している。

真実のところ、映画ショーは（それらが基礎としていたであろう）劇としての作品のイメージや写真と同じものではない。それらは同じ観客のために作られてはいない。無限に多様で、劇作家とは異なる手法を展開することで、大衆の好奇心を興奮させ、時には驚かそうとするものであり、見る者の美的感情を目覚めさせ、発達させるというわけではない。

同様に一九一三年にはあるドイツ人が当時を見渡して、多くの人々が認めざるをえなかった事実を書き記している。

伝統的な劇場と比較すると、映画は多くの大衆に絶対的に一貫した衝撃を与えている。それは映画の観客がより挑発を受けやすいからであり、映画ショーが見る人により挑発的な効果を発揮するからであり、そして上映される娯楽の形態が人の基礎的な本能に訴えかけることが多いからである。(16)

II　映画に対する検閲の確立

一九一四年以前にヨーロッパで確立したフィルム検閲のメカニズムは偶然にも、初期の出版物や演劇の検閲を思い起こさせるようなまにあわせ的な性格を備えていた。多くの国では初期のフィルム検閲は大衆娯楽に鑑札を与えるというそれまでの法律や伝統に従って、地方当局が行使するものであった。その結果として政策は町々で異なり、フランスでは「基準が狂ったようにつなぎ合わされ、検閲の執行に大きな混乱」を引き起こすといったものであった。(17)そのような検閲を具体化することによって、映画の製作者や配給には困難が生じた。ある町では上映の許可が与えられるのに隣町ではだめであるといったシステム上の明らかな論理の欠落によって、しだいに中央統制化され、したがって標準化された映画検閲システムへの圧力が強まるにいたった。中央統制化と標準化の程度には差こそあれ、そのようなシステムはスウェーデンでは一九一一年に、スペインでは一九一二年に、イタリアとイギリスでは一九一三年に、デンマークとドイツでは一九一四年に、そしてフランスでは一九一六年に確立した[18]。

ロシアでは無計画で単純な国家検閲が、劇場に新しいプログラムが組まれたときには必ず警察が訪れるという形で、きわめて早い時期に確立していた。しかし、すでに代金の支払われた映画が警察に押収されたときには……例えば、ツルゲーネフの『父と子』のフランス語訳が押収されたときには、輸入業者は二〇本分の代金を支払っていた……このシステムが配給業者や上映者に課すコストが大きくなるために、配給業者は配給の用意を整える前に、「点検したうえで」支払い済みの映画の試写用コピーを警察に見せたほうがよいと考えるようになった[19]（ロシアとドイツの映画検閲は一九一七年から一九一八年にかけて政権とともに崩壊したが、その後の体制がまもなく独自の手続きを確立させた。映画は舞台芸術より恐ろしいといった議論を証明するかのように、ドイツのワイマール共和国は帝政崩壊後に演劇の検閲を再興しなかったにもかかわらず、映画の検閲を再び制度化した。一九二〇年代のイギリスではこの原理が他の場面で証明されている。イプセンの『野鴨』が舞台では許可されたにもかかわらず、演劇の映画版は禁止されたのである[20]）。

ドイツでは、一九一四年までにはすべてのおもな州で標準化された検閲システムを発展させたが、第一次世界大戦の勃発によって、映画を認可し、映画館の数を制限する国家的標準を確立しようとする中央政府の法案は蔑ろにされた。中央政府が提案した法案は、映画が「大衆映画の悪影響に抵抗するための教育を受けていない国民」を食い物にし、「若者や教育を受けていない階級の関心を引く魅力……その魅力は安い入場料と映画の広告の質によって強化されるものであるが……は、それを絶対に認めようとしない国家にとって道徳的な脅威になる」という見地からなされた[21]。一九〇六年初頭前後には、さまざまなドイツの諸都市には警察が管理する固有の映画検閲のシステムが存在していた。例えばベルリンでは劇場の管理者に、上映開始予定日の三日前には審査のためのフィルムを警察に提出することを要求した。それぞれの都市で独自の手続きと基準が存在していたために、ばらばらのものをただ張り合わせるだけの検閲政策を作り、資格のない地方警察にしたくもない仕事を負わせ、映画の配給者と上映者には深刻な現実的な問題を課していた。一九一二年にはシュトゥットガルトの警察署長が、訓練を受けていない警察官が知的決定を下す際の難しさについて不平をもらしている。

もし私の部下の警察官が、あれこれの映画に異議を唱えるなら、それがシェークスピアの作品といわれ、またそれに異議を唱えるとは何と心が狭く、教養のない俗物なのだろうといわれるに違いない。貧しい警察官に何ができるというのか。もし映画館の所有者にシェークスピア作品の一つだといわれたら、それを禁止する勇気など持てるはずがない。もしくは時に非公開の（検閲のための）上映の最中に、かりに誰かが鍵の束を落としたとする。親切な人物と期待される警察官がそれを拾うために屈むこともあるだろう。数週間後には、わずかに鍵に気をそらされた間に見過ごした映画の一場面の、きわめて残酷な殺人シーンがスクリーンに映されることになる。(22)

このようなさまざまな困難な問題が生じた結果として、プロイセンやバイエルン、ザクセン、ヴュルテンベルクを含むおもなドイツ諸国の多くが、徐々に単一の集権化された映画検閲の機構を創設し、その決定が国中に効果を発揮するようになっていったのである。実際のところ、ベルリンの検閲事務所は「事実上《デ・ファクト》」国家の検閲機構となり、一般に映画会社は新しい映画をベルリンの検閲官に提出し、他の国はベルリンの審判に従っていた。理論的にはそれぞれの映画館の所有者が検閲官にフィルムを提出することになっていたが、実際には映画の製作会社や配給会社が封切り前に検閲を通過させていたために、映画館の所有者はすでにレンタルしたり広告した映画を最後に取り消すような目にあわずにすんだ。ベルリンでは初期の映画の検閲は、演劇の検閲と同様に数人の警察の役人によって処理されていたが、一九一二年にプロイセンの映画検閲が中央集権化されると、特別の映画検閲事務所（Filmprufungsamt）が設立され、許可を受けるために毎日提出される二〇本から三〇本の映画をベルリンの四人の警察査察官が審査した。

その他のヨーロッパ諸国もこのように、無計画で地方分権化された形態からより標準化された映画検閲へと進展した。デンマークでは、コペンハーゲンやフレデリクスベルクの映画検閲があまりに手ぬるく、「新しい精神病院や監獄を建設するための基礎」[23]を敷いているにすぎないと批判されるほどで、地方検閲官に対するこうした公の批判に沿って、映画業界が標準化された政策を要求し、一九一四年一月から国家規模の映画検閲システムを確立するという政令の布告が出される運びとなった。デンマークのシステムでは、法務大臣が三人の検閲官を指名した。実際には一人のメンバーが常に法務大臣を代理し、一人は演劇界と関係を持っていた。スウェーデンでも三人の委員会を利用していたが、国王が自ら指名した。イタリアでは映画の検閲は高位の国家警察の役人に委任され、その一人である内務大臣は検閲が緩やかすぎると感ずると、警察に再調査を要求する権利が与えられていた。イタリアの地方政府は、映画の広告やポスターもまた検閲の対象とすることによって、国家の映画検閲を補足する力が与えられていた。スペイン（一九一二年の勅令のもとで）やノルウェー（一九一三年の法律のもとで）では、映画の検閲条項は国家単位で適用されていたが、最終的な職権は地方の役人に委ねられた。ノルウェーの法律では、地方当局は当該地でどの映画を上映することができるかを決定するにとどまらず、どのくらいの数の映画館を、そして誰の映画館に許可を与えるかを決める権利を持っていた。スペインでは当然のごとく多様化していく地方ごとの基準に応じて、スペイン映画のある歴史家は、一九二一年までに知事や市長たちが身勝手に干渉しようとするので、検閲により映画の存在そのものが脅かされていると結論づけている。

検閲上の許可を与えるためにイタリアとスペインで確立した技術的な手続きは、ほとんどの国においても典型的なものであった。映画会社は検査するためにフィルムのコピーを一、二本提出するだけではなく、シーンの文章による説明とすべての映画のタイトルとサブタイトルを写したものを提出しなければならなかった。検閲に対してなしうることはどこでも似たようなものであった。カットなしに認められるか、変更を条件に認められるか、もしくは完全に禁止されるかである。映画は基本的には子供にも大人にも認められるか、子供には大人の同伴のみにおいて認められるか、または大人の観客にのみ制限されるかであった。これらの検閲における許可は通常、その映画が承認されるかどうかにかかわらず、フィルムの長さに合わせて料金が課せられた。イタリアの規定が示すように一度承認されると、「公開される映画は許可が与えられたとおりのものでなければならず」、公開する者は「タイトル、サブタイトル、文字で書かれた表現を一切変えないように注意するだけでなく、シーンや画像にも手を加えず、何も加えず、筋を変えないようにしておかなければならない」ものであった。(24)

イギリス・フィルム検閲委員会が唯一の助言機関であるイギリスでは、映画の製作者や公開者が委員会の推薦に関して地方行政に破棄を求めることができた（彼らはときどきそれを行った）。他の地域では検閲の決定は公的組織によって行われ、通常は抗議ができないか（一九三三年までのデンマークにおけるように）、他の役人に訴えることができるかであった（スウェーデンやイタリアにおけるように）。例外的にドイツの検閲官の決定は裁判にかけることができたが、そのような抗議はめったに勝訴することはなかった。抗議が勝利した一つのケースとしては、ベルリン警察が『安い食事』と題する一九一三年のショートコメディーを禁止したことに関して、プロイセンの裁判所が覆したことがあった。それは気難しげなウエイターに嫌がらせを受けた不機嫌な客が料金を支払わずにレストランを飛び出してしまうといったもので、検閲官は観客がそのような客を真似するのではないかと危惧したものであった[25]。

ほとんどの国での映画の検閲は当初、明確な法的根拠がないままに地方行政により着手されるか（ドイツやフランスに見られた）、勅令をもって課せられるものであったが（スウェーデンやスペインのように）、検閲システムを根本的に法制化する試みはどこも失敗に終わった。例えばイギリスでは、地方行政は一九〇九年法のもとで強化され、あらゆる映画館の所有者に対して運営の許可を与える前に適切な火事の用心をするように要求し、その法律を映画の内容を統制する基礎として用いようとした（通常は一九一三年以降、フィルム検閲委員会の推薦にもとづいていたが）。一九〇九年の法案はいかなる懸念もなく審議を通過したが（それは「映画や他の展示物の安全を確保するためのよりよい条項を与えるため」の法律と名づけられたものだが）、許可を獲得するにはロンドン特別市のある州会議の許可を必要とする、というさらなる条件を追加しようとする一九一〇年の裁判所の訴えは、「派生する諸条件が理不尽ではない限りにおいて、各州会議に自由裁量権を与える」という法案を州裁判所が決定したために失敗した[26]。その結果としてもたらされたものは、ある一人のイギリス映画の歴史家が記しているように、「完全に非公式な団体（産業界によって運営されるイギリス・フィルム検閲委員会）による検閲は、もともと国民の安全の確保を目的とした議会法にもとづき、地方行政によって強化されることとなった」のである。[27]

フランスでは、フィルムの検閲は地方行政が「大衆の見世物」の許可を与えるとする一七九〇年の法律にもとづいていた（フランスの演劇の検閲は一九〇六年に終わり、異なる法律に組み込まれた）。役人は一般に、「公共の秩序と道徳性に侵食しようとする」映画は上映しないという方針で映画館に許可を与え、この制限を強化するために、それらが一般に上映される前に映画の視察を求めた。その一七九〇年法を映画に適用しようとする試みは、裁判所によって退けられた。裁判所が「無秩序を唱え、あるいは大衆の道徳に危険」になりかねない映画のシーンを禁止する場合には、当局は「与えられた権力のみを行使する」ことを宣言したのである。[28] ドイツでは裁判所が、「大衆への流布を目的として機械的かつ化学的に再生産された印刷物や画像」への事前検閲を禁止した国家的規模の印刷法の観点から映画の検閲を正当化するために、重箱の隅をつつくようなことをしなければならなかった。裁判所は映画に、その法律を適用させるわけにはいかなかった。なぜなら観客が映画館で見るものはセルロイドのフィルムそれ自体ではなく、形のない投影されたイメージであり、言い換えればたくさんのコマが速く、連続的に投影されることによって作り出される光学上の幻想なのである。これは実体のない「画像表現」が映し出されているのであり、それに出版法を適用することなどできない！　そのことを裁判所が認めたのである。[29]

出版物や演劇の検閲に関する以前のケースと同様に、何を許可すべきかを決定する政府や検閲機関の原理原則はきわめて曖昧な説明に終始し、映画業界の努力が没収で終わるのか、上映禁止で終わるのかは不確かなままであった。一九一四年には、イギリス・フィルム検閲委員会はその意図するものを、「イギリスの観衆の趣味の良さや居心地良さに対して嫌悪を与え、対立しうるものはいかなるもの」も根絶することにあると宣言している。一九一四年法のもとにあったヴュルテンベルクでは、映画がもしその「テーマや表現の仕方が見る者の健康や道徳を害し、宗教観と対立し、感覚を獰猛《どうもう》にし、想像力を悪化し、過度に興奮させ、もしくは正義や社会秩序に鈍感であり、無関心になりかねない場合」には禁止された。イタリアの検閲規定によって一九一四年に提出された検閲官に対するガイドラインでは、「心をぐらつかせ、悪を誘発しようとする」シーンを回避するように指示する一方で、スウェーデンでの映画の検閲制度を設定した一九一一年の勅令で明示された唯一の原則は、映画は「法律あるいは道徳に反してはならず、さもなければ、風紀を乱すかあるいは興奮状態をもたらしかねないとか、あるいは道徳性を破滅させるかもしれない」ことを、確認することが必要であるというものであった。同じように、スペインでの映画検閲が始まった一九一二年の勅令は、映画はすべての有害な傾向から解放されなければならないことのみを記述しているが、他の個所では映画は「正常で正気の生活の姿」を示すものであって、「幻想的で、悲劇的で、喜劇的で、恐るべき心の平安を乱すシーンの実体を見せることなく、善き行為を喚起し、国と家庭への愛を高め、人間の福祉のために犠牲になる英雄主義を称揚する」ようなシーンからなることが提示されていた(30)。

III　政治的なフィルム検閲の運営

政治的に行使されたフィルム検閲の運営は、明らかに第一次世界大戦に近づくヨーロッパ諸国の相対的な政治状況を反映している。ドイツやロシアのような権威主義的国家はしばしば、明らかに政治的な配慮のもとで映画を検閲した(奇妙なことに一般に抑圧的なハプスブルク帝国の政府はほとんど映画検閲を課すことはなかったが[31]。フランス、イギリス、そしてデンマークのような民主的体制は、暴力やセックスを扱う主題をたびたび、そして不適切に取り上げることで、国民（特に子供たち）一般の道徳観を傷つけやすいと考える映画に重きがおかれた。一九〇七年にはデンマークの法務大臣が地方の警察署長に対して、「道徳的に、あるいは犯罪の方法を示している点で不快と考えられるもの、あるいは観客、特に映画をよく見る数の上で多くを占める若者を堕落させるような内容のものは」、映画では見せないようにすることを勧告した。一九一三年には同様に、フランスの国務大臣が地方の役人に対して、「最近の犯罪に関する映画のスクリーン上の表現」は、そのような描写が「公序良識に危険である」が故に禁止することを命じた。一九一三年から一九一四年にかけてイギリス・フィルム検閲委員会が完全に禁止した三五本の映画の大部分や、部分的に検閲された三一四本（合計一万四一一九本の映画が提出された）は、例えば「淫らなダンス」「動物虐待」「むごたらしい殺人」「医療行為」そして「背徳行為を示唆するシーン」の描写を通して、道徳的な問題が指摘された[32]。

比較的民主的な地方でも、明らかな政治的介入が時折見られた。イギリス・フィルム検閲委員会は「公人や制度の尊厳を傷つける傾向のある」シーンを禁止した。フランスでは一八九九年以降、ドレフュス事件を扱う映画はすべて禁止され（制限が撤廃されたのはやっと一九五〇年のことである！）、国際的な緊張の高まった一九一三年には、制服姿のドイツ人が登場する映画をすべて禁止するように地方役人に通達した[33]。一九一四年以前にはあからさまな政治的見地から映画が禁止されることがめったになかった地域でも、検閲のメカニズムができあがることによって、将来においてそうした決定を下すことが容易にできるようになった。イギリスでは、一九〇五年のロシア革命を扱ったロシアの映画監督エイゼンシテインによる『戦艦ポチョムキン』（一九二五）が、他の多くの政治的に扱いがたい映画と同様に禁止された。この決定や、一九二〇年代の似たような決定によって、地方当局が一般に映画業界自体による自主検閲の勧告に従うイギリス体制に対してある批評家は次のように訴えた。フィルム検閲委員会に対する政府の影響が明らかであるならば、

国会の審議において責任ある回答可能な正式の公的検閲による直接的な行使より、政府の意思を間接的に、しかもはるかに効果的に表現でき、政治的な論争の的になりそうな映画をはるかに厳しく禁止する「非公式」な検閲に

イギリスは悩まされていることになる。

たしかに一九三七年にはイギリス・フィルム検閲委員会の議長が勝ち誇ったように、「このロンドンで、我々は日々、盛んに議論されている問題を扱った映画が一つもないことを誇りに思う」と広言している。他方でフランスでは、『戦艦ポチョムキン』が禁止されただけではなく、一九二八年に始まる数年間、すべてのロシア映画が例外なく禁止された(34)。

ロシアやドイツでは、第一次世界大戦前には明らかに政治的な要因で繰り返し、フィルムを禁止するか検閲することが主張された。一八九六年には、ロシアでの動画に対する政治的検閲が記録された。当局の能力のなさが大混乱を引き起こし、ニコライ二世の戴冠を祝うために集まった何百人もの人々が殺されたという〔サンクト・ペテルブルク市内の〕ホディンカの大惨事をカメラマンが撮影した後、カメラとフィルムが押収された（その事件の後、新しい皇帝は舞踏会で一晩中踊っていた一方で、出版物の検閲によってこの惨事に関する報道は一切抑えられたのである）。ロシア当局は続いて、一九〇五年革命

を報道するすべてのフィルムを没収し、破壊した。フランス革命のような包括的なテーマや、ギロチンもしくは王族の非業の死（一六世紀に処刑されたスコットランド女王メアリー・スチュアートでさえも）に関する描写が帝国当局によって禁止された。階級闘争を扱う話題もきわめて注視され、その結果としてユゴーの『レ・ミゼラブル』やゾラの『ジェルミナール』の映画はともにずたずたにされ、アルコール中毒の危険を扱う映画もタイトルに「たたく」という文字があるだけの理由で禁止された。ニュース映画にも細心の注意が払われ、その結果として反体制運動のリーダーたちの葬儀の映画はデモを起こしかねない怖れがあるため禁止され、カプリに亡命中の著名な反体制的作家マキシム・ゴーリキーの画像は（ゴーリキー自身は自らのプライバシーを守るために、時にカメラマンを殴り、時に賄賂をやるといった不毛な努力を払ったにもかかわらず）知らせるに値しないという、もっともらしい理由で禁止された。ロシアにおける写真家に対する制限があまりにも厳しかったため、反ユダヤ主義によるユダヤ人虐殺《ポグロム》や一九〇五年革命のようなテーマに関する映画を求める外国の要求を満たすために、フランスの映画会社はパリで「ロシアの」ニュース映画を作り上げるという方法に頼らざるをえなかった(35)。

皮肉にもロシア映画が厳格に監視されたにもかかわらず、反体制グループは暗闇の映画館が秘密活動のための思いもよらない機会を提供することを発見した。社会主義者ニコラス・チャイコフスキーは、反体制政党が活動を厳しく制限された一九〇六年の選挙から見られる、以下のような典型的な事件を報告している。

ある映画館でフィルムの上映中、完全に真っ暗なホールの中でどこからともなく、観客に社会民主党の候補者に投票するのを呼びかける声が聞こえてきた。この不正行為にびっくりして、劇場の支配人は明かりをつけるよう命じた。数分後、青白く、震えた警察の内偵が、恐怖のあまりに冷ややかに硬直してしまった支配人を引き連れて入ってきた。劇場は満員で数の強さを知る群衆や観客は、おびえる内偵を嘲りながら歓迎した。彼は結局何もつかむことなく、口笛と笑いの中で、慌しく退却した。(36)

ドイツでは警察が政治的、社会的もしくは宗教的な見地から論争になりがちなすべての映画の上映を防ごうとした。彼らは過去、現在を問わず、ドイツの君主を否定的に描くものに対して、そのようなものは大衆の騒乱を招き、「愛国心を傷つけかねない」と考え、特に用心した。そのような見地からプロイセンで禁止された映画の中には、栄光ある革命とみなされた一九一〇年のポルトガル革命に関するものがあり、精神的に病んだバイエルンの一九世紀の国王ルードヴィヒ二世の一生に関するものがあり、薄暗がりのもとで上映されたドイツ軍に関する一九一三年の映画があった。ロシアやイギリスと同様に、イエス・キリストを描く映画はプロイセンでも、「キリストの生涯がもし商業映画の一部になってしまったら、その神聖で、聖化されたオーラが引き剝がされてしまい」、そのようなショーはしばしば「大衆の感性」の妨げとなり、「社会秩序の腐敗を招きかねない」という観点から禁止された。一九一〇年における一風変わった決定としては、ベルリンの警察がサイエンス・フィクションの映画を禁止したというのがあった。それは子供たちが、その映画の中にある想像上の未来戦争の「ありえそうもないばかげた」シーンを信じかねないという見地からであり、例えば「爆発を引き起こす魚雷が飛行機によって空から落とされ、街を灰と化してしまい」、飛行機は「空の魚雷に攻撃されて、空中で爆発する」というたものであった。「そのようなまったくの幻想的」なシーン(もちろん数年後には現実となるわけだが)を信じてしまう子供たちが「極端に精神的な煽動と深刻な神経的疾患」を被るというのが理由であった。全体として一九一一年の九月と一〇月にプロイセン当局に提出された映画のうち、一五パーセントが禁止されたか部分的に検閲され、一九一二年のうちの五カ月間にバイエルン当局に提出された映画のうち、一八パーセントが同じ運命をたどった(37)。

政治的反乱に対する映画の潜在力は、第一次世界大戦に先立つ数年間、ヨーロッパの支配階級にとっての大きな関心事であったにもかかわらず、初期の映画が現体制を脅かしたり、何らかの意味で政治的なプロパガンダであるといいうるものはほとんどなかった。政治行動ではなく、現実逃避が一九一四年以前の映画のおもな焦点だったのである。そして皮肉にも第一次世界大戦中に、フィルムが慎重かつ広範に政治的なプロパガンダのために利用されたのは国内の不穏分子によってではなく、内外において政策の支持をかき集めようとする政府自体によってであった。エーリヒ・ルーデンドルフ将軍は一九一七年に、ドイツ軍事省に次のように通達している。

戦争は大衆を教育し、情報を伝えるメディアとして、写真や映画が圧倒的な力になりうることを証明してきた。不幸にも、我々の(外国の)敵はその効果を利用し、この分野において完全に我々を凌ぎ、我が国は相当な痛手を被った……。それ故に、戦争が成功裏に終わるならば、ドイツの影響がありうるところならどこでも、きわめて深い印象をもたらすために映画を使うように努力することが望ましい(38)。

戦争が終わった後も、プロパガンダのために映画を使うようになったのは国内の反体制グループというより、ボルシェヴィキのロシアそしてナチス・ドイツのような体制であった。ロシアで力を持ち始めた直後、レーニンは「資本主義世界の抑圧や悲惨さ――インドの植民地支配、ベルリンの飢餓――を、新しいロシアの発展と比較できる」映画を作成するように命じた。こうした映画を「特に村々や（ロシアの）東部で上映すれば、そうした地方ではまだ映画は目新しく、我々のプロパガンダは特に成功するであろう」と彼は語っている。新しいボルシェヴィキ体制での最優先事項の一つとして、多くの『アジツキ』*agitki*（短いプロパガンダフィルム）が制作された。一九一八年の後半だけでもモスクワで一一万人の子供たちが参加し、まだ見たことのない農民のいる田舎に映画を運ぶためのプロパガンダ列車（agotpoezda）やプロパガンダ汽船までもが登場し、それに乗せられて数十万人の人が見ることになった。レーニンはただちに次のように締め括っている。「あらゆる芸術の中で、我々にとって映画が最も重要なのである[39]」。

第七章　結　び

　一九世紀のヨーロッパにおける政治検閲は、各国におけるそれぞれの特定の時期の体制と社会変動に対する恐怖と、一般的な政治的雰囲気を実に正確に映し出している。政治的ロールシャッハ・テストとバロメーターを結合させたものとして理解するとわかりやすい。ロールシャッハ・テストとしては、検閲はそれぞれの支配エリートにとって、自国の国民に関して感ずる怖れのタイプと程度を表しており、ほとんどのヨーロッパ体制が「一掃できない大衆」に対して抱く恐怖心の高まりが、検閲の規定に反映しており、その規定は特に貧しい者が近づきやすいメディアの普及度と内容をコントロールするために計画されていた。こうした怖れの多くは誇張され、非合理的だったため怖れを静めるために考え出された政治検閲についても、同じことはいえた。そしてそうした怖れの強度は時期、場所によりさまざまであったので、一九世紀における政治検閲による嫌がらせも国および時期によってさまざまであった。

　バロメーターとしては、一九世紀ヨーロッパにおける政治検閲の多様な厳しさは、特定の時期の各国における一般的雰囲気の評価の基準となった。第一章で指摘したように、政治検閲は、参政権および集会と結社の自由に対する制限、さらに教育の内容と機会均等に対する強力な制限をはじめとする、政治統制の広い構造的関係の中で機能していた。政治検閲の過酷さは通常各国の全体的政治統制の厳格さの程度を反映しており、それはしばしば政治的雰囲気を敏感に察知する基準として極めて正確に作用しており、少なくとも異議の申し立てに対しては寛容さを示しはするが、大いに権威主義を反映するものであった。

このように事実上ヨーロッパのどこにおいても、政治検閲は、フランス革命および、もっと一般的な反動的傾向を呈した一八四八年の革命の余波を受けて、締め付けが厳しくなった。他方、ヨーロッパのいたるところで見られたように、全体としての一九世紀を通して見られた一般的傾向は、民主政体を求める圧力に応えるために、多少とも気の進まないままに譲歩する方向にあった。したがって、どこでも検閲統制は一八一五年におけるよりも一九一四年においては緩和の傾向にあった。しかし政治検閲は、再び全体的な政治的変化のバロメーターとしての役割を反映して、一九世紀の北西ヨーロッパのより自由な体制は、南、西、中央、東ヨーロッパの比較的権威主義的な体制よりも一般的に寛容であった。

それぞれの体制内で政治検閲を統制する法律制度の変化、および行政として実施される方法の変化は、概して全体的な政治思潮を反映していた。この点に関して、歴史家たちは、フランスでは「政治体制が変わるごとに、ただちに出版法を改正し」、新聞を発行するために必要な「保証債」の規模は「当該体制における自由の度合や体制が享受していると感じている安全の度合いに、反比例して上下した」と記録してきた(1)。検閲法のバロメーターとしての役割は演劇と風刺画を統制するフランスの法律における変化と関連して、きわめて明確であった。一八三〇年、一八四八年、一八七〇年のフランスにおける自由を求める革命は、それぞれこの二つのメディアの検閲が行われる以前の検閲を廃止に導いた。一方、下層階級の激変に対する保守的な怖れが増大し、どちらの場合も数年のうちに、風刺画と演劇に対する検閲を再制度化する方向に向かった。このように、フランスの政治についてのある研究者は、次のように見ている。すなわち「ある日ある人物は我々の風刺画の歴史を書くことによって、我々の生きてきた時代に享受している自由についての歴史を的確に書くことができる」[2]。同じことは、程度こそ違え、それ以外のメディアとその他の国での政治検閲についてもいえた。

ロールシャッハ・テストとバロメーターの併用として、政治検閲は一九世紀ヨーロッパの政治エリートの精神構造の洞察に役に立つ。出版物、絵画、演劇とオペラの検閲は一九世紀以前遙か前に始まっていたが、これらのメディアはすべて、それまで以上に一七八九年以降より詳細で体系的な法則に従うようになった。統制の度合いが大きくなったことは明らかにフランス革命によって発生した恐怖を反映するとともに、ヨーロッパの政治舞台に平民の俳優が登場し、一七八九年以降急速に近代化されたことを反映していた。一九世紀における膨大な量の資金とエネルギーおよび政治検閲への人事の投入は、ヨーロッパの支配階級が明らかに大衆の世論を真面目に受け取り、それを大いに怖れたことを示している。要するに、支配階級は大衆が考えていることを深刻に受け止めた。なぜなら、広く行き渡り採用されていた「破壊活動的」理念が、伝統的エリートの権力、富、究極的には生活そのものを現実に脅かしかねないことを、フランス革命が示したからである。

一九世紀の政治検閲の基本的な指標原理は、権力を持った政府を特に脅かすものとみなされた理念の拡散を抑制することであった。前述したように、一九世紀フランスの演劇に対する検閲の第一人者オディール・クラコヴィチは次にように結んでいる。「検閲官が政治にもとづくか、宗教か、道徳にもとづいて検閲を執行するかにかかわらず、彼らは常に同一の原理にもとづいて行う。つまり「権力を握っている社会階級を防御し」「体制秩序を尊重する」ことである[3]。「体制秩序」に対する特別な脅威や政治エリートによって感じられた恐怖の程度は、国によって異なっていたので、検閲政策の焦点および強度は恐怖に対するロールシャッハ・テストとしての役割を反映していた。例えば、一八六〇年以前のイタリア、特にオーストリア支配下にあったイタリア諸国での検閲官は、反オーストリア感情をイタリアのナショナリズムに訴えるもの、もちろん他のところでは検閲官の関心をほとんど引かなかった問題に集中していた。この焦点はローマで上演されたロッシーニのオペラで「あなたの国のことを思って」の代わりに、「あなたの配偶者を思って」に置き換えるようなばかばかしいことをやった。こうした変更はほとんどの（もしあればのことだが）他の国でも確実にありえた。フランスの荒々しい歴史は、検閲官を、過去の革命と関連するものには特に警戒心が強く、あるいは既存体制に対立する原理の象徴的代表とみなされる指導者に対しても警戒的にさせた。したがって、ナポレオン治世にはブルボン王朝に関連した舞台を禁止し、ブルボン王政時代にはナポレオンに関連したものは禁止されていた。ほとんど一九世紀全体を通して、各国の政府は根本的に保守的で、それ故に検閲の砲火は専ら左翼に向けられたが、保守派のほうはまた、体制がどの辺りを右派からの脅威と感ずるかに悩んだ。このように中道共和主義体制が一八七〇年代後半にフランスで権力を得たとき、共和主義左派と専制主義右派の双方から風刺画の攻撃を受け、それに厳しい検閲を躊躇なく行った。

各政治体制が自己の国民に対して抱く怖れの度合いは、全体的にその国の検閲政策のばからしさの水準を反映していた。一九世紀ヨーロッパにおける最も残酷な体制は、おそらくフランツ一世（一七九二〜一八三五）治世下のオーストリア体制とニコライ一世（一八二五〜五五）治世下のロシアの体制であろう。それ故に、フランツ一世治世下でスローガンの「自由《リベルテ》」が輸入中国陶器の箱の側面に書かれていたことにも耐えられなかったというのは、驚くにはあたらない。ニコライ一世治世下では、料理の本がオーヴンに空気を自由に入れると表現するのに、「free air」と書くこともできなかった。プロイセンとロシアの両体制では一九世紀を通して国民を極端に怖れていたが、特にロシアでは体制側の不安度は遙かに強かった。例えば、プロイセン体制は、支配王朝の関係者に関して、その生死にかかわらず、「王室家族に対する一般国民の忠誠を覆す」かもしれないような内容の舞台上演を禁止したが、ロシアの政治体制は、オペラと演劇において、ロマノフ王朝の皇帝の家族の人物像を表現するものはいかなるものでも、成り行きに任せず、禁止した。オペラで歌うことがロマノフ王朝以前の支配者にとって「それらしくない」と判断されても、禁止された（しかしながら、演劇は上演できた）。

検閲政策の焦点と厳しさが体制ごとに異なり、また時代によっても異なる一方で、一九世紀ヨーロッパ全体の体制としては、特に貧者の政治的関心の高まりと組織化された政治活動に恐怖を感じていた。一九世紀初頭と同様、ほとんどの国の支配エリートたちは、中産階級とともに貧者たちを、彼らの権力構造にとって潜在的脅威とみなしていたが、最悪の悪夢は常に、平等主義と社会主義のイデオロギーによって煽られた労働者階級の動乱を中心に形成されていた。それ故に、政治検閲のさらなる主要な焦点は、貧者に対して最も訴えやすい、特にエリートにとって脅威となるイデオロギーの主唱と結び付くような、メディアの訴えが対象になった。この傾向は特におよそ一八五〇年以降に見られるようになった。この頃は、上層中産階級が大衆の脅威を伝統的エリートと共有し、彼らを転覆させる気はないが、社会的にも政治的にも上位にあるものと協力したいと欲していることを、伝統的エリートが理解した時期でもある。ヨーロッパのいたるところで一般に受け入れられていたことは、一八七〇年までは、前もっての検閲からの出版の自由、一九世紀後半における舞台芸術に対する検閲の緩和などで、実際には出版と演劇を指導していた中産階級は、政府の嫌がらせから大幅に解放されていたことを意味していた。一方下層階級を対象とし、急進的イデオロギーおよび、あるいは煽動的階級の恨みを支持するものと受け取られていた戯曲と新聞は、引き続き厳しい仕返しで絶えず脅威を感じていた。この政治検閲の規則を差別をもって適用するやり方は、再び政治的変革を測る一般的バロメーターの役を果たし、一八七〇年以降の同じような階級にもとづく差別とも符合した。つまり貧者に対する高等教育への機会均等を拒否し、集会と結社の自由に関する法の偏見に満ちた行政を実施し、引き続き参政権を拒否するとか、あるいは投票権を与えても価値を低くしか評価しないとか、得票に数えない、といった偽装参政権を採用することによる差別である。

一九世紀のヨーロッパ体制に関連した貧者に対する特別な恐怖は、もしかしたら矛盾に満ちたごた混ぜの検閲規制を形成したかもしれない事柄の多くを説明してくれる。貧者が近づくことを厳格にコントロールしようとする試みは、特別な出版税を幅広く採用したことによく表れている。一八一九年以後のドイツで、一八六五年以後のロシアで、長大な書物が事前検閲から除外された。しかし短いものは対象になった。また現実の問題としては、ロシアとオーストリアで、一般の販売を禁じられた書籍があった。しかしこれも選ばれた個人には合法的に入手することが許されていた。同様に考えれば、おそらく、多くの国で、「自由劇場」を求めた大部分の中産階級が、検閲のために提出せずに戯曲を上演したとき、なぜ当局に煩わされずに済んだのか、またフランスとドイツではなぜ、ドラマが時には一部の劇場で合法的に上演でき、それ以外の劇場では上演できなかったのか、を理解することができるであろう（ハウプトマンの『織工』を警察が禁止したのを、一八九三年ベルリンの法廷が覆したことを思い起こしてもらいたい。そのときの法廷は、この作品を上演した劇場は、「まず第一に暴力とかその他の公的秩序を乱すような行為に向かう傾向のない人たちを会員とする団体のメンバーが観客であった」と宣言したのである）(4)。

一九世紀の体制によって課せられた政治検閲制度の強度と持続とが、メディアによって異なっていたことは、メディアによってさらされる特殊な危険が、体制側にとって望ましくない大多数の「社会団体」の関心を引く現実、および見た目にも明確に認知しうるメディアの説得力に対する懸念が、時と場所により異なることを説明している。ほとんどの政府は印刷物よりも絵画のほうを厳しく検閲した。ロシアやフランスのような一部の政府は、出版物に対する検閲が廃止された後もなお長期間風刺画を検閲し続けた。ほとんどすべての政府は、出版物および風刺画に対する検閲が廃止された後もなお長期に渡り演劇の検閲を続けた。映画の検閲は一九〇〇年以後に始まったが、一般の傾向として検閲統制が緩和される方向に向かっていたのとは矛盾するように思える。例えば、ロシアでも一九〇五年には出版物の検閲は廃止され、フランスでも一九〇六年には演劇の検閲が終わり、ロシアとドイツでは一九一七〜一八年に舞台の検閲が一時的にせよ終わった時期だからである。

このような一見一貫性に欠ける政策は、行政を司るヨーロッパの政府の恐怖心を考えれば、それなりにきわめて一貫性を持ち、論理的だったのである。それはいずれの場合も、検閲統制の持続度と残酷さは、メディアの貧者に接近しうる度合い、それが「消費される」社会的コンテキスト、そしてそのメディアがイメージと理念を伝える目に見える力によって異なった。一九世紀のヨーロッパにおける検閲にさらされたメディアの中で、出版物が最終的にはいちばん脅威の的とはとられなかったものであった。なぜなら貧者の多くは字が読めなかったし、通常孤立した個人あるいは最大でも小さな集団によって「消費され」ていたからである。出版物の検閲は、また多くの国で中産階級のエリートの高度な象徴的な政治的標的になっていた。ますます重要な経済的役割を担い始めていた観点から見て、大方のヨーロッパの政府は、一九世紀中葉までに、中産階級のエリートを味方につける必要を感じていたからである。

こうした要因が、出版後の摘発と下層階級向けの出版物を抑制するのに使われた特別出版税とがあいまって、なぜ出版物の検閲が最初に頓挫したかを説明してくれる。政治検閲のバロメーター機能を反映して、数カ国で出版に対する検閲を廃止したことは、大まかには中産階級の参政権賦与と一致する（フランスでは一八三〇年の出版物の検閲の廃止は、国民の中産階級に参政権を拡大したことに伴い、一八四八～九年にはプロイセンでも、一八四八年にはピエモント、一八三七年にはスペイン、一八六七年にはオーストリアとハンガリーで、同様の発展が見られた）。ロシアでもついに出版物の検閲は廃止されたが、それは参政権とは結びつかなかった。ロシアは全体的にヨーロッパでも最も抑圧的な体制で、立憲政府を確立し、選挙を合法化したのも最後の国であった。

ほとんどの国で風刺画の検閲は出版物の検閲と同時に廃止されたが、風刺画の検閲の最も厳しかった執行は、ロシア、フランス、ポルトガルにおける出版物の事前検閲が廃止された後も続いていたこととあいまって、絵画が読み書きできない人たちに最も理解しやすいものであり、インパクトも最も強く、したがって印刷された文字よりも当局に怖れられたという考えを表していた。フランス当局は一八三〇年以後、ロシア当局は一九〇五年以後、出版に際し破壊的な攻撃を与え、出版後に起訴する危険を冒すに値いするものがあると感じていたが、フランスでは一八八一年、ロシアでも一九一四年以後（一九〇五年の革命の間数カ月間を除く）風刺画に対して同じような危険をあえて冒そうとはしなかった。戯曲とオペラもまた貧者の手の届きやすく、印刷された言葉より理解しやすかったので、風刺画とは異なるが、大勢が一堂に会する大きな集団によって「消費され」たので、危険性が高いと思われていた。そのために、ほとんどすべてのヨーロッパの国では舞台上演の事前検閲は、出版と風刺画の検閲が廃止された後もなお長く続いた。映画の出現は新しい検閲規制をもたらした。舞台と同様、映画は大衆娯楽のフォーラムとして不安がられた。しかし貧者の手にも届きやすいことと、影響力の強さは、入場券の安さとあいまって、すべてのメディアの中でもいちばん危険なものと思わせた。かくしてフランスやスウェーデンのような、わずかな国ではあったが、一九一〇年までに舞台に対する事前の検閲は廃止され、映画が急激に作られるようになるとまもなく、映画に対する検閲が始まった。

本書のような研究の著者にとって、検証した主題が明らかに非常に有意義なものであることを論じて締め括るのが、伝統的なやり方である。以下に論ずるように、政治検閲は一九世紀ヨーロッパの歴史過程を形成するにあたって、疑いなく重要な課題であったが、その全体的な意義に関して詳細な結論を出すことは不可能である。それには少なくとも三つの理由がある。

まず第一に、本書は多くの国の一〇〇年にわたる五つの異なるメディアの政治検閲を検証したものであり、そこからメディア、時代、国によって検閲もさまざまに異なることがわかったため、その意義について要約することは、むしろ問題を大いに単純化しすぎるきらいがある。

第二に、第一章で強調したように、政治検閲は一九世紀ヨーロッパにおける政治統制のより大きな構造の中の一部にすぎない。したがって政治検閲の与えたインパクトを他の統制手段から切り離して論ずることはできない。例えば、かりにヨーロッパの大衆が一九世紀の終わりまで政治的に無力だったとしても、その理由が、教育が政治的に操作されていたからとか、貧者に参政権が認められていなかったからとか、組織を結成する自由が奪われていたからという理由よりも、検閲が異なる考えを広げることを妨げたからである、ということを、どのように証明できるだろうか。

第三に、検閲がその目的を達成できた程度によって、正確に評価したり測定したりすることのできない「実現しなかった事象《ノン・イヴェント》」が創り出された。すなわち、すでに創造された作品の配布と表現を阻止しただけではなく、上演されたかもしれない作品の製作が、検閲される怖れのために、阻止されたのである。配布されえなかった作品の潜在的インパクトをどのように正確に評価できるだろうか。創造されなかった新聞と風刺画、書かれなかった書籍、戯曲そしてオペラ、さらに製作されなかった映画の評価などできないではないか。トルストイの「問題なのは、私が書いてきたものに対して検閲官がなすことではなく、書いたかもしれないことに対して彼らがなすことである」という言葉が私の脳裏に付きまとって離れない。[5] トルストイだけではなかった。さまざまなメディアに対する検閲のインパクトに関するこれまで論じてきた問題が明らかに示しているように、一九世紀ヨーロッパの多くの著者および芸術家は禁止されるのを怖れて、新聞記事、本、戯曲、オペラを書かなかったし、創造したものをしばしば自己規制して変えていた。ロシアの戯曲作家グリボエードフのことを思い出してもらいたい。彼は、己のドラマ『智慧の悲しみ』を、「劇場で私の詩篇を聞こうとする子供じみた野心を」満足させるために、「可能な限りスポイルしてしまう」と自らを譴責した。[6]

　一九世紀ヨーロッパにおける政治検閲の総体的な意義について、正確な評価を提示することは不可能ではあるが、いくつかの結論を提示することはできる。検閲への恐怖が、狭い部屋で多くの「破壊分子の」思想を殺してきたことは疑いない。そして検閲官自身も、新聞記事、戯曲、風刺画、オペラそして映画の一パーセント（つまり数千のうち数十）を出版する以前あるいは上演する以前に禁止するとか、ずたずたにしてしまったことも明らかである。数百の新聞および戯曲が禁止され、数千のジャーナリストと風刺画家が、検閲法を犯したという廉で罰金刑を受けたり、投獄されたり、亡命したりした。検閲統制のために、一九世紀のヨーロッパにおいて全体として現実主義的ドラマやオペラに欠け、同様に一八七〇年以前のジャーナリズムおよび風刺画のほとんどの作品が、鎮静剤的内容に終わってしまったことも確かである。政治統制の広範囲にわたるネットワークの一部として、検閲制度は反体制グループ、特に労働者階級の台頭を遅らせ、組織化を邪魔し、さらに最も厳格で、大規模で、永続的な検閲体系を敷いていた国――一八八〇年頃以前のオーストリア、イタリア、フランス、そして一九世紀全体を通してハンガリー、スペイン、ロシア、そしてプロイセン――での政治的民主化を遅らせることに、特に重要な役割を果たしてきたことは確かである。

反対派の意見が広がるのを阻止するために政治検閲がかなり重要な役割を果たしたことは、フランス、オーストリア、ドイツ、イタリアにおいては一八四八年の革命の最中に、ロシアにおいては一九〇五年の革命の最中に、抑圧的規制がそれほど緊急を要さない体制下においては規制に終止符が打たれたときに、それぞれ検閲その他の政治統制が崩壊し、反対派の考えが急速かつ広範囲に開花したことに最高の証拠を見ることができる。つまり、一八四八年にドイツで、一八八一年にフランスで、一九〇五年にロシアで、検閲が終止符を打つとともに、多くの風刺画を記載した雑誌が爆発的に生まれた。同じようなことが、一八四八年のヨーロッパの革命時に、数百の新聞がほとんど一晩で生まれた――フランスだけで四〇〇紙。しかし抑圧的統制が再び制度化されるや否や、ただちに粉砕されるか、撲滅されてしまった。一八四八年、そして一九〇五年ロシアにおいて、集会と結社の自由に対する制限が粉砕されると、一般的政治組織が突如爆発的に発生した。そして当局が統制権を再び握ると、同じく突然活動が収縮し始めた。(7) 特別出版税の撤廃もまた、ただちに多くの新聞の出版およびその配布を活気づけるインパクトを与えた。イギリスの新聞は一八三六年に郵便税を極端に下げた二年間に頒布数を二倍にした。

検閲は明らかに一九世紀ヨーロッパの思想の普及に徹底的なインパクトを与えた。しかしこのインパクトは、おそらく、権威当局が期待し、あるいは異議を申し立てる人たちが怖れたほど大きくはなかった。検閲の規制は広く、やる気のある出版者、芸術家、消費者により避けられ、多くの場合、市民の関心を刺激し、「禁断の木の実」への欲望を駆り立てた。したがって、実際には検閲された作品に対して一般の関心を一層集めることになった。読者も聴衆（観衆）もまた、当局によって認められた作品に、検閲官が見損なった反体制メッセージを読み取るとか、あるいは理解するために、しばしば著者や芸術家と協力した。その点に関して、スタンダールの論評が証明している（イタリア人についてなされた論評）。「もし不満を持ちしかも同時に機知に富むような民族を扱うのであれば、すべては〈あてつけ〉《アルージョン》になる」[8]。政治検閲が逃げ口上であったことはめったになかったという事実はさておき、体制側と反対派のどちらかが、別の理由を信じたという以外の意味はおそらくなかった。すなわち政府は反体制派に対する恐怖を大いに誇張していたし、反体制派も同じように、もし出版物と芸術が検閲統制から解放されたなら、予想されそうなことに必要以上の期待をかけていた。支配エリートは、一九世紀ヨーロッパにおける検閲に従ったメディアはすべからく、社会的・政治秩序全体を完全に覆すのではないかと怖れた。例えば、オーストリアのメッテルニヒは出版物を時代の「最も恐ろしい悪魔」とみなし、一八五二年フランスの警視庁長官は風刺画を「安定した社会」にとって「最も危険な」脅威の「一つ」と称し、映画は政治的秩序、善き道徳、そして視力にとっても脅威になりうるとみなされた。他方、政治検閲の終焉を弁護した人たちは、彼らが思いどおりにするなら、地球上に天国を約束したであろう。解放された出版物は真実と正義の治世に乗り出し、検閲のない舞台は大衆教育を興し、階級間の摩擦を解消し、あるロシアの作家の表現を借りれば、映画は全人類を統合し、あたかも「地球と魂の本領を終わりに近づけ、動揺する人間性すべてを一つの流れに集める」かのようである[9]。

政治検閲が廃止されたところでは、実際に政府が突然ぐらつくこともなく（時には政府のぐらつきが検閲を終わらせたこともあったが）人類の疾病すべてを解決させたわけでもなかった。政治検閲との闘いは、究極的には、一九世紀ヨーロッパにおける国内政治を支配していた権力と原則に対する広大な闘いの実践的であると同時に象徴的な一部であった。検閲に対する闘いは一部の国の、少なくとも一部の領域で、一九一四年までに勝利したが、一方では、膠着状態が続いていた地域と国もあった。しかしながら、すべての地域で、以前にもまして広範囲にわたる政治闘争は続いた。

訳者あとがき

本書は Robert Justin Goldstein 著 *Political Censorship of the Arts and the Press in Nineteenth-Century Europe* の全訳である。日本語版への序文にもあるように、初版はイギリスのマクミラン社から出版されたが、翻訳を思い立った頃には絶版になっており、その後著者が出版社を換えてアメリカのSt. Martin's Press 社から再版した。内容は全く同じである。

本書に出会ったのはかなり前であるが、本書の序文にあるように、韓国において日本のポピュラー音楽の公開演奏が禁止され、規制が設けられていたこと、また韓国からの留学生が一時帰国するたびに、教科書の持込さえ検閲され、制限されていたことを聞いていたので、まだ言論の自由が制限されていることは承知していた。その後金大中大統領になってから規制が緩和されたが、日本のポピュラーソングの演奏を規制していた。それでも現実にはカラオケで歌われていたようである。日本では映画に対する映倫の検閲は、それが政治検閲ではないにせよ、いまだに行われているのは周知のことである。また第二次世界大戦中、個人的な問題ではあるが、父親の著作が時の権力の検閲にかかり、禁書扱いにされたと聞かされ、我が家にはその本が無かったばかりか、『キューリー夫人伝』を含む文庫本までほとんどの日本語の出版物が持って行かれ、特攻の暖房用ストーヴの燃料にされたと聞かされていた。おかしなことにレーニンの著作を含め外国語の本はそのまま残されていた。兄は本にかこまれて育ったが、私は戦後の歴史教科書の黒塗りも含めて、本のない環境に育ってしまった。こうした体験から、検閲の実態に対しては分野を問わず無関心ではいられなかった。

特に本書に関心を抱いたきっかけは、一九世紀の音楽生活の社会史を研究している過程で、歴史家W・M・ジョンストンの *The Golden Age 1815–1914*: Potter 1980 で、ヴィーンでは一九世紀の検閲が厳しく、音楽と医学以外の発展が見られなかったことを知ったが、その実態が分からずじまいで気になっていた。その後ヴィーンに滞在する機会を得たが、検閲のあったことは分かってもその詳細が分からないままであったときに、このゴールドスティーン氏の著書に出会い、特にオペラの項目に注意を引かれた。本書にも引用されているが、ヘンリー・レイノアの『音楽と社会』において、ベートーヴェンの会話帖で詩人のグリルパツラーとの会話にも、検閲のことに言及されているので、音楽家も検閲の対象になっていたことは知っていた。然しその検閲制度そのものを全面に出した研究については、本書に接するまで実物に接する機会がなかった。芸術文化の世界への関心から、本書は一九世紀ヨーロッパを知る上でよい参考になると思った。著者は歴史の研究者ではないと断りながら、政治学者として歴史研究に携わっているが、私も政治研究者ではないのに、政治検閲の専門書に手をつけたことは僭越かもしれないと思いながらも、芸術文化についての記述があるために、無視できなかった。しかしその知識は多義に渡り、著者の博学振りと根気には頭が下がる思いがする。

今回参考文献の翻訳の有無を調べることによって、それぞれの分野での研究の翻訳書の存在を知り、さらに自らの無知を知った次第である。ただ言い訳がましくなるが、芸術の分野で、検閲を全面に出しての研究は無かったと思っている。広範囲にわたる知識のために到底私のような浅学の者の手におえる類のものではないことは百も承知で手がけてしまった。

著者も述べているように、音楽の検閲に関してはまとまった文献資料が無く、また検閲機関がまちまちであったことから、資料の管理場所も定まらず、資料へのアプローチが難しかったようである。オペラは特に演劇の部門であったり、詩の部門であったりしたためであろう。また音楽の音の響きに関してだけの検閲は難しい。例えば、『ラ・マルセイエーズ』（フランス共和国の国歌）が旋律だけでも、フランス共和国の象徴として、王政復古に伴って禁止されることはあったし、二〇世紀になって社会主義国では音列が公然と批判されることはあったが、歌詞が体制迎合であれば見逃された例もある。多くの場合、当然と言えば当然であるが、音楽にともなう内容が検閲の対象になっているのである。したがってオペラの検閲に関しては台本が問題になる。

そこで当初は城戸がオペラの項目を訳し、後は富山英彦が翻訳する予定であったが、富山の博士論文執筆と審査の時期が重なり、予定が狂い、城戸が在外研究で海外に出ていたことと、持参したパソコンがウイルスに冒され、ソフトが破壊され使用不能になったため、予定がさらに狂い、当時ニューヨーク在住でロイター通信社記者の村山氏に急遽手助けを頼んだが、彼も急に東京転勤となり、仕事に集中出来ない事情が生じたが、何とか出版社に迷惑をかけながらも完成の運びになった次第である。

その間著者のゴールドスティーン氏が実に懇切丁寧に質問に答えてくれ、ありがたく思った次第である。アメリカとの時差の関係で、夜中に送信しても、翌日の午前中には返答が届いているという具合であった。今日の電子メールというテクノロジーがどれだけ遠隔通信に便利であるかを痛感した次第である。このような時代になっての検閲の意味はどうなるであろうかとも考えさせられた。電子メールやインターネットを規制するという形での検閲しかないのかもしれない。

然し今回の日本における歴史教科書問題に見られるように、これも一種の検閲である。文部科学省は間違った記述を正すことに限定しているように述べているが、歴史認識の正誤に関しては多くの問題を含んでおり、現段階でもなお、歴史教科書問題と関連して韓国における日本のポピュラー音楽の解禁は延期されたままである。さらに「自主規制」という形での影響は過去にもあったし、今日はむしろそのような形で行われていると言えよう。政治的検閲の形をとらなくても経済制裁という形で規制は行われている。つまり我々の周辺でも「売れない」「スポンサーがつかない」という口実で出版、上演されないものはある。著者はヨーロッパの主要国を中心に研究しているが、東洋でも同じことはいくらでも例証することができるはずである。先の韓国然り、最近のテレビ番組でも、例えば、タイの政治風刺漫画家アンノック・キティチャウクンが体制批判の政治風刺漫画で多くの読者を獲得しながら、専属の新聞社を首になり、別の雑誌に掲載するようになったが、風刺漫画は多くの読者を摑むための必需品だと述べていた。また二〇〇三年のイラク戦争で、アメリカのジャーナリズムはイラクの一般市民の被害状況の報道を制限している。それは政治的検閲ではないかもしれないが、自国に都合のよい写真しか載せないのだ。いつの時代にも自国に不利な戦況報告は制限されてきた。ヴェトナム戦争でもアメリカ一般市民はヴェトナム一般市民の被害を知らされていない。

ついでながら、本書の序文の冒頭に出てくる韓国の学生運動の際に歌われた金敏基《キムミンギ》の『朝露』については、韓国の知人がCDを送ってくれたので、聴くことが出来た。物悲しく、これが抵抗運動の歌とは思えないほど穏やかな旋律であり、歌詞も穏やかに始まるが、荒れ果てた広野に向けて去る言葉で終わる。作家自身のギターの弾き語りと、女性歌手によるオーケストラと合唱付の二種類の版があるようだが、後者のほうが聞かせるように思う。年配者の間ではあまり知られていないようであるが、七〇年代に金敏基《キムミンギ》と同じく学生だった年代には親しまれた歌のようである。作者の活動はしばらく制限されていたが、九〇年代より現在まで、ドイツのベルリンを舞台とするフォルカー・ルードヴィヒの作品を翻案したロック・ミュージカル『地下鉄1号線』で人気を博していると言われ、日本でも二〇〇一年一一月に東京で公演した。

本書の翻訳に当り、固有名詞の日本語表記には大変苦労した。英、独、仏に関しては何とかなったが、それ以外の特にロシア語、スラブ系の言語に関しては、著者も英訳はそのまま使い、わかるものは英語に訳し、分からないものは原語を英語アルファベット化して表示したり、まちまちで、そのようなことに拘らないことが分かり、さらに雑誌名等は英語表記からの訳で表示した。それは著者との合意によるものである。日本語版では、調べて分かる範囲で現地読みに近づけるように心がけたが、本書の中で統一されていればよいとの考えで纏めたつもりである。演劇の作品名、オペラの作品名は日本での定訳に従うように心がけ、世界文学辞典、音楽辞典を参考にし、作品のアイデンティティができれば、それでよいと思っているが、中には何処にも記載されていない作品もあり、調査がいたらなかったこともあるので、お気付きの点があれば指摘していただきたい。また著名な作品ですでに日本語訳のあるものの引用も行われているが、あえて原典を参考にせず、そのまま英語から訳してある。定訳とは異なるかもしれないが、そこまで検証する時間的労力的余裕がなかった。気になる方は原典を参照していただくしかない。

また訳注はポイントを落とし〔 〕でくくり、短い場合には該当する用語の直ぐ後に、長めの場合は区切りのよいところに挿入する形を採った。

文献注の中で日本語訳のあるものは極力載せるようにしたが、その調査は富山が担当した。多々の理由により翻訳が遅れ、出版社に多大な迷惑をおかけしたことをお詫びする。翻訳を承諾してくださった前編集長の故・稲義人氏、三年も引き伸ばしたにもかかわらず寛大に対応してくださった現編集長の平川俊彦氏には感謝に堪えない。また、編集担当の秋田公士氏には原稿を丹念に読み、間違いや疑問点を指摘していただいたことにも深く感謝する次第である。

城戸　朋子

クリマッシャウでの激しい繊維工場のストライキ中に出版され，やせ衰えた労働者を押しつぶしているプラットフォームの上に立つ，一団の警察官と富裕資本家を描いている．キャプションは次のように読める——「我々はここにもっと警察が必要だ！　人民はまだ十分には鎮圧されていない」．（写真提供　ミシガン州立大学図書館）

図版15　機会あるごとに，多くの国家は他の諸国との外交関係を崩壊させると感じた風刺画雑誌に対して，攻撃に出始めた．1901年出版された左の『ジンプリチシムス』は，明らかにドイツの役人が，イギリス政府にインパクトを与える怖れがあるという理由で没収された．風刺画は，イギリスの王エドワード七世とイギリスの兵隊が，ボーア戦争中に建設されたイギリスの強制収容所の住民を，血まみれのパルプにするために踏みつけているところを示している．キャプションは王が次のようにいっている——「この血は我輩の頭から爪先まで跳ね返ってくる．我輩の王冠が汚れてしまう」．1905年11月出版された右の『ラシエット・オ・ブュール』は，フランス政府から街頭販売を禁止された．ロシア皇帝ニコライ二世がもはや生存者の中にはいないなら，改革はロシアに単独で起こるであろうことを描いた絵から明らかに示唆を受けているので，ロシアからの反撃を恐れたからにほかならない．（写真提供　ミシガン州立大学図書館，ミシガン大学図書館）

図版16　ロシアの風刺画誌『プルメット（マシン・ガン）』の編集者ニコライ・シェブエフが左の図版に描いた絵のために1905年に１年の刑の判決を受けた．これは皇帝ニコライ二世が約束した改革が，皇帝の改革宣言の上に血塗られた手形がプリントされていることで，でっち上げであることを示唆している．ロシアの挿絵家イヴァン・ビリビンは，『ジューペル』誌に1905年発表した右の絵を描き，皇室の紋章で驢馬の絵を囲むことで皇帝を嘲笑したとして６時間拘留された．（写真提供　国会図書館，ミシガン大学図書館）

ヴィルヘルム二世の外交政策を嘲笑する1898年の絵のために，6カ月の禁固刑を宣告された．左は1898年11月に出版された風刺画で，ハイネが「次の絵を描いている自分の姿」を示した．絵の下には「人生は厳粛，芸術は楽しい」と読める説明がある．右の1897年に出版されたハイネの別の絵は，風刺画家にとっての最低の悪夢を見せつけている．ハイネの容貌をしたジャーナリストの首の周りには「不敬罪」と読むことのできる標識がかけられ，ギロチンにつれて行かれる様子が描かれている．（写真提供　ミシガン州立大学図書館）

図版11　風刺画に対する政府の統制は1848年のドイツ革命により解放された．しかしその自由は短命に終わった．左はドイツ風刺画誌『フリーゲンデ・ブラッター』の1848年版で幽霊のような姿が描かれている．この幽霊の道具は，上に描かれているように，はさみと黒インクであり，1848年の革命で埋葬された．しかしながら，右は『ロイヒトクーゲルン』の1851年版で，編集者が裁判にかけられているところを描いている．ミュンヘンを基地とした共和派の風刺画誌が破壊的な罰金の負担で廃刊を余儀なくされた直前のものである．（写真提供　ミシガン大学図書館および国会図書館）

図版12　ポルトガルの風刺画誌『ア・パロディア』は，しばしば検閲を攻撃する挿絵を出版した．左の風刺画は1902年12月24日付，右は1906年2月23日付のもので，共にフロント頁を飾る予定だった絵だが，それに対する禁止に抗議している．右の図は『独裁者』のタイトルが付けられており，弾圧の象徴として検閲官の鉛筆を用いている．（写真提供　国会図書館提供）

図版13　辛辣な反聖職カトリックの風刺画誌『ラシノ（驢馬）』はヴァチカン・シティでの販売を禁止された．1907年4月7日出版された左の風刺画には，驢馬がスイスのガードマンにヴァチカンへの通行を阻止されているところを描いている．バロセロナの『ク＝ク！』誌は悪評高い愚かな軍隊を絶えず嘲笑することで，スペインの軍隊に敵対していた．1906年9月21日出版された右の風刺画には，日露戦争のとき，満州に駐屯中のロシアの軍隊を訪問したスペイン軍将校が，何を学んだかについての質問に答えているところを示している．「我々がすでに学んだことは，いかに闘いを失うかということである」．2カ月後に軍隊は風刺画誌の編集者および印刷者を捜査し，スペインに政治的重大局面をもたらした．（写真提供　イタリア国立図書館，フィレンツェ国立図書館，カタロニア国立図書館　バルセロナ，スペイン）

図版14　ドイツの風刺画誌『ジンプリチシムス』はしばしば当局と衝突した．風刺画家トーマス・テオドール・ハイネは1903年5月に出版された左の戯画により罰金を科せられた．これはドイツの外交官を，アメリカ合衆国に敬意を払いすぎるとして批判している．そしてすべての大使はその地位の検定を受けるために，出席しなければならないベルリンのおそらく秘密の外交官訓練学校を描いている．1904年1月19日出版された右の絵は，「階級間葛藤を煽動するもの」として没収された．これは

誤って大きなはさみで互いの頭を切り落とそうとしている．風刺画は皮肉を込めて「恐ろしい事件！」と説明を与えている．（写真提供　大英新聞図書館　コリンデイル，ロンドン）

図版6　1905年に風刺画に対する検閲が短期間だが廃止され，ロシアの画家たちにロシアの出版物に対する抑圧への軽蔑を表現する機会を許した．左は，雑誌『ズッペル（お化け）』が検閲を，発行物をきわめて細かに検査する，軍帽を被った恐ろしい化け物として描いた．右は『*Zarnitzky*（夏の光）』が，当局によって封鎖され，南京錠をかけられたプリントショップを描いている．（写真提供　ミシガン大学図書館　アン・ナーバー，ミシガン州）

図版7　1905年のロシア革命に対する皇帝ニコライ二世の残酷な鎮圧をきっかけにして，ヨーロッパ中の風刺雑誌は好んで皇帝を標的にした（図版15参照）．左はウィーンの雑誌『デア・フロウ』が1905年2月に，ドイツの『ジンプリチシムス』，フランスの『ル・リール』のような風刺雑誌と一緒に，そうしたよい素材を提供してくれた皇帝に感謝する様を描いている．右は1906年2月26日付のドイツの雑誌『ウルク』は，ロシアで継続中の検閲を，皇帝の子供たちが『ウルク』の黒く塗りつぶされた誌面を皇帝に見せている場面によって風刺している．子供たちが彼に「これは何なの」と尋ねると，彼は「私だよ」と答える．『ウルク』は読者に，皇帝を中心とする当局に問題を起こさせないために，前もって皇帝の顔をインクで塗りつぶして用心していたことを知らせている．（写真提供　国会図書館）

図版8　検閲は異なる国で似たような芸術的抵抗を生み出した．左はフランスの風刺画家であるアンドレ・ジルが，検閲に囲まれた画家がどのような存在であるかを描いている．彼は1871年11月26日の『レクリプス』で，目隠しされて，描くことを禁止されたさまざまなテーマ（政府，法律，警察，ナポレオン・ボナパルト支持等々）が記された卵－地雷を避けて歩く自分自身を描いた．右はポルトガルの雑誌『ア・パロディア』が1906年3月2日に出版された風刺画で，明らかにジルの以前の風刺画を「借用」しながら，同様の指摘を行っている．（写真提供　ノースウェスタン大学図書館および国会図書館）

図版9　フランスの風刺画家は憎さ溢れる検閲を，大きなはさみで災害をもたらす恐ろしい老女〈マダム・アナスタシ〉の姿で描いた．1875年6月26日付の絵では，『ル・ドン・キショット』がアナスタシを，真実と美の風車による象徴を破壊しようとする，一種の逆ドン・キホーテとして描いた．絵には検閲を攻撃する長い文章が添えられ，そこにはアナスタシに「余計なことをいわず，おまえの大きなはさみで自分の胃を一突きにするがよい……おまえは特権濫用を破壊するのだ」と助言する詩が含まれていた．（写真提供　ウェイン州立大学図書館）

図版10　『ジンプリチシムス』の風刺画家トーマス・テオドール・ハイネはドイツ皇帝

図版リスト

図版1　1898年にプロシアの役人が国有鉄道の駅でドイツの風刺雑誌『ジンプリチシムス』の販売を禁止する布告を発した後，この雑誌は風刺画に対する当局の誇張された恐怖感を皮肉る戯画を出版した．それは駅員が『ジンプリシチムス』を駅から排除する様子を見せている．その雑誌は血を滴らせながら，その危険さ故に駅員が触れないように腕を伸ばして，大きな火箸でつかんでいる．(写真提供　ミシガン州立大学　イースト・ランシング，ミシガン州)

図版2　ポルトガルの風刺雑誌『ア・パロディア』は1900年から1907年まで，しばしば当局によって検閲された．1902年12月24日に登場したこのイラストでは，『ア・パロディア』が掲載したありとあらゆるイラストに反体制的な「あてつけ」を探し出そうとする検閲官が表現されている．いちばん下の絵に見られるように，完全な空白の頁だけが彼を喜ばせている．(写真提供　国会図書館　ワシントンＤＣ)

図版3　フランスにおける検閲は従属的なものとして風刺画を認めるか，完全に禁止するか，もしくは変更の条件付きで認めるかであった．1873年８月３日にフランスの風刺雑誌『レクリプス』は右の，アンドレ・ジルによる，「健忘症」と書かれた樽を運ぶ男の絵を載せて登場している（写真提供　ノースウェスタン大学図書館　エヴァンストン，イリノイ州）．左側の原画（シャルル・フォンテーヌ『*André Gill*』［パリ，1927年］）では，近年に免職したフランス首相のアドルフ・ティエールが樽の中に描かれていた．検閲によって最も重要な部分が削除されて出版された風刺画によって，ティエールのフランスに対する貢献が忘れられつつあるというジルのメッセージは完全に無意味になってしまった．

図版4　19世紀中頃のフランスでは，風刺画に描かれる生存者はすべて，出版される絵の対象になる前にその承認を与えなければならなかった．1870年２月20日に『レクリプス』は右の風刺画を出版した（写真提供　ノースウェスタン大学図書館）．それは左の絵に見るように，反動的なジャーナリスト，ルイ・ヴイヨを描こうと風刺画家アンドレ・ジルがもともと計画していた場所に，空白の顔がつけられたものである（フォンテーヌ『*André Gill*』）．ヴイヨはその承認を拒んだ．しかし出版された絵に添付された文章は，ヴイヨの新聞『リュニベルス』によってその名が知られた「エレガントなジャーナリスト」の顔であるから，「検閲がその陰気な顔を削除するように強いた」ことに言及することで，不在の男が誰なのかを明示している．

図版5　検閲に苦しめられる風刺雑誌はその制度に対する憎悪を高めていった．この憎しみは仕事中の検閲官を表現する，1875年11月14日のフランスの諷刺雑誌『ル・シフレ』に巧みに描き出されている．彼らは『ル・シフレ』を検閲しようとするが，

43．Wechsler（1982）：『人間喜劇』（高山宏訳　1987年10月　ありな書房）
69．Shapiro（1976）：『画家たちの社会史』（荒井信一訳　1984年10月　三省堂）

第4章
14．既出2-24と同じ
30．Evans（1978）：『ヴィルヘルム時代のドイツ』（望田幸男・若原憲和訳　1988年2月　晃洋書房）．Lenman 執筆部分はIII-2「ミュンヘンのアヴァン・ギャルド」
40．Hingley（1967）：既出2-25と同じ
43．Appignanesi（1984）：『キャバレー　上・下』（菊谷匡祐訳　1988年4月　サントリー）（1984年版の原著1975年版の翻訳）
51．Johnston（1983）：『ウィーン精神　1・2』（井上修一・岩切正介・林部圭一訳　1＝1986年8月　2＝1986年11月　みすず書房）
57．Wechsler（1982）：既出3-43と同じ
71．Magarshack（1951）：Magarshackによるスタニスラフスキイの伝記として『スタニスラフスキイの生涯』（高山図南雄訳　未來社）第一分冊「藝術のかどで」（1956年9月），第二分冊「モスクワ藝術座」（1958年11月），第三分冊（未発行）があるが，1951年版との書誌関係は不明

第5章
1．Raynor（1976）：『音楽と社会』（城戸朋子訳　1990年10月　音楽之友社）
1．Deutsch（1977）：『シューベルトの手紙』（實吉晴夫訳　1997年5月　メタモル出版）（部分訳）
4．Sackett（1982）：『ミュンヘン・キャバレー・政治』（大島かおり訳　1988年4月　晶文社）
10．Berlioz（1969）：『ベルリオーズ回想録　1・2』（丹治恆郎訳　1＝1981年9月　2＝1981年11月　白水社）
12．Hanson（1985）：既出2-24と同じ
16．Toye（1954）：Toyeによる“Rossini”（The Norton Library, 1963）の翻訳として『ロッシーニ　生涯と芸術』（加納泰訳　1970年5月　音楽之友社）があるが，1954年版との書誌関係は不明．その他雑誌掲載による部分訳はあるので，関心のある人はインターネットで検索してほしい
29．Hume（1977）：『VERDI』（MURANO-TATUO〈村野辰雄〉訳　1980年11月　日本のローマ字社）
39．Weaver（1980）：『イタリア・オペラの黄金時代』（大平光雄訳　1998年2月　音楽之友社）

第6章
2．Wenden（1974）：『映画の誕生』（横川真顕訳　1980年4月　公論社）

邦訳文献注

文献注の日本語訳については参照する際の便宜を考慮し，複数の翻訳テキストがある場合にはより新しいテキストの文献を掲載し，同一の翻訳テキストが複数の形態で出版された場合には（単行本の文庫化など）初出文献を掲載している．

第1章

4．Hobsbawm（1962）：『市民革命と産業革命』（安川悦子・水田洋訳　1968年2月　岩波書店）

13．Brenan（1964）：『スペインの迷路』（鈴木隆訳　1967年4月　合同出版）

18．Brenan（1964）：既出1-13と同じ

第2章

4．Troyat（1973）：『ゴーゴリ伝』（村上香住子訳　1983年10月　中央公論社）

16．Darnton（1982）：『革命前夜の地下出版』（関根素子・二宮宏之訳　1994年3月　岩波書店）

16．Febvre，Martin（1984）：『書物の出現　上・下』（関根素子・長谷川輝夫・宮下志朗・月村辰雄訳　上＝1985年9月　下＝1985年10月　筑摩書房）

17．Febvre，Martin（1984）：既出2-16と同じ

20．Steinberg（1977）：『西洋印刷文化史』（高野彰訳　1985年1月　社団法人日本図書館協会）

24．Hanson（1985）：『音楽都市ウィーン』（喜多尾道冬・稲垣孝博訳　1988年2月　音楽之友社）

25．Hingley（1967）：『19世紀ロシアの作家と社会』（川端香男里訳　1971年4月　平凡社）

51．Mehring（1962）：『カール・マルクス』第1巻・第2巻（栗原佑訳　1953年　大月書店）

54．Wolfe（1964）：『レーニン・トロツキー・スターリン〈二十世紀の大政治家・1〉』（菅原崇光訳　1969年3月　紀伊國屋書店）

第3章

31．Porzio（1983）：『リトグラフ』（前川誠郎監修　勝國興・太田泰人・小佐野重利訳　1985年5月　小学館）Melot執筆箇所のタイトルは「カリカチュアと社会派リトグラフ」

42．Baudelaire（1964）：ボードレールの美術批評“Le Paintre de la vie moderne”は『ボードレール全集IV』（阿部良雄訳　1987年6月　筑摩書房）に収録

43．Rey（1965）：『ドーミエ』（大島清次訳　1994年9月　美術出版社）（1965年版改版1985年版の翻訳）

34. Montagu [note 8] pp. 12, 14; Knowles [note 18] pp. 197–248; Margaret Dickinson and Sarah Street, *Cinema and State: The Film Industry and the Government, 1927–84* (London, 1985) p. 8; Monaco [note 20] p. 52. See generally Nicholas Pronay, 'The Political Censorship of Films in Britain between the Wars', in Nicholas Pronay and D. W. Spring (eds), *Propaganda, Politics and Film, 1918–45* (London, 1982) pp. 98–125; Marcel Le Pierre, *Les Cent Visages du Cinema* (Paris, 1948) pp. 269–86.
35. Taylor [note 3] pp. 4, 8; Taylor [note 4] p. 37; Leyda [note 1] pp. 19–20, 29–30, 48–9.
36. Leyda [note 1] p. 27.
37. Stark [note 2] pp. 143–7.
38. David Welch, 'The Proletarian Cinema and the Weimar Republic', *Historical Journal of Film, Radio and Television*, 1 (1981) 4.
39. Wenden [note 2] p. 137; Richard Taylor, 'Agitation, Propaganda and the Cinema: The Search for New Solution', in Nilsson [note 20] pp. 237–61.

第7章　結　び

1. Jean-Pierre Bechu, *La Belle Epoque et son envers: quand caricature écrit l'histoire* (Paris, 1980) p. 54. F. W. J. Hemmings, *Culture and Society in France, 1848–1898* (London, 1971) p. 53.
2. *L'Eclipse*, 20 Sep 1874.
3. Odile Krakovitch, *Hugo censuré: la liberté au théâtre au XIXe siècle* (Paris, 1985) pp. 150, 286; Odile Krakovitch, 'Les Romantiques et la censure au théâtre', *Revue d'histore du théâtre*, 36 (1984) 65.
4. Horst Claus, *The Theatre Director Otto Brahm* (Ann Arbor, Mich., 1981) p. 71.
5. Richard Findlater, *Banned! A Review of Theatrical Censorship in Britain* (London, 1967) p. 91.
6. B. V. Varneke, *History of the Russian Theatre* (New York, 1971) pp. 203–4.
7. See for example Peter Amann, *Revolution and Mass Democracy: The Paris Club Movement in 1848* (Princeton, NJ, 1975); P. H. Noyes, *Organization and Revolution: Working Class Associations in the German Revolutions of 1848–1849* (Princeton, NJ, 1966); and Sidney Harcave, *The Russian Revolution of 1905* (New York, 1970).
8. George Martin, *The Red Shirt and the Cross of Savoy: The Story of Italy's Risorgimento* (New York, 1969) p. 219.
9. Richard Taylor, *Film Propaganda* (London, 1979) p. 41.

15. Leyda [note 1] p. 28; Wenden [note 2] p. 117; Taylor [note 3] pp. 6–7; Chanan [note 5] p. 255.
16. Montagu [note 8] p. 33; Leglise [note 8] p. 31; Stark [note 2] p. 129.
17. Abel [note 8] p. 38.
18. The texts of the Spanish, Swedish and Italian film-censorship regulations are printed in National Council of Public Morals [note 8] pp. 314–31. Norway is briefly discussed in this source at pp. 326–7, as well as in UNESCO, *The Film Industry in Six European Countries* (Paris, 1950) p. 73. There are brief mentions of Norway and Sweden in John Harley, *World-wide Influences of the Cinema: A Study of Official Censorship and the International Cultural Aspects of Motion Pictures* (Los Angeles, 1940) pp. 169, 186. Additional material on Spain is included in Besas [note 14] p. 17. Discussions of the Danish and French systems are included in Hunnings [note 3] pp. 307–12, 332–9. For France, see also Abel [note 8] pp. 38–9; and Leglise [note 8] pp. 29–33. The British system is discussed in James C. Robertson, *The British Board of Film Censors* (London, 1985); Montagu [note 8]; Hunnings [note 3] pp. 29–61; Trevelyan [note 13] pp. 23–33; Rachel Low, *The History of the British Film, 1906–1914* (London, 1949) pp. 84–91; Guy Phelps, *Film Censorship* (London, 1975); Ernest Betts, *A History of British Cinema* (London, 1973) pp. 47–9; and Dorothy Knowles, *The Censor, the Drama and the Film, 1900–1934* (London, 1934) pp. 167–276. Stark [note 2] pp. 122–66, contains a superior account of the German censorship.
19. Leyda [note 1] p. 29.
20. Paul Monaco, *Cinema and Society: France and Germany during the Twenties* (New York, 1976) pp. 52–3; Daniel Cook, *A History of Narrative Film* (New York, 1981) p. 111; M. S. Phillips, 'Nazi Control of the German Film Industry', *Journal of European Studies*, 1 (1971) 43; Montagu [note 8] 230; Kate Betz, 'As the Tycoons Die: Class-Struggle and Censorship in the Russian Cinema, 1917–1921', in Nils Nilsson (ed.), *Art, Society, Revolution: Russia, 1917–1921* (Stockholm, 1979) pp. 198–236.
21. Stark [note 2] p. 153.
22. Stark [note 2] p. 138.
23. Hunnings [note 3] p. 311.
24. National Council of Public Morals [note 8] p. 318.
25. Stark [note 2] p. 142.
26. Trevelyan [note 13] p. 25.
27. Low [note 18] p. 85.
28. Hunnings [note 3] p. 336; Leglise [note 8] p. 37.
29. Stark [note 2] p. 136.
30. Robertson [note 18] p. 7; Stark [note 2] pp. 147–8; National Council of Public Morals [note 8] pp. 316, 319, 328.
31. Michael Stoil, *Cinema beyond the Danube* (Metuchen, NJ, 1974) pp. 40–2.
32. Hunnings [note 3] pp. 310, 334; Low [note 18] pp. 90–1; Leglise [note 8] p. 30.
33. Low [note 18] pp. 90–1; Leglise [note 8] p. 32; Stephen Bottomore, 'Dreyfus and Documentary', *Sight and Sound*, 53 (1984) 292.

50. Herbert Weinstock, *Donizetti and the World of Opera in Italy, Paris and Vienna in the First Half of the Nineteenth Century* (New York, 1963) pp. 202, 213; Ashbrook [note 37] p. 662.
51. Yastrebtsev [note 35] pp. 129, 391.
52. Raynor [note 1] pp. 11, 14.

第 6 章　映画に対する政治検閲

1. Jay Leyda, *Kino: A History of the Russian and Soviet Film* (Princeton, NJ, 1983) pp. 72–73.
2. Gary Stark, 'Cinema, Society and the State: Policing the Film Industry in Imperial Germany', in Gary Stark and Bede Lackner, *Essays on Culture and Society in Modern Germany* (College Station, Tex., 1982) p. 124; D. J. Wenden, *The Birth of the Movies* (London, 1974) p. 90.
3. Neville Hunnings, *Film Censors and the Law* (London, 1967) p. 35; Wenden [note 2] p. 90; Stark [note 2] p. 125; Peter Kenez, *The Birth of the Propaganda State: Soviet Methods of Mass Mobilization* (Cambridge, 1985) p. 105; Richard Taylor, *The Politics of the Soviet Cinema* (Cambridge, 1979) p. 7.
4. Richard Taylor, *Film Propaganda* (London, 1979) p. 38.
5. Michael Chanan, *The Dream that Kicks: The Prehistory and Early Years of Cinema in Britain* (London, 1980) p. 255; Stark [note 2] 122.
6. Taylor [note 3] p. 4; Wenden [note 2] p. 105.
7. Wenden [note 2] p. 106; Taylor [note 4] p. 41; Taylor [note 3] pp. 8–9; Leyda [note 1] pp. 70–1; Chanan [note 5] pp. 253–4.
8. Richard Abel, *French Cinema* (Princeton, NJ, 1984) p. 38; Paul Leglise, *Histoire de la politique du cinéma français* (Paris, 1970) pp. 30–2; René Jeanne and Charles Ford, *Le Cinéma et la presse* (Paris, 1961) pp. 313–14; Leyda [note 1] p. 68; Stark [note 2] pp. 147–8; National Council of Public Morals, *The Cinema: Its Present Position and Future Possibilities* (London, 1917) pp. 314–15; Ivor Montagu, *The Political Censorship of Films* (London, 1929) pp. 30–2.
9. Taylor [note 4] p. 134; Stark [note 2] pp. 143, 156.
10. National Council of Public Morals [note 8] pp. 315–16; Taylor [note 3] p. 1; Leyda [note 1] p. 68.
11. Stark [note 2] p. 132.
12. Stark [note 2] p. 165.
13. Wenden [note 2] p. 116; John Trevelyan, *What the Censor Saw* (London, 1973) p. 26; National Council of Public Morals, [note 8] p. 319; Robin Lenman, 'Censorship and Society in Munich, 1890–1914' (Oxford PhD, 1975) p. 118.
14. Wenden [note 2] p. 116; Stark [note 2] pp. 126–7, 131; Mira Liehm, *The Most Important Art: Eastern European Film since 1945* (Berkeley, Calif., 1977) p. 12; Nicholas Powell, *The Sacred Spring: The Arts in Vienna, 1898–1918* (New York, 1974) p. 46; Peter Besas, *Behind the Spanish Lens* (Denver, 1985) p. 17; Taylor [note 3] p. 7; Hunnings [note 3] p. 311.

(1954) 651–3; Mary Matz, 'The Road to Boston', *Opera News*, 44 (1980) 12–14; Rosen [note 18] pp. 36–9.
30. Hume [note 29] p. 39.
31. Kimbell [note 5] p. 27; Till [note 18] p. 24.
32. Hume [note 29] pp. 3–4; Kimbell [note 5] p. 40.
33. Billington [note 20] pp. 54–5.
34. Dean [note 25] p. 105; Till [note 18] p. 119; Toye [note 16] pp. 148–9.
35. V. V. Yastrebtsev, *Reminiscences of Rimsky-Korsakov* (New York, 1985) pp. 102–3, 128–31; Gerald Abraham, *Rimsky-Korsakov* (London, 1945), pp. 47, 98–102; M. Montagu-Nathan, *Rimsky-Korsakov* (London, 1916) pp. 36, 57–8; Rimsky-Korsakov [note 11] pp. 107–9, 256–8; Robert Ridenous, *Nationalism, Modernism and Personal Rivalry in Nineteenth-Century Russian Music* (Ann Arbor, Mich., 1981) p. 202; Martin Cooper, *Russian Opera* (London, 1951) p. 48; Gerald Abraham, *Music of Tchaikovsky* (New York, 1946) p. 143.
36. Gerald Abraham, 'Satire and Symbol in *The Golden Cockerel*', *Music and Letters*, 52 (1971) 46–54; Montagu-Nathan [note 35] pp. 65–7; Abraham, *Rimsky-Korsakov* [note 35] pp. 115–25; Yastrebtsev, [note 35] pp. 350–477.
37. William Ashbrook, *Donizetti and his Opera* (Cambridge, 1982) p. 103; Matz [note 29] p. 14.
38. E. P. Lawrence, 'The Banned *Mikado*: A Topsy-Turvy Incident', *Centennial Review*, 18 (1974) 151–69; Alexander Faris, *Jacques Offenbach* (London, 1980) pp. 114, 144–7; James Harding, *Folies de Paris: The Rise and Fall of French Operetta* (London, 1979) p. 63.
39. Prawy [note 13] pp. 17–18; William Weaver, *The Golden Century of Italian Opera: From Rossini to Puccini* (London, 1980) pp. 58–9; Ashbrook [note 37] pp. 47, 495; Edward Dent, *The Rise of Romantic Opera* (Cambridge, 1976) p. 173.
40. See the sources cited in note 29.
41. Oldani [note 11] p. 246.
42. John Warrack, *Tchaikovsky* (New York, 1973) pp. 65–6; Herbert Weinstock, *Tchaikowsky* (New York, 1945) p. 93; Edwin Evans, *Tchaikovsky* (New York, 1967) p. 59.
43. Rosa Newmarch, *Russian Opera* (New York, n.d.) p. 338.
44. Faris [note 38] pp. 144–5, 157–8; Henry Krehbiel, *A Second Book of Operas* (Garden City, NY, 1926) p. 1; Toye [note 16] p. 80.
45. Charles Osborne, *Rigoletto* (London, 1979) p. 18; Jeremy Commons, '*Maria Stuarda* and the Neapolitan Censorship', *Donizetti Society Journal*, 3 (1977) 162.
46. Ashbrook [note 18] pp. 47–8.
47. Oldani [note 11] p. 246.
48. Herbert Weinstock, *Bellini* (New York, 1971) p. 94; Ashbrook [note 18] p. 143; Kimbell [note 5] p. 222.
49. Quotations in this paragraph are all taken from the following sources, which are cited in full in note 29 above, except where otherwise indicated: Hughes, 'Verdi and the Censors', p. 651; Toye, p. 69; Hume, p. 87; Wechsberg, p. 99; Kimbell [note 5] pp. 269, 279; Rosen, p. 39; Martin, p. 350; Abbiati [note 22] pp. 818–22.

14. Prawy [note 13] p. 39.
15. John Rosselli, *The Opera Industry in Italy from Cimarosa to Verdi* (Cambridge, 1984), p. 169.
16. Francis Toye, *Rossini* (London, 1954) p. 24.
17. R. J. Bosworth, 'Verdi and the Risorgimento', *Italian Quarterly*, 1971, p. 7.
18. Kimbell [note 5] p. 26; Nicholas Till, *Rossini: His Life and Times* (New York, 1983) p. 28; Rosselli [note 15] p. 85; William Ashbrook, *Donizetti* (London, 1965) p. 47; D. Rosen, 'Virtue Restored', *Opera News*, 42 (1977) 38.
19. Till [note 18] p. 35.
20. Perris [note 8] p. 3; Alexander Ringer, 'The Political uses of Opera in Revolutionary France', in *Bericht über den internationalen Musikwissenschaften* (Kassel, 1971) p. 238; James H. Billington, *Fire in the Minds of Men* (New York, 1980) pp. 152, 561.
21. Ringer [note 20] p. 240; Paul Lang, 'French Opera and the Spirit of Revolution', in Harold Pagliero (ed.), *Irrationalism in the Eighteenth Century* (Cleveland, 1972) pp. 106–8; Billington [note 20] p. 153; Walter Salmen, *The Social Status of the Professional Musician from the Middle Ages to the 19th Century* (New York, 1983), pp. 275–6.
22. John Stephens, *The Censorship of English Drama* (Cambridge, 1980) p. 83; Francis Abbiati, 'Years of *Un Ballo in Maschera*', *Verdi*, 1 (1960) 812.
23. Kimbell [note 5] p. 40; Rosselli [note 15] p. 82.
24. Kimbell [note 5] p. 22; Till [note 18] p. 24.
25. Billington [note 20] p. 155; Winton Dean, 'French Opera', in Gerald Abraham (ed.), *The Age of Beethoven, 1790–1830* (London, 1982) pp. 105, 112.
26. On *La Muette de Portici* and the Belgian revolution of 1830, see Frederick Artz, *Reaction and Revolution, 1814–1832* (New York, 1963) pp. 273–4; William Crosten, *French Grand Opera* (New York, 1948) p. 112; Billington [note 20] p. 156; Perris [note 8] p. 165.
27. Crosten [note 26] p. 112.
28. Billington [note 20] p. 156.
29. There are a great many biographies of Verdi, and most of them pay considerable attention to his problems with the censorship. The following paragraphs are, unless otherwise attributed, based on George Martin, *Verdi, His Music, Life and Times* (New York, 1963); James Budden, *Verdi* (London, 1985); Paul Hume, *Verdi: The Man and his Music* (New York, 1977); Francis Toye, *Giuseppe Verdi: His Life and Works* (New York, 1972); Joseph Wechsberg, *Verdi* (New York, 1976); Carlo Gatti, *Verdi: The Man and his Music* (New York, 1955); George Martin, 'Verdi and the Risorgimento', in William Weaver and Martin Chusid (eds), *The Verdi Companion* (New York 1979); Vincent Godefroy, *The Dramatic Genius of Verdi*, 2 vols (New York, 1975, 1977); Spike Hughes, *Verdi Operas* (Philadelphia, 1968); Charles Osborne, *The Complete Operas of Verdi* (New York, 1970); Abbiatti [note 22]; Bosworth [note 17]; Spike Hughes, 'Verdi and the Censors', *Musical Times*, 95

1. Henry Raynor, *Music and Society since 1815* (New York, 1976) p. 6; Martin Cooper, *Beethoven: The Last Decade, 1817–1827* (London, 1970) p. 102; O. E. Deutsch, *Schubert: A Documentary Biography* (New York, 1977) p. 284.
2. Emile Heraszti, 'Berlioz, Liszt and the Rakoczy March', *Musical Quarterly*, 26 (1940) 229–30.
3. Maurice Mauron, *La Marseillaise* (Paris, 1968) pp. 161–4.
4. On censorship of song in general, see, for Austria, Deutsch [note 1] p. 610; for France, Alpert Delpit, 'La Liberté des Théâtres et les café-concerts', *Revue des deux mondes*, 133 (1878) 601–23; for Germany, Robert Sackett, *Popular Entertainment, Class and Politics in Munich, 1900–1923* (Cambridge, Mass., 1982).
5. David Kimbell, *Verdi in the Age of Italian Romanticism* (Cambridge, 1981) p. 25.
6. Raynor [note 1] pp. 4, 14.
7. Hans Fischer and Erich Kock, *Ludvig van Beethoven* (New York, 1970) p. 146.
8. L. W. Conolly, *The Censorship of English Drama, 1737–1824* (San Marino, Calif., 1976) p. 14; Richard Findlater, *Banned! A Review of Theatrical Censorship in Britain* (London, 1967) p. 61; Gerald Seaman, *History of Russian Music*, I (Oxford, 1967) 114; Edward Dent, *A History of Opera* (Baltimore, 1949) p. 53; Arnold Perris, *Music as Propaganda* (Westport, Conn., 1985) p. 17.
9. D. E. Emerson, *Metternich and the Political Police* (The Hague, 1968) p. 24; Crane Brinton, *A Decade of Revolution, 1789–1799* (New York, 1963) p. 178; Perris [note 8] pp. 9, 11; Richard Osborne, *Rossini* (London, 1986) p. 23.
10. Karin Pendle, *Eugène Scribe and French Opera of the Nineteenth Century* (Ann Arbor, Mich., 1979) p. 19; Raynor, [note 1] p. 10; Hector Berlioz, *Memoirs* (London, 1969) p. 363; Jacques Barzun, *Hector Berlioz and his Century* (New York, 1956) p. 225; T. J. Walsh, *Second Empire Opera: The Théâtre Lyrique, Paris, 1851–1870* (London, 1981) p. 21; Albert Boime, 'The Second Empire's Official Realism', in Gabriel Weisberg (ed.), *The European Realist Tradition* (Bloomington, Ind., 1982) p. 39.
11. Robert Oldani, '*Boris Godunov* and the Censor', *Nineteenth Century Music*, 2 (1978) 246, 250; Nicolai Rimsky-Korsakov, *My Musical Life* (New York, 1936) p. 108.
12. Raynor [note 1] pp. 8, 18, 130; Deutsch [note 1] pp. 128–30; Joseph Wechsberg, *Schubert* (New York, 1977) pp. 153, 178–9; Maurice Brown, *Schubert* (London, 1958) p. 130; Alice Hanson, *Musical Life in Biedermeier Vienna* (Cambridge, 1985) p. 46; Fischer and Kock [note 7] p. 146; Martin Gregor-Dellin, *Richard Wagner* (New York, 1983) p. 112; John Deathridge, *Wagner's 'Rienzi'* (Oxford, 1977) p. 50.
13. Raynor [note 1] pp. 8–9, 12; Marcel Prawy, *The Vienna Opera* (New York, 1970) pp. 17, 33; Herbert Weinstock, *Rossini* (New York, 1968) p. 107; John Crabbe, *Hector Berlioz* (London, 1980) p. 47.

nomy and Caricature in 19th-Century Paris (Chicago, 1982) pp. 42–63; Mayer [note 54] pp. 6, 50, 246.
58. Robert Baldick, *The Life and Times of Frédérick Lemaître* (Fair Lawn, NJ, 1959) pp. 178–80; Stephens [note 12] pp. 119–21; Martin [note 56] p. 394.
59. On the free theatres, see Anna Miller, *The Independent Theatre in Europe* (New York, 1931); Oscar Brockett and Robert Findlay, *Century of Innovation: A History of European and American Theatre and Drama since 1870* (Englewood Cliffs, NJ, 1973) pp. 89–111; Macgowan *et al.* [note 6] pp. 185–95; Roberts [note 11] pp. 411–21.
60. Carlson [note 32] p. 210; Stark [note 29] p. 336.
61. Jelavich [note 36] pp. 170–3, 243; Michael Patterson, *The Revolution in German Theatre* (Boston, Mass., 1981) p. 26.
62. Findlater [note 7] p. 92; Stephens [note 12] p. 143.
63. Pascal [note 5] p. 276.
64. On the free people's theatres, see Davies [note 17]; Pascal [note 5] pp. 273–5; Carlson [note 32] pp. 219–21; Vernon J. Lidtke, *The Alternative Culture: Socialist Labor in Imperial Germany* (New York, 1985) pp. 148–51; Stark [note 29] pp. 334–6; Stark [note 16].
65. Davies [note 17] p. 58.
66. Conolly [note 10] p. 111; Lamar Beman, *Selected Articles on Censorship of the Theatre and of Moving Pictures* (New York, 1931) p. 254; Hoover [note 33] p. 18.
67. Findlater [note 7] p. 91; Varneke [note 34] pp. 203–4, 302; Waissenberger [note 27] p. 213.
68. Thomas Ashton, 'The Censorship of Byron's *Marino Faliero*', *Huntington Library Quarterly*, 36 (1972–3) 28; Varneke [note 34] p. 237.
69. Yates [note 51] pp. 149–50; Yates [note 37] p. 221; Waissenberger [note 27] pp. 84, 243; Huttner [note 10] pp. 63, 65–6.
70. Barry Daniels, *Revolution in the Theatre: French Romantic Theories of Drama* (Westport, Conn., 1983) p. 193; Krakovitch [note 3] pp. 43, 69, 219; Cahuet [note 6] p. 281; John Osborne, *The Naturalist Drama in Germany* (Manchester, 1971) p. 119; Beman [note 66] p. 365.
71. W. E. Yates, 'Cultural Life in Early Nineteenth-Century Vienna', *Forum for Modern Language Studies*, 13 (1977) p. 110; Hanson [note 14] pp. 43–4; David Magarshack, *Stanislavsky* (New York, 1951, p. 276.
72. Waissenberger [note 27] p. 230; Stephens [note 12] p. 123; Stark [note 29] pp. 341–3.
73. Michael Sanderson, *From Irving to Olivier: A Social History of the Acting Profession in England* (London, 1984) pp. 104–5; Cahuet [note 6] p. 203.
74. Jelavich [note 36] pp. 253–4; Beman [note 66] p. 254; Findlater [note 7] pp. 100–10; Pascal [note 5] p. 268.
75. Carter [note 13] p. 141; Krakovitch [note 3] p. 245; Cahuet [note 6] p. 339.
76. Carlson [note 26] p. 73; Macgowan *et al.* [note 6] above, p. 172.
77. Gorchakov [note 42] p. 18; Waissenberger [note 27] pp. 162–3; Brockett [note 22] p. 369; Macgowan *et al.* [note 6] p. 178; Carlson [note 32] p. 121.

John Reeves, *A History of the Theatre* (New York, 1941) p. 396; Weiner [note 8] p. 58; Christine Edwards, *The Stanislavsky Heritage* (New York, 1965) p. 13; Burgess [note 27] p. 257.

41. Oliver Saylor, *Inside the Moscow Art Theatre* (Greenwood, Conn., 1970) p. 215.
42. Nikolai Gorchakov, *The Theatre in Soviet Russia* (New York, 1957) p. 50.
43. This section is based primarily on the following sources: Krakovitch [note 3]; Cahuet [note 6]; Hemmings [note 12] pp. 43–51; Nolte [note 34]; Robert Holtman, *Napoleonic Propaganda* (Baton Rouge, La., 1950) pp. 145–57; Beatrice Hyslop, 'The Theatre During a Crisis: The Parisian Theatre During the Reign of Terror', *Journal of Modern History*, 17 (1945) pp. 332–55; O'Neill [note 34] pp. 417–41; Josette Parrain, 'Censure, théâtre et commune, 1871–1914', *Mouvement social*, 79 (1972) pp. 327–42; Delpit [note 6] pp. 601–23.
44. Perrain [note 43] pp. 330, 338; Lisa Appignanesi, *Cabaret: The First Hundred Years* (London, 1984) p. 11.
45. Slonim [note 13] p. 84.
46. Allen [note 2] p. 222; Findlater [note 7] p. 47; James Cleaver, *The Theatre through the Ages* (London, 1948) p. 103; Brockett [note 22] p. 250; Kohansky [note 19] p. 89; Robert Gildea, *Barricades and Borders: Europe 1800–1914* (Oxford, 1987) p. 113; Roberts [note 11] p. 355.
47. Stephens [note 12] p. 122.
48. Carlson [note 26] p. 73.
49. Simon Karlinsky, *Russian Drama from its Beginnings to the Age of Pushkin* (Berkeley, Calif., 1985) p. 305; Roman Szydlowski, *The Theatre in Poland* (Warsaw, 1972) p. 20; Edward Csato, *The Polish Theatre* (Warsaw, 1963) pp. 34–7.
50. Krakovitch [note 3] p. 84.
51. William M. Johnston, *The Austrian Mind: An Intellectual and Social History, 1848–1938* (Berkeley, Calif., 1983) p. 22; W. E. Yates, *Nestroy* (Cambridge, 1972) p. 150; Stella Musulin, *Vienna in the Age of Metternich* (Boulder, Col., 1975) p. 259.
52. Hemmings [note 12] p. 50.
53. Ibid.
54. Sally Vernon, 'Mary Stuart, Queen Victoria and the Censor', *Nineteenth Century Theatre Research*, 6 (1978) 35–40; Stephens [note 12] p. 24; David Mayer, *Harlequin in his Element: The English Pantomime, 1806–1836* (Cambridge, Mass., 1969) p. 246.
55. Robert Sackett, *Popular Entertainment, Class and Politics in Munich, 1900–1923* (Cambridge, Mass., 1982) p. 48; Jelavich [note 36] pp. 240–1; Robin Lenman, 'Censorship and Society in Munich, 1890–1914' (Oxford PhD, 1975) p. 242; Brown [note 22] p. 119; Findlater [note 7] p. 65.
56. Krakovitch [note 3] p. 47; George Martin, *The Red Shirt and the Cross of Savoy: The Story of Italy's Risorgimento* (New York, 1969) p. 219; Carlson [note 26] p. 72; H. Hearder and D. P. Waley, *A Short History of Italy* (Cambridge, 1963) p. 131.
57. Brown [note 22] p. 120; Judith Wechsler, *A Human Comedy: Physiog-*

16. For Italy, a good deal of useful information is scattered through Carlson [note 26]. For Russia, see Weiner [note 8]; and M. A. S. Burgess, 'The Nineteenth and Early Twentieth Century Theatre', in Robert Auty (ed.), *An Introduction to Russian Language and Literature* (Cambridge, 1977) pp. 247–66. Additional information on some of the above countries as well as on some of the minor countries such as Belgium, Portugal and the Netherlands can be found in Cahuet [note 6] pp. 310–24; and Frank Fowell and Frank Palmer, *Censorship in England* (London, 1913) pp. 318–23.
28. Victor Hallays-Dabot, *La Censure dramatique et le théâtre 1850–1870* (Paris, 1871) p. 6.
29. Gary Stark, 'The Censorship of Literary Nationalism, 1890–1895: Prussia and Saxony', *Central European History*, 18 (1985) pp. 326–31; Claus [note 7] pp. 46, 71–2, 89; Pascal [note 5] p. 264.
30. Findlater [note 7] p. 73; Krakovitch [note 5] p. 286; Daniel Balmuth, *Censorship in Russia* (Washington, DC, 1979) pp. 42, 55; Carlson [note 26] p. 55; Tom Driver, *A History of the Modern Theatre* (New York, 1970) p. 201; Robin Lenman, 'Politics and Culture: The State and the Avant-Garde in Munich, 1886–1914', in Richard Evans (ed.), *Society and Politics in Wilhelmine Germany* (London, 1978) p. 100.
31. Driver [note 30] p. 201; Choldin [note 16] p. 16; Huttner [note 10] p. 65.
32. Marvin Carlson, *The German Stage in the Nineteenth Century* (Metuchen, NJ, 1972) pp. 3, 55–70.
33. Marjorie Hoover, *Alexander Ostrovsky* (New York, 1981) p. 27.
34. Berthold [note 23] p. 537; Findlater [note 7] p. 53; B. V. Varneke, *History of the Russian Theatre* (New York, 1951) p. 237; Nancy Nolte, 'Government and Theatre in Restoration France', *Consortium on Revolutionary Europe Proceedings 1985* (Athens, Ga., 1986) p. 436; Hemmings [note 12] p. 51; Cahuet [note 6] pp. 224–5; Krakovitch [note 3] p. 241; Charles O'Neill, 'Theatrical Censorship in France, 1844–1875: The Experience of Victor Séjour', *Harvard Library Bulletin*, 26 (1978) p. 434.
35. Carlson [note 26] pp. 101, 119.
36. Kimbell [note 1] p. 25; Stephens [note 12] p. 10; Cahuet [note 6] p. 217; Peter Jelavich, *Munich and Theatrical Modernism: Politics, Playwriting and Performance, 1890–1914* (Cambridge, Mass., 1985), p. 121; Charles Ruud, *Fighting Words: Imperial Censorship and the Russian Press, 1804–1906* (Toronto, 1982) pp. 251–2.
37. Findlater [note 7] p. 54; Stephens [note 12] pp. 168–9; W. E. Yates, *Grillparzer* (Cambridge, 1972), p. 12; Claus [note 7] p. 47; Cahuet [note 6] p. 206.
38. Stephens [note 12] pp. 27, 80; Nolte [note 34] p. 439; Kimbell [note 1] p. 28; Jeremy Commons, '*Maria Stuarda* and the Neapolitan Censorship', *Journal of the Donizetti Society*, 3 (1977) p. 164; Findlater [note 7] pp. 55, 58, 74–5.
39. Hemmings [note 12] pp. 48–9.
40. Ronald Hingley, *Russian Writers and Society, 1825–1904* (New York, 1967) p. 229; Sidney Monas, *The Third Section: Police and Society in Russia under Nicholas I* (Cambridge, Mass., 1961) p. 184; Varneke [note 34] pp. 203–7, 220–2; Slonim [note 13] p. 45; George Freedley and

Story of the Volksbühne (Austin, Tex., 1977) p. 2; Raphael Samuel, Ewan MacColl and Stuart Cosgrove, *Theatres of the Left: Workers' Theatre Movements in Britain and America* (London, 1985) p. 17.

18. Ann Marie Koller, *The Theatre Duke: Georg II of Saxe-Meiningen and the German Stage* (Stanford, Calif., 1984) p. 12; Stephen A. Kippur, *Jules Michelet* (Albany, NY, 1981) pp. 120, 130; Krakovitch [note 3] pp. 217, 266.
19. See generally Jonas Barish, *The Anti-theatrical Prejudice* (Berkeley, Calif., 1981) (quoted material from pp. 42, 58); and Mendel Kohansky, *The Disreputable Profession: The Actor in Society* (Westport, Conn., 1984) (quoted material from pp. 20, 22–23, 27). Other material in this paragraph is drawn from Cahuet [note 6] p. 8; and Macgowan *et al.* [note 6] p. 29.
20. Kohansky [note 19] pp. 26, 28, 81; Barish [note 19] pp. 199, 241; Cahuet [note 6] p. 43; Macgowan *et al.* [note 6] p. 29; Glynne Wickham, *A History of the Theatre* (Oxford, 1985) p. 1.
21. Macgowan *et al.* [note 6] p. 83; Ronald Harwood, *All the World's a Stage* (Boston, Mass., 1984) p. 177; Kohansky [note 19] pp. 48, 55, 66, 106; Barish [note 19] p. 261; Frederick and Lise-Lone Marker, *The Scandinavian Theatre* (Totowa, NJ, 1975) p. 69.
22. Oscar Brockett, *History of the Theatre* (Boston, Mass., 1977), pp. 168–9; Macgowan *et al.* [note 6] p. 117; Cahuet [note 6] pp. 17, 52, 67–8; Wickham [note 20] p. 11; John Lough, *Writer and Public in France: From the Middle Ages to the Present Day* (Oxford, 1978) pp. 75, 173; Frederick Brown, *Theatre and Revolution* (New York, 1980) p. 46; John Hohenberg, *Free Press/Free People* (New York, 1971) p. 72.
23. Brockett [note 22] p. 202; Margot Berthold, *A History of World Theatre* (New York, 1972) p. 536; Findlater [note 7] pp. 24–5; Albert Ward, *Book Production, Fiction and the German Reading Public, 1740–1800* (Oxford, 1974) p. 100.
24. See the discussion in Conolly [note 10] pp. 13–24.
25. Isherwood [note 14] p. 254.
26. Findlater [note 7] p. 41; Allen [note 2] p. 228; Lough [note 22] p. 339; Macgowan *et al.* [note 19] p. 190; Marvin Carlson, *The Italian Stage from Goldoni to D'Annunzio* (London, 1981) pp. 103, 130; Bernard Hewitt, *History of the Theatre from 1800 to the Present* (New York, 1970) p. 6; Simon Williams, *German Actors of the Eighteenth and Nineteenth Centuries* (Westport, Conn., 1985) p. 145; Lars Kleberg, '"People's Theatre" and the Revolution', in Nils Nilsson (ed.), *Art, Society, Revolution: Russia, 1917–1921* (Stockholm, 1979) p. 180.
27. The next few paragraphs are a distillation of information about theatre-censorship laws and administration in nineteenth-century Europe. Standard sources for Britain are Conolly [note 10], Findlater [note 7] and Stephens [note 12]. For France, major sources include Cahuet [note 6] and Krakovitch [note 3]. For Germany, there is a good discussion in Pascal [note 5] pp. 262–76. For Austria, see Huttner [note 10]; Robert Waissenberger (ed.), *Vienna in the Biedermeier Era, 1815–1848* (New York, 1986) pp. 232–43; and Hanson [note 14] pp. 41–4. For Denmark, see Neville Hunnings, *Film Censors and the Law* (London, 1967) pp. 307–

Ages of the Theatre (Englewood Cliffs, NJ, 1979) pp. 87, 164, 239; Krakovitch [note 3] pp. 93–4, 116, 136, 212, 229; Victor Hallays-Dabot, *Histoire de censure théatrâle en France* (Paris, 1862) p. 116; Albéric Cahuet, *La Liberté du théâtre en France et à l'étranger* (Paris, 1902) p. 348; Albert Delpit, 'La Liberté des théâtres et les café-concerts', *Revue des deux mondes*, 1 Feb 1978, p. 623.
7. Krakovitch [note 3] pp. 101, 117, 130, 141, 159, 179, 200–1; Horst Claus, *The Theatre Director Otto Brahm* (Ann Arbor, Mich., 1981), p. 71; Richard Findlater, *Banned! A Review of Theatrical Censorship in Britain* (London, 1967) p. 99.
8. Jack Weiner, *Mantillas in Moscovy: The Spanish Golden Age Theater in Tsarist Russia, 1672–1917* (Lawrence, Kan., 1970) p. 25; John Palmer, *The Censor and the Theater* (New York, 1913) p. 189.
9. Findlater [note 7] p. 16; Cahuert [note 6] pp. 204–5.
10. Johann Huttner, 'Theater Censorship in Metternich's Vienna', *Theatre Quarterly*, 37 (1980) p. 64; L. W. Conolly, *The Censorship of English Drama, 1737–1824* (San Marino, Calif., 1976) p. 180; Hallays-Dabot [note 6] p. ix.
11. Krakovitch [note 3] pp. 150, 286; Vera Roberts, *On Stage: A History of Theatre* (New York, 1962) p. 411; Robert D. Boyer, *Realism in European Theatre and Drama, 1870–1920* (Westport, Conn., 1979) p. xvii.
12. Claus [note 7] p. 47; Gary Stark, 'Cinema, Society and the State: Policing the Film Industry in Imperial Germany', in Gary Stark and Bede Lackner (eds), *Essays on Culture and Society in Modern Germany* (College Station, Tex., 1982) p. 143; John R. Stephens, *The Censorship of English Drama, 1824–1901* (Cambridge, 1980) pp. 42–3; John and Muriel Lough, *An Introduction to Nineteenth-Century France* (London, 1978) p. 273; W. D. Howarth, *Sublime and Grotesque: A Study of French Romantic Drama* (London, 1975) p. 306; Huttner [note 10] p. 66–7; F. W. J. Hemmings, *Culture and Society in France, 1848–1898* (London, 1971) p. 51.
13. Lawson Carter, *Zola and the Theatre* (New Haven, Conn., 1963) p. 137; Marc Slonim, *Russian Theatre from the Empire to the Soviets* (Cleveland, 1961) p. 145; Stephens [note 12] p. 127.
14. Robert M. Isherwood, *Farce and Fantasy: Popular Entertainment in Eighteenth-Century Paris* (New York, 1986) p. 255; Huttner [note 10] pp. 61–2; Alice Hanson, *Musical Life in Biedermeier Vienna* (Cambridge, 1985) p. 75.
15. Krakovitch [note 3] pp. 225, 227; Herbert Marshall, *The Pictorial History of the Russian Theatre* (New York, 1976) p. 247.
16. Eda Sagarra, *Tradition and Revolution: German Literature and Society, 1830–1890* (New York, 1971) p. 79; Barbara Prohaska, *Raimund and Vienna* (Cambridge, 1970) p. 148; Marianna Choldin, *Russian Censorship of Ideas under the Tsars* (Durham, NC, 1985) p. 172; Nick Worrall, *Nikolai Gogol and Ivan Turgenev* (New York, 1983) p. 43; Gary Stark, 'La Police berlinoise et la Freie Volksbühne', *Revue d'histoire du théâtre*, 38 (1986) p. 9.
17. Krakovitch [note 3] p. 267; Edward Braun, *The Director and the Stage* (London, 1982) p. 60; Cecil W. Davies, *Theatre for the People: The*

80. There is a large literature on *L'Assiette au beurre*. The leading study is by Elisabeth and Michel Dixmier, [note 74]. Caricatures from this journal are reprinted in Stanley Applebaum, *French Satirical Drawings from 'L'Assiette au Beurre'* (New York, 1978); and J.-M. Royer, *Le Livre d'or de 'L'Assiette au beurre'*, 2 vols (Paris, 1977–8). See also Gisèle Lambert *'L'Assiette au beurre'*, *Les Nouvelles de l'estampe*, 23 (1975) 7–17; Raymond Bachollet, *'L'Assiette au beurre'*, *Le Collectionneur français*, 155 (1979) 7–9; Steven Heller, *'L'Assiette au beurre'*, *Upper and Lower Case*, 8 (1981) 12–15; Ralph Shikes, 'Five Artists in the Service of Politics in the Pages of *L'Assiette au beurre*', in Henry Millon and Linda Nochlin (eds), *Art and Architecture in the Service of Politics* (Cambridge, Mass., 1978) pp. 162–81.
81. See Shikes [note 80] pp. 167, 175; Dixmier and Dixmier [note 74] pp. 284–90, 294–9; Vige Longevin, *Exhibition Jules Grandjouan* (Nantes, 1969) pp. 31–2; Henry Poulaille, *Aristide Delannoy* (Saint-Denis, 1982).
82. Daniel Balmuth, *Censorship in Russia, 1865–1905* (Washington, DC, 1979) p. 19; King and Porter [note 4] pp. 24–5; Bowlt, 'Art and Violence' [note 4] p. 64.
83. Charles Ruud, *Fighting Words: Imperial Censorship and the Russian Press, 1804–1906* (Toronto, 1982) pp. 238, 245; King and Porter [note 4] pp. 18, 25; Bowlt, 'Art and Violence' [note 4] p. 64; Ernest Simmons, *Leo Tolstoy* (Boston, Mass., 1946) p. 596; Serge Golynets, *Ivan Bilibin* (New York, 1981) p. 185.
84. The following discussion about Russia in 1905 relies most heavily upon King and Porter [note 4]. Also useful were Bowlt, 'Art and Violence' [note 4] pp. 66–72; John Bowlt, 'Russian Caricature and the 1905 Revolution', *Print Collector's Newsletter*, 9 (1978) 5–8; Robert C. Williams, *Artists in Revolution: Portraits of the Russian Avante-Garde* (Bloomington, Ind., 1977), pp. 63–71; Pronin and Pronin [note 18] p. 114.
85. Bowlt, 'Nineteenth-Century Russian Caricature' [note 4] p. 232; King and Porter [note 4] p. 31.
86. King and Porter [note 4] pp. 36, 43.
87. King and Porter [note 4] p. 43.
88. Balmuth [note 82] p. 132; Bowlt, 'Art and Violence' [note 4] pp. 71–3.

第４章　演劇に対する政治検閲

1. Donald Kimbell, *Verdi in the Age of Italian Romanticism* (Cambridge, 1981) p. 25.
2. John Allen, *A History of the Theatre in Europe* (London, 1983) pp. 256–7.
3. Odile Krakovitch, *Hugo censuré: la liberté au théâtre au XIXe siècle* (Paris, 1985) p. 83.
4. Krakovitch [note 3] Epilogue.
5. Roy Pascal, *From Naturalism to Expressionism: German Literature and Society, 1880–1918* (New York, 1973) p. 266.
6. Kenneth Macgowan, William Melnitz and Gordon Armstrong, *Golden*

on Culture and Society in Imperial Germany (College Station, Tex., 1982) p. 136.
69. Theda Shapiro, *Painters and Politics* (New York, 1976) p. 33.
70. Melot [note 31] pp. 219–20; Grand-Carteret, *Moeurs et caricature en Allemagne* [note 4] pp. 429–49; Randall Davies, 'Caricature', in Encyclopaedia Britannica, *Graphic Arts* (Garden City, NY, 1936) pp. 90–100; Parton [note 4] pp. 251–6; Jones [note 63] pp. 13–14; Shikes and Heller [note 29] p. 11; Coupe [note 4] vol. 3, pp. x–xi.
71. Patricia Kery, *Great Magazine Covers of the World* (New York, 1982) p. 282.
72. Brooks [note 5] p. 69; Allen [note 4] pp. 39–41, 111–12; Jones [note 63] pp. 41–2; Lethève [note 4] pp. 107, 238; Grand-Carteret, *Moeurs et caricature en Allemagne* [note 4] pp. 347–8; John Grand-Carteret, *'Lui' devant l'objectif caricatural* (Paris, 1905) pp. 73, 76; John Grand-Carteret, *Crispi, Bismarck et la Triple-Alliance en caricatures* (Paris, 1891) pp. 11–13.
73. On the *Cu-Cut!* incident, see Joaquin Romero-Maura, *The Spanish Army and Catalonia: The 'Cu-Cut! Incident' and the Law of Jurisdictions, 1905–6* (Santa Barbara, Calif., 1976).
74. See, on these regulations, for France, Elisabeth and Michel Dixmier, *L'Assiette au beurre'* (Paris, 1974) pp. 219–36; and for Germany, Lenman [note 4] pp. 89–90, 136–8.
75. On *Simplicissimuss*, see Lenman [note 4]; Allen [note 4]; Stanley Appelbaum, *'Simplicissimus': Satirical Drawings from the Famous German Weekly* (New York, 1975); Gerhard Bennecke, 'The Politics of Outrage: Social Satire in *Simplicissimus*', *Twentieth Century Studies*, 13–14 (1975) 92–109; W. A. Coupe, 'Kaiser Wilhelm II and the Cartoonists', *History Today*, 30 (1980) 16–23; Steve Heller, 'The Late, Great *Simplicissimus*', *Print*, 33 (1979) 35–43; Heller [note 15]; Fritz Arnold, *One Hundred Caricatures from 'Simplicissimus'* (Munich, 1983); Mark Rosenthal, *'Simplicissimus'* (New York, 1979); Franz Roh, *German Art in the Twentieth Century* (New York, 1957) pp. 35–43; Raymond Bachollet, *'Simplicissimus'*, *Le Collectioneur français*, Jan 1982, pp. 5–7, Feb 1982, pp. 7–9, and Mar 1982, pp. 8–11.
76. Allen [note 4] pp. 41–2, 89; Lenman [note 4] pp. 76, 89–91.
77. Coupe [note 75] p. 22; Allen [note 4] p. 55; Coupe [note 4] vol. 3, p. xii.
78. Grand-Carteret, *'Lui'* [note 72] pp. i–vii; John Grand-Carteret, *Nicholas: ange de la paix, empereur du knout* (Paris, c. 1906) pp. 9–15.
79. Frank and Dorothy Getlein, *The Bite of the Print* (New York, 1963) pp. 228–34; Herbert Bittner, *Kaethe Kollwitz: Drawings* (New York, 1959) p. 5; Mina and Arthur Klein, *Käthe Kollwitz: Life in Art* (New York, 1972) pp. 33–6; Paret [note 2] pp. 9–28; Marion Deshmukh, 'Art and Politics in Turn-of-the-Century Berlin', in Gerald Chapple and Hans Chulte (eds), *The Turn of the Century: German Literature and Art, 1890–1915* (Bonn, 1981) pp. 463–73; Maurice Rickards, *Posters of Protest and Revolution* (New York, 1970) p. 16; Renate Hinz, *Käthe Kollwitz: Graphics, Posters, Drawings* (New York, 1981) p. xxi; Maurice Rickards, *Banned Posters* (Park Ridge, NJ) pp. 32–3; Alan Weill, *The Poster: A Worldwide Survey and History* (Boston, Mass., 1985), p. 99.

59. T. J. Clark, *Image of the People: Gustave Courbet and the Second French Republic* (Greenwich, Conn., 1973) p. 93; Anne McCauley, *Nineteenth-Century French Caricatures and Comic Illustrations* (Austin, Tex., 1985) p. 14; *Caricature-presse satirique, 1830–1918* (Paris, 1979) p. 25; Drujon [note 52] p. 89.
60. On caricature under the Second Empire, see Bellet [note 11]; Roberts-Jones [note 4] pp. 25–30; and André Blum, 'La Caricature politique en France sous le Second Empire', *Revue des études napoléoniennes*, 15 (1919) 169–83.
61. On the 1867–70 period, see Grand-Carteret, *Moeurs et caricature en France* [note 4] pp. 413–16; Roberts-Jones [note 4] pp. 26–30, 43–5; Bellet [note 11] pp. 87–92; Blum [note 60] pp. 171–2, 180–3; Valmy-Baysse [note 11] pp. 53–160; Fontane [note 16] pp. 33–65, 175–311.
62. Roberts-Jones [note 4] p. 8.
63. For details on these journals see the alphabetical lists of periodicals and discussion of them in Philippe Jones, 'La Presse illustré satirique entre 1860 et 1890', *Etudes de presse*, 8 (1956) 16–113; and Grand-Carteret, *Moeurs et caricature en France* [note 4] pp. 559–618. See also Charles Virmaitre, *Paris-canard* (Paris, 1888) pp. 105–6, 83–7. The leading studies on Gill are Valmy-Baysse [note 11] and Fontane [note 16].
64. Boudaille [note 1] p. 93; Thedore Reff, *Manet and Modern Paris* (Chicago, 1982) pp. 208–9; Anne Hanson, *Manet and the Modern Tradition* (New Haven, Conn., 1977) p. 115; Jacquelynn Baas, 'Edouard Manet and "Civil War"', *Art Journal*, 45 (1985) 36–7; Metropolitan Museum of Art, *Manet* (New York, 1983) p. 531.
65. There is a massive literature on caricature in 1870–1. For a complete catalogue of these caricatures, see Jean Berleux, *La Caricature politique en France pendant la guerre, le siège et la Commune* (Paris, 1890). Many of these caricatures are reprinted in Paul Ducatel, *Histoire de la Commune et du siège de Paris: vue à travers l'imagerie populaire* (Paris, 1973), and in Susan Lambert, *The Franco-Prussian War and the Commune in Caricature, 1870–71* (London, 1971). For narrative accounts, see Aimé Dupuy, *La Guerre, la Commune et la presse, 1870–71* (Paris, 1959); James Leith, 'The War of Images Surrounding the Commune', in James Leith (ed.), *Images of the Commune* (Montreal, 1978) pp. 101–50; André Blum, 'La Caricature politique en France pendant la guerre de 1870–71', *Revue des études napoléoniennes*, 20 (1919) 301–11. On Pilotell, see Charles Feld, *Pilotell: dessinateur et communard* (Paris, 1969) pp. 13–15. On suppression of journals by the Commune, see Virmaitre, [note 63] pp. 271–2; Michel Ragon, *Les Maîtres du dessin satirique en France de 1830 à nos jours* (Paris, 1972) p. vi.
66. Lethève [note 4] p. 30. In general, on the struggle of 1871–81, see ibid., pp. 11–43; Roberts-Jones [note 4] pp. 30–40; Jones [note 63]; Henri Avenel, *Histoire de la presse française depuis 1789 jusqu'à nos jours* (Paris, 1900) pp. 746–7; and the works on Gill cited in note 63.
67. These accounts are drawn from Jones [note 63] pp. 49–50, 75–7, 107–8.
68. Gary Stark, 'Cinema, Society and the State: Policing the Film Industry in Imperial Germany', in Gary Stark and Bede Lackner (ed.), *Essays*

43. There is an enormous, growing and fascinating literature concerning the struggle over freedom of caricature in France between 1830 and 1835. Much is in English, including Cuno [note 4]; Cuno [note 40] James Cuno, 'Charles Philipon, La Maison Aubert and the Business of Caricature in Paris, 1829–41', *Art Journal*, 43 (1983) 347–53; Howard Vincent, *Daumier and his World* (Evanston, Ill., 1968); Edwin Bechtel, *Freedom of the Press and L'Association Mensuelle: Philipon versus Louis-Philippe* (New York, 1952); Roger Passeron, *Daumier* (New York, 1981); Scharf [note 10]; Morse [note 5] above; Larkin [note 3]; Robert Rey, *Daumier* (New York, 1965); and Judith Wechsler, *A Human Comedy: Physiognomy and Caricature in 19th Century Paris* (Chicago, 1982). See also, in French, Renonciat [note 16]; Antoinette Huon, 'Charles Philipon et la Maison Aubert', *Etudes de presse*, 9 (1957) 67–76; Charles Ledre, *La Presse à l'assaut de la monarchie, 1815–1848* (Paris, 1960); Andre Rossel, *'Le Charivari': un journal révolutionnaire* (Paris, 1971); Klaus Schrenk, 'Le Mouvement artistique au sein de l'opposition de la Monarchie de Juillet', *Histoire et critique des arts*, 13–14 (1980) 67–96; and André Blum, 'La Caricature politique' [note 3] pp. 257–77.
44. Vincent [note 43] p. 15.
45. Irene Collins, *The Government and the Newspaper Press in France, 1814–1881* (London, 1959) pp. 74–7.
46. Maurice and Cooper [note 37] p. 72; Grand-Carteret, *Moeurs et caricature en France* [note 4] p. 202; Wechsler [note 43] p. 73; Passeron [note 43] p. 47.
47. Jacques Sternberg and Henri Deuil, *Un siècle de dessins contestaires* (Paris, 1974) p. 28.
48. Renonciat [note 16] above, p. 87.
49. Sternberg and Deuil [note 47] p. 36.
50. Roger Macgraw, *France 1815–1914* (Oxford, 1983) p. 65; Wechsler [note 43] p. 85; Vincent [note 43] p. 73.
51. Lucie-Smith [note 4] p. 78; Wechsler [note 43] p. 95.
52. Vincent [note 43] p. 249; Fernand Drujon, *Catalogue des ouvrages, ecrits et dessins de toute nature poursuivis, supprimés ou condamnés depuis le 21 octobre 1814 jusqu'au 31 juillet 1879* (Paris, 1879) p. 89; Grand-Carteret, *Moeurs et caricature en France* [note 4] p. 583.
53. On caricature during the Second Republic see André Blum, 'La Caricature politique en France sous la Seconde Republique', *Revolutions de 1848*, 74 (1919) 203–14; and Grand-Carteret, *Moeurs et caricature en France* [note 4] pp. 291–333.
54. Charles Ramus, *Daumier* (New York, 1978) p. 130.
55. Grand-Carteret, *Moeurs et caricature en Allemagne* [note 4] p. 143.
56. Allen [note 4] pp. 19–20; Searle *et al.*, [note 4] pp. 158, 165; Coupe [note 19] p. 166; Lucie-Smith [note 4] p. 81; Grand-Carteret, *Moeurs et caricature en Allemagne* [note 4] p. 177; Coupe [note 4] vol. 3, p. ix.
57. Grand-Carteret, *Moeurs et caricature en Allemagne* [note 4] p. 340; Bohun Lynch, *A History of Caricature* (London, 1926) p. 88; Maggio-Serra [note 4] pp. 139–43.
58. Maggio-Serra [note 4] p. 149.

24. On caricature under Napoleon, see André Blum, 'La Caricature en France sous le Consulat et l'Empire', *Revue des études napoléoniennes*, 19 (1918) 296–312; Grand-Carteret, *Moeurs et caricature en France* [note 4] pp. 84–93.
25. Melot [note 18] pp. 82–3; Jane Clapp, *Art Censorship* (Metuchen, NJ, 1972) p. 108.
26. Robert Holtman, *Napoleonic Propaganda* (Baton Rouge, La., 1950) p. 166.
27. Coupe [note 19] p. 140.
28. On the situation in Britain, see, M. Dorothy George, *English Political Caricature to 1792* (Oxford, 1959); M. Dorothy George, *English Political Caricature, 1793–1832* (Oxford, 1959); and H. T. Dickinson, *Caricatures and the Constitution, 1760–1832* (Cambridge, 1986).
29. Ralph Shikes and Steven Heller, *The Art of Satire* (New York, 1984) p. 10; Searle *et al.* [note 4] pp. 157, 161.
30. Grand-Carteret, *Moeurs et caricature en Allemagne* [note 4] pp. 112, 153; Alexandre [note 4] p. 153; Robert Waissenberger (ed.), *Vienna in the Biedermeier Era, 1815–48* (New York, 1986) pp. 82, 177.
31. Townsend [note 4] pp. 164, 265; Grand-Carteret, *Moeurs et caricature en Allemagne* [note 4] pp. 98, 114–15; Searle *et al.* [note 4] pp. 162–3; and Michel Melot, 'Social Comment and Criticism', in Domenico Porzio (ed.), *Lithography: 200 Years of Art, History and Technique* (New York, 1983) p. 219.
32. Parton [note 4] pp. 250–1.
33. S. Frederick Starr, 'Russian Art and Society, 1800–1850', in Stavrou [note 4] p. 104.
34. Tobia Frankel, *The Russian Artist* (New York, 1972) p. 74; Jeffrey Brooks, *When Russia Learned to Read: Literacy and Popular Literature, 1861–1917* (Princeton, NJ, 1985) p. 64; Duchartre [note 17] p. 56; Pronin [note 18] pp. 32, 34, 113.
35. Grand-Carteret, *Moeurs et caricature en Allemagne* [note 4] p. 101.
36. Townsend [note 4] pp. 102, 111; Philippe [note 18] pp. 142–3; Coupe [note 19] p. 140; Dickinson [note 28] p. 86; Grand-Carteret, *Moeurs et caricature en Allemagne* [note 4] pp. 96–7.
37. On the growth of caricature in 1848, see Coupe [note 19]; Coupe [note 4] vol. 3, p. ix; Allen [note 4] p. 15; Lucie-Smith [note 4] pp. 81, 87; Arthur Maurice and Frederic Cooper, *The History of the Nineteenth Century in Caricature* (New York, 1970) p. 119; Melot [note 31] p. 219; Michel Melot, *The Art of Illustration* (New York, 1984), p. 155.
38. On French caricature during the Bourbon restoration, see Champfleury [note 22] pp. 308–57; Grand-Carteret, *Moeurs et caricature en France* [note 4] pp. 95–152; and especially André Blum, 'La Caricature politique en France sous la Restauration', *La Nouvelle Revue*, 35 (1918) 119–36.
39. Blum [note 38] p. 131.
40. Renonciat [note 16] pp. 63, 70; James Cuno, 'The Business and Politics of Caricature: Charles Philipon and La Maison Aubert', *Gazette des beaux-arts*, 106 (1985) 97.
41. Grand-Carteret, *Moeurs et caricature en France* [note 4] pp. 184–5.
42. Charles Baudelaire, *The Painter of Modern Life* (London, 1964) p. 172.

[note 11] pp. 68–70; Charles Gilbert-Martin, 'Souvenirs d'un caricaturiste', *Le Don Quichotte*, 21, 28 May 1887.
13. Jones [note 4] p. 226.
14. Roberts-Jones [note 4] p. 107.
15. Grand-Carteret, *Moeurs et caricature en France* [note 4] p. 523; Adhemar [note 8] p. 142; Roberts-Jones [note 4] p. xi; Allen [note 4] p. 11; Steve Heller, '*Simplicissimus*', *Upper and Lower Case*, 8 (1981) 16.
16. Annie Renonciat, *La Vie et l'oeuvre de J. J. Grandville* (Paris, 1985) p. 76; Charles Fontane, *André Gill: un maître de la caricature* (Paris, 1927) I, 37; Allen [note 4] p. 199.
17. Carmilly-Weinberger [note 8] p. 56; Ashbee [note 9] p. 37; Christiane Andersson, 'Polemical Prints during the Reformation', in *Censorship: 500 Years of Conflict* (New York, 1984) pp. 35, 39; David Kunzle, *The Early Comic Strip: Narrative Strips and Picture Stories in the European Broadsheet from c. 1450 to 1825* (Berkeley, Calif., 1973) pp. 167, 434; Roberts-Jones [note 4] pp. 22–3; Parrondo [note 4]; John Bowlt, 'Art and Violence' [note 4] pp. 57–8; Pierre-Louis Ducharte, *L'Imagerie populaire russe* (Paris, 1961) p. 160.
18. On France, see Roberts-Jones [note 4] pp. 22–3; Michel Ragon, *Le Dessin d'humour: histoire de la caricature et du dessin humoristique en France* (Paris, 1960) p. 20; André Blum, 'L'Estampe satirique et la caricature en France au XVIII siècle', *Gazette des beaux-arts*, 52 (1910) 379–92, and 53 (1910) 69–87; A. H. Mayor, *Prints and People* (New York, 1971) text accompanying print 556; Michael Melot, 'The Image in France', in *Censorship: Five Hundred Years of Conflict* (New York, 1984) p. 82. On Germany, see John Paas, *The German Political Broadsheet, 1600–1700* (Wiesbaden, 1985) pp. 22–4; William Coupe, *The German Illustrated Broadsheet in the Seventeenth Century* (Baden-Baden, 1966) pp. 9, 16–19; Kunzle [note 17] p. 28. On Russia, see Ducharte [note 17] pp. 54, 164–8; Robert Philippe, *Political Graphics: Art as a Weapon* (New York, 1982) pp. 78–80; and Alexander and Barbara Pronin, *Russian Folk Arts* (New York, 1975) p. 34. On Spain, see Parrondo [note 4].
19. Ralph Shikes, *The Indigant Eye: The Artist as Social Critic in Prints and Drawings* (Boston, Mass., 1969) p. 57; W. A. Coupe, 'The German Cartoon and the Revolution of 1848', *Comparative Studies in History and Society*, 9 (1966–7) 139.
20. Blum [note 18] above, pp. 72, 384.
21. Herr, *The Eighteenth Century Revolution in Spain* (Princeton, NJ, 1958) p. 247; Parrondo [note 4] p. 171; Avrahm Yarmolinksy, *Road to Revolution: A Century of Russian Radicalism* (New York, 1962) p. 21; John Bowlt, 'Nineteenth Century Russian Caricature' [note 4] pp. 226–9; Coupe [note 19] p. 139; A. M. Broadley, *Napoleon in Caricature* (London, 1911).
22. On caricatures during the French Revolution, see Blum, *La Caricature révolutionnaire* [note 3]; Champfleury (Jules Fleury), *Histoire de la caricature sous la Republique, l'Empire et la Restauration* (Paris, 1874); and Grand-Carteret, *Moeurs et caricature en France* [note 4] pp. 41–62.
23. Alexandre [note 4] p. 108.

République (Paris, 1961) pp. 5–45. On Germanic Europe, see John Grand-Carteret, *Les Moeurs et la caricature en Allemagne, en Autriche et en Suisse* (Paris, 1885); Mary Lee Townsend, 'Language of the Forbidden: Popular Humor in "Vormärz" Berlin, 1819–1848' (Yale University PhD, 1984); Robin Lenman, 'Censorship and Society in Munich, 1890–1914, with Special Reference to *Simplicissimus* and the Plays of Frank Wedekind, 1890–1914' (Oxford University PhD, 1975); Ann Allen, *Satire and Society in Wilhelmine Germany: 'Kladderadatsch' and 'Simplicissimus', 1890–1914* (Lexington, Mass., 1984); and W. A. Coupe, *German Political Satires* from the *Reformation to the Second World War*, 6 vols (White Plains, NY, 1985–). On Russia, see John Bowlt, 'Art and Violence: The Russian Caricature in the Early Nineteenth and Early Twentieth Centuries', *Twentieth Century Studies*, 13–14 (1975) 56–76; John Bowlt, 'Nineteenth Century Russian Caricature', in Theofanis Stavrou (ed.), *Art and Culture in Nineteenth-Century Russia* (Bloomington, Ind., 1983) pp. 221–35; and especially David King and Cathy Porter, *Images of Revolution: Graphic Art from 1905 Russia* (New York, 1983). On Spain, see Juan Carette Parrondo, 'Les Estampes hétérodoxes en Espagne au XVIII et au début du XIX siècle', *Gazette des beaux-arts*, 62 (1980) 169–82. On Italy, see Rosanna Maggio-Serra, 'La Naissance de la caricature de presse en Italie et le journal turinois *Il Fischietto*', *Histoire et critique des arts*, 13–14 (1980) 135–58.

5. Peter Morse, 'Daumier's Early Lithographs', *Print Review*, 11 (1980) 9; Robert C. Brooks, 'Lèse Majesté in Germany', *The Bookman*, 40 (1914) 68; King and Porter [note 4] p. 41.
6. Richard Godefrey, *English Caricature, 1620 to the Present* (London, 1984) p. 10; Hillier [note 4] p. 7; Jones [note 4] p. 225.
7. Lenman [note 4] pp. 98, 137; Allen [note 4] pp. 120, 154.
8. Townsend [note 4] pp. 277, 281; James Cuno, 'Charles Philipon and La Maison Aubert: The Business, Politics and Public of Caricature in Paris, 1820–40' (Harvard University PhD, 1985) p. 51; Jean Adhemar, *Imagerie populaire française* (Milan, 1968) p. 142; Lionel Lambourne, *An Introduction to Caricature* (London, 1983) p. 10: Moshe Carmilly-Weinberger, *Fear of Art: Censorship and Freedom of Expression in Art* (New York, 1986) p. 157.
9. C. A. Ashbee, *Caricature* (London, 1928) p. 47; Heinrich Heine, *French Affairs* (London, 1893) pp. 142, 331; Alla Sytova, *The Lubok: Russian Folk Pictures* (Leningrad, 1984) p. 13; Coupe [note 4], vol. 3, p. xii; Roger Bellet, *Presse et Journalisme sous le Second Empire* (Paris, 1967) p. 312; Raymond Bachollet, 'Satire, Censure et Propaganda', *Le Collectionneur Français*, 174 (1980) p. 15.
10. The law is quoted and translated into English in Paul Beik, *Louis Philippe and the July Monarchy* (Princeton, NJ, 1965) p. 147, and also in Aaron Scharf, *Art and Politics in France* (London, 1972) pp. 63–4.
11. For discussions of the censorship mechanics, see Roger Bellet [note 9] p. 35; Roberts-Jones [note 4] p. 35; J. Valmy-Baysse, *André Gill* (Paris, 1927) p. 71.
12. Roberts-Jones [note 4] pp. 98–102; Grand-Carteret, *Moeurs et caricature en France* [note 4], pp. 382–3; Bellet [note 11] pp. 88–9; Valmy-Baysse

1848 (Cambridge, 1983) p. 165; Yarmolinsky [note 26] p. 910; Choldin [note 25] p. 63.
65. Choldin [note 25] pp. 85, 174, 203; Laserson [note 32] pp. 265–6; John Lawrence, *A History of Russia* (New York, 1960) p. 194.
66. Gerhard Habermann, *Maxim Gorky* (New York, 1971) p. 51; Wolfe [note 54] p. 441.
67. Herr [note 19] p. 243; Hemmings [note 31] p. 151; Michael Packe, *The Bombs of Orsini* (London, 1957) p. 255; Roger Williams, *Henri Rochefort* (New York, 1966) pp. 37–8; Rath [note 48] p. 46; Petrovich [note 56] p. 307; L. Kochan, *The Making of Modern Russia* (New York, 1963) p. 207.
68. Vernon Lidtke, *The Outlawed Party: Social Democracy in Germany, 1878–1890* (Princeton, NJ, 1966) pp. 93–6; John Snell, *The Democratic Movement in Germany, 1789–1914* (Chapel Hill, NC, 1976) p. 199; Gary Steenson, *'Not One Man! Not One Penny!' German Social Democracy, 1863–1914* (Pittsburgh, 1981) p. 39.
69. Weiner [note 12]; G. A. Cranfield, *The Press and Society from Caxton to Northcliffe* (New York, 1978) pp. 126–41.
70. Anderson and Anderson [note 10] p. 265; Weiner [note 12] p. 116; Smith [note 9] p. 59.

第3章　風刺画に対する政治検閲

1. Georges Boudaille, *Gustave Courbet: Painter in Protest* (Greenwich, Conn., 1970) p. 75.
2. Peter Paret, *The Berlin Secession: Modernism and its Enemies in Imperial Germany* (Cambridge, Mass., 1980) p. 27.
3. André Blum, *La Caricature révolutionnaire (1789 à 1795)* (Paris, 1919) p. 14; André Blum, 'La Caricature politique sous la Monarchie de Juillet', *Gazette des beaux-arts*, 62 (1920) 29; Pierre Casselle, 'Le Régime legislatif', in *Histoire de l'édition Français* (Paris, 1985) p. 53. The Attorney General's comment is translated into English but mistakenly cited as part of the law itself in Oliver Larkin, *Daumier: Man of his Time* (Boston, Mass., 1968) p. 29.
4. The best general survey of nineteenth-century European caricature is Ronald Searle, Claude Roy and Bernd Bornemann, *La Caricature: art et manifeste* (Geneva, 1974). There is also much useful material in the following: Edward Lucie-Smith, *The Art of Caricature* (Ithaca, NY, 1981); William Feaver, *Masters of Caricature* (New York, 1981); James Parton, *Caricature and other Comic Art in All Times and Many Lands* (New York, 1878); Bevis Hillier, *Cartoons and Caricatures* (New York, 1970); and Arsène Alexandre, *L'Art du rire et de la caricature* (Paris, c. 1900). For France, the most important sources are John Grand-Carteret, *Les Moeurs et la caricature en France* (Paris, 1888); Philippe Jones, 'La Liberté de la caricature en France au XIXe siècle', *Synthèses*, 14 (1960) 220–30; Philippe Roberts-Jones, *De Daumier à Lautrec: essai sur l'histoire de la caricature française entre 1860 et 1890* (Paris, 1960) esp. pp. 21–61; Jacques Lethève, *La Caricature et la presse sous la IIIe*

'Newspaper Circulation, 1800–1954', *Transactions of the Manchester Statistical Society*, 1954–5, pp. 18–20.

48. R. John Rath, *The Viennese Revolution of 1848* (Austin, Tex., 1957) p. 10; Yates [note 19] p. 108.
49. P. Spencer, 'Censorship by Imprisonment in France, 1830–1870', *Romanic Review*, 47 (1956) 27; Padover [note 12] p. xxi; Eda Sagarra, *Tradition and Revolution: German Literature and Society, 1830–1890* (New York, 1971) p. 133; Waissenberger [note 24] p. 230; Choldin [note 25] pp. 5, 172.
50. Herbert Bowman, *Viassarion Belinski* (New York, 1969) p. 50; Monas [note 38] p. 244; Hingley [note 25] p. 230; Troyat [note 4] p. 249; Nicholas Riasonovsky, *A Parting of the Ways: Government and Educated Public in Russia* (Oxford, 1976) p. 247; Ronald Hingley, *A New Life of Anton Chekhov* (New York, 1976) p. 212.
51. The material on Marx and Proudhon is based on Franz Mehring, *Karl Marx* (Ann Arbor, Mich., 1962), and George Woodcock, *Pierre-Joseph Proudhon* (New York, 1972).
52. Richard Clogg, *A Short History of Modern Greece* (Cambridge, 1979) p. 86; D. G. Kousoulas, *Modern Greece* (New York, 1974) p. 58.
53. Hovde [note 13] pp. 524–5.
54. Seton-Watson [note 37] p. 481; Bertram Wolfe, *Three Who Made a Revolution* (New York, 1964) p. 36.
55. Benjamin Rigsberg, 'Tsarist Censorship Performance, 1894–1905', *Jahrbücher Für Geschichte Osteuropas*, 17 (1969) 63; Laserson [note 32] pp. 291–2; Kenez, [note 11] p. 27; Ruud [note 16] p. 110.
56. Barbara Reinfeld, *Karel Havlíček* (New York, 1982) pp. 25–6; Michael Petrovich, *A History of Serbia* (New York, 1976) p. 488; John Cruikshank, *The Early Nineteenth Century* (Oxford, 1969) p. 102.
57. W. Lougee, *Mid-Century Revolutions, 1848* (Lexington, Mass., 1972) p. 39; Alex Hall, 'The Kaiser, the Wilhelmine State and Lèse Majesté', *German Life and Letters*, 27 (1974) 104–5; Robert C. Brooks, 'Lèse Majesté in Germany', *The Bookman*, 40 (1914) 76–81.
58. Thorsen [note 13] p. 27; Bassow [note 34] p. 60.
59. Hovde [note 13] p. 524; Jacob Walkin, 'Government Controls over the Press in Russia, 1905–1914', *Russian Review*, 13 (1954) 208.
60. Steinberg [note 20] p. 272; Sammons [note 27] p. 123; Hermann Weigand, 'How Censorship Worked in 1831', *Yale University Library Gazette*, 10 (1935) 17–22; Sauvigny [note 43] p. 169; Smith [note 9] p. 95.
61. Bassow [note 34] pp. 51–2; Walkin [note 59] p. 205.
62. John Gillis, *The Development of European Society, 1770–1870* (Boston, Mass., 1977) p. 219.
63. James Allen, *Popular French Romanticism: Authors, Readers and Books in the 19th Century* (Syracuse, NY, 1981) p. 140; Harry Whitemore, 'Readers, Writers and Literary Taste in the Early 1830s: The *Cabinet de Lecture* as Focal Point', *Journal of Library History*, 13 (1978) 119–29; Aspinall, *Politics and the Press* [note 2] pp. 26, 28.
64. André Jardin and André-Jean Tudesq, *Restoration and Reaction, 1815–*

35. Anderson and Anderson [note 10] p. 263; Robert B. Holtman, *The Napoleonic Revolution* (Philadelphia, 1967) p. 167.
36. Frederik Ohles, 'This Hated Office: Censors as Victims of Censorship' (paper presented at German Studies Association Meeting in St Louis, Oct 1987) pp. 6–7.
37. T. K. Derry, *A History of Scandinavia* (Minneapolis, 1979) p. 210; Aspinall, *Politics and the Press* [note 2] p. 38; Inglehart [note 6] p. 180; Padover [note 12] p. xi; Schulte [note 16] p. 142; Paul Beik, *Louis Philippe and the July Monarchy* (Princeton, NJ, 1965) pp. 146–7; Balmuth [note 26] p. 13; Bolton King, *A History of Italy* (London, 1912) p. 55; Hugh Seton-Watson, *The Russian Empire, 1801–1917* (Oxford, 1967) p. 251.
38. Jacobson [note 25] pp. xv–xvi, xviii–xix; Waissenberger [note 24] p. 230; S. Monas, *The Third Section: Police and Society in Russia under Nicholas I* (Cambridge, Mass., 1961) pp. 180–1.
39. Ohles [note 36] pp. 5–6, 9; Jacobson [note 25] pp. 131, 140; Choldin [note 25] pp. 39, 57, 73, 94.
40. O'Boyle [note 4] p. 292; Charles Ledre, *La Presse à l'assaut de la monarchie, 1815–1848* (Paris, 1960) p. 218.
41. Hemmings [note 31] p. 53; Collins [note 22]; Schulte [note 16] p. 192; T. Forstenzer, *French Provincial Police and the Fall of the Second Republic* (Princeton, NJ, 1981) p. 53; Stanley Kimball, *Czech Nationalism: A Study of the National Theatre Movement, 1845–83* (Urbana, Ill., 1964) p. 34; Ruud [note 9] p. 527.
42. Aspinall, *Politics and the Press* [note 2] p. 9; Lee [note 5] pp. 46, 64; Koss [note 3] p. 68; Weiner [note 12] p. 117.
43. Smith [note 9] p. 172; G. Sauvigny, *The Bourbon Restoration* (Philadelphia, 1966) p. 294; Kurt Bashwitz, 'History of the Daily Press in the Netherlands', *Bulletin of the International Committee of Historical Sciences*, 10 (1938) 108; Maarten Schneider, *Netherlands Press Today* (Leiden, 1951) p. 10; Keyserlingk [note 30] pp. 26–7; Garver [note 34] p. 47.
44. Collins [note 22]; Robert Holtman, *Napoleonic Propaganda* (Baton Rouge, La., 1950) pp. 44–81; Peter Amann, *Revolution and Mass Democracy: The Paris Club Movement in 1848* (Princeton, NJ, 1975) p. 48; Georges Dupeux, *French Society, 1789–1970* (London, 1976) p. 158.
45. T. E. Carter, 'Comments on German Book Production in the Nineteenth Century', *German Life and Letters*, 23 (1970) 115–16; Kimball [note 41] p. 46; Arnold May, *The Hapsburg Monarchy, 1867–1914* (New York, 1968) p. 509.
46. Ruud [note 16] pp. 254–7; Robert Auty, 'Russian Writing and Publishing', in Robert Auty and D. Obolensky, *An Introduction to Russian Language and Literature* (Cambridge, 1977) p. 51; Effie Ambler, *Russian Journalism and Politics, 1861–1881: The Career of Aleksei Suvorin* (Detroit, 1972) pp. 34–5.
47. Schneider [note 43] p. 10; Weiner [note 12] p. 260; Lucy Brown, *Victorian News and Newspapers* (Oxford, 1985) p. 33; A. P. Wadsworth,

p. 11; Robert Waissenberger (ed.), *Vienna in the Biedermeier Era, 1815–1848* (New York, 1986) pp. 38, 82; Alice Hanson, *Musical Life in Biedermeier Vienna* (Cambridge, 1985) pp. 40–1; Stella Musulin, *Vienna in the Age of Metternich* (Boulder, Col., 1975) p. 255.

25. Ronald Hingley, *Russian Writers and Society, 1825–1904* (New York, 1967) p. 228; Helen Saltz Jacobson, *Diary of a Russian Censor: Aleksandr Nikitenko* (Amherst, Mass., 1975) p. xviii; J. N. Westwood, *Endurance and Endeavour: Russian History 1812–1980* (Oxford, 1981) p. 62; Hans Rogger, *Russia in the Age of Modernisation and Revolution, 1881–1917* (New York, 1983) p. 57; Marianna Choldin, *Russian Censorship of Western Ideas under the Tsars* (Durham, NC, 1985) p. 126; Twarog [note 17] p. 110.
26. Avrahm Yarmolinsky, 'A Note on the Censorship of Foreign Books in Russia under Nicholas I', *Bulletin of the New York Public Library*, 38 (1934) 907–10; Daniel Balmuth, *Censorship in Russia* (Washington, DC, 1979) pp. 145–6; Albert Resis, '*Das Kapital* Comes to Russia', *Slavic Review*, 29 (1970) 219–37; Choldin [note 25] pp. 3, 35, 188; Hingley [note 25] p. 233.
27. Jeffrey Sammons, *Heinrich Heine* (Princeton, NJ, 1979) p. 210; Annie Prasoloff, 'Le in-32, un format suspect', in *Histoire de l'édition française* (Paris, 1985) p. 48; Mary Lee Townsend, 'Language of the Forbidden: Popular Humor in "Vormärz" Berlin, 1819–1848' (Yale University PhD, 1984) p. 275.
28. Brooks [note 3] p. 299; Townsend [note 27] pp. 96, 261.
29. Ernest Simmons, *Leo Tolstoy* (Boston, Mass., 1946) p. 441.
30. Robert Keyserlingk, 'Bismarck and Freedom of the Press in Germany, 1866–1890', *Canadian Journal of History*, 11 (1976) 26; Jacobson [note 25] p. 25.
31. Collins [note 22] pp. 117–26; Inglehart [note 6] p. 203; F. W. J. Hemmings, *Culture and Society in France 1848–1898* (London, 1971) p. 55.
32. Jacobson [note 25] p. 298; Ruud [note 9] p. 526; Max Laserson, *The American Impact on Russia, 1784–1917* (New York, 1962) p. 313; Paul Russo, 'Golos and the Censorship, 1879–1883', *Slavonic and East European Review*, 61 (1983) 226–37; Ruud [note 16] p. 193; Kenez [note 11] p. 23.
33. Hovde [note 13] p. 524; Ruud [note 16] p. 15; Keyerslingk [note 30] p. 30; Hall [note 1] p. 14; Collins [note 22] pp. 79, 178; Ted Margadant, *French Peasants in Revolt: The Insurrection of 1851* (Princeton, NJ, 1979) p. 214; Merriman [note 10] pp. 31, 39.
34. Bruce Garver, *The Young Czech Party, 1874–1901* (New Haven, Conn., 1978) p. 48; Charles Gulick, *Austria from Habsburg to Hitler* (Berkeley, Calif., 1948) I, p. 22; R. W. Seton-Watson, *Racial Problems in Hungary* (New York, 1972) pp. 463–6; Denis Smith, *Italy: A Modern History* (Ann Arbor, Mich., 1959) p. 192; Balmuth [note 26] p. 136; Charles Ruud, 'The Printing Press as an Agent of Political Change in Early Twentieth-Century Russia', *Russian Review*, 40 (1981) 394; Hohenberg [note 7] pp. 155–6; Whitman Bassow, 'The Pre-Revolutionary *Pravda* and Tsarist Censorship', *American Slavic and East European Review*, 13 (1954) 62; Angus Roxburgh, *Pravda* (New York, 1987) pp. 16, 19.

17. Ingelhart [note 6] p. 24; Febvre and Martin [note 16] p. 309; George Solovoytchik, *Switzerland in Perspective* (Oxford, 1954) p. 61; Pottinger [note 16] pp. 77–9; Isser Woloch, *Eighteenth-Century Europe* (New York, 1982) pp. 238, 241; Leon Twarog, 'Literary Censorship in Russia and the Soviet Union', in Joseph T. Fuhrmann *et al.*, *Essays on Russian Intellectual History* (Austin, Tex., 1971) p. 104.
18. Elizabeth Eisenstein, *The Printing Press as an Agent of Change* (Cambridge, 1980) pp. 406, 677; Ward [note 16] p. 102; Darnton [note 16] pp. 135, 201; Pottinger [note 16] pp. 74–5; Lough [note 16] p. 175.
19. Richard Herr, *The Eighteenth Century Revolution in Spain* (Princeton, NJ, 1958) pp. 247, 262; Ward [note 16] p. 100; W. E. Yates, 'Cultural Life in Early Nineteenth-Century Austria', *Forum for Modern Language Studies*, 13 (1977) 111; C. A. Macartney, *The Hapsburg Empire, 1790–1815* (New York, 1969) p. 163; Ruud [note 16] p. 22; Avrahm Yarmolinsky, *Road to Revolution: A Century of Russian Radicalism* (New York, 1962) p. 21; Crane Brinton, *A Decade of Revolution, 1789–1799* (New York, 1963) p. 181.
20. This paragraph as well as Table 1 and subsequent information concerning various press laws in nineteenth-century Europe is based on a large number of sources, as very little has been published which attempts to deal with freedom of the press in nineteenth-century Europe on a pan-European basis. This chapter is an expansion of a previous attempt on my own part to treat this subject; Robert J. Goldstein, 'Freedom of the Press in Europe, 1815–1914', *Journalism Monographs*, 80 (1983). Other useful sources include Ruud [note 9] pp. 521–30; and Anderson and Anderson [note 10] pp. 245–72. There is also some useful scattered information in some of the general histories of the press, such as in Hohenberg [note 7]; Smith [note 9]; Olson [note 6]; and S. H. Steinberg, *Five Hundred Years of Printing* (New York, 1977). However, for the most part, information must be dug out of books and articles dealing with individual countries, as indicated in most of the notes to this chapter. For the incidents in Sweden, Denmark and Holland, see D. W. Rustow, *The Politics of Compromise: A Study of Parties and Cabinet Government in Sweden* (Princeton, NJ, 1955) pp. 48–9; Thorsen [note 13] p. 27; Walter Kendall, *The Labour Movement in Europe* (London, 1975) p. 248.
21. Artz [note 8] pp. 134–5; J. F. Zacek, 'Metternich's Censors: The Case of Palacky', in P. Brock and H. Skillings, *The Czech Renascence of the Nineteenth Century* (Toronto, 1970) p. 99; E. Newman, *Restoration Radical: Robert Blum and the Challenge of German Democracy* (Boston, Mass., 1974) p. 46; E. B. Fetscher, 'Censorship and the Editorial: Baden's New Press Law of 1840 and the *Seeblatter* at Konstanz', *German Studies Review*, 3 (1980) 380; O'Boyle [note 4] p. 305.
22. Schulte [note 16]; Smith [note 9] p. 110; Irene Collins, *The Government and the Newspaper Press in France, 1814–1881* (London, 1959) p. 129; Kenez [note 11] p. 22.
23. Lough [note 16] p. 75.
24. Stanley Pech, *The Czech Revolution of 1848* (Chapel Hill, NC, 1969),

7. Artz [note 4] p. 84; John Hohenberg, *Free Press/Free People: The Best Cause* (New York, 1971) p. 25; Aspinall, *Politics and the Press* [note 2] p. 58; Lee [note 5] p. 42.
8. Ronald Searle, Claude Roy and Bernd Bornemann, *La Caricature: art et manifeste* (Geneva, 1974) p. 12; Raymond Carr, *Spain, 1808–1939* (Oxford, 1966) p. 240; Frederick Artz, *Reaction and Revolution, 1814–1832* (New York, 1963) p. 67.
9. Anthony Smith, *The Newspaper: An International History* (London, 1979) p. 76; Charles Ruud, 'Limits on the "Freed" Press of 18th- and 19th-Century Europe', *Journalism Quarterly*, 56 (1979) 522.
10. Lee [note 5] p. 21; Elie Halévy, *England in 1815* (New York, 1961) p. 159; Eugene N. and Pauline R. Anderson, *Political Institutions and Social Change in Continental Europe in the Nineteenth Century* (Berkeley, Calif., 1967) p. 253; Aspinall, 'Social Status' [note 2] p. 216; O'Boyle [note 4] p. 309; John Merriman, *The Agony of the Republic: The Repression of the Left in Revolutionary France, 1848–1851* (New Haven, Conn., 1978) p. 39.
11. Lee [note 5] p. 27; Raphael Samuel *et al.*, *Theatres of the Left, 1880–1935: Workers' Theatre Movements in Britain and America* (London, 1985) p. 191; James Cuno, 'Philipon et Desloges', *Cahiers de l'Institut d'Histoire de la Presse et de l'Opinion*, 7 (1983) 152; Koss [note 3] p. 70; Peter Kenez, *Birth of the Propaganda State* (Cambridge, 1985) p. 26.
12. Joel Weiner, *The War of the Unstamped: The Movement to Repeal the British Newspaper Tax, 1830–1836* (Ithaca, NY, 1969) p. 120; Stephen Kippur, *Jules Michelet* (Albany, NY, 1981) pp. 116, 119; Saul Padover, *Karl Marx on Freedom of the Press and Censorship* (New York, 1974) p. xiv.
13. B. J. Hovde, *The Scandinavian Countries, 1720–1865* (Boston, Mass., 1943) pp. 541–2; Svend Thorsen, *Newspapers in Denmark* (Copenhagen, 1953) pp. 7–8.
14. Clara Lovett, *The Democratic Movement in Italy, 1830–1876* (Cambridge, Mass., 1982) p. 162; Werner Conze and Dieter Groh, 'Working Class Movement and National Movement in Germany between 1830 and 1871', in *Mouvements nationaux d'independence et classes populaires aux XIXe et XXE siècles* (Paris, 1971) p. 157.
15. Eugene Rice, *The Foundations of Early Modern Europe, 1460–1559* (New York, 1970) p. 10; Robert Shackleton, *Censure and Censorship: Impediments to Free Publication in the Age of Enlightenment* (Austin, Tex., 1975) p. 22.
16. David Pottinger, *The French Book Trade in the Ancien Régime* (Cambridge, Mass., 1958) pp. 56, 64; Henry Schulte, *The Spanish Press, 1470–1966* (Urbana, Ill., 1968) p. 115; Robert Darnton, *The Literary Underground of the Old Regime* (Cambridge, Mass., 1982) p. 185; Lucien Febvre and Henri-Jean Martin, *The Coming of the Book* (London, 1984) pp. 299, 305, 310; Charles Ruud, *Fighting Words: Imperial Censorship and the Russian Press, 1804–1906* (Toronto, 1982) p. 19; Albert Ward, *Book Production, Fiction and the German Reading Public, 1740–1800* (Oxford, 1974) p. 99; John Lough, *Writer and Public in France: From the Middle Ages to the Present Day* (Oxford, 1978) p. 174.

the Weimar Republic (Oxford, 1981) p. 23; Victoria Bonnell, *Roots of Rebellion: Workers' Politics and Organizations in St Petersburg and Moscow, 1900–1914* (Berkeley, Calif., 1983) p. 425.

24. R. Aminzade, *Class, Politics and Early Industrial Capitalism: A Study of Mid-Nineteenth-Century Toulouse* (Albany, NY, 1981) p. 74; A. J. Whyte, *The Evolution of Modern Italy* (New York, 1965) p. 48; Guttsman [note 10] p. 61; Snell [note 13] p. 203.
25. John Gooch, *Armies in Europe* (London, 1980) p. 57; Charles Tilly, 'Collective Violence in European Perspective', in Hugh Graham and Ted Gurr (eds), *Violence in America* (New York, 1969) p. 42; Peter Stearns, *Revolutionary Syndicalism and French Labor* (New Brunswick, NJ, 1971) p. 14.

第2章　出版物に対する政治検閲

1. Alex Hall, *Scandal, Sensation and Social Democracy: The SPD Press and Wilhelmine Germany, 1890–1914* (Cambridge, 1977) p. 13.
2. Vincent Godefroy, *The Dramatic Genius of Verdi* (New York, 1977) II, 50; J. L. Talmon, *Romanticism and Revolt: Europe 1815–1848* (New York, 1967) p. 35; Donald Emerson, *Metternich and the Political Police* (The Hague, 1968) p. 116; A. Aspinall, *Politics and the Press c. 1780–1850* (London, 1949) p. 42; A. Aspinall, 'The Social Status of Journalists at the Beginning of the Nineteenth Century', *Review of English Studies*, 21 (1945) 227.
3. Nancy Nolte, 'Government and Theater in Restoration France', *Consortium on Revolutionary Europe Proceedings 1985* (Athens, Ga., 1986), p. 435; Howard Vincent, *Daumier and his World* (Evanston, Ill., 1968), p. 52; Jeffrey Brooks, *When Russia Learned to Read: Literacy and Popular Literature, 1861–1917* (Princeton, NJ, 1985) p. 331; Harry Hearder, *Italy in the Age of the Risorgimento* (New York, 1983) p. 289; Aspinall, 'Social Status' [note 2] p. 218; Stephen Koss, *The Rise and Fall of the Political Press in Britain: The Nineteenth Century* (Chapel Hill, NC, 1981) p. 59.
4. Lenore O'Boyle, 'The Image of the Journalist in France, Germany and England, 1815–1848', *Comparative Studies in Society and History*, 10 (1968) 306; Frederick Artz, *France under the Bourbon Restoration* (Cambridge, Mass., 1931) p. 84; D. L. Rader, *The Journalists and the July Revolution in France* (The Hague, 1973) p. 222; Henri Troyat, *Divided Soul: The Life of Gogol* (New York, 1973) p. 435.
5. O'Boyle [note 4] pp. 297–8, 316; Alan Lee, *The Origins of the Popular Press in England, 1855–1914* (London, 1976) p. 24.
6. Louis Ingelhart, *Press Freedoms: A Descriptive Calendar of Concepts, Interpretations, Events and Court Actions from 4,000 B.C. to the Present* (Westport, Conn., 1987) p. 179; Kenneth Olson, *The History Makers: The Press of Europe from its Beginnings through 1965* (Baton Rouge, La., 1966) p. 156; A. Aspinall, 'The Circulation of Newspapers in the Early Nineteenth Century', *Review of English Studies*, 22 (1946) 430; O'Boyle [note 4] pp. 300, 306.

Ways: Government and the Educated Public in Russia (Oxford, 1976) p. 131.

9. J. McClelland, *Autocrats and Academics: Education, Culture and Society in Tsarist Russia* (Chicago, 1979) pp. 116–17; Hans Rogger, *Russia in the Age of Modernisation and Revolution, 1881–1917* (London, 1983) p. 133; Andrew Janos, *The Politics of Backwardness in Hungary, 1825–1945* (Princeton, NJ, 1982) pp. 162–3.
10. W. L. Guttsman, *The German Social Democratic Party, 1875–1933* (London, 1981) p. 65; Norman Stone, *Europe Transformed, 1878–1919* (London, 1983) p. 121; Jay Bergman, *Vera Zasulich* (Stanford, Calif., 1983) p. 67.
11. Robert Gildea, *Barricades and Borders: Europe 1800–1914* (Oxford, 1987) p. 358.
12. Douglas Chalmers, *The Social Democratic Party of Germany* (New Haven, Conn., 1964) p. 7.
13. John Snell, *The Democratic Movement in Germany, 1789–1914* (Chapel Hill, NC, 1976) p. 15; B. J. Hovde, *The Scandinavian Countries, 1720–1865* (Boston, Mass., 1943) p. 600; Gerald Brenan, *The Spanish Labyrinth* (Cambridge, 1964) p. 56; Gildea [note 11] p. 36; J. N. Westwood, *Endurance and Endeavour: Russian History, 1812–1980* (Oxford, 1981) p. 16.
14. Gildea [note 11] p. 249; Mary Jo Maynes, *Schooling in Western Europe: A Social History* (Albany, NY, 1985) pp. 54, 105; Martin Clark, *Modern Italy, 1871–1982* (London, 1984) p. 37.
15. P. L. Alston, *Education and the State in Tsarist Russia* (Stanford, Calif., 1969) p. 129; Hamerow [note 2] p. 161; Roger Magraw, *France 1815–1914: The Bourgeois Century* (Oxford, 1983) p. 83.
16. C. McClelland, *State, University and Society in Germany, 1790–1914* (Cambridge, 1980) pp. 218–19; A. J. May, *The Age of Metternich, 1814–1848* (New York, 1963) p. 79; Maurice Agulhon, *The Republican Experiment, 1848–1852* (Cambridge, 1983) p. 177; Snell [note 13] p. 249.
17. William Langer, *Political and Social Upheaval, 1832–1852* (New York, 1969) p. 55; James Sheehan, *German Liberalism in the Nineteenth Century* (Chicago, 1978) p. 155; Edward Berenson, *Populist Religion and Left-Wing Politics in France, 1830–1852* (Princeton, NJ, 1984) pp. 106, 210; William Hayes, *The Background and Passage of the Third Reform Act* (New York, 1982) p. 17; Vincent Knapp, *Austrian Social Democracy, 1889–1914* (Washington, DC, 1980) p. 62.
18. Denis Mack Smith, *Italy: A Modern History* (Ann Arbor, Mich., 1959) p. 200; P. G. Eidelberg, *The Great Rumanian Peasant Revolution of 1907* (The Hague, 1968) p. 18; Brenan [note 13] pp. 5–6.
19. D. Kosary and S. Vardy, *History of the Hungarian Nation* (Astor Park, Fla., 1969) p. 174.
20. Gerald Meaker, *The Revolutionary Left in Spain, 1814–1923* (Stanford, Calif., 1974) pp. 3–4; Clark [note 14] p. 64.
21. John Moses, *Trade Unionism in Germany*, I (London, 1982) 104; Stone [note 10] p. 170.
22. Westwood [note 13] p. 190.
23. Janos [note 9] p. 153; Otto Kahn-Freund, *Labour Law and Politics in*

文献注

序　文

1. ‘Arts in Seoul: Censors Lift Veil a Bit’, *New York Times*, 20 Sep 1987; ‘Seoul is Accused of Press Controls’, *New York Times*, 26 Oct 1986; ‘Censored: S. Korean Government Decides What’s News’, *Ann Arbor News*, 24 June 1986; ‘Regulated: Press Curbs Still Tight in S. Korea’, *Ann Arbor News*, 26 Mar 1987.
2. ‘Poland’s Press After the Crackdown’, *Columbia Journalism Review*, Sep–Oct 1984, pp. 36–9; ‘Taiwan Magazines Play “Mice” to the Censor’s “Cat”’, *New York Times*, 4 Feb 1985; ‘A Risky Refrain in Taiwan: Calls for “Self-Determination”’, *New York Times*, 14 Dec 1986; ‘Indonesia vs. Press: Twain Can’t Meet’, *New York Times*, 1 May 1986; ‘Even Tighter Press Curbs in South Africa’, *Manchester Guardian Weekly*, 21 Dec 1986; ‘Holding the Front Page’, *Manchester Guardian Weekly*, 29 June 1986; ‘The Manacles on South Africa’s Media’, *New York Times*, 23 June 1986; ‘South Africa Bans Oscar-Nominated Film’, *New York Times*, 7 Mar 1987; ‘Nicaragua: Strange Workings of the Censor’, *Manchester Guardian Weekly*, 1 June 1986; ‘Argentine Films Thrive Anew’, *Ann Arbor News*, 4 Mar 1987; ‘Portrait of a Playwright as an Enemy of the State’, *New York Times*, 23 Mar 1986; ‘Illegal Drama in Living Rooms – and a Bit of Cultural Breathing Space’, *New York Times*, 29 Mar 1987.

第 1 章　19世紀ヨーロッパにおける政治検閲の状況

1. J. M. Roberts, *History of the World* (New York, 1983) p. 657.
2. Theodore Hamerow, *The Birth of a New Europe: State and Society in the Nineteenth Century* (Chapel Hill, NC, 1983) p. 135.
3. Alain Plessis, *The Rise and Fall of the Second Empire, 1852–1871* (Cambridge, 1985) p. 111.
4. Eric Hobsbawm, *The Age of Revolution, 1789–1848* (New York, 1962) p. 248.
5. Hamerow [note 2] p. 119.
6. Jerome Blum, *The End of the Old Order in Rural Europe* (Princeton, NJ, 1978) p. 422.
7. Charles Ruud, *Fighting Words: Imperial Censorship and the Russian Press, 1804–1906* (Toronto, 1982) pp. 58, 69.
8. Frederick Artz, *Reaction and Revolution, 1814–1832* (New York, 1963) p. 238; Oscar Jaszi, *The Dissolution of the Habsburg Monarchy* (Chicago, 1966), p. 80; Bolton King, *A History of Italian Unity*, I (London, 1912) 39; Irene Collins, *The Age of Progress: A Survey of European History, 1789–1870* (London, 1964) p. 39; Nicholas Riasanovsky, *A Parting of*

《叢書・ウニベルシタス　776》
政治的検閲——19世紀ヨーロッパにおける

2003年6月6日　初版第1刷発行

ロバート・ジャスティン・ゴールドスティーン
城戸朋子／村山圭一郎 訳
発行所　財団法人　法政大学出版局
〒102-0073 東京都千代田区九段北3-2-7
電話03(5214)5540 振替00160-6-95814
製版，印刷・平 文 社／鈴木製本所

Printed in Japan

ISBN4-588-00776-9

著　者

ロバート・ジャスティン・ゴールドスティーン
(Robert Justin Goldstein)

ミシガン州ロチェスター・オークランド大学政治学教授．カルフォルニア州立大学サンジェゴ校で教鞭をとった後，シカゴ大学で Ph. D.を取得．西欧民主主義における市民の自由の歴史に関する多数の論文・著書がある．本書の他，代表的なものとしては，*Political Repression in Modern America* (2nd edition, 2001), *The War for the Public Mind — Political Censorship in Nineteenth-Century Europe* (2000), *Political Repression in Nineteenth-Century Europe* (1983), *Political Repression in Modern America: From 1870 to the Present* (1978) がある．

訳　者

城戸朋子（きど ともこ）

法政大学社会学部教授：法政大学大学院哲学専攻科修了．シカゴ大学大学院文化史研究科留学．カルチュラル・スタディーズ，芸術文化論（芸術と社会）担当．論文に「音楽と政治」，「19世紀ジェニー・リンドというスーパースターがいた」，訳書に，ウェーバー『音楽と中産階級』，ギャラップ『音楽祭の社会史』（以上，法政大学出版局），等がある．

村山圭一郎（むらやま けいいちろう）

法政大学社会学部卒．ロイター通信社ニューヨーク勤務を経て現在東京支社勤務．

富山英彦（とやま ひでひこ）

法政大学大学院社会学専攻科終了．2000年—2002年日本学術振興会特別研究員．

叢書・ウニベルシタス

No.	書名	著者・訳者		(頁)
1	芸術はなぜ必要か	E.フィッシャー／河野徹訳	品切	302
2	空と夢〈運動の想像力にかんする試論〉	G.バシュラール／宇佐見英治訳		442
3	グロテスクなもの	W.カイザー／竹内豊治訳		312
4	塹壕の思想	T.E.ヒューム／長谷川鉱平訳		316
5	言葉の秘密	E.ユンガー／菅谷規矩雄訳		176
6	論理哲学論考	L.ヴィトゲンシュタイン／藤本, 坂井訳		350
7	アナキズムの哲学	H.リード／大沢正道訳		318
8	ソクラテスの死	R.グアルディーニ／山村直資訳		366
9	詩学の根本概念	E.シュタイガー／高橋英夫訳		334
10	科学の科学〈科学技術時代の社会〉	M.ゴールドスミス, A.マカイ編／是永純弘訳		346
11	科学の射程	C.F.ヴァイツゼカー／野田, 金子訳		274
12	ガリレオをめぐって	オルテガ・イ・ガセット／マタイス, 佐々木訳		290
13	幻影と現実〈詩の源泉の研究〉	C.コードウェル／長谷川鉱平訳		410
14	聖と俗〈宗教的なるものの本質について〉	M.エリアーデ／風間敏夫訳		286
15	美と弁証法	G.ルカッチ／良知, 池田, 小箕訳		372
16	モラルと犯罪	K.クラウス／小松太郎訳		218
17	ハーバート・リード自伝	北條文緒訳		468
18	マルクスとヘーゲル	J.イッポリット／宇津木, 田口訳	品切	258
19	プリズム〈文化批判と社会〉	Th.W.アドルノ／竹内, 山村, 板倉訳		246
20	メランコリア	R.カスナー／塚越敏訳		388
21	キリスト教の苦悶	M.de ウナムーノ／神吉, 佐々木訳		202
22	アインシュタイン ゾンマーフェルト 往復書簡	A.ヘルマン編／小林, 坂口訳	品切	194
23 24	群衆と権力（上・下）	E.カネッティ／岩田行一訳		440 356
25	問いと反問〈芸術論集〉	W.ヴォリンガー／土肥美夫訳		272
26	感覚の分析	E.マッハ／須藤, 廣松訳		386
27 28	批判的モデル集（I・II）	Th.W.アドルノ／大久保健治訳	〈品切 品切〉	I 232 II 272
29	欲望の現象学	R.ジラール／古田幸男訳		370
30	芸術の内面への旅	E.ヘラー／河原, 杉浦, 渡辺訳	品切	284
31	言語起源論	ヘルダー／大阪大学ドイツ近代文学研究会訳		270
32	宗教の自然史	D.ヒューム／福鎌, 斎藤訳		144
33	プロメテウス〈ギリシア人の解した人間存在〉	K.ケレーニイ／辻村誠三訳	品切	268
34	人格とアナーキー	E.ムーニエ／山崎, 佐藤訳		292
35	哲学の根本問題	E.ブロッホ／竹内豊治訳		194
36	自然と美学〈形体・美・芸術〉	R.カイヨワ／山口三夫訳		112
37 38	歴史論（I・II）	G.マン／加藤, 宮野訳	I・品切 II・品切	274 202
39	マルクスの自然概念	A.シュミット／元浜清海訳		316
40	書物の本〈西欧の書物と文化の歴史. 書物の美学〉	H.プレッサー／轡田収訳		448
41 42	現代への序説（上・下）	H.ルフェーヴル／宗, 古田監訳		220 296
43	約束の地を見つめて	E.フォール／古田幸男訳		320
44	スペクタクルと社会	J.デュビニョー／渡辺淳訳	品切	188
45	芸術と神話	E.グラッシ／榎本久彦訳		266
46	古きものと新しきもの	M.ロベール／城山, 島, 円子訳		318
47	国家の起源	R.H.ローウィ／古賀英三郎訳		204
48	人間と死	E.モラン／古田幸男訳		448
49	プルーストとシーニュ（増補版）	G.ドゥルーズ／宇波彰訳		252
50	文明の滴定〈科学技術と中国の社会〉	J.ニーダム／橋本敬造訳	品切	452
51	プスタの民	I.ジュラ／加藤二郎訳		382

				(頁)
52 53	社会学的思考の流れ（I・II）	R.アロン／北川, 平野, 他訳		I・350 II・392
54	ベルクソンの哲学	G.ドゥルーズ／宇波彰訳		142
55	第三帝国の言語LTI〈ある言語学者のノート〉	V.クレムペラー／羽田, 藤平, 赤井, 中村訳		442
56	古代の芸術と祭祀	J.E.ハリスン／星野徹訳		222
57	ブルジョワ精神の起源	B.グレトゥイゼン／野沢協訳		394
58	カントと物自体	E.アディッケス／赤松常弘訳		300
59	哲学的素描	S.K.ランガー／塚本, 星野訳		250
60	レーモン・ルーセル	M.フーコー／豊崎光一訳		268
61	宗教とエロス	W.シューバルト／石川, 平田, 山本訳	品切	398
62	ドイツ悲劇の根源	W.ベンヤミン／川村, 三城訳		316
63	鍛えられた心〈強制収容所における心理と行動〉	B.ベテルハイム／丸山修吉訳		340
64	失われた範列〈人間の自然性〉	E.モラン／古田幸男訳		308
65	キリスト教の起源	K.カウツキー／栗原佑訳		534
66	ブーバーとの対話	W.クラフト／板倉敏之訳		206
67	プロデメの変貌〈フランスのコミューン〉	E.モラン／宇波彰訳		450
68	モンテスキューとルソー	E.デュルケーム／小関, 川喜多訳	品切	312
69	芸術と文明	K.クラーク／河野徹訳		680
70	自然宗教に関する対話	D.ヒューム／福鎌, 斎藤訳		196
上・71 下・72	キリスト教の中の無神論（上・下）	E.ブロッホ／竹内, 高尾訳		上・234 下・304
73	ルカーチとハイデガー	L.ゴルドマン／川俣晃自訳		308
74	断　想　1942—1948	E.カネッティ／岩田行一訳		286
75 76	文明化の過程（上・下）	N.エリアス／吉田, 中村, 波田, 他訳		上・466 下・504
77	ロマンスとリアリズム	C.コードウェル／玉井, 深井, 山本訳		238
78	歴史と構造	A.シュミット／花崎皋平訳		192
79 80	エクリチュールと差異（上・下）	J.デリダ／若桑, 野村, 阪上, 三好, 他訳		上・378 下・296
81	時間と空間	E.マッハ／野家啓一編訳		258
82	マルクス主義と人格の理論	L.セーヴ／大津真作訳		708
83	ジャン=ジャック・ルソー	B.グレトゥイゼン／小池健男訳		394
84	ヨーロッパ精神の危機	P.アザール／野沢協訳		772
85	カフカ〈マイナー文学のために〉	G.ドゥルーズ, F.ガタリ／宇波, 岩田訳		210
86	群衆の心理	H.ブロッホ／入野田, 小崎, 小岸訳	品切	580
87	ミニマ・モラリア	Th.W.アドルノ／三光長治訳		430
88 89	夢と人間社会（上・下）	R.カイヨワ, 他／三好郁郎, 他訳		上・374 下・340
90	自由の構造	C.ベイ／横越英一訳		744
91	1848年〈二月革命の精神史〉	J.カスー／野沢協, 他訳		326
92	自然の統一	C.F.ヴァイツゼカー／斎藤, 河井訳	品切	560
93	現代戯曲の理論	P.ションディ／市村, 丸山訳	品切	250
94	百科全書の起源	F.ヴェントゥーリ／大津真作訳	品切	324
95	推測と反駁〈科学的知識の発展〉	K.R.ポパー／藤本, 石垣, 森訳		816
96	中世の共産主義	K.カウツキー／栗原佑訳		400
97	批評の解剖	N.フライ／海老根, 中村, 出淵, 山内訳		580
98	あるユダヤ人の肖像	A.メンミ／菊地, 白井訳		396
99	分類の未開形態	E.デュルケーム／小関藤一郎訳	品切	232
100	永遠に女性的なるもの	H.ド・リュバック／山崎庸一郎訳		360
101	ギリシア神話の本質	G.S.カーク／吉田, 辻村, 松田訳	品切	390
102	精神分析における象徴界	G.ロゾラート／佐々木孝次訳		508
103	物の体系〈記号の消費〉	J.ボードリヤール／宇波彰訳		280

				(頁)
253	言語の牢獄	F.ジェームソン／川口喬一訳		292
254	失望と参画の現象学	A.O.ハーシュマン／佐々木, 杉田訳		204
255	はかない幸福—ルソー	T.トドロフ／及川馥訳		162
256	大学制度の社会史	H.W.プラール／山本尤訳		408
257 258	ドイツ文学の社会史 (上・下)	J.ベルク,他／山本, 三島, 保坂, 鈴木訳		上・766 下・648
259	アランとルソー〈教育哲学試論〉	A.カルネック／安斎, 並木訳		304
260	都市・階級・権力	M.カステル／石川淳志監訳		296
261	古代ギリシア人	M.I.フィンレー／山形和美訳	品切	296
262	象徴表現と解釈	T.トドロフ／小林, 及川訳		244
263	声の回復〈回想の試み〉	L.マラン／梶野吉郎訳		246
264	反射概念の形成	G.カンギレム／金森修訳		304
265	芸術の手相	G.ピコン／末永照和訳		294
266	エチュード〈初期認識論集〉	G.バシュラール／及川馥訳		166
267	邪な人々の昔の道	R.ジラール／小池健男訳		270
268	〈誠実〉と〈ほんもの〉	L.トリリング／野島秀勝訳		264
269	文の抗争	J.-F.リオタール／陸井四郎, 他訳		410
270	フランス革命と芸術	J.スタロバンスキー／井上尭裕訳		286
271	野生人とコンピューター	J.-M.ドムナック／古田幸男訳		228
272	人間と自然界	K.トマス／山内昶, 他訳		618
273	資本論をどう読むか	J.ビデ／今村仁司, 他訳		450
274	中世の旅	N.オーラー／藤代幸一訳		488
275	変化の言語〈治療コミュニケーションの原理〉	P.ワツラウィック／築島謙三訳		212
276	精神の売春としての政治	T.クンナス／木戸, 佐々木訳		258
277	スウィフト政治・宗教論集	J.スウィフト／中野, 海保訳		490
278	現実とその分身	C.ロセ／金井裕訳		168
279	中世の高利貸	J.ル・ゴッフ／渡辺香根夫訳		170
280	カルデロンの芸術	M.コメレル／岡部仁訳		270
281	他者の言語〈デリダの日本講演〉	J.デリダ／高橋允昭編訳		406
282	ショーペンハウアー	R.ザフランスキー／山本尤訳		646
283	フロイトと人間の魂	B.ベテルハイム／藤瀬恭子訳		174
284	熱　狂〈カントの歴史批判〉	J.-F.リオタール／中島盛夫訳		210
285	カール・カウツキー 1854-1938	G.P.スティーンソン／時永, 河野訳		496
286	形而上学と神の思想	W.パネンベルク／座小田, 諸岡訳		186
287	ドイツ零年	E.モラン／古田幸男訳		364
288	物の地獄〈ルネ・ジラールと経済の論理〉	デュムシェル, デュピュイ／織田, 富永訳		320
289	ヴィーコ自叙伝	G.ヴィーコ／福鎌忠恕訳	品切	448
290	写真論〈その社会的効用〉	P.ブルデュー／山縣熙, 山縣直子訳		438
291	戦争と平和	S.ボク／大沢正道訳		224
292	意味と意味の発展	R.A.ウォルドロン／築島謙三訳		294
293	生態平和とアナーキー	U.リンゼ／内田, 杉村訳		270
294	小説の精神	M.クンデラ／金井, 浅野訳		208
295	フィヒテ-シェリング往復書簡	W.シュルツ解説／座小田, 後藤訳		220
296	出来事と危機の社会学	E.モラン／浜名, 福井訳		622
297	宮廷風恋愛の技術	A.カペルラヌス／野島秀勝訳		334
298	野蛮〈科学主義の独裁と文化の危機〉	M.アンリ／山形, 望月訳		292
299	宿命の戦略	J.ボードリヤール／竹原あき子訳		260
300	ヨーロッパの日記	G.R.ホッケ／石丸, 柴田, 信岡訳		1330
301	記号と夢想〈演劇と祝祭についての考察〉	A.シモン／岩瀬孝監修. 佐藤, 伊藤, 他訳		388
302	手と精神	J.ブラン／中村文郎訳		284

			(頁)
303	平等原理と社会主義	L.シュタイン／石川, 石塚, 柴田訳	676
304	死にゆく者の孤独	N.エリアス／中居実訳	150
305	知識人の黄昏	W.シヴェルブシュ／初見基訳	240
306	トマス・ペイン〈社会思想家の生涯〉	A.J.エイヤー／大熊昭信訳	378
307	われらのヨーロッパ	F.ヘール／杉浦健之訳	614
308	機械状無意識〈スキゾ-分析〉	F.ガタリ／高岡幸一訳	426
309	聖なる真理の破壊	H.ブルーム／山形和美訳	400
310	諸科学の機能と人間の意義	E.パーチ／上村忠男監訳	552
311	翻　訳〈ヘルメスIII〉	M.セール／豊田, 輪田訳	404
312	分　布〈ヘルメスIV〉	M.セール／豊田彰訳	440
313	外国人	J.クリステヴァ／池田和子訳	284
314	マルクス	M.アンリ／杉山, 水野訳　品切	612
315	過去からの警告	E.シャルガフ／山本, 内藤訳	308
316	面・表面・界面〈一般表層論〉	F.ダゴニェ／金森, 今野訳	338
317	アメリカのサムライ	F.G.ノートヘルファー／飛鳥井雅道訳	512
318	社会主義か野蛮か	C.カストリアディス／江口幹訳	490
319	遍　歴〈法, 形式, 出来事〉	J.-F.リオタール／小野康男訳	200
320	世界としての夢	D.ウスラー／谷　徹訳	566
321	スピノザと表現の問題	G.ドゥルーズ／工藤, 小柴, 小谷訳	460
322	裸体とはじらいの文化史	H.P.デュル／藤代, 三谷訳	572
323	五　感〈混合体の哲学〉	M.セール／米山親能訳	582
324	惑星軌道論	G.W.F.ヘーゲル／村上恭一訳	250
325	ナチズムと私の生活〈仙台からの告発〉	K.レーヴィット／秋間実訳	334
326	ベンヤミン-ショーレム往復書簡	G.ショーレム編／山本尤訳	440
327	イマヌエル・カント	O.ヘッフェ／薮木栄夫訳	374
328	北西航路〈ヘルメスV〉	M.セール／青木研二訳	260
329	聖杯と剣	R.アイスラー／野島秀勝訳	486
330	ユダヤ人国家	Th.ヘルツル／佐藤康彦訳	206
331	十七世紀イギリスの宗教と政治	C.ヒル／小野功生訳	586
332	方　法　2．生命の生命	E.モラン／大津真作訳	838
333	ヴォルテール	A.J.エイヤー／中川, 吉岡訳	268
334	哲学の自食症候群	J.ブーヴレス／大平具彦訳	266
335	人間学批判	レペニース, ノルテ／小竹澄栄訳	214
336	自伝のかたち	W.C.スペンジマン／船倉正憲訳	384
337	ポストモダニズムの政治学	L.ハッチオン／川口喬一訳	332
338	アインシュタインと科学革命	L.S.フォイヤー／村上, 成定, 大谷訳	474
339	ニーチェ	G.ピヒト／青木隆嘉訳	562
340	科学史・科学哲学研究	G.カンギレム／金森修監訳	674
341	貨幣の暴力	アグリエッタ, オルレアン／井上, 斉藤訳	506
342	象徴としての円	M.ルルカー／竹内章訳	186
343	ベルリンからエルサレムへ	G.ショーレム／岡部仁訳	226
344	批評の批評	T.トドロフ／及川, 小林訳	298
345	ソシュール講義録注解	F.de　ソシュール／前田英樹・訳注	204
346	歴史とデカダンス	P.ショーニュー／大谷尚文訳	552
347	続・いま, ここで	G.ピヒト／斎藤, 大野, 福島, 浅野訳	580
348	バフチン以後	D.ロッジ／伊藤誓訳	410
349	再生の女神セドナ	H.P.デュル／原研二訳	622
350	宗教と魔術の衰退	K.トマス／荒木正純訳	1412
351	神の思想と人間の自由	W.パネンベルク／座小田, 諸岡訳	186

				（頁）
352	倫理・政治的ディスクール	O.ヘッフェ／青木隆嘉訳		312
353	モーツァルト	N.エリアス／青木隆嘉訳		198
354	参加と距離化	N.エリアス／波田, 道籏訳		276
355	二十世紀からの脱出	E.モラン／秋枝茂夫訳		384
356	無限の二重化	W.メニングハウス／伊藤秀一訳		350
357	フッサール現象学の直観理論	E.レヴィナス／佐藤, 桑野訳		506
358	始まりの現象	E.W.サイード／山形, 小林訳		684
359	サテュリコン	H.P.デュル／原研二訳		258
360	芸術と疎外	H.リード／増渕正史訳	品切	262
361	科学的理性批判	K.ヒュプナー／神野, 中才, 熊谷訳		476
362	科学と懐疑論	J.ワトキンス／中才敏郎訳		354
363	生きものの迷路	A.モール, E.ロメル／古田幸男訳		240
364	意味と力	G.バランディエ／小関藤一郎訳		406
365	十八世紀の文人科学者たち	W.レペニース／小川さくえ訳		182
366	結晶と煙のあいだ	H.アトラン／阪上脩訳		376
367	生への闘争〈闘争本能・性・意識〉	W.J.オング／高柳, 橋爪訳		326
368	レンブラントとイタリア・ルネサンス	K.クラーク／尾崎, 芳野訳		334
369	権力の批判	A.ホネット／河上倫逸監訳		476
370	失われた美学〈マルクスとアヴァンギャルド〉	M.A.ローズ／長田, 池田, 長野, 長田訳		332
371	ディオニュソス	M.ドゥティエンヌ／及川, 吉岡訳		164
372	メディアの理論	F.イングリス／伊藤, 磯山訳		380
373	生き残ること	B.ベテルハイム／高尾利数訳		646
374	バイオエシックス	F.ダゴニェ／金森, 松浦訳		316
375 376	エディプスの謎（上・下）	N.ビショッフ／藤代, 井本, 他訳		上・450 下・464
377	重大な疑問〈懐疑的省察録〉	E.シャルガフ／山形, 小野, 他訳		404
378	中世の食生活〈断食と宴〉	B.A.ヘニッシュ／藤原保明訳	品切	538
379	ポストモダン・シーン	A.クローカー, D.クック／大熊昭信訳		534
380	夢の時〈野生と文明の境界〉	H.P.デュル／岡部, 原, 須永, 荻野訳		674
381	理性よ，さらば	P.ファイヤアーベント／植木哲也訳		454
382	極限に面して	T.トドロフ／宇京頼三訳		376
383	自然の社会化	K.エーダー／寿福真美監訳		474
384	ある反時代的考察	K.レーヴィット／中村啓, 永沼更始郎訳		526
385	図書館炎上	W.シヴェルブシュ／福本義憲訳		274
386	騎士の時代	F.v.ラウマー／柳井尚子訳		506
387	モンテスキュー〈その生涯と思想〉	J.スタロバンスキー／古賀英三郎, 高橋誠訳		312
388	理解の鋳型〈東西の思想経験〉	J.ニーダム／井上英明訳		510
389	風景画家レンブラント	E.ラルセン／大谷, 尾崎訳		208
390	精神分析の系譜	M.アンリ／山形頼洋, 他訳		546
391	金《かね》と魔術	H.C.ビンスヴァンガー／清水健次訳		218
392	自然誌の終焉	W.レペニース／山村直資訳		346
393	批判的解釈学	J.B.トンプソン／山本, 小川訳		376
394	人間にはいくつの真理が必要か	R.ザフランスキー／山本, 藤井訳		232
395	現代芸術の出発	Y.イシャグプール／川俣晃自訳		170
396	青春　ジュール・ヴェルヌ論	M.セール／豊田彰訳		398
397	偉大な世紀のモラル	P.ベニシュー／朝倉, 羽賀訳		428
398	諸国民の時に	E.レヴィナス／合田正人訳		348
399 400	バベルの後に（上・下）	G.スタイナー／亀山健吉訳		上・482 下・
401	チュービンゲン哲学入門	E.ブロッホ／花田監修・菅谷, 今井, 三国訳		422

				(頁)
402	歴史のモラル	T.トドロフ／大谷尚文訳		386
403	不可解な秘密	E.シャルガフ／山本，内藤訳		260
404	ルソーの世界〈あるいは近代の誕生〉	J.-L.ルセルクル／小林浩訳	品切	378
405	死者の贈り物	D.サルナーヴ／菊地，白井訳		186
406	神もなく韻律もなく	H.P.デュル／青木隆嘉訳		292
407	外部の消失	A.コドレスク／利沢行夫訳		276
408	狂気の社会史〈狂人たちの物語〉	R.ポーター／目羅公和訳		428
409	続・蜂の寓話	B.マンデヴィル／泉谷治訳		436
410	悪口を習う〈近代初期の文化論集〉	S.グリーンブラット／磯山甚一訳		354
411	危険を冒して書く〈異色作家たちのパリ・インタヴュー〉	J.ワイス／浅野敏夫訳		300
412	理論を讃えて	H.-G.ガダマー／本間，須田訳		194
413	歴史の島々	M.サーリンズ／山本真鳥訳		306
414	ディルタイ〈精神科学の哲学者〉	R.A.マックリール／大野，田中，他訳		578
415	われわれのあいだで	E.レヴィナス／合田，谷口訳		368
416	ヨーロッパ人とアメリカ人	S.ミラー／池田栄一訳		358
417	シンボルとしての樹木	M.ルルカー／林 捷 訳		276
418	秘めごとの文化史	H.P.デュル／藤代，津山訳		662
419	眼の中の死〈古代ギリシアにおける他者の像〉	J.-P.ヴェルナン／及川，吉岡訳		144
420	旅の思想史	E.リード／伊藤誓訳		490
421	病のうちなる治療薬	J.スタロバンスキー／小池，川那部訳		356
422	祖国地球	E.モラン／菊地昌実訳		234
423	寓意と表象・再現	S.J.グリーンブラット編／船倉正憲訳		384
424	イギリスの大学	V.H.H.グリーン／安原，成定訳		516
425	未来批判 あるいは世界史に対する嫌悪	E.シャルガフ／山本，伊藤訳		276
426	見えるものと見えざるもの	メルロ=ポンティ／中島盛夫監訳		618
427	女性と戦争	J.B.エルシュテイン／小林，廣川訳		486
428	カント入門講義	H.バウムガルトナー／有福孝岳監訳		204
429	ソクラテス裁判	I.F.ストーン／永田康昭訳		470
430	忘我の告白	M.ブーバー／田口義弘訳		348
431 432	時代おくれの人間（上・下）	G.アンダース／青木隆嘉訳		上・432 下・546
433	現象学と形而上学	J.-L.マリオン他編／三上，重永，檜垣訳		388
434	祝福から暴力へ	M.ブロック／田辺，秋津訳		426
435	精神分析と横断性	F.ガタリ／杉村，毬藻訳		462
436	競争社会をこえて	A.コーン／山本，真水訳		530
437	ダイアローグの思想	M.ホルクウィスト／伊藤誓訳		370
438	社会学とは何か	N.エリアス／徳安彰訳		250
439	E.T.A.ホフマン	R.ザフランスキー／識名章喜訳		636
440	所有の歴史	J.アタリ／山内昶訳		580
441	男性同盟と母権制神話	N.ゾンバルト／田村和彦訳		516
442	ヘーゲル以後の歴史哲学	H.シュネーデルバッハ／古東哲明訳		282
443	同時代人ベンヤミン	H.マイヤー／岡部仁訳		140
444	アステカ帝国滅亡記	G.ボド，T.トドロフ編／大谷，菊地訳		662
445	迷宮の岐路	C.カストリアディス／宇京頼三訳		404
446	意識と自然	K.K.チョウ／志水，山本監訳		422
447	政治的正義	O.ヘッフェ／北尾，平石，望月訳		598
448	象徴と社会	K.バーク著，ガスフィールド編／森常治訳		580
449	神・死・時間	E.レヴィナス／合田正人訳		360
450	ローマの祭	G.デュメジル／大橋寿美子訳		446

			（頁）
451	エコロジーの新秩序	L.フェリ／加藤宏幸訳	274
452	想念が社会を創る	C.カストリアディス／江口幹訳	392
453	ウィトゲンシュタイン評伝	B.マクギネス／藤本,今井,宇都宮,髙橋訳	612
454	読みの快楽	R.オールター／山形,中田,田中訳	346
455	理性・真理・歴史〈内在的実在論の展開〉	H.パトナム／野本和幸,他訳	360
456	自然の諸時期	ビュフォン／菅谷暁訳	440
457	クロポトキン伝	ピルーモヴァ／左近毅訳	384
458	征服の修辞学	P.ヒューム／岩尾,正木,本橋訳	492
459	初期ギリシア科学	G.E.R.ロイド／山野,山口訳	246
460	政治と精神分析	G.ドゥルーズ,F.ガタリ／杉村昌昭訳	124
461	自然契約	M.セール／及川,米山訳	230
462	細分化された世界〈迷宮の岐路III〉	C.カストリアディス／宇京賴三訳	332
463	ユートピア的なもの	L.マラン／梶野吉郎訳	420
464	恋愛礼讃	M.ヴァレンシー／沓掛,川端訳	496
465	転換期〈ドイツ人とドイツ〉	H.マイヤー／宇京早苗訳	466
466	テクストのぶどう畑で	I.イリイチ／岡部佳世訳	258
467	フロイトを読む	P.ゲイ／坂口,大島訳	304
468	神々を作る機械	S.モスコヴィッシ／古田幸男訳	750
469	ロマン主義と表現主義	A.K.ウィードマン／大森淳史訳	378
470	宗教論	N.ルーマン／土方昭,土方透訳	138
471	人格の成層論	E.ロータッカー／北村監訳・大久保,他訳	278
472	神　罰	C.v.リンネ／小川さくえ訳	432
473	エデンの園の言語	M.オランデール／浜﨑設夫訳	338
474	フランスの自伝〈自伝文学の主題と構造〉	P.ルジュンヌ／小倉孝誠訳	342
475	ハイデガーとヘブライの遺産	M.ザラデル／合田正人訳	390
476	真の存在	G.スタイナー／工藤政司訳	266
477	言語芸術・言語記号・言語の時間	R.ヤコブソン／浅川順子訳	388
478	エクリール	C.ルフォール／宇京賴三訳	420
479	シェイクスピアにおける交渉	S.J.グリーンブラット／酒井正志訳	334
480	世界・テキスト・批評家	E.W.サイード／山形和美訳	584
481	絵画を見るディドロ	J.スタロバンスキー／小西嘉幸訳	148
482	ギボン〈歴史を創る〉	R.ポーター／中野,海保,松原訳	272
483	欺瞞の書	E.M.シオラン／金井裕訳	252
484	マルティン・ハイデガー	H.エーベリング／青木隆嘉訳	252
485	カフカとカバラ	K.E.グレーツィンガー／清水健次訳	390
486	近代哲学の精神	H.ハイムゼート／座小田豊,他訳	448
487	ベアトリーチェの身体	R.P.ハリスン／船倉正憲訳	304
488	技術〈クリティカル・セオリー〉	A.フィーンバーグ／藤本正文訳	510
489	認識論のメタクリティーク	Th.W.アドルノ／古賀,細見訳	370
490	地獄の歴史	A.K.ターナー／野﨑嘉信訳	456
491	昔話と伝説〈物語文学の二つの基本形式〉	M.リューティ／高木昌史,万里子訳	品切 362
492	スポーツと文明化〈興奮の探究〉	N.エリアス,E.ダニング／大平章訳	490
493 494	地獄のマキアヴェッリ（I・II）	S.de.グラツィア／田中治男訳	I・352 II・306
495	古代ローマの恋愛詩	P.ヴェーヌ／鎌田博夫訳	352
496	証人〈言葉と科学についての省察〉	E.シャルガフ／山本,内藤訳	252
497	自由とはなにか	P.ショーニュ／西川,小田桐訳	472
498	現代世界を読む	M.マフェゾリ／菊地昌実訳	186
499	時間を読む	M.ピカール／寺田光徳訳	266
500	大いなる体系	N.フライ／伊藤誓訳	478

			(頁)
501	音楽のはじめ	C.シュトゥンプ／結城錦一訳	208
502	反ニーチェ	L.フェリー他／遠藤文彦訳	348
503	マルクスの哲学	E.バリバール／杉山吉弘訳	222
504	サルトル，最後の哲学者	A.ルノー／水野浩二訳	296
505	新不平等起源論	A.テスタール／山内昶訳	298
506	敗者の祈禱書	シオラン／金井裕訳	184
507	エリアス・カネッティ	Y.イシャグプール／川俣晃自訳	318
508	第三帝国下の科学	J.オルフ＝ナータン／宇京頼三訳	424
509	正も否も縦横に	H.アトラン／寺田光徳訳	644
510	ユダヤ人とドイツ	E.トラヴェルソ／宇京頼三訳	322
511	政治的風景	M.ヴァルンケ／福本義憲訳	202
512	聖句の彼方	E.レヴィナス／合田正人訳	350
513	古代憧憬と機械信仰	H.ブレーデカンプ／藤代，津山訳	230
514	旅のはじめに	D.トリリング／野島秀勝訳	602
515	ドゥルーズの哲学	M.ハート／田代，井上，浅野，暮沢訳	294
516	民族主義・植民地主義と文学	T.イーグルトン他／増渕，安藤，大友訳	198
517	個人について	P.ヴェーヌ他／大谷尚文訳	194
518	大衆の装飾	S.クラカウアー／船戸，野村訳	350
519 520	シベリアと流刑制度（I・II）	G.ケナン／左近毅訳	I・632 II・642
521	中国とキリスト教	J.ジェルネ／鎌田博夫訳	396
522	実存の発見	E.レヴィナス／佐藤真理人，他訳	480
523	哲学的認識のために	G.-G.グランジェ／植木哲也訳	342
524	ゲーテ時代の生活と日常	P.ラーンシュタイン／上西川原章訳	832
525	ノッツ nOts	M.C.テイラー／浅野敏夫訳	480
526	法の現象学	A.コジェーヴ／今村，堅田訳	768
527	始まりの喪失	B.シュトラウス／青木隆嘉訳	196
528	重　合	ベーネ，ドゥルーズ／江口修訳	170
529	イングランド18世紀の社会	R.ポーター／目羅公和訳	630
530	他者のような自己自身	P.リクール／久米博訳	558
531	鷲と蛇〈シンボルとしての動物〉	M.ルルカー／林捷訳	270
532	マルクス主義と人類学	M.ブロック／山内昶，山内彰訳	256
533	両性具有	M.セール／及川馥訳	218
534	ハイデガー〈ドイツの生んだ巨匠とその時代〉	R.ザフランスキー／山本尤訳	696
535	啓蒙思想の背任	J.-C.ギユボー／菊地，白井訳	218
536	解明　M.セールの世界	M.セール／梶野，竹中訳	334
537	語りは罠	L.マラン／鎌田博夫訳	176
538	歴史のエクリチュール	M.セルトー／佐藤和生訳	542
539	大学とは何か	J.ペリカン／田口孝夫訳	374
540	ローマ　定礎の書	M.セール／高尾謙史訳	472
541	啓示とは何か〈あらゆる啓示批判の試み〉	J.G.フィヒテ／北岡武司訳	252
542	力の場〈思想史と文化批判のあいだ〉	M.ジェイ／今井道夫，他訳	382
543	イメージの哲学	F.ダゴニェ／水野浩二訳	410
544	精神と記号	F.ガタリ／杉村昌昭訳	180
545	時間について	N.エリアス／井本，青木訳	238
546	ルクレティウスのテキストにおける物理学の誕生	M.セール／豊田彰訳	320
547	異端カタリ派の哲学	R.ネッリ／柴田和雄訳	290
548	ドイツ人論	N.エリアス／青木隆嘉訳	576
549	俳　優	J.デュヴィニョー／渡辺淳訳	346

			(頁)
550	ハイデガーと実践哲学	O.ペゲラー他,編／竹市，下村監訳	584
551	彫　像	M.セール／米山親能訳	366
552	人間的なるものの庭	C.F.v.ヴァイツゼカー／山辺建訳	852
553	思考の図像学	A.フレッチャー／伊藤誓訳	472
554	反動のレトリック	A.O.ハーシュマン／岩崎稔訳	250
555	暴力と差異	A.J.マッケナ／夏目博明訳	354
556	ルイス・キャロル	J.ガッテニョ／鈴木晶訳	462
557	タオスのロレンゾー〈D.H.ロレンス回想〉	M.D.ルーハン／野島秀勝訳	490
558	エル・シッド〈中世スペインの英雄〉	R.フレッチャー／林邦夫訳	414
559	ロゴスとことば	S.プリケット／小野功生訳	486
560 561	盗まれた稲妻〈呪術の社会学〉(上・下)	D.L.オキーフ／谷林眞理子，他訳	上・490 下・656
562	リビドー経済	J.-F.リオタール／杉山，吉谷訳	458
563	ポスト・モダニティの社会学	S.ラッシュ／田中義久監訳	462
564	狂暴なる霊長類	J.A.リヴィングストン／大平章訳	310
565	世紀末社会主義	M.ジェイ／今村，大谷訳	334
566	両性平等論	F.P.de ラ・バール／佐藤和夫，他訳	330
567	暴虐と忘却	R.ボイヤーズ／田部井孝次・世志子訳	524
568	異端の思想	G.アンダース／青木隆嘉訳	518
569	秘密と公開	S.ボク／大沢正道訳	470
570 571	大航海時代の東南アジア(I・II)	A.リード／平野，田中訳	I・430 II・598
572	批判理論の系譜学	N.ボルツ／山本，大貫訳	332
573	メルヘンへの誘い	M.リューティ／高木昌史訳	200
574	性と暴力の文化史	H.P.デュル／藤代，津山訳	768
575	歴史の不測	E.レヴィナス／合田，谷口訳	316
576	理論の意味作用	T.イーグルトン／山形和美訳	196
577	小集団の時代〈大衆社会における個人主義の衰退〉	M.マフェゾリ／古田幸男訳	334
578 579	愛の文化史(上・下)	S.カーン／青木，斎藤訳	上・334 下・384
580	文化の擁護〈1935年パリ国際作家大会〉	ジッド他／相磯，五十嵐，石黒，高橋編訳	752
581	生きられる哲学〈生活世界の現象学と批判理論の思考形式〉	F.フェルマン／堀栄造訳	282
582	十七世紀イギリスの急進主義と文学	C.ヒル／小野，圓月訳	444
583	このようなことが起こり始めたら…	R.ジラール／小池，住谷訳	226
584	記号学の基礎理論	J.ディーリー／大熊昭信訳	286
585	真理と美	S.チャンドラセカール／豊田彰訳	328
586	シオラン対談集	E.M.シオラン／金井裕訳	336
587	時間と社会理論	B.アダム／伊藤，磯山訳	338
588	懐疑的省察ABC〈続・重大な疑問〉	E.シャルガフ／山本，伊藤訳	244
589	第三の知恵	M.セール／及川馥訳	250
590 591	絵画における真理(上・下)	J.デリダ／高橋，阿部訳	上・322 下・390
592	ウィトゲンシュタインと宗教	N.マルカム／黒崎宏訳	256
593	シオラン〈あるいは最後の人間〉	S.ジョドー／金井裕訳	212
594	フランスの悲劇	T.トドロフ／大谷尚文訳	304
595	人間の生の遺産	E.シャルガフ／清水健次，他訳	392
596	聖なる快楽〈性，神話，身体の政治〉	R.アイスラー／浅野敏夫訳	876
597	原子と爆弾とエスキモーキス	C.G.セグレー／野島秀勝訳	408
598	海からの花嫁〈ギリシア神話研究の手引き〉	J.シャーウッドスミス／吉田，佐藤訳	234
599	神に代わる人間	L.フェリー／菊地，白井訳	220
600	パンと競技場〈ギリシア・ローマ時代の政治と都市の社会学的歴史〉	P.ヴェーヌ／鎌田博夫訳	1032

			（頁）
601	ギリシア文学概説	J.ド・ロミイ／細井, 秋山訳	486
602	パロールの奪取	M.セルトー／佐藤和生訳	200
603	68年の思想	L.フェリー他／小野潮訳	348
604	ロマン主義のレトリック	P.ド・マン／山形, 岩坪訳	470
605	探偵小説あるいはモデルニテ	J.デュボア／鈴木智之訳	380
606 607 608	近代の正統性〔全三冊〕	H.ブルーメンベルク／斎藤, 忽那 佐藤, 村井訳	I・328 II・390 III・318
609	危険社会〈新しい近代への道〉	U.ベック／東, 伊藤訳	502
610	エコロジーの道	E.ゴールドスミス／大熊昭信訳	654
611	人間の領域〈迷宮の岐路II〉	C.カストリアディス／米山親能訳	626
612	戸外で朝食を	H.P.デュル／藤代幸一訳	190
613	世界なき人間	G.アンダース／青木隆嘉訳	366
614	唯物論シェイクスピア	F.ジェイムソン／川口喬一訳	402
615	核時代のヘーゲル哲学	H.クロンバッハ／植木哲也訳	380
616	詩におけるルネ・シャール	P.ヴェーヌ／西永良成訳	832
617	近世の形而上学	H.ハイムゼート／北岡武司訳	506
618	フロベールのエジプト	G.フロベール／斎藤昌三訳	344
619	シンボル・技術・言語	E.カッシーラー／篠木, 高野訳	352
620	十七世紀イギリスの民衆と思想	C.ヒル／小野, 圓月, 箭川訳	520
621	ドイツ政治哲学史	H.リュッベ／今井道夫訳	312
622	最終解決〈民族移動とヨーロッパのユダヤ人殺害〉	G.アリー／山本, 三島訳	470
623	中世の人間	J.ル・ゴフ他／鎌田博夫訳	478
624	食べられる言葉	L.マラン／梶野吉郎訳	284
625	ヘーゲル伝〈哲学の英雄時代〉	H.アルトハウス／山本尤訳	690
626	E.モラン自伝	E.モラン／菊地, 高砂訳	368
627	見えないものを見る	M.アンリ／青木研二訳	248
628	マーラー〈音楽観相学〉	Th.W.アドルノ／龍村あや子訳	286
629	共同生活	T.トドロフ／大谷尚文訳	236
630	エロイーズとアベラール	M.F.B.ブロッチェリ／白崎容子訳	
631	意味を見失った時代〈迷宮の岐路IV〉	C.カストリアディス／江口幹訳	338
632	火と文明化	J.ハウツブロム／大平章訳	356
633	ダーウィン, マルクス, ヴァーグナー	J.バーザン／野島秀勝訳	526
634	地位と羞恥	S.ネッケル／岡原正幸訳	434
635	無垢の誘惑	P.ブリュックネール／小倉, 下澤訳	350
636	ラカンの思想	M.ボルク=ヤコブセン／池田清訳	500
637	羨望の炎〈シェイクスピアと欲望の劇場〉	R.ジラール／小林, 田口訳	698
638	暁のフクロウ〈続・精神の現象学〉	A.カトロッフェロ／寿福真美訳	354
639	アーレント＝マッカーシー往復書簡	C.ブライトマン編／佐藤佐智子訳	710
640	崇高とは何か	M.ドゥギー他／梅木達郎訳	416
641	世界という実験〈問い, 取り出しの諸カテゴリー, 実践〉	E.ブロッホ／小田智敏訳	400
642	悪　あるいは自由のドラマ	R.ザフランスキー／山本尤訳	322
643	世俗の聖典〈ロマンスの構造〉	N.フライ／中村, 真野訳	252
644	歴史と記憶	J.ル・ゴフ／立川孝一訳	400
645	自我の記号論	N.ワイリー／船倉正憲訳	468
646	ニュー・ミメーシス〈シェイクスピアと現実描写〉	A.D.ナトール／山形, 山下訳	430
647	歴史家の歩み〈アリエス　1943-1983〉	Ph.アリエス／成瀬, 伊藤訳	428
648	啓蒙の民主制理論〈カントとのつながりで〉	I.マウス／浜田, 牧野監訳	400
649	仮象小史〈古代からコンピューター時代まで〉	N.ボルツ／山本尤訳	200

			（頁）
650	知の全体史	C.V.ドーレン／石塚浩司訳	766
651	法の力	J.デリダ／堅田研一訳	220
652 653	男たちの妄想（I・II）	K.テーヴェライト／田村和彦訳	I・816 II
654	十七世紀イギリスの文書と革命	C.ヒル／小野，圓月，箭川訳	592
655	パウル・ツェラーンの場所	H.ベッティガー／鈴木美紀訳	176
656	絵画を破壊する	L.マラン／尾形，梶野訳	272
657	グーテンベルク銀河系の終焉	N.ボルツ／識名，足立訳	330
658	批評の地勢図	J.ヒリス・ミラー／森田孟訳	550
659	政治的なものの変貌	M.マフェゾリ／古田幸男訳	290
660	神話の真理	K.ヒュプナー／神野，中才，他訳	736
661	廃墟のなかの大学	B.リーディングズ／青木，斎藤訳	354
662	後期ギリシア科学	G.E.R.ロイド／山野，山口，金山訳	320
663	ベンヤミンの現在	N.ボルツ，W.レイイェン／岡部仁訳	180
664	異教入門〈中心なき周辺を求めて〉	J.-F.リオタール／山縣，小野，他訳	242
665	ル・ゴフ自伝〈歴史家の生活〉	J.ル・ゴフ／鎌田博夫訳	290
666	方　法　3. 認識の認識	E.モラン／大津真作訳	398
667	遊びとしての読書	M.ピカール／及川，内藤訳	478
668	身体の哲学と現象学	M.アンリ／中敬夫訳	404
669	ホモ・エステティクス	L.フェリー／小野康男，他訳	496
670	イスラームにおける女性とジェンダー	L.アハメド／林正雄，他訳	422
671	ロマン派の手紙	K.H.ボーラー／高木葉子訳	382
672	精霊と芸術	M.マール／津山拓也訳	474
673	言葉への情熱	G.スタイナー／伊藤誓訳	612
674	贈与の謎	M.ゴドリエ／山内昶訳	362
675	諸個人の社会	N.エリアス／宇京早苗訳	308
676	労働社会の終焉	D.メーダ／若森章孝，他訳	394
677	概念・時間・言説	A.コジェーヴ／三宅，根田，安川訳	448
678	史的唯物論の再構成	U.ハーバーマス／清水多吉訳	438
679	カオスとシミュレーション	N.ボルツ／山本尤訳	218
680	実質的現象学	M.アンリ／中，野村，吉永訳	268
681	生殖と世代継承	R.フォックス／平野秀秋訳	408
682	反抗する文学	M.エドマンドソン／浅野敏夫訳	406
683	哲学を讃えて	M.セール／米山親能，他訳	312
684	人間・文化・社会	H.シャピロ編／塚本利明，他訳	
685	遍歴時代〈精神の自伝〉	J.アメリー／富重純子訳	206
686	ノーを言う難しさ〈宗教哲学的エッセイ〉	K.ハインリッヒ／小林敏明訳	200
687	シンボルのメッセージ	M.ルルカー／林捷，林田鶴子訳	590
688	神は狂信的か	J.ダニエル／菊地昌実訳	218
689	セルバンテス	J.カナヴァジオ／円子千代訳	502
690	マイスター・エックハルト	B.ヴェルテ／大津留直訳	320
691	マックス・プランクの生涯	J.L.ハイルブロン／村岡晋一訳	300
692	68年－86年　個人の道程	L.フェリー，A.ルノー／小野潮訳	168
693	イダルゴとサムライ	J.ヒル／平山篤子訳	704
694	〈教育〉の社会学理論	B.バーンスティン／久冨善之，他訳	420
695	ベルリンの文化戦争	W.シヴェルブシュ／福本義憲訳	380
696	知識と権力〈クーン，ハイデガー，フーコー〉	J.ラウズ／成定，網谷，阿曽沼訳	410
697	読むことの倫理	J.ヒリス・ミラー／伊藤，大島訳	230
698	ロンドン・スパイ	N.ウォード／渡辺孔二監訳	506
699	イタリア史〈1700－1860〉	S.ウールフ／鈴木邦夫訳	1000

			（頁）
700	マリア〈処女・母親・女主人〉	K.シュライナー／内藤道雄訳	678
701	マルセル・デュシャン〈絵画唯名論〉	T.ド・デューヴ／鎌田博夫訳	350
702	サハラ〈ジル・ドゥルーズの美学〉	M.ビュイダン／阿部宏慈訳	260
703	ギュスターヴ・フロベール	A.チボーデ／戸田吉信訳	470
704	報酬主義をこえて	A.コーン／田中英史訳	604
705	ファシズム時代のシオニズム	L.ブレンナー／芝健介訳	480
706	方　法　4．観念	E.モラン／大津真作訳	446
707	われわれと他者	T.トドロフ／小野，江口訳	658
708	モラルと超モラル	A.ゲーレン／秋澤雅男訳	
709	肉食タブーの世界史	F.J.シムーンズ／山内昶監訳	682
710	三つの文化〈仏・英・独の比較文化学〉	W.レペニース／松家，吉村，森訳	548
711	他性と超越	E.レヴィナス／合田，松丸訳	200
712	詩と対話	H.-G.ガダマー／巻田悦郎訳	302
713	共産主義から資本主義へ	M.アンリ／野村直正訳	242
714	ミハイル・バフチン 対話の原理	T.トドロフ／大谷尚文訳	408
715	肖像と回想	P.ガスカール／佐藤和生訳	232
716	恥〈社会関係の精神分析〉	S.ティスロン／大谷，津島訳	286
717	庭園の牧神	P.バルロスキー／尾崎彰宏訳	270
718	パンドラの匣	D.&E.パノフスキー／尾崎彰宏，他訳	294
719	言説の諸ジャンル	T.トドロフ／小林文生訳	466
720	文学との離別	R.バウムガルト／清水健次・威能子訳	406
721	フレーゲの哲学	A.ケニー／野本和幸，他訳	308
722	ビバ リベルタ！〈オペラの中の政治〉	A.アーブラスター／田中，西崎訳	478
723	ユリシーズ グラモフォン	J.デリダ／合田，中 訳	210
724	ニーチェ〈その思考の伝記〉	R.ザフランスキー／山本尤訳	440
725	古代悪魔学〈サタンと闘争神話〉	N.フォーサイス／野呂有子監訳	844
726	力に満ちた言葉	N.フライ／山形和美訳	466
727	産業資本主義の法と政治	I.マウス／河上倫逸監訳	496
728	ヴァーグナーとインドの精神世界	C.スネソン／吉水千鶴子訳	270
729	民間伝承と創作文学	M.リューティ／高木昌史訳	430
730	マキアヴェッリ〈転換期の危機分析〉	R.ケーニヒ／小川，片岡訳	382
731	近代とは何か〈その隠されたアジェンダ〉	S.トゥールミン／藤村，新井訳	398
732	深い謎〈ヘーゲル，ニーチェとユダヤ人〉	Y.ヨベル／青木隆嘉訳	360
733	挑発する肉体	H.P.デュル／藤代，津山訳	702
734	フーコーと狂気	F.グロ／菊地昌実訳	164
735	生命の認識	G.カンギレム／杉山吉弘訳	330
736	転倒させる快楽〈バフチン，文化批評，映画〉	R.スタム／浅野敏夫訳	494
737	カール・シュミットとユダヤ人	R.グロス／山本尤訳	486
738	個人の時代	A.ルノー／水野浩二訳	438
739	導入としての現象学	H.F.フルダ／久保，高山訳	470
740	認識の分析	E.マッハ／廣松渉編訳	182
741	脱構築とプラグマティズム	C.ムフ編／青木隆嘉訳	186
742	人類学の挑戦	R.フォックス／南塚隆夫訳	698
743	宗教の社会学	B.ウィルソン／中野，栗原訳	270
744	非人間的なもの	J.-F.リオタール／篠原，上村，平芳訳	286
745	異端者シオラン	P.ボロン／金井裕訳	334
746	歴史と日常〈ポール・ヴェーヌ自伝〉	P.ヴェーヌ／鎌田博夫訳	268
747	天使の伝説	M.セール／及川馥訳	262
748	近代政治哲学入門	A.バルッツィ／池上，岩倉訳	348